POLARIS

GERHARD HAASE-HINDENBERG

Die enthemmten Deutschen

Von der neuen Lust am Sex

ROWOHLT POLARIS

Originalausgabe
Veröffentlicht im Rowohlt Taschenbuch Verlag,
Reinbek bei Hamburg, Mai 2016
Copyright © 2016 by Rowohlt Verlag GmbH,
Reinbek bei Hamburg
Umschlaggestaltung und Motiv
HAUPTMANN & KOMPANIE Werbeagentur, Zürich
Satz Arno Pro OTF (InDesign) bei
Dörlemann Satz, Lemförde
Druck und Bindung CPI books GmbH, Leck, Germany
ISBN 978 3 499 63118 4

INHALT

DIE ENTHEMMTEN DEUTSCHEN
Von der neuen Lust am Sex

AUF DEM WEG ...

Prolog

Man sollte Tim-Berners-Lee-Standbilder an all den Autobahn-rastplätzen aufstellen, an denen sich erotisierte Menschen zum anonymen Sex verabreden. Swingerclubs sollten an ihren Pforten Gedenkplaketten für Robert Cailliau anbringen. Seitensprungportale könnten sich nach den beiden benennen und BDSM-Stammtische auch. Schwul-lesbische NumismatikerInnen sollten die Prägung von Münzen mit deren Konterfei anregen. Die Initialen TBL und RC könnten auf die Strampler der Adult Babys gestickt und auf die Silikonbrüste von Gangbang-Ladys tätowiert werden. All das wären Beweise der tiefen Dankbarkeit für zwei Genies, ohne die das Sexleben in Deutschland und der Welt ein grundsätzlich anderes wäre.

Die beiden Informatiker waren ihrem Ziel schon ziemlich nah, als in einer Oktobernacht 1990 mit einem Feuerwerk über dem Brandenburger Tor der Beitritt der DDR zur Bundesrepublik lautstark gefeiert wurde. Zu diesem Zeitpunkt gab es noch nicht allzu viele gemeinsame Alltagserfahrungen der Deutschen in Ost und West – das Sexleben aber gehörte bereits dazu. Elf Monate zuvor, als DDR-Oberstleutnant Harald Jäger an der Bornholmer Straße die Mauer öffnete, gab es da durchaus noch ein paar Unterschiede. Im Osten kam es an FKK-Stränden zu mal versteckten, mal offenen Anbahnungen für erotische Stunden, und unter ihrem Künstlernamen «Yasmyna» war Heidi Wittwer die einzige bekannte Stripperin der DDR. Im Westen schob man derweil klobige Videokassetten in die Recorder, die prompt kopulierende Menschen auf die Bildschirme zauberten. Westdeutsche Paare holten sich auf diese Weise Anregungen und notgeile Singles einen runter. Auch waren pornographische Heftchen im Handel und allerlei Sexspielzeug. Nach dem Mauerfall sorgte Monika Hüfner-Sekora noch vor Beate Uhse dafür, dass der Osten in Sachen Pornographie mit dem Westen gleichzog. Bald darauf wurde Teresa Orlowski auch zwischen Rostock und Plauen, was sie zwischen Flensburg und Passau längst war – eine Sex-Ikone. Am Tag der Vereinigung, also der staatlichen Wiedervereinigung, schlug für die Deutschen auch in erotischer Hinsicht die Stunde null. Gemeinsam startete man in die Zukunft eines gesamtdeutschen Sexlebens. Doch selbst in den nassesten Träumen konnte keiner ahnen, wie sich das fortan entwickeln würde. Wahrscheinlich war nicht einmal dem britischen Informatiker Tim Berners-Lee und seinem belgischen Kollegen Robert Cailliau das ganze Ausmaß klar, in welchem ihre Forschungen die Welt verändern würden. Die beiden waren damals in dem beschaulichen schweizerischen Örtchen Meyrin bei der «Europäischen Organisation für Kernforschung» angestellt. Man beschäftigte sich dort neben der Kernforschung auch mit der Frage, wie sich die hier tätigen Wissenschaftler möglichst schnell mit ihren Kollegen weltweit austauschen und raschen Zugang zu dokumentierten Forschungsergebnissen erlangen könnten. Für Informatiker stellte eine solche Aufgabe damals eine gigantische Herausforderung dar. Sechs Wochen nach der deutschen Wiedervereinigung war es dann so weit – Tim Berners-Lee und Robert Cailliau veröffentlichten in Meyrin das Konzept für ein weltumspannendes Hypertext-Projekt, eine Erfindung, die vorläufig nur in der Fachwelt auf nennenswertes Interesse stieß. Trotz allem war der 12. November 1990 wenn schon nicht die Geburtsstunde des Internets (wie manche Medienvertreter fälschlicherweise behaupten), so doch diejenige des World Wide Web.

Ein Vierteljahrhundert später stehen im Netz vom Schulkind bis zum Greis rund um die Uhr pornographische Filme zur Verfügung. Dabei gehört der abgefilmte Geschlechtsakt noch zum Harmlosesten. In den Sex-Dokus wird nicht nur quer durch die Geschlechter und Altersgruppen gevögelt – es wird geprügelt und erniedrigt, Schmerzen werden geduldig ertragen, ja deren Zufügung oft sogar erbeten. Menschen werden gefesselt, bepinkelt oder als Tiere dressiert … Es gibt nichts, was es nicht gibt! Darin sind sich die Sexualpsychologen einig, und Sexualpsychologen sind sich tendenziell eher selten einig. Schon bei der Frage, was Pornographie mit dem Gefühlsleben seiner Konsumenten anstellt, ja ob es überhaupt etwas damit anstellt, herrscht Uneinigkeit unter den Experten. Recht haben alle Seiten, denn nicht jeder Betrachter von Hardcore-Filmen reagiert darauf in gleicher Weise. Porno-Konsumenten, die sich über ihre Neigungen im Klaren sind, werden über die Suchfunktion schnell fündig – Unentschlossene zappen ziellos im Netz umher. Vieles lässt sie kalt, manches macht sie an. Letzteres stellt für den Betrachter nicht selten eine Überraschung dar. Dann nämlich, wenn er erstaunt Erregungszustände an sich feststellt angesichts von Bildvorlagen, bei denen er solches nie vermutet hätte. Schon manch einer hat in erotischer Hinsicht jahrelang ein mittelmäßiges Spießerleben geführt, bis er die Gattin plötzlich mit der Bitte überrascht, zum turnusmäßigen Freitagabend-Sex doch bitte die Wäscheleine für Fesselspiele mitzubringen. Oder die bisher phantasielos wirkende Partnerin gesteht, dass sie's gerne mal mit den Kumpels aus dem Schützenverein treiben würde, und zwar mit allen gleichzeitig! Von solchen erotischen Selbstreflexionen sind wir dank Tim Berners-Lee und Robert Cailliau alle nur wenige Klicks auf der linken Maustaste entfernt. Eine kleine Geste mit enormer Wirkung für das gesellschaftliche Zusammenleben.

Gleichgesinnte finden einander

Wer in diesem Lande seine sexuellen Neigungen ausleben will, und seien sie noch so bizarr, der wird Gleichgesinnte finden. Falls nicht, macht er oder sie etwas falsch oder verfügt über keinen Internetanschluss, was in diesem Zusammenhang eben auch ein Fehler wäre. Schließlich existieren im World Wide Web Millionen von Seiten für alles und jeden. Allein zur Befriedigung sadomasochistischer Leidenschaften werden zwischen Aalen und Zweibrücken fast täglich Partys annonciert, in Clubs, die «Sadasia» oder «Quälgeist» heißen. Es gibt entsprechende Stammtische in einem ehemaligen DDR-Erholungsheim im Thüringer Wald, im Hirblinger Hof in Augsburg, in einer «netten Location in Essen-Altenessen Süd» und auch anderswo – die Termine sind online einsehbar und via JOY-club[1] meist direkt buchbar.

Der korrekte Suchbegriff im Internet lautet «BDSM», was für «Bondage & Discipline, Dominance & Submission, Sadism & Masochism» steht. Man muss kein Englisch können, um das zu verstehen. BDSM ist *die* sexuelle Trendsportart unserer Zeit, und sie hat viele Gesichter und Regeln. Längst bekennen sich devote und dominante Jüngerinnen und Jünger offen zu ihren Neigungen. Liebhaber von Latexklamotten, Gasmasken oder Uniformen demonstrieren auf dem Folsom-Europe-Straßenfest in Berlin unbefangen ihren Fetisch. Dort treffen sie auf «Petplayers»: Menschen, die Spaß daran haben, etwa als Pony oder Hund dressiert zu werden. Schon Wochen vor dem Ereignis werden Details zur «Folsom» via World Wide Web verbreitet.

Weniger bizarr, aber durchaus noch immer «verrucht» sind Eheleute auf sogenannten Seitensprung-Portalen unterwegs, wo sie sich mit Wissen des jeweiligen Partners oder auch heimlich auf die

---

[1] Die größte seriöse Online-Partnervermittlung, nach nahezu allen sexuellen Neigungen spezifiziert untergliedert (siehe auch das Kapitel «JOYclub, Tinder ...», S. 75 ff.)

Suche nach anonymem Sex auf Parkplätzen oder in angemieteten Hotelzimmern machen. Es gibt eben nichts, was es nicht gibt, und dank der Erfindung von Tim Berners-Lee und Robert Cailliau werden die Hemmschwellen immer niedriger.

Prostituierte gehen neue Wege

Noch gibt es sie, die Schaufenster in der Hamburger Herbertstraße, wo Sexworkerinnen (mittlerweile vorwiegend Dominas) ihre körperlichen Reize zur Schau stellen. Auch der Straßenstrich existiert bundesweit noch und die Kontakthöfe auf der Reeperbahn und die Laufhäuser im Frankfurter Bahnhofsviertel auch. Wer hier sein Vergnügen sucht, sollte wissen, dass die russischen Olgas und bulgarischen Ralitzas nicht «naturgeil», sondern eingeschüchterte Wesen sind, die dieser «Arbeit» keineswegs freiwillig nachgehen.

Selbst das klassische Wohnungsbordell, in dem nacheinander mehrere «verfügbare» Prostituierte sich den prüfenden Blicken der Freier stellen, gibt's noch. Heutzutage aber haben die Gäste zuvor auf der Website des Etablissements nachgelesen, was die einzelnen Damen so anbieten. Chiffren wie «AV» oder «Französisch total», und wie auf einer Speisekarte stehen die Beträge, die neben dem Grundpreis für derartige Extraleistungen fällig werden. Das einst so lästige Nachkobern auf der Bettkante gehört damit endgültig der Vergangenheit an.

Doch die klassische Prostitution hat im Internetzeitalter jede Menge Konkurrenz bekommen. Wem Puffs unheimlich sind, der lässt sich eine Escortlady dorthin kommen, wo er den Sex gern praktizieren würde. Früher wurden solche Damen charmant als Callgirl tituliert. Interessierte Gentlemen fanden ihre Telefonnummern in Anzeigen, die keineswegs nur in einschlägigen, sondern durchaus auch in seriösen Presseerzeugnissen veröffentlicht wurden. In besseren Hotels bekamen männliche Alleinreisende die Nummern vertraulich vom Rezeptionisten zugeschoben. Doch irgendwie kaufte man immer die «Katze im Sack», und das hat sich auch bis heute nicht so richtig geändert. Immerhin bieten die Profile und Websites der Escort-Damen dank Posing-Fotos und kleinen Videoclips einen ersten optischen Eindruck. Per Telefon oder via Chat wird dann vorab das Szenario besprochen und der Preis verhandelt. Viele der Frauen, die auf kaufmich.com und ähnlichen Portalen inserieren, gehen dieser Tätigkeit neben ihrem eigentlichen Broterwerb oder der Hausarbeit nach. Das hat vielerlei Vorteile für den phantasiebegabten Gentleman. Zumeist verbreiten diese Damen weniger professionelle Routine als die Vollzeit-Dirne. Kaum hat der Herr ihr zur Begrüßung den vereinbarten Geldbetrag zugesteckt, darf er sich in den eigenen vier Wänden oder dem vertrauten Hotelzimmer der Illusion hingeben, eine echte Geliebte zu haben. Seit das Tabu der Zungenküsse gefallen ist (inzwischen eine Extraleistung, die mit einem Betrag zwischen 10 und 30 Euro zu vergüten ist), wird dem Ganzen das reizvolle Mäntelchen einer inszenierten Privatheit umgehängt. Das krasse Gegenteil davon sind organisierte Gangbang-Partys. Für einen festen Betrag kann man(n) sich – je nach physischen Fähigkeiten – mit drei bis sechs nackten Frauen austoben. Die muss man sich allerdings mit zahlreichen anderen nackten Männern teilen. Vor allem für superpotente Herren ist das ein ziemlich billiges Vergnügen und für die Veranstalter ein lukratives Unternehmen. Denn die Masse macht's! Allein die Damen, die sich über Stunden (mit gelegentlichen Rauchpausen) von bis zu 50 erotisierten Gentlemen oral, vaginal und gelegentlich auch anal penetrieren lassen, gehen oft nur mit 400 Euro und selten mit mehr als 600 Euro nach Hause. Da müssen sie schon an 20 und mehr Tagen pro Monat ran, um von einem guten Verdienst sprechen zu können. Stars der Branche wie etwa Laureen Pink oder Bitchy Jana sind bis zu 70 000 Kilometer im Jahr kreuz und quer in der Republik unterwegs, um möglichst viele Männer glücklich zu machen und das eigene Konto aufzufüllen. Die Fans erfahren im Internet schon Wochen im Voraus, wann und wo sie und ihre Kolleginnen die Dienste anbieten. Ähnlich ist es bei den «Tournee-Dominas», die sich heute in Schweinfurt, morgen in Hildesheim und übermorgen in Marl oder Esslingen in komplett ausgestattete Folterstudios einmieten, um auf Wunsch seriösen Herren die Hintern zu versohlen. Und weil in der Regel nicht nur seriöse, sondern oftmals auch besser verdienende Gentlemen zu deren Klientel gehören, zählen ihre Honorare zu den höchsten in der Erotikbranche.

Die enthemmte Gesellschaft

Hinter den schmucken Fassaden der deutschen Gesellschaft ist schon seit geraumer Zeit die Hölle los. Im Herbst 2015 hat das Internetportal JOYclub.de sein zweimillionstes Mitglied aufgenommen. Zwei Millionen Frauen und Männer, die, in thematische Gruppen unterteilt, gleichgesinnte Menschen suchen und finden. Dabei ist JOYclub nur ein Portal unter vielen, wenngleich es sich vermutlich um den Marktführer handelt. Die Zahl derer, die zum Zweck der sexuellen Zufriedenheit Partner im Internet suchen, steigt unaufhörlich an und dürfte in Deutschland schon jetzt im zweistelligen Millionenbereich liegen.

Kaum fünfzehn Jahre ist es her, dass das World Wide Web nicht mehr nur von Kernforschern, sondern auch von weiten Kreisen der Bevölkerung genutzt wird. Freilich nicht nur in Sachen Erotik, doch das deutsche Sexleben wäre ohne das Kürzel «www» weit weniger bunt und dieses Buch gar nicht erst entstanden. Deshalb sollten wir Statuen für Tim Berners-Lee und Robert Cailliau errichten und zu ihren Ehren Münzen prägen lassen – oder ihnen zumindest dankbar sein.

Bekenntnisse

Ein Bekenntnis liegt entweder dann vor, wenn jemand *etwas* bekennt oder aber wenn sich jemand *zu etwas* bekennt. Zwischen beidem liegt ein himmelweiter Unterschied. Man kann sich zum Beispiel zu den Zeugen Jehovas bekennen, zum Kommunismus, zu den wirtschaftsliberalen Prinzipien der Wall Street oder auch zu BDSM[2] als Lebensform. Spätestens dann weiß man, dass man nicht allein ist auf der großen, weiten Welt. Denn das Bekenntnis *zu etwas* geschieht, indem man sich einer Gruppe zugehörig erklärt, und somit weiß man, wer Freund ist und wer Feind. Wenn man aber *etwas* bekennt, so ist damit Intimes gemeint, weshalb ein solches Bekenntnis nur selten öffentlich abgelegt wird. Freiwillig schon gar nicht. Es kann im Beichtstuhl geschehen oder im vertrauten Freundeskreis, gezwungenermaßen vor Gericht oder – wie in den folgenden Fällen – anonym am Telefon oder im Vieraugengespräch. Solche Bekenntnisse sind nie profan, doch fast immer existenziell. Da kann sich jemand einem Reiz nicht entziehen oder einer Sucht oder einer sonstigen Leidenschaft. Möglicherweise wird dies leidvoll erfahren oder aber ausschließlich lustvoll. In aller Regel ist dies jedenfalls mit einem Verstoß gegen moralische Normen verbunden.

---

2 Das Akronym BDSM setzt sich unter anderem aus den Anfangsbuchstaben für Bondage und Disziplin, Sadismus und Masochismus zusammen.

So kann man etwa als verheiratete Frau auch andere Männer als den eigenen Gatten attraktiv finden. Das kundzutun stellt noch kein Bekenntnis dar. Dazu wird es erst durch die Aussage, dass man sich mit einem oder mehreren solcher Männer zum Zwecke des Liebesaktes trifft. Zugegeben, das ist ein relativ harmloses Beispiel. Es gibt weitaus krassere, wie sie im weiteren Verlauf des Buches geschildert werden. Übrigens denken die Bekennenden häufig, dass sie die einzigen Menschen weltweit seien, die so drauf sind. Oder besser gesagt, lange Zeit dachten sie das. Inzwischen vermitteln die vielfrequentierten Internetportale den Fetischisten und «Perversen»[3] jeglicher Couleur, was dereinst Roy Black schon intonierte: «Du bist nicht allein!»

Im Übrigen gilt: Eine Aussage, die durch unwiderlegbare Beweise herbeigeführt wird – ob bei einer polizeilichen Vernehmung oder gegenüber dem Ehepartner –, ist kein Bekenntnis, sondern ein Geständnis. Die im Anschluss angeführten Bekenntnisse hingegen wurden allesamt nicht unter Zwang abgelegt. Vielmehr nahmen die Leute freiwillig an einer Befragung teil, vor allem aber bekannten viele von ihnen ihre Normverletzungen erstmalig gegenüber einem unbeteiligten Dritten. Das unterscheidet sie von fast allen anderen, die später in diesem Buch zur Sprache kommen und die sich – meist sehr offensiv – *zu etwas* (meist zu irgendeiner Community) bekennen. Hier aber folgen leise, intime Bekenntnisse.

Nicht alle waren bereit, sich nach dem Ablegen eines schriftlichen Bekenntnisses, also nach Ausfüllen des Fragebogens auf meiner Website, auch noch auf ein Treffen oder ein anonymes Telefonat einzulassen. Die meisten von ihnen hatten sexuelle Vorlieben eingestanden, die andere im Gespräch weitaus detaillierter schildern konnten. Aber es gab auch welche, deren knappe, aber interessante Aussagen ich gern hinterfragt hätte. Um sie habe ich mich mit Hilfe

---

3 Der Begriff wird hier ironisierend gebraucht. Aus sexualpsychologischer Sicht ist nichts pervers, was einvernehmlich praktiziert wird.

des Kommunikationsmittels E-Mail bemüht. Vergeblich. So blieben deren Fragebogenauskünfte wahrhaft «stille Bekenntnisse». Dabei hätte ich so gern gewusst, wie jener Unternehmer aus Braunschweig, der gern auf «gepflegte und schlanke Frauenfüße, vorzugsweise von fremden Damen nicht älter als 25», ejakuliert, seine Klientel akquiriert. Oder jene Hausfrau aus einer saarländischen Kleinstadt, die nach fast 20 Ehejahren entdeckt haben will, dass es Spaß macht, im Swingerclub «Sex mit circa 30 Männern» zu haben und «circa 90 Männern einen zu blasen» – gern hätte ich gewusst, wie sie dieses Pensum stemmt. War sie nur deshalb nicht zu einer Begegnung bereit, weil im direkten Gespräch aufgefallen wäre, dass das alles nur in ihrem Kopfkino stattfindet? Stammt dieses «Bekenntnis» am Ende gar nicht von einer Frau? Sicherlich wäre es auch interessant gewesen, die emotionalen Untiefen auszuloten, die jenen bisexuellen Angestellten in einem Großunternehmen dazu bewegen, sich im Chat mit Männern zu verabreden, um von ihnen «in entwürdigenden Posen angepisst und mit Sex-Toys benutzt zu werden». Und in einem Dorf in Baden-Württemberg lebt jener Leiharbeiter mit Realschulabschluss, der bekennt: «Es gibt nur wenige sexuelle Praktiken, die ich ablehne und daher nicht probiert habe oder je probieren werde.» Auf dieses Gespräch hätte ich mich besonders gefreut.

Erfreulicherweise haben Hunderte weitere Befragte durchaus ihre Bereitschaft erklärt, sich gegebenenfalls mit mir zu treffen oder zu telefonieren. Wieder andere habe ich während meiner ausgedehnten Vorort-Recherchen auf Partys, in Clubs oder sonst wo on Tour kennengelernt. Die interessantesten und abgefahrensten Bekenntnisse sind in diesem Buch zusammengestellt. Beginnen wir also mit der eher stillen, sehr privaten Variante …

Sex und Swing und Liebeslust

Es war der übliche Smalltalk, den man eben so führt, wenn man sich längere Zeit im Zug gegenübersitzt. Da erfuhr ich also von einem Fachschulstudium, das mein Mitreisender nach dem Abschluss der zehnten Klasse an einer Polytechnischen Oberschule in der Wendezeit begonnen und dann wieder abgebrochen habe. (Eine Information, aus der ich ableiten konnte, dass der Mann etwa Mitte 40 sein musste.) Trotzdem, so verkündete er stolz, habe er beruflich Karriere gemacht und es immerhin bis zur Führungskraft bei einem kommunalen Verkehrsbetrieb gebracht. Irgendwann erfolgte dann die unvermeidliche Gegenfrage, womit *ich* denn mein Geld verdiene. Kaum hatte ich vom aktuellen Buchprojekt erzählt, da wurde mein Gegenüber noch gesprächiger, als er es ohnehin schon gewesen war. Noch hatten wir mehr als eine Stunde gemeinsame Zugfahrt vor uns, und das voraussichtlich in trauter Zweisamkeit, denn zwischen Wolfsburg und Berlin würde es keinen weiteren Stopp mehr geben. Ideale Voraussetzungen, scheint mein Gesprächspartner gedacht zu haben, um sein wechselhaftes Sexleben verbal zu präsentieren. Es war die Selbstverständlichkeit, mit der er sein erotisiertes Weltbild erläuterte, die mich faszinierte …

Seit meinem 30. Lebensjahr habe ich ganz bestimmte erotische Phantasien gehabt, die ich schließlich auch versucht habe umzusetzen. Anfangs ging es nur darum, einfach Sex mit fremden Frauen zu haben. Das Alter war für mich relativ egal. Ob sie extrem viel jünger oder älter waren als ich, spielte dabei keine Rolle, sofern diese Frauen schlank waren. Es ergaben sich gelegentlich mehrere Treffen hintereinander, wenn der Sex einfach toll war, und es entstand auch einmal eine Beziehung daraus. Nach etwa zwei Jahren in dieser Beziehung ließ ich wieder davon ab, denn meine Phantasie bekam neuen Nährstoff, als sich nämlich die ersten Internetseiten für Sextreffen etablierten. Es machte mir Spaß, mich mit Frauen für erotische Treffen zu verabreden. Aufgrund der Tatsache, dass es sich fast immer um Frauen handelte, die sich zwar in einer Beziehung befanden, aber trotzdem schlicht hungrig nach Sex waren, entstand auf beiden Seiten der Wunsch, Neues zu erleben.

Jeder Mann träumt ja wohl früher oder später von Oralverkehr bis zum Ende, von Analverkehr, von Spermaspielen und auch davon, Spielzeuge aller Art einzusetzen. Das alles konnte ich in dieser Zeit erleben. Das für mich Erstaunliche dabei war, wie kreativ und vor allem willig und überaus offen die Frauen waren. Es blieb nicht aus, dass ich auch mal eine Frau kennenlernte, bei der es mit der Zeit mehr war als nur Sex, sodass eine neue Beziehung entstand. Mit dem Wissen um die gemeinsame offene Haltung zum Thema Sex entwickelten sich weitere Phantasien, darunter das Swingen. Also versuchten wir über das Internet den Kontakt zu anderen Paaren herzustellen, was uns auch recht problemlos gelang. Das war der Startschuss. Den Partnertausch tatsächlich zu erleben war für mich äußerst interessant. Genauso spannend war es, zu sehen, wie meine Partnerin mit einem anderen Mann Sex hatte. Diese Erfahrungen waren echt toll, wenngleich in mancher Hinsicht auch gewöhnungsbedürftig, insbesondere der Umstand, einem anderen Mann mitunter sehr nah zu kommen. Denn auch wenn ich nie die Ambitionen hatte, einem Mann in irgendeiner Weise sexuell näher zu kommen, und sie wohl auch in Zukunft nicht verspüren werde, lässt sich das in solchen Konstellationen kaum vermeiden. In diese Zeit fällt dann auch unser erster Besuch in einem Swingerclub. Die freundliche, offene und sehr persönliche Atmosphäre dort empfand ich gleich als sehr angenehm. In diesem Club konnte ich dann einen weiteren Traum erleben, den viele Männer haben: Sex mit mehreren Frauen. Einfach die Augen zu schließen, während sich sechs Hände mit meinem Körper befassten, das war ein ganz besonderes Erlebnis. Wobei ich sagen muss, dass es umgekehrt fast unmöglich ist, alle Frauen zu befriedigen. Ich selbst aber kam dabei voll auf meine Kosten.

Nun bin ich seit einiger Zeit wieder in einer neuen Beziehung, die sich über eine Internetseite ergeben hat, in der es um Sex und Seitensprünge geht. Denn meine jetzige Partnerin befand sich damals noch in einer anderen Partnerschaft. Über kurz oder lang wird auch mit ihr ein Besuch im Swingerclub wieder zum Thema werden. Es stellt sich nur die Frage, welche Phantasien ich noch zum Leben erwecken möchte. Nun, da gibt es sicher noch das eine oder andere Spielzeug, das ich noch nicht ausprobiert habe. Und dann geistert da noch etwas ständig in meinem Kopf herum: ein One-Night-Stand mit einer wildfremden Frau. Diese Phantasie ist mir bis heute erhalten geblieben. Wenn man allerdings wie ich mit seiner Partnerin sexuell voll und ganz zufrieden ist und mit ihr zum Beispiel das Swingen noch mal auf den Plan rufen kann, dann sollte man sie eher nicht betrügen. Immerhin gibt es nicht so besonders viele sexuell sehr aufgeschlossene und experimentierfreudige Frauen. Hat man eine solche gefunden, ist das durchaus ein Grund, die eine oder andere Phantasie eben doch Phantasie bleiben zu lassen. Andererseits braucht man solche Phantasien, die dabei helfen, beim Sex aktiv und einfallsreich zu sein.

Die Fremdgängerin

Wir sind im Café Grundmann in Leipzig verabredet. Der Vorschlag war von Kathrin gekommen, als wir drei Tage zuvor miteinander telefonierten. Als ich das Kaffeehaus in der August-Bebel-Straße betrete, trifft mich fast der Schlag. Wäre ich an Inneneinrichtungen im Stil des Art déco interessiert, gäbe es keinen besseren Ort – auf intime Bekenntnisse trifft jedoch das genaue Gegenteil zu. Nicht wegen des Art déco, sondern weil die Tische zu nah beieinanderstehen. Es ist schließlich kaum davon auszugehen, dass Kathrin ihr außereheliches Sexualleben vor wildfremden Menschen wird ausbreiten wollen (von mir einmal abgesehen). Ein Spaziergang verbietet sich, weil riesige Regenwolken über der sächsischen Metropole die Straßen und Parks mit reichlich Wasser versorgen. Das nächste Problem stellt die enorme Geräuschkulisse des Kaffeehauses dar. Üblicherweise lege ich während des Gesprächs ein Diktiergerät auf den Tisch, um es aufzuzeichnen. Das kann ich hier vergessen. Andererseits ist es unmöglich, Kathrins (hoffentlich) ausführliche Bekenntnisse komplett mitzuschreiben. Mir würde also nichts anderes übrig bleiben, als ihr das Diktiergerät in die Hand zu drücken und sie zu bitten, direkt in das Mikrophon zu sprechen.

Der Zufall will es, dass der erste in einer langen Reihe von Zweiertischen frei wird. So hätte Kathrin niemanden hinter oder neben sich, nur ich säße ihr gegenüber. Es ist der einzig akzeptable Platz für unser Vorhaben. Ich setze mich also und warte auf eine 1,60 m große Frau mit «einer schlanken, sportlichen Figur, brünetten Locken, dunkelbraunen Augen und einer auffallend zierlichen Nase». So hatte sich Kathrin am Telefon selbst beschrieben. Was weiß ich noch von ihr? Sie ist 39 Jahre alt und arbeitet im «kaufmännischen Bereich». Die Auskünfte bezüglich ihrer sexuellen Aktivitäten fielen im Fragebogen noch relativ spärlich aus. «Ich bin seit 17 Jahren verheiratet und in dieser Zeit ständig fremdgegangen. Vorher in unserer Beziehung war ich auch nicht treu», stand da. Während unseres Telefonats hatte sie angedeutet, dass ihre «sexuelle Entwicklung» komplett außerhalb der Ehe stattgefunden habe und im Übrigen keineswegs abgeschlossen sei. Bekenntnisse bräuchten schon irgendwie einen Augenkontakt, dann fiele ihr das leichter. Ein Satz, der sich bewahrheiten sollte, als wir uns schließlich im Café Grundmann gegenübersitzen …

Als ich meinen Mann schon kannte, wir aber noch nicht verheiratet waren, hatte ich nebenher zwei Verhältnisse nacheinander. Dabei ging es ums reine Ausprobieren. Ich hatte zwar Sex mit den Herren, aber ich kam nicht zu meiner eigenen Befriedigung. Wäre ich zu dieser Zeit einem zärtlichen Mann begegnet, hätte ich meinen damaligen Freund womöglich gar nicht geheiratet, sondern den anderen. Ich hab mich viel zu früh festgelegt und mich dann erst während der Beziehung «ausprobiert». Natürlich ist das nicht richtig, was ich machte und mache, aber mein Mann gibt mir in sexueller Hinsicht keine Befriedigung. Er besteigt mich, und nach spätestens fünf Minuten hat er seinen Orgasmus, ich erfülle sozusagen nur meine ehelichen Pflichten. Wenn er kein «Bedürfnis» nach Sex entwickelt, ist mir das auch recht! Meinen ersten Orgasmus hatte ich, als ich schon zwei Jahre verheiratet war – aber nicht bei ihm.

Meine erste Affäre während unserer Ehe fing damit an, dass ich mit einem seiner Arbeitskollegen alleine war. Irgendwann lagen wir auf dem Sofa, und er begann mich mit Zärtlichkeiten zu überhäufen. Ich wusste von ihm, dass er so gut wie keine sexuellen Erfahrungen hatte. Alles, was er wusste, kannte er wahrscheinlich aus Pornos oder so. Irgendwann zog er mich aus, dann fing er an, mich zu lecken, und ich bekam plötzlich einen Orgasmus. Ich wusste gar nicht, dass das einer war. Erst im Nachhinein wurde es mir dann klar. Ich war total hin und weg. Ab diesem Zeitpunkt war ich süchtig danach, und ich probierte auch andere Dinge mit ihm, wie Fisting oder Analpenetration. Ich war durch Pornos drauf gekommen, die ich mir ganz alleine angesehen hatte. Die waren auf DVDs, die meinem Vater gehörten. Er hatte eine ganze Sammlung, und die hab ich mir eben stillschweigend mal ausgeliehen. Dort sah man dann halt solche Dinge. Natürlich hab ich auch versucht, meinen Mann in diese Richtung zu kriegen, aber das hat leider nicht funktioniert. Er hält nun mal nicht viel von dem, worauf ich so stehe ...

Dieses erste Verhältnis während meiner Ehe ging sehr lange – fast zwölf Jahre. Aber ich hielt den Schein meiner Ehe aufrecht, auch meines Sohnes zuliebe. Meine Affäre hat allerdings irgendwann geheiratet und eine richtige Familie gegründet und die Sache zwischen uns beendet. Danach wollte auch ich kein außereheliches Verhältnis mehr, denn das bedeutet Stress ohne Ende. Zwei Jahre lang schaffte ich das auch. Dann aber wollte ich endlich mal wieder richtig geilen Sex live erleben. Im Internet hatte ich mit einer Kontaktanzeige Erfolg, über die ich einen verheirateten Mann kennenlernte. So etwa 14 Tage bevor wir uns zum ersten Mal trafen, fingen wir an, uns SMS zu schreiben und uns zu informieren: Wer? Wie? Was? Wann? Ich wollte gern wissen, was er beruflich macht, welche sexuellen Interessen er hat. Also wie er so drauf ist. Schließlich machten wir einen Termin aus und trafen uns zum ersten Mal, und zwar auf einem Parkplatz. Ich stellte mein Auto ab und stieg bei ihm ein, denn wir wollten zu einem gebuchten Hotelzimmer in der Nachbarstadt fahren. Anfangs war ich etwas skeptisch, weil man ja nie weiß, worauf man sich einlässt. Als ich ihn dann aber traf, wusste ich, dass er kein Psychopath oder irgendetwas in der Art war. Es stellte sich auch heraus, dass alles stimmte, was er über sich geschrieben hatte. Also, dass er wirklich verheiratet war und zu Hause auch nicht die sexuelle Befriedigung bekam, die er brauchte. Dass er sterilisiert war, stellte einen großen Vorteil für mich dar, weil ich nicht verhüte. Es stand natürlich auch die Frage im Raum, ob ich es riskiere, mit diesem Mann ohne Kondome zu schlafen. Na ja, ich riskierte es halt, und beim ersten Mal hatten wir ziemlich normalen Sex. Es war eben halt nur ein neuer Partner, der mich zum Orgasmus geleckt hat. Das war schon mal schön. Ich kann eigentlich nur so kommen, das wusste ich ja. Wir haben viel ausprobiert. Er mochte es zum Beispiel sehr, wenn ich ihm meinen Finger in den After eingeführt habe. Oder er brachte so ein Spielzeug mit, von dem er es liebte, wenn ich ihm das hinten reingesteckt habe. Also nicht während des Geschlechtsverkehrs, sondern getrennt davon. Er hat mich auch anal penetriert. Außerdem habe ich es französisch bei ihm gemacht, bis kurz bevor er kam, weil ich es nicht mag, wenn es mir in den Mund spritzt. Ich sage das meinen Liebhabern vorher, und bevor sie dann kommen, schieben sie mich weg und legen selbst Hand an. Oft haben wir uns auch auf einem bestimmten Rastplatz getroffen und es in seinem Auto gemacht. Da ist ja auch ein gewisser Kick dabei.

Die Sache lief einige Jahre lang, bis ich nicht mehr wollte. Ich hatte mich zwischenzeitlich nämlich auf ein neues Verhältnis mit einem Arbeitskollegen eingelassen. Zunächst habe ich zwar versucht, beide Affären irgendwie auf die Reihe zu kriegen, aber mit der Zeit merkte ich, dass ich das nicht hinbekam. Als die Sache mit meinem Arbeitskollegen losging, hatten wir schon anderthalb Jahre zusammengearbeitet. Ich wusste, dass mit seiner Freundin kein befriedigendes Sexualleben lief, weil er sich einmal lautstark darüber beschwert hatte.

Tja, wie ging das los mit uns? Wir haben von Anfang an sehr eng zusammengearbeitet und irgendwann gemerkt, dass wir uns sympathisch sind. Dann haben wir unsere Handynummern ausgetauscht, und eines Tages hat er mich zu sich nach Hause zum Frühstück eingeladen, als seine Freundin bereits bei der Arbeit war. Ich habe das bei mir zu Hause als ein Treffen mit einem Arbeitskollegen getarnt. Das war es ja auch, aber ich wusste natürlich, dass mehr daraus werden würde. Es hatte sich lang angebahnt, denn wir hatten schon während der Arbeit ständig geflirtet. Es lag ein gewisses Prickeln in der Luft, und das Frühstück war eigentlich nur Nebensache. Wir sind dann sehr schnell übereinander hergefallen. So ging diese Affäre los, die ich eine Weile noch gleichzeitig neben der anderen geführt habe. Das habe ich diesem anderen Mann auch gesagt, gleich, als es losging, und er hatte kein Problem damit. Meinem

Arbeitskollegen habe ich allerdings nichts gesagt, und nach rund einem Dreivierteljahr habe ich die erste Affäre schließlich beendet, weil ich es nicht mehr geschafft habe, meinen Arbeitskollegen zu belügen. Natürlich haben Gefühle dabei eine große Rolle gespielt. Kurz zuvor hatte seine Lebensgefährtin das mit uns herausgefunden. Sie hatte mein Parfüm in der Wohnung gerochen und ist ausgezogen. Für ihn war damit ein Problem gelöst, denn er war nicht glücklich in dieser Beziehung. Momentan ist das die einzige Affäre, die ich neben meiner Ehe habe.

Offenbar aber sehe sie sich auch weiterhin auf Internetportalen um, sage ich zu Kathrin. Schließlich habe sie meinen Aufruf zu einem sexuellen Bekenntnis ja auf einem solchen entdeckt. Ein Lächeln huscht über ihr Gesicht, ehe sie mir nickend zustimmt …

Der heimliche Kuppler

Irgendwie hatte das Jahr 1989 etwas Magisches. Für viele, die damals schon erwachsen waren, ist es auf irgendeine Weise ein bedeutendes Jahr. Der neugewählte südafrikanische Präsident Frederik Willem de Klerk verhandelte über die Abschaffung der Rassentrennung. Jassir Arafat versprach, künftig auf die Zerstörung Israels verzichten zu wollen. In Berlin fiel die Mauer, und die Deutschen aus Ost und West lagen sich in den Armen. Und in Niedersachsen lag eine junge Frau eine Nacht lang in den Armen eines Arbeitskollegen, was deren Verlobter ziemlich geil fand. Er ermunterte sie sogar, die Sache eine Weile weiterlaufen zu lassen. Noch immer ist der heute 61-jährige Frank ganz aufgekratzt, wenn er davon erzählt, wie erregend er es fand, wenn sie sich für den anderen schminkte und das passende Outfit auswählte. Und erst recht, wenn sie ihn später beim heimischen Sex mit dem Namen des Liebhabers ansprach. Die Neigung, die Frank damals in sich entdeckte, wird für ihn sein Lebtag mit dem Jahr 1989 verbunden sein. Seit jenem globalen Schicksalsjahr ist er ein heimlicher Cuckold. Also ganz so heimlich nun auch wieder nicht. Denn seine Frau – jene untreue Freundin aus dem Jahr 1989 – weiß natürlich davon. Und so mancher Chatpartner im Netz auch. Wie aber kriegt man einen wildfremden Mann (mit Hilfe des Internets) dazu, dass er die eigene Frau ganz real vögelt? Und das nach Möglichkeit, ohne dass sie von dem Komplott etwas erfährt? Diese Fragen wurden für Frank zu einer Art Wahn, und daraus entwickelte sich eine ziemlich schräge Geschichte ...

Wenn ich Sex mit meiner Frau habe, kommt es mir nur, wenn ich mir dabei vorstelle, nicht ich wäre es, der sie vögelt, sondern ein anderer Mann. Manchmal schaue ich mir auch Pornos an und denke, es sei meine Frau, die da gerade gefickt wird. Aber da muss ich sehr lange suchen, bis ich den richtigen Film gefunden habe. Denn für mich muss das alles realitätsnah sein. Ich habe eine Frau mit einem schmalen Körperbau und kleinen Brüsten, und so muss die Frau im Film auch aussehen, damit die Illusion funktioniert.

Es wäre mein sehnlichster Wunsch, dabei zusehen zu dürfen, wie sich meine Frau einem anderen Mann hingibt. Wenn ich ihr das sage, gefällt ihr das durchaus. Sie fragt mich dann, ob ich es wirklich ertragen würde, sie mit einem anderen zu erleben. Wenn ich aber anrege, dass wir in einen Swingerclub gehen, blockt sie sofort ab. Sie sei Lehrerin und Mitglied der Schulleitung, und als solche könne sie in einem derartigen Club erkannt werden. Aber auch wenn ich Clubs in anderen Städten nenne, durchaus etwas exklusivere Etablissements, ist sie nicht davon zu überzeugen. Da mich meine Phantasien aber nicht loslassen, suche ich im Internet den Austausch darüber mit anderen.

Vor vier Jahren habe ich schließlich einen Mann in einem

Chatroom kennengelernt, der sich ein Abenteuer mit meiner Frau vorstellen konnte, ja es reizte ihn sogar. Wir haben mehrfach miteinander telefoniert und überlegt, wie wir das einfädeln könnten. Ich kenne ja den Geschmack meiner Frau, und ich sah die Bilder dieses Mannes und erlebte seine Art am Telefon. Daher war ich mir ziemlich sicher, dass das ein Typ für sie sein könnte. Schließlich gab ich ihm, sein Name war Max, die Handynummer meiner Frau. Max wählte die Nummer, und als sie das Gespräch annahm, entschuldigte er sich und sagte, er habe sich wohl verwählt. Eine halbe Stunde später schrieb er ihr dann eine SMS und fragte, ob er sie noch einmal anrufen dürfe, ihre Stimme wäre so sympathisch gewesen. Sie schrieb zurück: Ja.

So entstand der erste Kontakt zwischen den beiden. Max hielt mich immer auf dem Laufenden, und ich gab ihm Tipps für sein weiteres Vorgehen. Allein diese Situationen, dass ich ihm bei der Verführung meiner Frau half, waren für mich enorm erregend! Max musste mich immer wieder bremsen, weil ich in meiner Erregung zu schnell zu viel wollte. Er kam aus dem Raum Ansbach und wir aus der Region Hannover. Da war die Entfernung schon ein Problem. Aber weil er beruflich zur CeBIT[4] musste, fand er eine Möglichkeit, sich mit meiner Frau zu verabreden. Sie ahnte nicht, dass ich im Hintergrund die Fäden zog.

Max ging ganz sachte vor, ließ sich Zeit, und so verabredeten sie sich wieder, dieses Mal in Goslar. Dort fragte er sie, ob sie mit ihm ins Hotel gehen würde, was sie aber ablehnte. So kam es nur zu Berührungen, Zärtlichkeiten und Küssen, wobei er sie aber an der Stadtmauer stehend sehr intim berührte. Sie waren unbeobachtet, und er schob ihren Pulli hoch, öffnete die Bluse und fuhr mit der Hand in ihren BH, knetete sanft ihre kleinen Brüste, wobei sie ihn stürmisch küsste.

---

4 Messe für Informationstechnik

Als er mir später am Telefon erzählte, wie sie sich anfühlte und wie sie dabei reagierte, wusste ich, dass es stimmte. Genauso kannte ich sie. Für mich war es ein irre geiles Erlebnis, von ihm zu hören, wie er sie berührt und zur Erregung gebracht hatte.

Es gab dann Wochen später noch ein weiteres Treffen in Feuchtwangen, als sie dort eine Freundin besuchte. Auf einem Parkplatz kam es in seinem Auto noch mal zu Intimitäten. Wieder öffnete er ihre Bluse, und da sie diesmal keinen BH trug, hatte er ihre Brüste direkt vor sich. Er nahm sie in den Mund, küsste sie und saugte daran, tastete sie sanft mit seinen Händen ab, während sie seinen Schwanz in seiner Hose massierte. Weiter ging es zwar nicht, aber sein Bericht am Telefon machte mich schier wahnsinnig vor Geilheit.

Dann hatte Max einen tragischen Autounfall und brach das Vorhaben leider ab. So ist es nie zum Geschlechtsakt zwischen den beiden gekommen. Schade! Seither suche ich in verschiedensten Internet-Foren nach geeigneten Männern. Allerdings erwarten die meisten, dass es ohne großes «Vorspiel» gleich aufs Ganze geht. Doch so läuft das natürlich nicht. Also suche ich weiter. Vielleicht finde ich ja doch noch mal jemanden wie Max, der es schafft, meine Frau ins Bett zu kriegen.

Die Busenfreundin

Eigentlich steht Frauke auf «echte Kerle», die sie «richtig rannehmen». Sie ist also so drauf, wie es von Radikalfeministinnen den Männern immer unterstellt wird, dass sie sich die Frauen wünschen würden. Frauke – eine leibhaftige Männerphantasie! Und diese Männer gibt es wirklich, da liegt Alice Schwarzer gar nicht falsch. Sie meldeten sich jedes Mal in Scharen, wenn Frauke auf markt.de annoncierte oder nachdem sie bei JOYclub ein Profil angelegt hatte. Seit einiger Zeit aber geht sie einer ganz anderen Leidenschaft nach, und auch dazu muss man Männer in der Regel nicht lange überreden ...

Seit einiger Zeit habe ich einen Sexfreund, mit dem ich immer mal wieder gezielt nach Frauen suche. Mit denen schreiben wir uns erst, und dann kommt es zum telefonischen Kontakt. Es werden auch Bilder ausgetauscht, und bei Sympathie und dem Gefühl, dass alles passt, treffen wir uns entweder bei ihnen oder bei uns. Dann lebe ich meine Bisexualität aus ...

In der Vergangenheit habe immer ich das sexuelle Spiel mit den Frauen angefangen. Er hat zunächst zugeguckt und wurde erst später aktiv. Wenn ich mit der Frau zusammen bin, benutze ich zwar auch Spielzeug, aber ich bin gar nicht sosehr in ihrem Intimbereich zugange. Sie bei mir hingegen schon eher. Ich bin aber auf ihren Busen fixiert und auf das Küssen. Ich mag an Frauenbrüsten einfach, dass sie weich sind und dass ich was in der Hand habe. Wenn wir nah beieinanderliegen, mag ich es sehr, wenn sich unsere Brüste berühren. Das fühlt sich ganz anders an als bei einem Mann – ganz klar! Die Brüste dürfen aber nicht zu groß sein. Bis zum Körbchen Größe «C» ist es noch gerade okay, aber was darüber hinausgeht, mag ich nicht wirklich.

Gemeinsam mit diesem Sexfreund habe ich mich bis jetzt mit drei unterschiedlichen Frauen getroffen. Bei der einen war es so, dass ich sie einfach nur geküsst und gestreichelt und mit ihr abwechselnd einen Blowjob bei ihm gemacht habe. Er durfte mich auch anspritzen. Weil ich ihn schon sehr lange kenne, darf er mir sogar ins Gesicht spritzen. Bei den beiden anderen hat er sich sehr zurückgenommen und erst mal zugeguckt, wie wir uns geküsst, gestreichelt, gegenseitig gefingert haben. Die eine hat mich auch gefistet. Dann habe ich angefangen, ihm einen zu blasen, und er hat sie danach penetriert.

Frauke und ihr Sexpartner scheinen ein gutes Team zu sein. Nach wie vor suchen sie im Internet nach Frauen, die sich auf ihr Spiel einlassen. Irgendwie scheint das für alle auf eine erotische Win-win-Situation hinauszulaufen.

Die Stellvertreterinnen-Nummer

Paul hat ein Problem, das viele in seinem Alter haben – seine Mid-life-Crisis geht einfach nicht zu Ende. Aus beruflicher Sicht hat der freie Fernsehjournalist und Produzent wenig Grund zu klagen. Jedenfalls zieht er diesbezüglich kein negatives Resümee, wie das bei Finanzbeamten, Polizisten oder erfolglosen Schauspielern schon mal vorkommt. Nein, sein Problem ist ein anderes, wenngleich nicht weniger häufig zu beobachten. Er ist nun Ende fünfzig, fühlt sich aber wie Mitte dreißig. Dagegen wäre gar nichts zu sagen, würden die von ihm bevorzugten Frauen ihn nicht auch als Endfünfziger wahrnehmen. Häufig ist er sogar älter als deren Väter. Als cooler Gesprächspartner ist er ja durchaus beliebt, aber über eine Liebesnacht mit ihm denken dreißigjährige Damen nicht einmal nach. Also tut er das, was viele tun, er besucht ein Bordell. Mehr als zehn Jahre schon geht er in steter Regelmäßigkeit immer zu derselben Prostituierten. Der Sex mit ihr ist längst zu einem Ritual geworden. Als er sie zum ersten Mal aufgesucht hatte, war sie 19 Jahre alt. Daher befindet sie sich auch nach einem Jahrzehnt noch in einem für ihn «akzeptablen Alter». Das hindert Paul allerdings nicht daran, auch andere junge Frauen sexy zu finden. Studentinnen etwa, denen er an der Journalistenschule begegnet, an der er unterrichtet, oder die in jenen Kneipen jobben, die er zwischen Hamburg und München aufsucht.

Ich habe Paul kennengelernt, bevor er von der Midlife-Crisis überrascht wurde. Vor über 20 Jahren ist das gewesen – in einem

Szenelokal unweit des Berliner Savignyplatzes. Seither sind wir uns oft zufällig über den Weg gelaufen, wenn er in der Hauptstadt zu tun hatte, und nie woanders als genau dort. Und hier vertraute er mir zu fortgeschrittener Stunde jenes Geheimnis an, das ich für mein Buch verwenden dürfe, wenn ich ihn Paul nenne und nicht etwa so, wie er wirklich heißt …

Wenn ich mich verknalle, verknalle ich mich wie ein Teenager. Und das passiert mir mindestens sooft wie einem Teenager und immer nur bei Mädchen, die kaum älter sind als ein Teenager. Also höchstens Anfang dreißig, meist aber jünger. Sind die Mädchen intelligent – und in Dumme verliebe ich mich nicht –, sind die an Gesprächen mit mir durchaus interessiert. Wohlgemerkt an Gesprächen, bedauerlicherweise nicht an mehr. Das heißt, sie folgen auch mal einer Essenseinladung oder besuchen mich auf meinem Segelboot. Völlig arglos. Wahrscheinlich kommen sie noch nicht mal auf die Idee, dass ich während des Onanierens intensiv an sie denken könnte. Aber genau das ist natürlich der Fall.

Vor einiger Zeit hatte ich eine Idee. In einer Hamburger Kneipe jobbt eine ziemlich junge Slawistikstudentin, der ich nach einer Weile ein Volontariat bei einem Sender verschaffen konnte. Von ihr wusste ich, dass sie Pornos anschaut und dabei masturbiert. Das hatte sie mir mal erzählt, als wir nach einem gemeinsamen Theaterbesuch noch was trinken waren. Da sie nun mit dem Volontariat einen ersten Schritt in den Journalismus gemacht hatte, fragte ich sie eines Tages, ob sie mir bei einer Recherche behilflich sein wolle. Ich machte es geheimnisvoll, erzählte ihr, dass ich nebenbei an einem erotischen Roman arbeite und mich bei einer bestimmten Szene für die Frauenperspektive interessieren würde. Mehr könne ich nicht sagen, da es darum ginge, welche Gefühle während der Recherche bei ihr spontan aufträten. Ich ließ sie also im Unklaren, was sie zu erwarten hatte. Alles, was ich ihr sagte, war, dass ich sie an einer bestimmten Adresse treffen wolle. Allerdings würde ich ihr dort als wildfremder Mann begegnen, es würde keine Begrüßung, nicht mal ein Gespräch geben. Sie solle mir einfach nur folgen, so wie ein Schatten ...

Es war ihr von Paul zugesichert worden, dass niemand sie ansprechen, ja auch nur zur Kenntnis nehmen würde. Sie könne sich fühlen, als sei sie unsichtbar. Anschließend würde man sich dann in alter Vertrautheit in einem gegenüberliegenden Lokal treffen. Dort solle sie ihm dann aufs Band sprechen, was sie zuvor auf der anderen Straßenseite als Schatten eines fremden Mannes erlebt habe. Und von jenem «fremden Mann» solle sie in ihrer Erzählung folglich in der dritten Person sprechen.

Würde dieses Abenteuer im Sinne einer jungen Studentin sein? Tatsächlich ließ sie sich darauf ein. Das Ganze verlief dann ganz in Pauls Sinne, und die Abschrift ihrer mündlich vorgetragenen Schilderung der Ereignisse stellte er mir zur Verfügung:

Heute hatte ich ein sehr außergewöhnliches Treffen. Ich bin einem Mann gefolgt, und wir kamen in eine Wohnung. Zuerst dachte ich, es wäre ein Massageinstitut, weil wir von einer älteren Frau in weißer Kleidung empfangen wurden. Sie hat uns in ein Zimmer geführt mit einem großen Bett und vielen Spiegeln. Ich fand das aufregend und überlegte, was das sein könnte. Also, ich dachte da schon, dass es zu irgendwelchen erotischen Begegnungen kommen könnte. Er saß etwas entfernt auf einem Sofa und ich auf einem Stuhl direkt neben dem Bett. Er wirkte ein wenig aufgeregt, zündete sich eine Zigarette an, zog die Schuhe aus, und seine Füße bewegten sich im Takt der Musik unruhig hin und her. Es vergingen vielleicht vier oder fünf Minuten, in denen nichts passierte. Es herrschte eine ruhige, aber sehr angenehme Atmosphäre. Auf einmal ging die Tür auf, und es erschien eine wunderschöne große Frau, mit blonden Haaren, langen Beinen in schwarzen Strümpfen. Sie wirkte total erotisch, und ich dachte nur: «Wow!»

Die beiden begrüßten sich mit einem Kuss. Dann sagte sie: «Na los, zieh dich aus!» Ich muss sagen, nachdem er mir vorher etwas von einer Recherche erzählt hatte, habe ich so etwas nicht erwartet. Aber es war sehr aufregend für mich.

Tja, dann lagen sie auf dem Bett und fingen an, sich überall zu berühren. Die Frau hatte eine ganz weiche Stimme, und ab und zu hat sie ein wenig gelacht, so wie ein kleines Mädchen. Als sie sich nun berührten und küssten, habe ich mich gefragt, was jetzt mit mir gerade passiert. Anfänglich habe ich es ziemlich cool empfunden, aber nach und nach fand ich das Ganze sehr erotisch, weil ich so was noch nie live erlebt hatte. Alles lief ganz natürlich ab, als ob die zwei sich schon länger kennen. Sie gingen sehr vertraut miteinander um, vor allem, wenn sie sich geküsst haben. Oder aber, er kannte sie schon aus seinem privaten Umfeld, denn im Bordell küsst man sich ja nicht. Glaube ich zumindest. Er hat sie also überall berührt, an den Beinen, an den Brüsten …

Am Anfang trug sie noch einen Slip, der dann ausgezogen wurde. Dann hat er sich ganz langsam hinuntergetastet in Richtung ihrer Muschi und hat angefangen, sie zu lecken. Sie hat dabei gestöhnt, was ich total erregend fand. Also schon zu einem Zeitpunkt, an dem es noch gar nicht zum Akt gekommen war. Ich war erregter, als wenn ich mir einen Porno ansehe, denn es fand ja live nur einen Meter von mir entfernt, direkt vor meinen Augen statt. Sie forderte ihn auf, die Zunge tiefer reinzustecken. Nach etwa fünf oder sechs Minuten hat er gesagt: «Ich will dich jetzt ficken!» Aber sie sagte: «Nein, *ich* werde dich gleich ficken!» Das fand ich super, wie sie das umgedreht hat. Doch bevor es zum Akt gekommen ist, hat sie ihm noch ein wenig den Schwanz geblasen. Er lag da, und auf einmal schaute er zu mir. Ich habe das erst nicht verstanden, aber dann dachte ich mir, es gefällt ihm wahrscheinlich, dass ich danebensitze. Er war definitiv sehr erregt, das merkte man. Auch ich empfand das alles als pure Erotik, weil diese Frau so schön war. Sie hatte einfach alles, sie war groß, blond, hatte lange Beine und überhaupt den absolut perfekten Körper und wunderschöne Haut. Sie hatte große Brüste, war sehr schlank, und so, wie es aussah, fand auch er sie total sexy. Dann hat sie sich auf ihn gesetzt, und es kam zum Akt. Der Moment, als er in sie eingedrungen ist, war für mich ein größerer als jener, in dem er später gekommen ist. Man sah, wie zwei Körper sich vereinen, und auch die Emotionen in den Gesichtern der beiden. Das Ganze hat mich sehr angemacht.

Irgendwann sind sie in die sogenannte Missionarsstellung gewechselt. Am Anfang hat er sich nur langsam bewegt. Dann aber hat sie ihn aufgefordert: «Los, gib es mir! Gib's mir richtig! Noch stärker!», und es wurde immer heftiger. Sie waren wie in Trance, vor allem er. Ihr Gesicht konnte ich nicht richtig sehen, weil sie so lag, dass ich ihren Kopf nur von hinten sehen konnte. Zwischendurch schaute er zu mir. Für sie war es so, als sei ich gar nicht da, aber er hat mich immer mal wieder beobachtet, wie ich auf das reagierte, was da ablief. Ich glaube, ich wirkte ziemlich cool, obwohl ich das alles total aufregend fand.

Nach einer Weile hat sie ihn aufgefordert, sich wieder hinzulegen. Sie machte ihm das Kondom ab und fing wieder an, seinen Schwanz zu blasen, und mit der Hand hat sie mit seinen Hoden gespielt. Mir schien es so, als sei sie auch erregt. Er war ja sowieso in einer anderen Welt.

Eine Sache habe ich nicht verstanden, das war, als er zu einem kleinen Fläschchen griff und daran geschnüffelt hat. Wahrscheinlich war das irgendwas, was die Erregung noch steigert. Er hat immer heftiger gestöhnt und gerufen: «Oh mein Gott, ist das geil!» Schließlich hat sie ihn masturbiert, bis es zur

Explosion kam und er auf ihre Brüste spritzte. Die Frau sagte: «Wow, das ist ja eine ganze Menge!» Und das war es auch.

Sie umarmten sich und haben sich dabei weitergeküsst. Das fand ich sehr schön. Ich meine, er ist gekommen, und normalerweise, so stelle ich es mir jedenfalls vor, würde sie einfach aufstehen und gehen. Aber sie küssten sich weiterhin, und sie berührten und streichelten sich. Für mich kam das alles sehr unerwartet. Es war eine neue Erfahrung, aber überhaupt nicht uninteressant. Ganz im Gegenteil! Also, ich habe es genossen, das Ganze zu erleben.

Es wird nicht so recht klar, ob die junge Studentin bemerkt hat, dass sie nicht nur unbeteiligte Begleiterin, sondern in Pauls Kopfkino natürlich Teil einer erotischen Inszenierung geworden ist. Zumindest thematisiert sie es nicht, deutet lediglich an, dass ihre Anwesenheit ihm zu «gefallen» schien. Nun hatte Paul Blut geleckt. Eine Weile später rief er die von ihm als begehrenswert empfundene Tochter einer Kneipenbekanntschaft an und verabredete sich mit ihr. Würde die 26-jährige Jura-Studentin, eine attraktive junge Intellektuelle, sich auf Pauls Vorschlag einlassen, oder würde sie so lange kritisch nachfragen, bis ihm die Lust verging. Überraschenderweise willigte sie umgehend ein. Ohne Vermutungen auszusprechen, ohne Fragen zu stellen. Doch ihre anschließende, sachlich-nüchterne Beschreibung des Gesehenen unterschied sich – obgleich Paul das Sex-Ritual exakt wiederholte – deutlich von dem ihrer Vorgängerin:

Nach unserem Vorgespräch hatte ich genau das erwartet, was dann kam, allerdings zu einem späteren Zeitpunkt. Also, ich war innerlich darauf vorbereitet, nahm aber an, es würde vorher noch irgendwas anderes passieren.

Tja, wie lief der «Film» ab? Man trifft sich stumm vor einem Haus und geht dann gemeinsam hoch in eine Wohnung. An der

Tür hängt ein goldenes Schild, auf dem nur ein Name steht. Man denkt an eine Arztpraxis oder Ähnliches. Wir gehen rein, und meine erste Assoziation ist, dies könnte eins von den etwas besseren Massagestudios sein. Wir werden von einer älteren Frau zu einem Raum geführt, und da ist alles so gemacht wie in einem Schlafzimmer von Eheleuten. Erst mal ist mir nicht klar, ob das alles wirklich etwas mit Sex zu tun haben wird oder nur mit einer erotischen Massage. Ich sehe mich um und erkenne: Alles hier ist Fake. Das geht schon mit der Zimmerdecke los. Wenn man nur ein bisschen genauer hinsieht, wirkt die Decke billig, fast wie aus Pappe. Sie wurde aber mittig mit einem weißen Tuch abgehängt, um die Illusion eines romantischen Ambientes zu erzeugen. Dazu passen auch die Kerzenleuchter und die Tapeten mit Rosenmuster an den Wänden. Die Bilder, auf denen Aktzeichnungen zu sehen sind, stellen schon einen sexuellen Bezug her. Mir ist nun klar, dass mehr als eine Massage stattfinden wird, denn dafür müsste man diesen Aufwand nicht betreiben. Man merkt aber auch, dass in diesem Raum etwas ist, was nicht wirklich lebt. Es ist alles zu gesetzt – ein Übergangsort. Wäre das hier wirklich ein eheliches Schlafzimmer, würde das niemand sexy finden. Aber dafür, dass es lediglich ein Übergangsort ist, strahlt es schon auf eine gewisse Weise etwas Erotisches aus.

Mir wird von der Dame ein Stuhl direkt neben dem Bett zugewiesen, und der Mann setzt sich auf der anderen Seite des Raumes auf ein Sofa. Die Dame verlässt den Raum, er zieht die Schuhe aus, schlägt ein Bein über das andere. Er lehnt sich relax zurück und fängt an, mit dem Fuß im Rhythmus der Musik zu wippen. Er wirkt aber nicht so, als ob er ungeduldig auf etwas warten würde. Man sieht ihm vielmehr an, dass er mit dieser Umgebung vertraut ist, und auch, dass er schon weiß, was gleich passieren wird.

Die Tür geht auf, und eine Frau kommt herein, die nur Dessous trägt und dunkle halterlose Strümpfe. Sie wirkt im ersten Moment so wie eines dieser gezeichneten Pin-up-Girls: blonde lange Haare, große blaue Augen, etwas zu große und etwas zu pralle Brüste, um natürlich zu sein … im Großen und Ganzen ein bisschen billig. Aber schon eine gute Silhouette. Ich kann jedenfalls verstehen, dass Männer in einem erotischen Kontext auf so was stehen.

Sie trägt einen goldenen Ehering. Entweder soll so die Illusion einer Situation zwischen Eheleuten erzeugt werden oder die eines Ehebruchs, wie dem auch sei, eine Illusion ist es auf jeden Fall. Sie geht zu dem Mann, und man merkt, dass die beiden sich kennen. Sie küssen sich intensiv und sehr leidenschaftlich. Sie will, dass er sich auszieht. Währenddessen öffnet sie ihren BH, streift ihn ab und präsentiert ihm ihre prallen Brüste. Sofort beginnt er an den Brüsten zu lecken und an den Nippeln zu saugen, während sie ihm an die Hoden fasst. Dann beißt sie ihm leicht in seine Brustwarzen, und er stößt kleine Schreie aus, die auf einen lustvoll empfundenen Schmerz hinweisen. Dann sagt sie, er soll sich hinlegen. Man merkt ihm an, dass er erregt ist, also nicht nur an seinem erigierten Glied … Sie zieht nun auch noch den Slip aus, geht zu ihm aufs Bett und nimmt sein Glied in den Mund. Dabei stöhnt sie, aber es ist völlig klar, dass gar nicht genug Zeit war, um schon so erregt zu sein. Aber es gehört eben zum Spiel. Eigentlich ist alles ein bisschen *too much*, die Deko, die prallen Brüste und auch ihr Gestöhne. Sein Stöhnen wirkt viel authentischer, und das ist es natürlich auch. Es handelt sich eindeutig um ein Agreement zwischen den beiden, und insofern ist es dann auch wieder stimmig. Zwischendurch schaut er immer mal zu mir, was ich aber nicht unangenehm finde. Zumindest stört es mich nicht. Wahrscheinlich findet er es erregend, dass ich zusehe. Irgendeinen Grund muss es ja haben, dass er mich hier hingebracht hat, denke ich mir.

Nach einer Weile sagt er ihr, dass er sie lecken möchte. Und sie freut sich, so sagt sie jedenfalls, legt sich bereitwillig hin und macht die Beine breit. Sie gibt ihm Anweisungen, offensichtlich, um ihn weiter zu erregen. Sie sagt zum Beispiel, dass er tiefer rein soll mit seiner Zunge und schneller lecken und so weiter. Nach einer Weile sagt er ihr, dass er sie ficken will. Und sie sagt, dass er sich erst mal hinlegen soll. Sie küssen sich noch mal, dann greift sie zu einem Präservativ und reißt mit den Zähnen die Verpackung auf. Sie nimmt den Gummi in den Mund und streift ihm das Kondom mit dem Mund über seinen Schwanz. Ich denke: «Wow, das ist aber jetzt mal eine geile Anregung fürs eigene Sexleben!» Sie lutscht seinen Schwanz noch ein bisschen, und dann setzt sie sich auf ihn drauf und reitet ihn. Ihre High Heels hat sie anbehalten. Er genießt das Ganze sehr und breitet seine Arme aus. Währenddessen finden Gespräche statt, in denen er sie als Göttin bezeichnet und ihr sagt, wie schön sie ist. Und ihr merkt man an, dass sie es gewohnt ist, so gesehen zu werden. Und dann passiert ihm ein Ausrutscher, als er sagt, er liebe sie. Sie betont mehrmals, dass er immer wieder zu ihr kommen müsse, weil er ihr verfallen sei, was er auch nachdrücklich bestätigt. Schließlich seufzt sie wieder ein bisschen zu aufgesetzt, wie ich finde. Er soll sich offenbar bestätigt fühlen als Mann. Man merkt ihm deutlich an, dass er schon tief reingerutscht ist in diese Illusion. Das zeigen eben all die Sätze, die er zu ihr sagt, und auch diese kitschige Titulierung als Göttin. Ich bezweifle stark, dass er das alles in einer anderen Situation auch so sagen würde.

Während sie ihn reitet, kneift sie ihm wieder in die Brustwarzen, und er genießt es ganz offensichtlich. So was macht man ja nur, wenn man mit jemandem vertraut ist, also seine Leidenschaften gut kennt.

Nach einer Weile sagt er, dass er sie jetzt von oben nehmen möchte. Sie sagt: «Oh ja, das finde ich gut!», und legt sich auf den Rücken. Nun steigt er auf sie und dringt in sie ein, und sie feuert ihn an: «Los, schieb ihn tief rein! Fick mich härter!» In dem Moment spüre auch ich eine gewisse Erregung, weil das durchaus in mein Sexualitätsschema passt. Als Frau erregt sie mich null, dieses Blondchen mit dem Fake-Körper – von den gemachten Brüsten bis zu der künstlichen Bräune. Nun merke ich erst, dass er während des Geschlechtsaktes die ganze Zeit zu mir sieht. Irgendwie strange. Plötzlich sagt er, während er mir tief in die Augen blickt: «Ich möchte gern auf deinen Brüsten abspritzen!» Nun wird mir klar, dass er im Kopfkino gerade mit mir Sex hat. Die Dame ist quasi nur die Stellvertreterin, was mich durchaus amüsiert.

Sie sagt: «Sehr gern!», nimmt ihm das Kondom ab und setzt sich so hin, dass sein Schwanz jetzt direkt zwischen ihren Brüsten ist, und befriedigt ihn mit der Hand. Sie heizt ihn an: «Ja, ich möchte deinen Saft auf meinen Titten haben! Komm, gib mir deine Sahne!», und Ähnliches. Von irgendwoher holt er ein kleines Fläschchen mit Poppers[5] hervor, vielleicht hat er es auch die ganze Zeit in den Händen versteckt gehalten. Ich kenne den Geruch, weil ein Freund von mir das auch mal benutzt hat. Jedenfalls riecht er daran und starrt mit glasigem Blick zwischen ihren Brüsten und mir hin und her. Sein Atem kommt nun immer stoßartiger, das Stöhnen wird lauter. Plötzlich verdreht er die Augen, schreit laut los und spritzt sein ganzes Sperma auf ihre Brüste. Dann küssen sie sich wieder.

Was mich gewundert hat, ist, dass sie sich überhaupt und auch zwischendurch immer wieder leidenschaftlich geküsst haben. Also richtige Zungenküsse. Das ist, soviel ich weiß, in

---

5 Bei Poppers handelt es sich um eine Slang-Sammelbezeichnung für eine Gruppe flüssiger und kurzzeitig wirksamer Drogen. Die Dämpfe der jeweiligen Flüssigkeit werden direkt aus dem Gefäß inhaliert, in dem diese aufbewahrt wird. Die psychische Wirkung, bestehend aus einer Intensivierung von Empfindungen, hält – abhängig von der inhalierten Menge – zwischen einer und maximal zehn Minuten an.

diesem Gewerbe eigentlich nicht üblich. Andererseits war das auch kein Billig-Puff wie auf der Reeperbahn, sondern es herrschte durchaus eine Edel-Situation. Das war eher schon so was wie eine Wellness-Oase für den erotischen Bereich. Und wenn man schon eine eheähnliche Illusion aufbaut, muss man sich eben ab und an auch mal einen Kuss geben. Sonst würde das ja alles gar nicht passen.

Als es losging und ich erkannte, was abgehen würde, war ich gespannt, ob ich irgendwas Neues lernen würde. Auf jeden Fall weiß ich jetzt, dass ich wohl auch ganz gut Geld verdienen könnte. Zwar habe ich nicht gesehen, dass er sie bezahlt hätte, trotzdem gehe ich davon aus. Denn sie wollte ja schließlich, dass er wiederkommt, und ich kann mit Sicherheit sagen, dass sie auf keinen Fall einen Orgasmus hatte. Und etwas weiß man als Frau: Wenn jemand so übertrieben spielt, wie sie das getan hat, dann ist unten alles tot. Sie hat nichts getan, was ich nicht auch mache, wenn ich mit meinem Freund im Bett bin. Eigentlich bräuchten wir Frauen viel mehr Streicheln und Zärtlichkeiten. Denn beim bloßen Geficktwerden, das wir ja alle kennen, machen wir halt diese Stöhnnummer, damit er endlich kommt und zufrieden ist – und wir unseren Part erledigt haben.

Der Spanner

Eigentlich tummelt sich Madeleine in diversen Internetforen, um Jungs zu kontaktieren, die in ihrem Alter sind «oder ein paar Jahre älter». Man chattet, spricht über dies und das und natürlich irgendwann auch mal über Sex. Eher selten verabredet sie sich mal mit einem, und noch seltener kommt es dann auch «dazu». Darüber aber will Madeleine mit mir nicht sprechen. Als ich sie aber auf einem der Portale kontaktiere und auf die Website für dieses Buch verweise, ist sie bereit, mir am Telefon von Erich zu erzählen. Der ist alles andere als nur «ein paar Jahre älter». Wenn er sich auf die Portale für Teenies begibt, dann sucht er sehr junge Mädchen aus seiner Stadt mit einem ganz konkreten Anliegen, das er auch unverblümt anspricht …

Von Erich hab ich durch eine Freundin erfahren, die ihn im Chat kennengelernt hatte. Damals war sie schon zweimal bei ihm zu Hause gewesen. Die Sache sei ganz einfach, hat sie gesagt. Man setzt sich mit einem kurzen Rock und ohne Höschen auf einen Stuhl neben sein Bett, und er holt sich selbst einen runter. Man werde nicht begrapscht, sondern nur angegafft. Wenn man dann irgendwann die Muschi zeige, spritze er ab. Auf dem Tisch liege ein Taschengeld von 80 Euro. Wenn er fertig ist, steckt man das einfach ein – und «tschüss»! Das hört sich total cool an. Ich jobbe in einer Eisdiele zum Mindestlohn. Und nun sollte ich für 80 Euro nichts weiter tun müssen, als mich angaffen zu lassen? Begafft werde ich auf der Straße schließlich auch und bekomme gar nichts dafür. Das Ganze bei Erich dauere, keine Ahnung, zehn Minuten oder so, hieß es …

Was mir meine Freundin nicht gesagt hatte: Erich ist älter als mein Vater. Sogar ziemlich viel älter. Kein unangenehmer Typ, und für sein Alter sieht er wahrscheinlich gar nicht schlecht aus. Wenn ich jetzt so Mitte 50 wäre, käme er ja vielleicht sogar in Frage. Aber, hallo? Ich bin 19, und wenn mich einer wie Erich zu so was «einlädt», dann sind 80 Euro kein Honorar, sondern Schmerzensgeld.

Meine Freundin hatte Erich ein paar Fotos von mir auf ihrem Smartphone gezeigt. Sie sagte, ihm seien fast die Augen rausgefallen. Ich sollte ihn unbedingt besuchen. Na klar kam mir das irgendwie komisch vor, aber sie war ja schon zweimal da gewesen, und nun wollte er wohl auch mal wieder jemand anderen haben. Ich habe zwei oder drei Tage nachgedacht, dann hab ich gesagt: «Okay, mach ich!» Mir war klar, dass der über die gängigen Portale sowieso Mädchen finden würde, die die Kohle abgreifen. Warum also sollte ich das nicht sein?

Ich bin nach meinem Job in der Eisdiele mit dem Fahrrad zu ihm. Erich wohnt in einer ziemlich piefigen Gegend. Allein. Geschieden. Das hat er mir irgendwann mal erzählt, als ich nach seinem Samenerguss noch eine Zigarette bei ihm geraucht habe. Eingerichtet ist er so, wie man es selbst nicht haben wollte. Nicht mal meine Eltern kaufen solche Möbel. Aber das kann mir ja auch egal sein …

Er machte mir also die Tür auf und begrüßte mich sehr höflich. Wir gingen ins Schlafzimmer, wo der Stuhl schon bereitstand und Erich fragte, ob ich was trinken wolle. Dann ging er sich fertig machen. Ich zog also meinen Slip aus und nahm etwas breitbeinig auf dem Stuhl Platz. Nach einer Weile kam er in einem weißen Bademantel herein und strich mir leicht über den Kopf. Ich dachte: «Oh, oh!» Aber dabei blieb es. Dann legte er sich aufs Bett und fragte: «Kann's losgehen?» Und ich sagte: «Why not?»

Er klappte also den Bademantel auf und lag nun nackt vor mir. Mir fiel auf, dass sein Schwanz noch nicht vollständig steif war. Schon ein wenig vergrößert, aber eben noch nicht steif. Er fasste ihn an, und vielleicht auch, weil ich das Ding so interessiert betrachtete, richtete es sich schnell auf. Dann schaute ich Erich ins Gesicht. Er stierte auf meine Beine und hatte den Mund halb geöffnet, während er sich den Schwanz massierte. Ich stellte mir die Frage, ob irgendwas mit mir passierte, gefühlsmäßig oder so. Aber null! Der hätte sich genauso gut ein Butterbrot schmieren können. Bei ihm schien das anders zu sein, denn er atmete immer lauter. Stoßartig. Und nach einer Weile hörte es sich fast an, als ob er Asthma hätte. Da fiel mir ein, dass mir meine Freundin gesagt hatte, wie man das Ganze beschleunigen konnte. Ich rutschte also vorsichtig an die Stuhlkante vor, sodass mein Rock hochrutschte. Nun konnte Erich fast alles sehen. Dann zog ich mit beiden Händen die Schamlippen auseinander und gewährte ihm freien Blick auf meine Muschi. Jetzt hatte er keinen asthmatischen Anfall mehr, er grunzte wie ein Ferkel, das gerade abgestochen wird. Ich guckte auf seinen Schwanz, und genau in diesem Moment schoss sein Sperma raus. Mein Job war erledigt. Ich steckte das Geld ein und sagte: «Ich hab dir meine Handynummer hier auf einen Zettel geschrieben. Bitte nicht anrufen! Nur SMS! Ich ruf dann zurück.»

Inzwischen war ich schon fünfmal bei Erich. Er sagt, so oft habe er zuvor noch keine gebucht. Er sagt «gebucht»! Ich werde also von ihm gebucht. Okay, meinetwegen, dann werde ich also gebucht. Bei den letzten Malen bin ich immer noch auf eine Zigarette oder zwei geblieben und hab mich ein wenig mit ihm unterhalten – wie eine Sozialarbeiterin. Für nächsten Mittwoch bin ich auch schon wieder «gebucht». Empfinden tue ich noch immer nichts für Erich, jedenfalls nicht in erotischer Hinsicht. Es geht mir nur um das Geld, und das habe ich ihm auch gesagt. Das schien ihn aber gar nicht zu stören. Fast hatte ich das Gefühl, dass ihn das sogar angemacht hat. Keine Ahnung!

Nachdem mir Madeleine diese Geschichte erzählt hatte, konfrontierte ich sie damit, dass ich das Ganze für eine Phantasie halte, wie junge Frauen sie halt manchmal haben. «Junge Frauen haben solche Phantasien nicht!», empörte sie sich über meine Skepsis. Wir beendeten das Gespräch daraufhin mehr oder weniger ergebnislos. Wenige Tage später bekam ich einen Anruf von Erich …

Wenn mir an dem Mädchen nichts liegen würde, käme ich bestimmt nicht auf die Idee, mich bei Ihnen als Spanner zu outen. Aber ich habe mich in Madeleine verliebt. Natürlich ist das einseitig. Das kann auch gar nicht anders sein. Aber ihre Besuche sind mir wichtig, und sie hat gesagt, ich solle bei Ihnen anrufen. Also, was wollen Sie wissen?

Der Anruf kam überraschend. Üblicherweise bereite ich mich auf Telefoninterviews vor. Das war in diesem Fall aber nicht möglich gewesen. Entsprechend verkrampft verliefen auch die ersten Minuten. Ich war nicht vorbereitet und mein Gesprächspartner nicht wirklich willens, mit mir zu reden. Er meinte, sein Fall sei ganz sicher nichts Ungewöhnliches. Und dann fing er doch zu erzählen an ...

Andere Männer in meinem Alter schauen doch auch jungen Mädchen hinterher. Gerade jetzt im Sommer, wenn sie kurze Röcke tragen und bauchfreie Tops. Ich bin mal eine Weile zu jungen Huren gegangen, und die sagten mir, dass mit dem warmen Wetter auch bei ihnen die Hochsaison beginnen würde. Das beweist meine These. Man ist doch nicht weniger anfällig für diese Beautys, nur weil man älter wird. Wie gesagt, bin ich manchmal ins Bordell gegangen. Aber die Huren, seien sie auch noch so jung, haben fast alle diesen mädchenhaften Charme verloren. Außerdem kann man sich nie sicher sein, ob sie der Prostitution freiwillig nachgehen. Und man möchte ja keine Zwangsprostitution unterstützen. Also lasse ich das inzwischen. Aber die Geilheit ist geblieben, und man sieht diese jungen Dinger ja überall. Eine Weile habe ich einsam vor mich hin onaniert. Entweder habe ich an Mädchen aus der Nachbarschaft gedacht, die mir gefielen, oder ich habe mich in Privatchats mit Webcam[6] angemeldet. Aber es geht natürlich nichts über echte

6   Auf kommerziellen Internetportalen erhält man nach einer Anmeldung Zugriff auf die Webcams von jungen Frauen, sodass man live mit ihnen kommunizieren und quasi in ihre Schlafzimmer gucken kann.

Anwesenheit. Eines Tages hatte ich dann die Idee, Mädchen auf Internet-Portalen zu kontaktieren und ihnen im privaten Chat – also wo nur wir beide lesen können, was geschrieben wird – ein entsprechendes Angebot zu machen. Es genügt mir, wenn sie bei mir sitzen in aufreizender Pose und ich mich selbst befriedige. Noch reicht es mir. Wenn's mal anders sein sollte, werde ich mein Angebot erweitern. Mal sehen, wer darauf eingeht.

Der versaute Romantiker

Mädchen oder Frauen anzusprechen war Toms Sache noch nie. Er führt das auf sein Elternhaus zurück, in dem er eine Erziehung genossen hat, die ihm bis heute im Wege steht …

Ich bin bei meinem Vater und meiner Stiefmutter aufgewachsen. Da ging es so prüde zu, dass mein Vater sogar bei Kussszenen im Fernsehen umgeschaltet hat, wenn wir Jugendlichen dabei waren. Das muss man sich mal vorstellen! Ich habe noch einen älteren Bruder aus der ersten Ehe meiner Stiefmutter sowie zwei jüngere Halbgeschwister. Ich bin sozusagen mittendrin. Doch auch mit meinen Geschwistern habe ich in der Pubertät absolut nie über Sex geredet. Mit meiner Halbschwester habe ich mal darüber gesprochen, als ich so meine ersten Erfahrungen gemacht habe. Mit ihr konnte ich reden, aber ansonsten ist auch sie sehr konservativ. Über gewisse Sachen hinaus ging da nichts. Und mit meinem jüngeren Bruder konnte ich über so etwas schon gar nicht reden.

Erst vor zehn Jahren habe er damit begonnen, erzählt mir Tom, sich in sexueller Hinsicht von seiner prüden Erziehung frei zu machen. Da war er immerhin schon 37 Jahre alt und – von einer kurzen Beziehung abgesehen – noch immer Single. «Das Verrückte ist, ich bin einerseits Romantiker, andererseits aber auch ziemlich versaut. Das sind zwei Gegenpole», erklärt er. Was ein Romantiker ist, kann ich mir ja noch einigermaßen vorstellen, was aber versteht er in seinem konkreten Fall unter «versaut»?

Beim Anschauen einer bestimmten deutschen Pornofilmreihe habe ich meine Vorliebe für Gesichtsbesamung entdeckt. Schon als ich das zum ersten Mal gesehen habe, hat mich das extrem erregt. So etwas kannte ich nicht. Da passieren zum Teil recht heftige Geschichten in dieser Reihe, die *German Goo Girls* heißt. Goo steht in diesem Fall für Sperma. Zum Teil wird es den Frauen da von mehreren Männern ins Gesicht gespritzt. Bukkake nennt man so etwas. Und das finde ich einfach geil – keine Ahnung, warum. Diese Videos sind mit Mädchen oder Frauen gedreht worden, die das eindeutig als angenehm empfinden und in Interviews auch so sagen. Genau das hat mich total aufgegeilt. Seitdem ist das bei mir so etwas wie ein Fetisch. Eines Tages habe ich eine Anzeige geschaltet, speziell für diese Gesichtsbesamungsgeschichte. Es hat eine Frau geantwortet, und als ich sie per Mail gefragt habe, ob es okay wäre, wenn wir das machen, hat sie nur geantwortet: «Ja, dann komm halt vorbei.» Das habe ich getan, und es war seitdem das geilste Erlebnis, das ich je hatte. Weil die Frau so devot war und es genossen hat, wie ich mir das immer erträumt hatte. Ich habe sie nicht gevögelt, sondern erst ein bisschen geleckt, aber es war schon klar, dass ich speziell wegen dieser einen Sache bei ihr war. Ich habe meistens den Ablauf und das Setting schon ganz genau im Kopf. Und in dem Fall war es so, dass ich ihr vorher bereits alles geschrieben hatte. Das mache ich ganz gerne so. Trotzdem kam es nicht dazu, dass wir das so umgesetzt hätten, weil sie es nicht im Wohnzimmer machen wollte. Ich aber fand gerade die Vorstellung geil, es auf der Couch zu machen. Sie wohnte im Erdgeschoss, das Wohnzimmer lag im Hochparterre, das Schlafzimmer allerdings im Souterrain. Nicht vor allen Fenstern hingen Vorhänge, und draußen war es hell, deswegen meinte sie, dass wir doch lieber runter ins Schlafzimmer gehen sollten. Ich ärgere mich heute noch, dass ich nicht gesagt habe: «Nichts da, du bleibst, ich spritz dich hier voll!» Ich war viel zu lasch. Die Frau wollte doch, dass der Mann eine klare Ansage macht, ihr sagt, was Sache ist. Aber damals hatte ich damit noch große Probleme. Wir sind also runtergegangen. Erst habe ich sie geleckt, doch dann habe ich gesagt, wir sollten jetzt mal loslegen. Sie hat gesagt: «Also gut, dann leg mal los. Wo willst du denn hinspritzen?» Ich fing an zu stammeln, dass wir doch darüber gesprochen hätten. Worauf sie sagte: «Okay, dann mach's, muss ich danach halt wieder Haare waschen.» Es ging dann zwar wirklich ab, wir waren extrem scharf, aber es wäre auch noch ausbaufähig gewesen. Ein paar Wochen später war sie bei mir, aber die Stimmung war nicht mehr so richtig gut. Sie meinte: «Das mit dem Ins-Gesicht-Spritzen, das machen wir heute aber nicht», und hat mir stattdessen einen geblasen. Danach war's vorbei, es gab keine Treffen mehr. Ich habe dann weitere Annoncen geschaltet und andere Frauen getroffen. Das Problem ist nur, dass ich es, bis auf dieses eine Mal, noch nicht wieder so erlebt habe, wie ich mir das vorstelle und gerne hätte. In München habe ich zum Beispiel mal eine Mittzwanzigerin getroffen, sehr hübsch, die hat das auch gemacht – aber sie hat es nicht genossen. Das habe ich zwei-, dreimal ausprobiert und es dann wieder gelassen. Das bringt mir nichts, wenn ich merke, dass da nichts zurückkommt.

Übrigens stehe ich dem Ganzen bis heute emotional sehr ambivalent gegenüber: Einerseits von der Geilheit und der Lust am Ausüben getrieben, muss ich andererseits oft feststellen, dass sich die tatsächlichen Umsetzungen bisher kaum mit meinen Phantasien gedeckt haben. Wenn der Akt rum ist, kommen außerdem große Reuegefühle in mir hoch. Ich fühle mich irgendwie schuldig. Und das, obwohl es doch einvernehmlich passiert ist. Ich kann das überhaupt nicht steuern. Ich fühle mich einfach ausgelaugt und habe das ungute Gefühl, dass etwas nicht in Ordnung ist. Ich habe das auch schon dann und wann zur Sprache gebracht. Vor einigen Wochen hatte ich zum Beispiel eine Frau da, die ganz nett war und das wohl auch gerne gemacht hat. Danach hatte ich trotzdem wieder das übliche Problem. Als ich sie gleich hinterher gefragt habe: «Hoffentlich war das okay für dich?», war sie total locker. Während sie sich abgewischt hat, sagte sie nur: «Ja klar ist das okay für mich, sonst würde ich es ja nicht machen.» Die Frau war Mitte bis Ende dreißig, und man hat einfach gemerkt, dass sie schon eine ganze Menge Erfahrung mit Sex und auch mit Escort hat. Sie war zwar keine Professionelle im engeren Sinn, weil sie das nur nebenher macht und auch nur bei Anzeigen, die sie ansprechend findet. Trotzdem hat sie natürlich Geld dafür genommen. Klar, insofern müsste ich erst recht keine Reue empfinden, schließlich ist es ihr «Job». Ich weiß bis heute nicht, warum das bei mir so ist. Ich kann nur annehmen, dass das mit meinen ganzen anderen tiefsitzenden Problemen zu tun hat, also ganz sicher irgendwie mit meiner Erziehung zusammenhängt.

Ungewöhnliches Bekenntnis eines Womanizers

Wer das Partymachen zum Beruf erklärt, muss schon irgendwie ein kreativer Typ sein, denke ich mir vor unserem Treffen. Und dann steht die personifizierte Bestätigung dieses Gedankens vor mir –

hoch über dem Münchner Marienplatz auf der Terrasse des Cafés Glockenspiel. Mike, der sogar ein «zertifizierter Eventmanager» ist (wie ich bereits aus dem Fragebogen weiß), trägt einen knielangen grauen Faltenrock, dazu Springerstiefel und ein schwarzes Muscle-Shirt. Seine japanische Großmutter hat in seinem Gesicht unübersehbar Spuren hinterlassen, wozu sein oberbayerischer Dialekt einen lustigen Kontrast darstellt. Auf der fast vollbesetzten Terrasse nimmt außer mir niemand Kenntnis von Mike. Dabei ist er stattliche 193 Zentimeter groß. Entweder ist diese außergewöhnliche Erscheinung in der hiesigen Szene schon bekannt, oder die Münchner sind weitaus toleranter als ihr Ruf, überlege ich. Man kenne ihn als «Womanizer», sagt Mike mit einem verlegenen Lächeln. Dieser Umstand – und nur dieser Umstand – erhebt die Geschichte, die er zu erzählen hat, in den Rang eines ungewöhnlichen Bekenntnisses …

Es war schon immer meine Phantasie, mal Sex mit einem Mann zu haben. Diesen Wunsch habe ich mir vor einiger Zeit erfüllt. Mehrfach sogar, nachdem ich auf verschiedenen Gay-Portalen im Internet nach einem passenden Partner gesucht habe. Schließlich fand ich ein paar Männer, die mich optisch ansprachen. Ich muss dazu sagen, dass ich in allen Dingen, die mir wichtig sind, ein sehr wählerischer Mensch bin. Deshalb ging's auch nicht hopp, hopp. Jedenfalls traf ich mich mit einigen von ihnen privat, und schon gingen die Probleme los. Der eine war zum Beispiel total fixiert darauf, dass sein Sexpartner keine Brille trägt. Nun hatte ich auf den Fotos, die er von mir gesehen hatte, keine Brille auf, wohl aber bei unserem Treffen …

Mike lacht laut los, es ist ein meckerndes Lachen in Kombination mit Schnappatmung. Überall zwischen Tokio und Rio wäre Mike mit dieser Lache aufgefallen – nicht so im Münchner Café Glockenspiel.

Tja, was soll ich sagen? Da war ich für ihn halt nicht der Richtige. Der Nächste wiederum war vor allem am Reden interessiert. In seinem Wohnzimmer saß ich ihm die ganze Nacht gegenüber, und wir redeten über Gott und die Welt. Leider ergriff er nicht die Initiative. Und ich war zu diesem Zeitpunkt noch recht unerfahren und wusste nicht, wie ich's hätte anfangen sollen.

Der Nächste war da schon weitaus besser drauf. Er hatte auch mehr Erfahrung. Ich bin am späten Nachmittag zu ihm nach Hause gefahren. Ich weiß noch, dass ich sehr aufgeregt war, weil er einer der Männer war, die mir schon vom Foto her sehr gefallen hatten. Er war dann auch sehr zärtlich und küsste mich. Danach öffnete er meine Hose und verwöhnte mich ausgiebig mit dem Mund. Ich bin die ganze Nacht bei ihm geblieben. Aber irgendwie war er doch nicht der Richtige. Ich kann gar nicht sagen, woran's gelegen hat, jedenfalls blieb das mein einziger Besuch bei ihm. Es gab dann noch ein paar andere Männer. Einen Burschen aus Traunstein, bei dem ich den aktiven Part eingenommen habe, und einen aus Salzburg, der mich ziemlich heftig rangenommen hat. Das war alles toll, und ich bereue nichts, aber ich bin dann doch wieder bei den Mädels gelandet. Allerdings hab ich noch einen Wunsch, und da recherchiere ich jetzt schon eine ganze Weile: Ich würde gerne mal Sex mit einem Transgender[7] haben. Es reizt mich ungemein, diese Erfahrung zu machen, wobei ich auch da versuche, die Möglichkeiten des Internets zu nutzen, um möglichst viele Sexpartner zu finden. Ein wenig eine Auswahl hätt man ja schon gern!

---

7   Transgender ist ein Begriff für Abweichungen von der zugewiesenen sozialen Geschlechterrolle beziehungsweise den zugewiesenen sozialen Geschlechtsmerkmalen.

Porno-Weltmeister Deutschland

Wer bei Google «kostenlose Pornos» als Suchbegriff eingibt, findet innerhalb von 0,22 Sekunden 917 000 Einträge. Für «free porn» braucht die Suchmaschine dann schon 0,34 Sekunden, spuckt dafür aber 46 Millionen Seiten aus. Längst nicht alle Treffer bieten tatsächlich Zugang zu Pornos – nur die wenigsten. Im weit überwiegenden Fall werden hingegen Links aufgelistet, die zu Besuchen auf Kontakt-Portalen locken sollen, oder solche, bei denen es sich um Beiträge pro oder contra Pornokonsum handelt. Dennoch finden sich darunter aber auch unzählige Seiten, die eigens eingerichtet wurden, um Onanisten glücklich zu machen. Und dabei steht Deutschland an der Weltspitze. Zumindest wenn man der Studie des Vergleichportals Netzsieger.de glauben darf. Demnach sorgt man nämlich hierzulande für 12,4 Prozent des weltweiten Sexfilm-Traffics im Internet. Weit abgeschlagen dahinter folgen die spanischen Pornofreunde mit 9,5 Prozent, die Briten mit 8,5 und diejenigen mit Wohnort zwischen New York und L. A. mit 8,3 Prozent.

Eigentlich ist im Lande des Porno-Weltmeisters ja verboten, was da an sexuellen Darbietungen angeboten wird. Widerspricht es doch neben dem Jugendschutz auch «dem Schutz Erwachsener vor ungewollter Konfrontation mit Pornographie». Zwar ist ausnahmsweise die «öffentliche Zugänglichmachung im Rahmen geschlossener Benutzergruppen» erlaubt, dabei muss jedoch sichergestellt sein, dass die Teilnehmenden nicht jünger als 18 Jahre sind. In der

Praxis gerät diese Vorschrift allerdings zur echten Lachnummer. Meist genügt es, auf den Button «Ich bin volljährig!» zu klicken. Und vielfach wird gar nicht erst nach dem Alter gefragt. Immer dann nämlich, wenn sich die Server irgendwo auf diesem Globus befinden, wo die Provider keiner deutschen Gesetzlichkeit unterliegen. Natürlich könnte die Bundesanwaltschaft deren Sperrung für teutonische Heimcomputer beantragen, aber Juristen wollen auch nicht immer nur Spielverderber sein. Schließlich sind auch Staatsanwälte, Richter und Politiker nicht gefeit gegen die Reize von «notgeilen Nonnen», «willigen Teens» oder «blonden Sperma-Schlampen».

Der Pornomacher

Hätte ich mich je veranlasst gesehen, mir einen Pornofilmproduzenten vorzustellen, wäre wahrscheinlich irgendwas zwischen Sebastian Koch und Moritz Bleibtreu herausgekommen. Also eine Mischung aus den Charakteren, die von den beiden üblicherweise verkörpert werden. So eine Spur seriöser Geschäftsmann gepaart mit einem Schuss krimineller Energie plus wohldosierter Hinterhältigkeit. Wie auch immer: Meine Phantasiegestalt hätte ganz sicher ganz anders ausgesehen als Uli Goldhahn.

Ich sitze einem eher stillen, bescheiden wirkenden Herrn mittleren Alters gegenüber, der sich als «Goldhahn, Gold wie Gold und Hahn wie Hahn» vorstellt. Obgleich er seinen Namen sicher schon Hunderte Male in seinem Leben auf diese originelle Weise umschrieben hat, huscht dabei ein schüchternes Lächeln über sein Gesicht. So als wäre ihm das gerade erst eingefallen.

Ort unserer Begegnung ist das Catonium – eine Hamburger Eventlocation, in der auch regelmäßig erotische Themenpartys stattfinden. Während wir uns gegenübersitzen, werden nebenan vier Dutzend nackte Herren von fünf professionellen Damen im Fließbandverfahren befriedigt. Gangbang ist hierfür das Zauberwort. Im Raum daneben stelle ich Uli Goldhahn die profane Frage, wie man eigentlich so etwas wird – ein Pornoproduzent. Liegt ja irgendwie auf der Hand, die Frage. Und mein Gegenüber macht nicht den Eindruck, als sei er überrascht. Das lasse sich nicht in drei Sätzen beantworten, sagt Uli Goldhahn und sieht mich abwartend an. Ich signalisiere meine Bereitschaft zuzuhören, indem ich ihm mein Diktiergerät unter die Nase halte. Ruhig, seine Gedanken abwägend, beginnt er zu erzählen. Davon, dass er seine Zeit bei der Bundeswehr überwiegend als Schlagzeuger verlebt habe und nach dem Wehrdienst bei einem großen Musiklabel gelandet sei. Allerdings nicht als Schlagzeuger, sondern als Promotion- und später als Produktmanager. Dann erfolgte der Wechsel zum Privatfernsehen, mit dem in dieser Branche üblichen Hire and Fire – eine Karriere auf der Sinuskurve.

Im Mai 1995 ging Hamburg 1 als erster Lokalsender der Republik auf Sendung, und man erinnerte sich an den erfahrenen Programmmacher. Man wolle ihm das Nachtprogramm anvertrauen, erklärte der Chefredakteur, dem etwas in der Art wie der *Playboy* in bewegten Bildern vorschwebte. Allerdings sollten die Mädels nicht allzu schön sein, hieß es, das wolle im Fernsehen keiner sehen. Flapsig warf Uli Goldhahn in die Runde, man könne es ja mal mit «nackten Hausfrauen» versuchen. Zu seiner Überraschung wurde der Einwurf als das angenommen, was er eigentlich gar nicht war – als ernst zu nehmender Vorschlag.

«Nun musste ich ran. Dabei hatte ich nur einen dummen Spruch gebracht», erinnert er sich mehr als 20 Jahre später. «Ich wusste überhaupt nicht, wie das geht, und ich kannte auch niemanden, der das gewusst hätte. Okay, die wollten Clips mit nackten Hausfrauen. Nun renn mal durch Hamburg und sag: ‹Ich brauch nackte Hausfrauen!›, das ist auch nicht so wirklich einfach.»

Dann fiel ihm ein alter Buddy aus seinen Zeiten bei dem Musiklabel ein. Hatte der nicht mal ein paar schlüpfrige Clips mit Mädchen gedreht? Sein Nachfragen wurde mit zwei Stunden Videomaterial belohnt, das nun an sieben Tagen in der Woche nächtens als Dauerschleife ausgestrahlt wurde.

«Also von der Bildqualität her war's toll, aber vom Inhalt … na ja!», kommentiert er heute.

Natürlich wurde bald mehr Material gebraucht. Und so rutschte Uli Goldhahn immer mehr in die Rolle des Produzenten, der sich einen Kameramann schnappte und sich nach geeigneten Mädels umsah. «Irgendwie ging das dann schon. Die Qualität wurde besser, ich hatte ein bisschen mehr Ahnung und mit der Zeit auch ein paar mehr Kontakte. Tja, und plötzlich stehst du da und produzierst dieses Nachtprogramm.»

«Das war das erste Mal, dass man Titten im Fernsehen sehen konnte», ruft einer vom Catonium-Team von der Seite dazwischen.

Kurioserweise konnte der Chefredakteur damals nur schwer damit leben, dass sein Sender bei Umfragen zu mehr als 60 Prozent mit den «Sexy Clips» identifiziert wurde. Er sah sein seriöses Programm, das tagsüber auf Hamburg 1 ausgestrahlt wurde, nicht angemessen gewürdigt. Zu diesem Zeitpunkt aber gab es solche lokalen Sender längst auch schon in Berlin, in Leipzig und anderswo – und alle riefen bei Uli Goldhahn an. Der nämlich produzierte die «Sexy Clips» mittlerweile im eigenen Label.

Eines Tages lud ihn einer seiner ehemaligen Chefs aus dem Privatfernsehen nach München ein. In der bayerischen Metropole machte man Uli Goldhahn mit dem Konzept von 9Live vertraut, einem Format, bei dem Gewinnspiele und Sex eine Allianz eingehen sollten. Schon bald war er für die nackten Frauen zuständig, die von Mitternacht bis morgens um 5 Uhr über die Mattscheibe flimmerten, und der Sender für die Gewinnspiele. Das war der Karrierestart von Biggi Bardot (nicht zu verwechseln mit der französischen Tierschützerin), einer vormaligen Striptease-Tänzerin auf der Reeperbahn. Als Nacktmoderatorin brachte sie Spiel- und Sex-süchtige gleichermaßen auf Trab. So ist Uli Goldhahn nach eigenem Bekunden «immer tiefer in die Erotikbranche geraten, mit allem Drum und Dran». Anfang der 2000er Jahre passierte dieser «schlei-chende Übergang von den Erotik-Clips zum Hardcore-Porno». Goldhahns Filme wurden von den großen Labels der Branche in Auftrag gegeben und vertrieben. Und wieder lieferte er hübschen Mädchen das Sprungbrett für ihre Karriere. Kelly Trump hat sich vor seinem Kameramann ausgezogen und später international für Furore gesorgt, Julie Hunter ging für ihn an den Start und gewann nationale Porno-Awards – die Liste ließe sich beliebig fortsetzen.

Der Gangbang im Catonium legt eine Pause ein. Den Herren soll die Gelegenheit gegeben werden, statt über die Mädchen auch mal übers Buffet herzufallen. Fröhlich kichernd kommen die kleine Thailänderin Kim XXX und die große Polin Laureen Pink herein und werfen sich seidig glänzende Bademäntel über. Beide sind Stars, und zwar nicht nur auf solchen Partys, sondern auch im Hardcore-Filmbusiness. Ihre Internet-Clips kommen auf beachtliche Klick-zahlen, und auf solchen Spielwiesen wie nebenan treffen sie zum Live-Sex auf ihre Fans.

Völlig unbeeindruckt vom Erscheinen der beiden «Pornbabes», wie sie sich selbst nennen, erzählt Uli Goldhahn von gravierenden Veränderungen in der Hardcore-Branche: «Als ich anfing, war unser Zielpublikum zu 100 Prozent männlich. Bei einem Mann muss man ja nur zwei Instinkte bedienen, um erfolgreich zu sein: Zum einen muss man ihn geil machen, sodass er das Mädel im Film am liebsten gleich ficken will. Gleichzeitig aber muss es gelingen, in ihm ein gewisses Vatergefühl zu entwickeln, sodass er auch den Wunsch hat, sie in den Arm zu nehmen, um sie vor der großen bösen Welt zu beschützen. Das gilt immer noch. In den letzten 15 Jahren aber haben sich wesentlich mehr junge Frauen ihrer Sexualität und ihren Wünschen und Sehnsüchten gegenüber geöffnet. Zum Bei-spiel ist die Kundschaft bei solchen Firmen wie Beate Uhse heute zu 80 Prozent weiblich. Das hat natürlich auch für die Produzenten Konsequenzen. Und selbst Darstellerinnen wie Kelly Trump haben irgendwann gesagt: ‹Lass uns doch mal ein bisschen was für Frauen machen.› Also fingen wir an und sind zunächst kläglich gescheitert. Kommerziell gesehen. Wenn ich über die Ursachen nachdenke, muss ich mir auch an die eigene Nase fassen: Man weiß als Mann einfach nicht, wie die Frau tickt, die, sagen wir mal, in Itzehoe oder in Reinbek wohnt.»

Uli Goldhahn war jedoch bereit zu lernen. Er sah sich nach Mitarbeiterinnen um, die neben einem Hang zur Erotik auch jene feminine Sicht mitbrachten, die hilfreich sein würde, um aus ihren Geschlechtsgenossinnen lustvolle Porno-Fans zu machen.

Ein Jahrzehnt später zieht der mittlerweile erfahrene Produzent ein nüchternes Fazit: «Bei einer Geschichte, die Frauen ansprechen soll, muss ein Hauch von Romantik dabei sein. Das betrifft auch die Location. Wenn man Filme für ein rein männliches Publikum dreht, kann man die Darsteller auf jedem dreckigen Klo ficken lassen oder in einer Imbissbude. Aber wenn man einen Film für Frauen macht, sollte die Location schon ein Schlossambiente oder wenigstens eine schicke italienische Pizzeria sein. Und: Frauen legen viel mehr Wert auf Dinge, auf die der Mann nicht im Geringsten achtet. Da gab es mal eine Sache, die ich nie im Leben vergessen werde. Wir haben, wenn ein solcher Clip geschnitten worden war, Frauen aus unserem Umfeld gebeten, sich den anzusehen. In einem war die Hauptperson ein hübsches Mädel, talentiert und alles. Ich selbst hatte das fertige Produkt mindestens 20-mal gesehen, der Clip schien perfekt zu sein. Doch unsere Testseherin rief schon nach 30 Sekunden: ‹Igitt, die hat ja einen abgebrochenen Fingernagel!› Das war keinem einzigen Mann aus der Produktion aufgefallen. Da sitzt man dann da und hält sich echt für einigermaßen blöd, weil man das nicht bemerkt hat.»

Und dann gibt es noch etwas, was den Pornomarkt so ziemlich durcheinandergewirbelt hat: das Internet. Uli Goldhahn blickt mit gemischten Gefühlen auf diese Entwicklung. «Einerseits sind die Internetaktivitäten für uns zwar förderlich, weil sich seither sehr viel mehr Menschen für Pornos interessieren. Der Verkauf über Downloads ist mittlerweile der beste Markt. Andererseits haben wir aber heute eine viel größere Konkurrenz. Viele Darstellerinnen von früher haben sich in eigener Regie über Homepages und verschiedene Portale eigene Fankreise aufgebaut. Dabei ist es von Vorteil, wenn sie denen regelmäßig vor der Webcam zur Verfügung stehen. Denn auf diese Weise werden die Clips ja auch angeboten und direkt verkauft.»

Wie aber steht es um die Qualität jener Amateurpornos, die meist im heimischen Umfeld oder irgendwo outdoor entstehen? Der Profi Uli Goldhahn beantwortet meine Frage überraschend diplomatisch: «Bei der Szene, die von Amateurportalen dominiert wird, geht es sehr real zu. Manche dieser Frauen drehen nur mit dem eigenen Partner. Das sieht man dann auch, wenn bei 30 Filmen immer derselbe Typ im Bild ist. So was fällt auf, ganz klar! Andere fordern ihre Fans geradezu auf, zum Pornodreh vorbeizukommen. Da gibt's dann sicher auch das eine oder andere Mal ein unerfreuliches Erwachen, weil sie nie genau wissen, wer da eigentlich vorbeikommt. Die Qualität der semiprofessionellen Filme ist deshalb in aller Regel wesentlich schlechter als bei Profidrehs. Allerdings muss man der Fairness halber sagen, dass viele User gerade diese schlechtere Qualität mögen. Während wir den Anspruch haben, dass alles ganz toll werden muss, sind die schon zufrieden, wenn es so aussieht wie zu Hause. Dazu ist alles ein bisschen holprig und nicht ganz perfekt. Aber wie gesagt, es gibt eine Menge Zuschauer, die genau das wollen.»

Meli redet nicht lange drum herum. Auf ihrer offiziellen Homepage MeliDeLuxe.net kündigt sie in deftigen Vokabeln an, was man in ihren Videoclips zu sehen bekommt. «Fick mich dreckig in Maul und Fotze», heißt es da oder «Dildo-Fick mit mega Pissen» oder «Fickanleitung! Bis die Sahne ins Maul spritzt» … Wer Dirty Talk nicht mag, sollte gar nicht erst einen Obolus von der Kreditkarte abbuchen lassen. In Melis Clips gibt's nämlich nicht nur krasse Szenen zu sehen, es geht auch akustisch richtig zur Sache. Dabei hätte sich noch vor wenigen Jahren niemand im beschaulichen Düren vorstellen können, dass ausgerechnet Melanie Nellen, der schüchterne Teenager von nebenan, sich mal selbst öffentlich als «perverse Drecksau» titulieren würde.

Es ist kurz nach 10 Uhr morgens. In den Berliner Messehallen am Funkturm wird in einer knappen Stunde die Erotikmesse Venus ihre Pforten öffnen. An den Ständen wird noch gewirbelt, Prospekte werden ausgelegt, Videobeamer programmiert, und nach und nach treffen junge Frauen in legeren Outfits ein. In der nächsten halben Stunde werden sie sich in jene Models verwandeln, als die ihre Fans sie kennen. Mit blanken Brüsten und wechselnden Männern im Arm werden sie bis zum Abend betatscht, von Hunderten Smartphone-Kameras geknipst und von unzähligen verschämt grinsenden Herren um Autogramme gebeten werden. Die meisten dieser Models haben sich von großen Porno-Labels anwerben lassen, als deren prominente Aushängeschilder sie nun auf der Venus am Start sind. Nicht so Melanie Nellen aus Düren. Sie macht hier auf der Messe und auch sonst ihr ganz eigenes Ding.

Noch hat sich die junge Frau mit den blaugrünen Augen und den langen schwarzen Haaren nicht in die Femme fatale «MeliDeLuxe» verwandelt. In ihrer hautengen Jeans und der Lederjacke über dem knappen T-Shirt wäre sie auch so schon in jeder Fußgängerzone der absolute Hingucker. Von irgendwoher hat sie sich einen Kaffee organisiert, den sie nun, die langen Beine lässig übereinandergeschlagen, vorsichtig schlürft. Ihr Ehemann macht zwischenzeitlich den großen Messestand klar, an dem sie, der Selfmade-Star im Pornoclip-Business, in den nächsten drei Tagen auf ihre Fangemeinde treffen wird – auf jene Gentlemen also, als deren «Wichsvorlage» sie sich selbstbewusst bezeichnet. Vorerst aber spricht sie von ganz anderen Dingen. Sie erzählt von einer «sehr, sehr schönen Kindheit», die sie als «Papakind» verlebt habe. Liebevoll erinnert sie sich an den Vater, einen Gabelstaplerfahrer, an dessen frühem Tod vor wenigen Jahren sie noch immer zu knabbern habe. Dann berichtet sie fröhlich von der Clique, mit der sie – das Mauerblümchen – einst in der Dürener Szene abhing. Bei Meli klingt das so: «Früher war ich schüchtern und prüde. Das kann man sich vielleicht gar nicht vorstellen, wenn man sieht, was ich heute für eine kleine Sau bin.»

Tagsüber machte sie eine duale Ausbildung an einem Berufskolleg und in einer Praxis für Pathologie und Histologie. Schon damals hat Meli geahnt, dass sie nicht ein ganzes Berufsleben lang Tumore und Warzen auf Objektträgern einfärben würde. Denn es gab da diese undefinierbare Sehnsucht nach einem anderen Leben, was immer das auch heißen sollte. Vorerst stillte sie diese Sehnsucht im Hamburger Partyleben. Wochenende für Wochenende fuhr sie die fast 400 Kilometer hin und wieder zurück, um in der Hansestadt mit einem Freund um die Häuser zu ziehen. Die Ausbildung im heimischen Düren nahm Schaden und irgendwann auch die Beziehung zu jenem Hamburger Freund. Das war dann die Zeit, als sie besagten jungen Mann kennenlernte, der gerade am Messestand klar Schiff macht, während sie den Kaffee genießt und mich bittet, ihr Fragen zu stellen …

Die simpelste Frage zuerst: Wie bist du in der Porno-Branche gelandet?

«Nachdem ich meinen jetzigen Mann kennengelernt hatte, habe ich mal aus Spaß gefragt, ob man nicht so was wie Telefonsex machen könne. Wie gesagt, aus Spaß! Und er hat sich immer Horrorfilme runtergeladen, und dabei sind Pop-ups von Pornoseiten aufgegangen. Da hab ich dann gesagt, dass ich so was gerne mal mit ihm vor einer Webcam ausprobieren möchte. Wir haben das dann tatsächlich bei uns zu Hause eingerichtet und wurden gleich von ganz vielen Männern online besucht. Das war irre! Irgendwann stöhnte mein Mann allerdings: ‹Meli, ich kann nicht mehr!› Da hab ich es allein probiert. Er ist zur Arbeit gegangen, und bei mir hat's dann richtig geboomt. Da dachte ich: ‹Wow, das macht so viel Spaß, das will ich öfter machen.› So hat das angefangen! 2005 war das.»

Im Jahr 2007 bist du dann mit Hardcore-Clips an den Start gegangen ...

«Ja, wir waren damit auf verschiedensten Portalen im Internet vertreten. Zuerst habe ich mich zwar auf ein Portal konzentriert, aber dann sind es immer mehr geworden.

In den ersten Pornos musste dein Gatte immer die Rolle des unbekannten Users spielen, den du an dich ranlässt.

«Damals habe ich noch gedacht: ‹Mit echten Usern vor die Kamera? Niemals!› Weil ich aber immer mit demselben Mann zu sehen war, vermutete man zu Recht, dass das mein Freund sei. Irgendwann habe ich es dann doch mal mit einem anderen ausprobiert. Das war ein Mann, der mich auf den verschiedenen Portalen angeschrieben hatte. Er war überhaupt nicht mein Typ, und es war dann auch echt der reine Horror. Trotzdem musste ich feststellen, dass der User-Dreh gut angekommen ist. Also habe ich mich entschlossen, das öfter zu machen.»

Dein Mann ist ja schon deshalb immer dabei, weil er in eurem kleinen Unternehmen die Kamera führt. Ist er nicht manchmal eifersüchtig?
«Vielleicht war er das am Anfang. Aber er wusste ja, dass ich ihn geheiratet habe, weil ich ihn liebe. Klar, es kann immer mal passieren, dass man sagt: ‹Wow, der Typ heute war ja …!› Aber eigentlich trennen wir Privates und Berufliches, und jeder von uns weiß: ‹Wir sind ein Team, wir gehören zusammen, und es ist einfach unser Geschäft!›»

Wie kommst du heute zu den Usern, die du vor die Kamera holst?
«Die bewerben sich mit einem Foto und einem kleinen Text – Alter, Herkunft, Erfahrungen usw. Und wenn ich sie auswähle, drehe ich auch gleich mit ihnen. Diesen ganzen ‹Casting-Quatsch› brauche ich echt nicht. Ich erkenne sehr schnell, ob der Typ was drauf hat oder nicht.»

Du produzierst Porno-Clips ohne Ende. Gibt es trotz dieser unglaublichen Menge so etwas wie einen Lieblings-Clip?
«Es hat 2009 einen kleinen Durchbruch gegeben, da hab ich mit Klaus aus dem Big-Brother-Haus gedreht. Der war früher schon mal Pornodarsteller, und da hab ich so aus Spaß gesagt: ‹Mit dem würde ich gern mal an der Autobahn drehen!› Was macht der Typ? Er geht mit mir bis zur Leitplanke … Ich kopfüber im Doggystyle – so haben wir einen geilen Clip gedreht. Zehn Minuten dauert der, und ich hab ihn ‹Ficken an der A4› genannt. Die Leute fanden das den Hammer, an der Autobahn Sex zu haben. Also nicht nur auf dem Rastplatz, sondern direkt ganz vorn.»

Was glaubst du, macht deinen Reiz auf Männer aus?
«Ich lächle zwar immer und bin freundlich zu meinen Jungs, aber ich bin andererseits auch der harte Typ, und das kommt gut an. Die Kerle mögen es, von mir benutzt zu werden. Ab und zu gebe ich zwar auch mal die Devote, aber eigentlich hab ich das nicht

so drauf. Der Gedanke, dass ich eine große Wirkung auf devote Männer habe, gefällt mir sehr.» *(Lacht.)*

Längst hast du dich als eigene Marke etabliert. Auf deiner Website heißt es: «Ich bin MeliDeLuxe, das heiße Amateur-Girl mit der frivolen Ader.» Würdest du dich tatsächlich nach wie vor als Amateur bezeichnen?

«Nein, so, wie sich das in den ganzen Jahren entwickelt hat, bin ich eigentlich kein Amateur mehr. *(Lacht.)* Vielleicht ein bisschen Amateur – ein Amateur-Profi! Inzwischen achte ich darauf, dass das Licht stimmt und der Hintergrund – das muss alles ein bisschen zueinander passen. Allerdings wird bei mir noch immer einfach drauslosgedreht – alles ganz locker, die Jungs sollen sich bei mir wohlfühlen. Also so eine Nummer, dass ein Regisseur die Szene abbricht und sagt: ‹Noch mal!› – das gibt's bei mir nicht. Es gibt nur einen Kameramann, und das ist mein eigener Ehemann. Er weiß, wie er es filmen möchte und wie es am Ende aussehen soll.»

Weiter heißt es auf deiner Website: «Auch du kannst mich gerne treffen, denn ich möchte meinen Sex-Drang offen vor der Kamera ausleben.» Wer darf sich denn da angesprochen fühlen?

«Ganz normale Männer von nebenan. Sie bewerben sich auch, weil sie mich hautnah erleben möchten, weil es einfach mal ein Traum von ihnen ist, mit mir Sex zu haben. Und diesen Wunsch erfülle ich gerne, weil es was Besonderes ist.»

Der Satz auf deiner Website «Auch du kannst mich gerne treffen» ist demnach ernst gemeint?

«Der ist total ernst gemeint!»

Mit diesem für einen Pornostar ungewöhnlichen Bekenntnis erhebt sich Melanie Nellen aus Düren, geht hinüber zu ihrem Messestand und zieht sich in einen hinteren Raum zurück. Punkt 11 Uhr, gleichzeitig mit dem Öffnen der Pforten für die größte Erotikmesse der Welt, erscheint MeliDeLuxe raffiniert unauffällig geschminkt in knappem Leder-Bikini und Overknee-Stiefeln. Fröhlich lachend geht sie auf ihre männlichen Fans zu. Die Frage steht im Raum, wer von den hier zahlreich versammelten Normalbürgern jemals die Chance bekommen wird, von der schönen MeliDeLuxe aufgefordert zu werden: «Fick mich dreckig in Maul und Fotze»? Davon träumen tun sie jedenfalls alle.

Die Pornomalerin

Zweimal in der Woche wird der ICE zwischen München und Berlin zu ihrem Zuhause. Jeweils sechs Stunden hat die junge blonde Frau dann Zeit, sich von der bayerischen Volksschauspielerin Maria Ringsgwandl in die Porno-Künstlerin Maria Imaniel zu verwandeln – und umgekehrt. Auf der Startseite ihrer Homepage www.mariaimaniel.com prangt ihr Motto «Freedom is luxury». Darüber ragt ein riesiger blauer Penis in den Himmel, den kleine Bewunderinnen huldigend anbeten wie einst die Kinder Israels das goldene Kalb. Pornographie als Götzenverehrung? Ein interessanter Gedanke! «Contemporary Fucking Art», nennt die Künstlerin den Luxus, sich solcher Kunst widmen zu können. Und weil man sich Luxus auch leisten können muss, tritt Maria an bis zu drei Tagen in der Woche im *Himmegugga* auf. Einem Theaterstück, das ihre Mutter bereits vor Jahren geschrieben hat und das schon über tausend Mal vom Familienensemble vor ausverkauftem Haus aufgeführt worden ist. Das Theater ist in diesem Fall ein Zelt, das die Ringsgwandls auf einer Wiese im oberbayerischen Riedering aufgestellt haben. Es gibt sicher schlimmere Arten, seinen Lebensunterhalt zu verdienen, mag sich Maria sagen, wenn sie nach dem Schlussapplaus wieder im ICE nach Berlin sitzt, um primäre Geschlechtsteile auf Leinwände zu malen. Dabei hat dieses Tun in ihrem Fall sogar eine therapeutische Wirkung. Bereits mit 24 Jahren, so wird sie mir später mal gestehen, hat sie eine psychische Krise durchgemacht, die andere sich erst in der Mitte des Lebens leisten und folgerichtig Midlife-Crisis nennen. Neun Jahre ist das nun her, und Maria hat in ihrem vergleichsweise jungen Leben schon mehr erlebt als andere mit 60. Vom Traum einer Ballettkarriere hat sie sich aus gesundheitlichen Gründen verabschieden müssen, mit einer Rockband hat sie eigene Songs zu Gehör gebracht und zudem das Handwerk des Vergoldens erlernt. Was konnte also noch kommen? Ihre Altersgenossinnen im Chiemgau waren damals vor neun Jahren alle schon Ehefrau und Mutter und auf dem Weg zum Eigenheim. Eine Perspektive, die Maria Ringsgwandl Angst machte. Und dann zog sie ausgerechnet in die Welthauptstadt der Melancholie – nach Wien. «Ich war seit jeher manisch», erzählt sie. «Ich konnte nachts nicht schlafen, weil mir so viele Ideen durch den Kopf gingen. Inzwischen wohne ich in Berlin und habe angefangen, meine Bilder zu malen. Seither bin ich sehr viel ruhiger geworden.»

Maria ist schon lange meine Facebook-Freundin, als ich die Einladung zu ihrer Vernissage annehme. Inmitten champagnertrinkender Schlipsträger nebst perlenbehangenen Begleiterinnen nehme ich die Künstlerin nun auch leibhaftig in Augenschein. In einer angesagten Bar auf dem Kurfürstendamm hängt ihre provozierende Kunst und reicht bis hoch unter die Decke. Großformatige Pop-Art in kräftigen Farben. Mit Pastelltönen scheint sie sich gar nicht erst abzugeben. «Das ist schon sehr knallig und ein wenig aufdringlich», wagt denn auch eine Besucherin eine sanfte Kritik. Doch sie hat offenbar nicht mit dem Selbstbewusstsein der Künstlerin gerechnet. Mit charmantem oberbayerischem Timbre in der

Stimme erklärt Maria Imaniel: «Ja, das ist mir auch sehr wichtig, denn sonst könnte ich ja pornographische Bleistiftzeichnungen machen.» Und dann beginnt sie zu dozieren. Wegen ihrer sehr dominanten, dunklen Augenbrauen erinnert sie optisch an Frida Kahlo. Inhaltlich natürlich weniger. Denn auch wenn die mexikanische Malerin bekanntlich kein Fan der Prüderie war, kennt man solche Sätze nicht von ihr: «Sex ist das Natürlichste der Welt. Ohne Sex würden wir alle nicht existieren. Es werden Kriege geführt aus wirtschaftlichen Gründen oder wegen ethnischer Konflikte oder um Religionen, die Menschen sind rassistisch ... Eines aber eint uns: Wir haben alle Sex!»

Mein Blick bleibt an einem Monster hängen, das auf einer Wolke schwebend eine Frau vergewaltigt und dabei seine ellenlange Zunge um ihren Hals schlingt. Das Gemälde heißt «Fucking Heaven». Ein Titel, der meine Ratlosigkeit eher vergrößert.

«Das Bild ist ironisch zu verstehen!», flüstert mir die Künstlerin ins Ohr. «Zum einen beinhaltet es den sexuellen Reiz, dass man gewürgt wird, was ja anturnend sein kann, und zum anderen findet die Vergewaltigung im Himmel statt.»

Wie kommt man auf so was? Lässt sich Maria Imaniel zum Beispiel von pornographischen Darstellungen in Filmen oder Videoclips inspirieren? Die Antwort erfolgt prompt: «Klar – auch! Manchmal mache ich einen Screenshot[8], und es gibt tatsächlich einige Bilder, bei denen ich diesen als Vorlage genommen habe. Dann fange ich an, das zu malen, und sobald die Skizze steht, brauche ich den Screenshot nicht mehr. Der grobe Umriss und die Anatomie kommen also schon teilweise aus Pornos. Vor ein paar Jahren waren es auch Hefte, aber die sind kaum noch zu bekommen. Es gab mal ganz tolle und hochwertige Ausgaben, aber dank des Internets sind die verschwunden. Aber ich hab auch ganz viel aus dem Kopf

---

8 Bildschirmfoto, also gewissermaßen ein Standbild von dem, was zu einem bestimmten Zeitpunkt auf einem Bildschirm zu sehen ist

gemalt. Plötzlich ist das Bild dann da, mit Farbe und allen Details, mit der Stellung und der gegenseitigen Zuneigung der Personen. Ich brauch's dann nur noch zu malen. Meist weiß ich dann auch schon, wie das Bild heißen soll.»

Ich verabschiede mich, wissend, dass man sich im Leben immer zweimal sieht. Und zwar sicherlich schon bald in der Berliner Szene, in der *sex and art and pornography* beheimatet sind.

Coming-out im Pornokino

Fast 20 Jahre war Guido verheiratet, dann erfolgte vor sechs Jahren die Scheidung. Mit schlechtem oder mangelndem Sex habe das nichts zu tun gehabt, sagt er. Es gab andere Gründe, aber die «tun hier nichts zur Sache». Wenn man sich nach so langer Zeit der Zweisamkeit wieder in den Single-Status zurückversetzt sieht, kann man schon mal in ein Loch fallen. In dieser Zeit ist Guido in seinem Lokalblatt die Annonce für ein Porno-Erlebnis-Kino aufgefallen. Am heimischen PC hatte der IT-Fachmann schon oft Pornos angeschaut. Was aber war unter einem Porno-Erlebnis-Kino zu verstehen? Guido beschloss es herauszufinden – eine Entscheidung, die sich als folgenreich erweisen sollte …

Ich wusste ja nicht, was mich erwartet. Also Filme natürlich, schon klar. Aber sonst? Ich bin also hin und hab mich mal umgeguckt. An einigen Stellen gab es Kabinen, die man abschließen konnte, an anderen befanden sich offene Räume mit Stehtischen, auf denen man ein Getränk abstellen konnte. Dort wurde dann gemütlich geguckt, allein oder zu mehreren, oder es wurde halt … Na ja, die ein oder andere Handarbeit hat man da schon mitgekriegt. Gelegentlich waren auch Pärchen da, die es miteinander trieben und dabei gern gesehen werden wollten, oder es wurde die aktive Mitarbeit anderer Kinobesucher gestattet oder gar erwünscht.

Und dann gab es einen Raum, in dem liefen Gay-Filme. In dem Moment, als ich dort zum ersten Mal reinkam, lief gerade ein Film mit einer Shemale[9]. So was hatte ich noch nie gesehen, und ich war sofort total fasziniert. Plötzlich haben mich diese Gay-Filme erregt, und zwar sowohl solche mit Oralsex als auch solche mit Analsex. Wie kam das denn so plötzlich? Online hatte ich mir noch nie Gay-Filme angeschaut oder Bi-Filme, über die bin ich immer direkt hinweggegangen. Ich bin ja außerdem lange in einer Hetero-Beziehung gewesen, und der war soweit in Ordnung, unser Sex. Von daher hat mich die andere Seite eigentlich nie interessiert. Ich bin schon seit etlichen Jahren im Fitnessstudio unterwegs gewesen, und dort in der Sauna habe ich immer eher nach Frauen geschaut als nach Männern. Nun bin ich ein paar Tage nach meinem ersten Besuch wieder in dieses Kino gegangen. Jetzt schon nur wegen der Gay-Filme, und vielleicht, so hoffte ich, würde ja auch wieder eine Shemale in Aktion gezeigt. Ich also rein in das Kino, und auf einmal stand neben mir ein Typ. Hübsch anzusehen und auch gepflegt, was man leider nicht von allen behaupten konnte, die da hingingen. Wir haben uns ein wenig unterhalten, und da hat er mir gesagt, er stehe auf passiv, also er lasse sich gerne nehmen, oder er mache eben Blowjobs. Tja, das war dann die Gelegenheit, und da hab ich gesagt: «Okay, lass es uns mal probieren.»

Wir sind in eine der Kabinen gegangen, und ich war sehr erregt, denn das war ja etwas komplett Neues für mich. Ich brauchte erst einmal ein paar Minuten, um einfach zur Ruhe zu kommen und um das, was er gemacht hat und wie er es gemacht

9 Ein/e Shemale ist eine Person, die von der zugewiesenen sozialen Geschlechterrolle beziehungsweise den zugewiesenen sozialen Geschlechtsmerkmalen abweicht, auch unter der Bezeichnung «Transgender» bekannt.

hat, genießen zu können. Also, er hat mir einen geblasen, und zum ersten Mal in meinem Leben bin ich im Mund eines Mannes gekommen. Für sich selbst hatte er keine Wünsche. Er war einfach der passive Teil, und er freute sich eben daran, andere Männer zu beglücken. Er hat sich bedankt, und das war's.

Also, das war's an diesem Tag. Von da an war ich scharf darauf, Gleichgesinnte zu finden. In diesem Kino waren die allerdings schwer zu finden. Es ist ja schon so, dass da relativ oft viele – ich sage es jetzt einmal böse – Ältere unterwegs sind, so ab sechzig. Die waren teilweise auch sehr ungepflegt. Und man weiß ja auch nie genau, ist der jetzt bi oder schwul, oder ist das ein Hetero, der sich einfach mal im Gay-Bereich umguckt. Da ist es relativ schwer, in Kontakt zu kommen. Trotzdem sind zwischendurch schon mal Erlebnisse dabei gewesen. Es ging im Prinzip darum, einen Blowjob zu bekommen oder einen Blowjob zu geben. Man ging halt mal hin und guckte, ob was geht oder nicht. Irgendwann hab ich dann was von Gay-Saunen gehört und mich schlaugemacht. In Ludwigshafen gibt es eine, die «Atlantis» heißt. Die ist aber schon ein bisschen veraltet vom Interieur her. Es ist zwar okay da, sauber, aber eben nicht so schön fürs Auge. Inzwischen bin ich mehrfach in Karlsruhe gewesen. Dort gibt es das «Aquarium», das ist vom Erscheinungsbild angenehmer. Da haben sie einen schönen Whirlpool, und oben gibt es ein Minikino, abgetrennte Videokabinen sowie Darkrooms. Also, das Angebot ist viel größer, und dort verkehrt auch eine andere Klientel als in Ludwigshafen.

In Karlsruhe hatte ich jedenfalls tolle Sex-Erlebnisse, auch mit mehreren Männern gleichzeitig. Meistens fand das in den abgedunkelten Dampfbädern statt oder auf der Spielwiese. Die glitschige Haut der fremden Männer, der Dampf – das alles hat mich sehr scharfgemacht. Hygiene wird dort ganz groß geschrieben. Es gilt als selbstverständlich, dass man frisch geduscht ist, und in den Kabinen sind Kondome verfügbar. Einmal habe ich in der Gay-Sauna in Karlsruhe auch Analverkehr passiv erlebt. Das konnte ich aber wegen der hektischen Betriebsamkeit des aktiven Parts nicht genießen. Ich hab gesagt: «Mach mal langsam!», und: «He, langsamer!» Aber offenbar kam das Wort «langsam» in seinem Wortschatz nicht vor. Jedenfalls hat er die Tüte vollgemacht, und nach drei Minuten war alles vorbei.

Irgendwann wurde mir klar, dass ich wohl nie in einer schwulen Partnerschaft landen werde. Denn ich habe bei all diesen Erlebnissen die Zärtlichkeit vermisst, die mir beim Sex mit meiner Partnerin immer wichtig war. Aber da gibt's ja auch noch was in der Mitte. Über Internetportale und Kontaktanzeigen habe ich nach einer Shemale gesucht. Das wollte ich unbedingt mal ausprobieren! Also ein Mann, der sich anfühlt wie eine Frau. Ich habe schließlich eine gefunden, die ihre Dienste professionell anbietet, für 150 Euro die Stunde. Eine Asiatin, aus Thailand, glaube ich, mit einer Haut wie Samt, wie man so schön sagt. Sie sah toll aus, mit einem wunderschönen Gesicht und einem perfekten Körperbau – und richtig geilen Brüsten. Gemacht natürlich, aber nicht so übertriebene Melonen, wie man's oftmals sieht, sondern passend zum Körperbau geformt. Also, hätte ich es vorher nicht gewusst, hätte ich schwören können, dass das 'ne Frau ist. Tja, wie lief das ab? Sie kam rein, nachdem sie sich im Bad etwas frischgemacht hatte, und ich saß auf dem Bett. BH und Slip hatte sie angelassen, und wir haben dann erst mal angefangen, uns gegenseitig zu streicheln und zu befummeln. Anschließend haben wir uns gegenseitig einen geblasen. Dann wollte ich endlich mal in aller Ruhe anal passiv ausprobieren und hab sie gefragt, ob sie mich von hinten nimmt. Tja, da hat sie dann aufgummiert.

JOYclub, Tinder ...

Es gab eine Zeit, da wurde ein Mädchen in der Milchbar gefragt, ob sie einen Vanille-Shake trinken möchte. Wenn's gut lief, war sie mit demselben Typen zwei Tage später im Kino, und dann «ging» man miteinander. Die Anbahnung konnte auch auf der Liegewiese eines Freibades stattfinden, am Baggersee, bei den Autoscootern auf dem Rummelplatz oder in einem Club, der damals noch Disco hieß. Ich denke an eine Zeit, als man einander in die Augen blickte, Schmetterlinge im Bauch spürte, zaghaft den Arm um die Schulter der oder des Angebeteten legte und dann noch sehr viel Zeit verging, ehe es «dazu» kam. Damals begannen Schwule und Lesben gerade damit, sich nicht mehr zu verstecken, und was das Anbaggern angeht, konnten die Heteros von denen echt was lernen. Das alles ist zugegebenermaßen ein halbes Menschenleben her. In den Siebzigern hatte man dann schon den direkten Weg zum Schlafzimmer im Auge. Die Frage «Geh'n wir zu mir oder zu dir?» fiel oft bereits nach 30 Minuten, und der Begriff «One-Night-Stand» gehörte zum Standard-Vokabular in einer Zeit, als der Tripper zur Volkskrankheit wurde. Das immerhin hatten die Hippies bewirkt, als sie die Parole «Make love, not war!» in die Welt gesetzt hatten. Es war auch die Zeit, als Paare – ob nun mit oder ohne Trauschein – die «offene Beziehung» erfanden, mit all den Problemen, die eine solche Lebensform mit sich brachte. Denn immerhin war das monogame Modell, in welchem Begriffe wie «Fehltritt» oder das «Betrügen» existieren, jahrhundertelang eingeübt worden. Unvorstellbar, dass Partnertausch oder «Wifesharing», was es in bestimmten Kreisen natürlich schon immer gab, mal zu einem Massenphänomen werden würde. Schließlich hatte keiner mit dem Internet gerechnet und mit entsprechenden Online-Portalen schon gar nicht. Wie denn auch?

Im Dienste der Community

Für den Bestand an Hausschuhen ist die Feel-Good-Managerin zuständig. Christian trägt die bequemen Treter, ein smarter Schwiegermutter-Typ, der das Unternehmen als Pressesprecher repräsentiert. Auch Nadine, die fürs Marketing zuständig ist – eine attraktive junge Frau mit riesiger Intellektuellen-Brille, die sich passend zur stylischen Sehhilfe auszudrücken versteht. Den beiden obliegt die Aufgabe, Leuten wie mir klarzumachen, dass es sich bei JOYclub trotz der bequemen Fußbekleidung keineswegs um eine verschnarchte Puschenfirma handelt, sondern um ein engagiertes soziales Netzwerk im Erotikbereich.

Vor zwölf Jahren, so wird mir erzählt, seien zwei junge Mitarbeiter zu der Werbeagentur FEiG & Partner gestoßen, die damals bereits seit fast einem Vierteljahrhundert für ihre Kunden in einem gelben Backsteingebäude in Leipzig tätig war. Inzwischen war das Internet-Zeitalter angebrochen, und man beriet engagierte Start-up-Unternehmen und erstellte Websites. Das aber war den beiden Neuzugängen nicht genug. Man suchte nach innovativen Ideen und hatte nicht nur die mit den Hausschuhen. In einem Brainstorming kamen sie darauf, dass das moderne Balzverhalten von Männern gegenüber begattungswilligen Damen organisatorische Unterstützung verdiene. Im World Wide Web konnte man sich da so einiges vorstellen. Warum aber sollte man das als Tipp an die Start-up-Kundschaft weitergeben, wenn man das auch selbst machen konnte? Im Jahr 2003 ging man mit einer Website an den Start, warb unter Freunden und Bekannten dafür und brachte es bereits nach wenigen Tagen auf 100 User. Zwölf Jahre später, im Sommer 2015, konnte JOYclub das zweimillionste Mitglied auf seiner Plattform begrüßen. Eine Erfolgsgeschichte! Nun ist JOYclub ja weiß Gott nicht das einzige Erotik-Portal, dem sich geile deutsche Bundesbürger (nebst Österreichern und Schweizern) anvertrauen. Christian, der Pressesprecher, erklärt, was seinen Arbeitgeber von allen anderen unterscheidet: «Die Mitbewerber bieten jeweils Teilbereiche an, von dem, was auch wir anbieten, und fokussieren sich darauf. Es gibt das klassische Dating-Portal, da geht es nur um Dates. Dann gibt es das Partner-Portal, da geht's ums Verlieben. Bei poppen.de geht's ums Vögeln, und bei Sklavenzentrale.de geht's ums Hauen. Das Allumfassende bietet halt keiner außer uns, genauso wenig wie den über allem stehenden Community-Charakter.» Also eine Art Facebook, nur eben mit erotischen Ansprüchen? «Ganz genau!», sagt Nadine und blinzelt mich durch ihre Intellektuellen-Brille zufrieden an. Die Botschaft ist also angekommen – und Christian setzt noch einen drauf: «Das, was wir sein wollen, nämlich eine Gemeinschaft, leben wir auch intern. Oberstes Prinzip ist der Zusammenhalt.» Daher also die Sache mit den Hausschuhen. Inzwischen werden sie von 33 Leuten in den hellen, modern gestylten Leipziger Büroräumen (und 40 Technikern im oberfränkischen Selbitz) getragen. Hausschuhträger (und -trägerinnen), die nicht nur zusammen ein Projekt nach vorn bringen, sondern auch gemeinsam die Mahlzeiten einnehmen, und auch dafür ist die Feel-Good-Managerin zuständig.

Die jungen Damen vom Community Management sind für die Kommunikation mit den Usern in den verschiedenen Gruppen und Foren verantwortlich, die «Käufliche Lust», «Frivoles Ausgehen», «Schönheit der Füße», «Männer in Nylons & Heels» oder so heißen. Die Community-Managerinnen achten dabei auf vielerlei – auch auf die Einhaltung des Jugendschutzes und der Persönlichkeitsrechte. Insbesondere persönliche Angriffe, wie sie bei Facebook eher die Regel sind, findet man bei JOYclub uncool, entsprechende Einträge werden umgehend entfernt.

Das Herz des Unternehmens ist die Support-Abteilung, und weil JOYclub ein ziemlich großes Herz hat, erstreckt es sich über zwei geräumige Büros. Wer hier am PC sitzt, sieht sich tagtäglich den immer gleichen Problemen der User gegenüber. Man kann sich vorstellen, was da alles eintrudelt: «Ich kann mich nicht anmelden» «Ich hab mein Passwort vergessen», «Ich habe einen Fake-Verdacht!», «Warum ist mein Bild abgelehnt worden?» …

Es ist früher Nachmittag, als ich das JOYclub-Herz betrete, und seit Schichtbeginn hat eine der Mitarbeiterinnen bereits 700 Fotos gecheckt. Vor allem ist man hier dafür zuständig, dass kein User unter 18 Jahren die Abbildungen auf einer sogenannten FSK18-Seite sieht – und JOYclub hat viele davon. Was die Kids von youporn.com längst kennen, nach hausinternen Richtlinien von JOYclub aber nicht zu sehen bekommen sollen, sind etwa primäre Geschlechtsteile. Da ist man in der Leipziger Kreuzstraße strenger als der Gesetzgeber, der pubertierenden Jugendlichen das Bildnis eines Penis für zumutbar hält, solange dessen Neigungswinkel in Richtung Himmel die 45° nicht überschreitet. Bei JOYclub gibt's für die Kids außerdem keine körperlichen Gebrauchsspuren nach SM-Sessions zu betrachten und natürlich generell keinerlei sexuelle Handlungen. Dazu zählt auch ein Kopf im Schritt einer nackten Frau, obgleich es da ja nun wirklich nichts zu sehen gibt. Längst kennt man bei JOYclub die geheimen Codes der Pädophilen und der falschen Tierfreunde, deren Begehr natürlich ebenfalls als absolutes No-Go gilt. Viele Erotik-Veranstalter werben auf JOYclub für ihre Events und nutzen die Plattform für den Vorverkauf der Tickets. Stellt jedoch einer von ihnen auch nur andeutungsweise den ungeschützten Geschlechtsakt in Aussicht, fliegt er raus.

Wer seinen Usern eine möglichst weitgehende Garantie geben

möchte, dass hinter dem Profil einer devoten 20-jährigen Chantal «mit Hang zu SM» nicht ein 56-jähriger Spanner namens Wilfried steckt, muss bei der Registrierung schon etwas genauer hinsehen. Da kommt man um die Prüfung von personenbezogenen Daten nicht herum. Dafür aber ist im JOYclub nur ein einziger Hausschuhträger berechtigt, und das ist der firmeneigene Datenschutzbeauftragte. Er allein sieht die Realdaten und Adressen jener, die sich via Mausklick zum JOYclub aufgemacht haben, um gleichgesinnte Sexualpartner (und -innen) zu suchen. Und damit das mit der Datensicherheit so weit okay geht, wie das nach heutigem Standard möglich ist, kommt einmal im Jahr der TÜV aus dem Saarland angereist und prüft das Ganze.

Die JOYclub-User

Auf Facebook darf man sich gegenseitig anpöbeln, man darf rassistische Ideen verbreiten und antisemitische Sprüche klopfen – nur eines darf man nicht: sich nach den sexuellen Vorlieben der User erkundigen. Ich habe das versucht, doch sobald in einer kommerziellen Werbeanzeige das Wort Sex vorkam, wurde sie von Facebook abgelehnt. Das aber war unumgänglich, als ich zur Teilnahme an der Fragebogenaktion in Vorbereitung für dieses Buch aufrufen wollte. In diese Lücke ist das Portal JOYclub gesprungen, und viele seiner User folgten der Empfehlung aus der Leipziger Zentrale, sich daran zu beteiligen. Nicht alle Teilnehmer gelangten über JOYclub zum Fragebogen, und schon gar nicht findet jeder seine Geschichte in diesem Buch wieder. Ich konnte ja schlecht allen Gangbang-Freunden, Wifesharing-Fans und BDSM-Anhängern ein Forum bieten, wenn andere vor ihnen schon ähnliche Geschichten zu erzählen hatten. Außerdem hatte ich mir ja die Aufgabe gestellt, mit jedem der Auserwählten zu sprechen, ihn nach Möglichkeit zu treffen und im

Optimalfall bei der lustvollen Ausübung seiner Leidenschaften zu beobachten. Bis kurz vor Redaktionsschluss haben JOYclub-User noch Fragebogen an mich gesandt, und einige sind es wert, an dieser Stelle unkommentiert in Originalform veröffentlicht zu werden. Einen interessanten Einblick, wie die Community so tickt, bieten diese Dokumente allemal:

Zoe, 39, verheiratet, in einem sozial-therapeutischen Beruf tätig, lebt auf dem Land.
Ich habe gemerkt, dass es mich total kickt, von einem Mann dominiert zu werden. Ob durch die Worte/die ruhige Stimme, die klare Befehle gibt, oder indem er mich komplett bewegungsunfähig macht und ich mich ihm in tiefstem Vertrauen und Sicherheit im Kopf hingeben kann. BDSM ist mein Leben – ohne meinen Mann. Er steht nicht darauf. Ich genieße es auch viel mehr, dieses Spiel mit einem außerehelichen Dom zu spielen …

Da dürfen gerne mal Schlaginstrumente beim Sex dabei sein. Es wird auch schon mal mit der Hand sehr heftig zugehauen – auf den Arsch, die Brüste, ins Gesicht –, in diesem Moment ist das alles kein Problem.

Pierce, 59, Freiberufler, hat eine feste Partnerin, lebt in Berlin.
JOYclub war für mich die Initialzündung und auch die Plattform, auf der man sich über Beziehungsformen, Praktiken und das Ausleben seiner Phantasien austauschen konnte und kann. Ich habe gelernt, wie gern Frauen Sex haben, wenn sie auf den passenden Partner treffen. Einige Jahre war ich in Pärchenbeziehungen. Ich swinge bei Gelegenheit, lebe besondere Praktiken aus und habe über JOYclub vor einigen Jahren meine jetzige Partnerin kennengelernt.

BDSM-Phantasien sind Bestandteil unserer sexuellen Aktivitäten, und sie lassen Raum für phantastische Situationen.

Man muss sich dafür keine «Regeln» überstülpen lassen. Das Gehirn lässt die Lust galoppieren. Ich bin heterosexuell, habe aber keine Berührungsängste vor dem eigenen Geschlecht.

Peter und Ilka, sie leben in Berlin.
Wir lieben es, uns besonders zu kleiden und zu verkleiden. Wir laden im Sommer öfter mal Gäste (jeweils ca. zehn Paare) auf unseren Bauernhof ein, mit denen wir dann erotische Spielwochenenden rund um das Thema «Landpartie» veranstalten. In unserer Berliner Stadtwohnung veranstalten wir literarisch-erotische Soireen. Gerne auch im Rahmen eines Maskenballs oder Ähnliches. Außerdem laden wir gerne einzelne Paare zum Spielen ein, die wir bekochen und rundherum verwöhnen.

Dirk, 44, Single, in einer Kleinstadt in NRW im öffentlichen Dienst tätig.
Nachdem ich längere Zeit Single war, habe ich mich auf JOYclub in einer Single-Gruppe angemeldet, und das bewusst ohne erkennbares Profilfoto, denn ich hatte einen ganz besonderen Wunsch. Ich schrieb, dass ich eine Frau suche, die bereit ist, in meine komplett verdunkelte Wohnung zu kommen und mich nur oral zu verwöhnen, ohne jeglichen weiteren Körperkontakt und Wissen über mein Aussehen. Nach wenigen Tagen kam eine erste Antwort, und diese Dame besuchte mich mutig und verwöhnte mich tatsächlich oral, ohne zu wissen, wie ich aussehe. Sie berührte mich auch nicht weiter und ging nach erfolgreicher Handlung, ohne ein Wort zu sagen, da wir vereinbart hatten, auch nicht zu reden. Per Nachricht bat sie für das nächste Date um ein Glas Wasser. Dem Wunsch kam ich nach, und es war wieder sehr prickelnd für beide. Leider klingelte beim dritten Date ihr Handy, sodass wir uns schemenhaft erkennen konnten, und schon war die Spannung raus. Wir haben uns nie wiedergesehen.

Melanie, 27, Single, lebt in München und arbeitet als IT-Consultant.
Ich war schon länger an einem Dreier mit einem Paar interessiert. Wichtig war mir dabei, dass es sich um zwei miteinander vertraute Menschen, also ein echtes Paar, handelt. Über JOYclub habe ich mich mit einigen Paaren zum entspannten Kennenlernen in Bars getroffen. Eines der Paare veranstaltete eigene Swinger-Partys für Paare und Single-Frauen. Auf einer dieser Partys war ich dann zu Gast und wurde im Laufe des Abends Teil eines «flotten Fünfers» aus drei Frauen und zwei Herren. Mit einem anderen Paar habe ich mich – als wir geklärt hatten, dass die Chemie stimmt – zum Abendessen mit anschließendem Sex getroffen.

Beim Sex mit Männern finde ich es besonders reizvoll, wenn man sich völlig fremd ist. In der Regel verzichte ich da auf Kennenlern-Treffen, wenn mich die Fotos überzeugen und mein Bauchgefühl positiv ist. Mit einem Herren der mich auch über JOYclub kontaktiert hatte, habe ich mich eines Abends ganz spontan auf ein Rollenspiel verabredet. Ich: unterwürfige Sekretärin auf Jobsuche, die ihren Chef und dessen Geschäftspartner gerne oral befriedigen möchte. Er: dominanter Chef, der ein Vorstellungsgespräch mit einer Bewerberin führt und ihre «mündlichen Fähigkeiten» prüfen will.

Sanne, 18, Studentin im ersten Semester im Fach Chemie, lebt auf dem Land in Schleswig-Holstein.
Ich bin schon sehr lange gespannt darauf, wie es ist, Sex mit einer Frau zu haben, und hoffe, JOYclub kann mir helfen, diesen Wunsch zu erfüllen. Dabei stelle ich mir vor, wie wir uns treffen, und es ist sofort eine erotische Spannung zwischen uns zu spüren. Wir gehen zu mir und beschließen, noch ein wenig zu zocken, wobei wir uns immer näher kommen und sie mich dann küsst. Erst zärtlich, dann immer leidenschaftlicher. Meine Hand gleitet unter ihr Oberteil, liebkost ihre mittlerweile harten Nip-

pel. Ich höre sie leise seufzen, was mich unglaublich erregt. Ich drücke sie rückwärts auf die Couch und ziehe ihr das Oberteil aus, während sie meine mittlerweile ebenfalls nackten Brüste streichelt und liebkost. Meine Zunge wandert über ihren Hals zu ihren Brüsten, die Liebkosung ihrer Brustwarzen entlockt ihr ein weiteres Stöhnen. Ich wandere weiter leckend, küssend, knabbernd an ihrem Körper hinab, bis ich den untrüglichen Geruch ihrer Lust wahrnehme. Zärtlich küsse ich ihren Venushügel, lecke leicht an ihren Schamlippen, bevor ich spielerisch mit der Zunge in sie eindringe. Sie keucht überrascht auf, meine Zunge gleitet in sie hinein und wieder heraus, was ihr immer lauteres Stöhnen entlockt. Ich wandere zu ihrem Kitzler und beginne, sie mit zwei Fingern zu liebkosen und vorsichtig zu ficken. Ein Finger wandert in ihren Anus, und ich spüre, wie sie immer feuchter wird. Meine Bewegungen variieren, und irgendwann kommt sie, laut stöhnend, und kuschelt sich an mich.

Jeannette lebt in einer festen Beziehung. Weitere persönliche Angaben verweigert sie.

Meine Neigungen sind sehr speziell und von Menschen, die mir sehr nahe sind, kaum zu realisieren. Sex ist für mich erst einmal Nebensache. Zuerst kommt das Spiel, von normal bis perfide oder obszön, und irgendwann kommt dann auch der Sex. Je wilder meine Phantasien, desto geiler ist der Sex ... es muss aber nicht zwangsläufig darauf hinauslaufen. Ich möchte, dass man meinen Willen bricht. Aber wie stellt man das an? Indem man mich erniedrigt ... demütigt und mir Aufgaben stellt, die mich zwingen, in mich hineinzugehen, um festzustellen, was ich mir wert bin. Auch auf die Gefahr, dass ich dabei draufgehe. Ich bin abhängig von Fremden, und das macht die Sache sehr spannend. Ich habe beispielsweise schöne lange blonde Haare. Dann kommt also ein Fremder und sagt mir, dass ich mich öffentlich präsentieren soll, in Strapsen und mit High Heels und so weiter.

Er droht, wenn ich es nicht täte, dann käme – schnipp, schnapp –
die Schere, die mir die schönen blonden langen Haare abschneidet. Hmmm … shit … Dann beginnt mein Spiel im Kopf und mein
Suchen nach Auswegen etc. Steigerungen nach oben offen …

Später Start

Mehr als ein Vierteljahrhundert hat Roswitha ein Erwachsenenleben geführt, das viele Bundesbürger als «normal» bezeichnen
würden. Sie hatte einen Ehemann, mit dem sie in einem süddeutschen Dorf lebte. Sie gingen beide arbeiten und hatten regelmäßig
uninspirierten Sex. Das Ungewöhnlichste an ihrer Beziehung war
für «normale» Verhältnisse, dass die Ehe kinderlos blieb. Roswitha
war allerdings Erzieherin, ganz kinderlos war ihr Leben also nicht.
Vor drei Jahren starb dann ihr Mann völlig überraschend. Roswitha
hielt das Trauerjahr ein und begann dann ein Leben, das das genaue
Gegenteil von dem ist, was bisher «normal» für sie war. Sie hängte
ihren Job als Erzieherin an den Nagel und wandte sich den lustvollen Seiten des Lebens zu …

Als die Trauerarbeit erst mal bewältigt war, entstand der
Gedanke: Wie gehe ich jetzt mit meiner Sexualität um? Ein
Bedürfnis danach war ja da, und eines der ersten Dinge, die
ich getan habe – ich hab mir Sexspielzeug gekauft. Das hab
ich mich nie getraut, als mein Mann noch gelebt hat, weil ich
dachte, er akzeptiert das eh niemals. Jetzt kamen ein Vibrator
und so ein extra Teil, mit dem man die Klitoris stimuliert, ins
Haus. Die zwei Sachen haben erst mal gereicht.

Ich hab's sehr genossen und mich sehr oft selbst befriedigt.
In dieser Zeit, in der ich noch keine Männerkontakte hatte, hab
ich das als Einschlafhilfe benutzt. Ich hab mir selber was Gutes

getan, war entspannt und konnte dann gut schlafen. (Lacht.)
Meistens hab ich dabei an Sex mit mehreren Personen gedacht.
Der Gedanke war auch in meiner Jugend schon da, ich hab
damals schon davon geträumt, mit mehr als einer Person zu
spielen, von mehreren berührt und gestreichelt zu werden. In
dieser Zeit entstand auch der ganz starke Wunsch, mal mit einer
Frau Sex zu haben. Ich hab damals sehr viele Bilder von nackten Frauen angeschaut und von Frauen, die sich selbst anfassen
und so.

Roswitha ahnte noch nicht, dass ihre abendlichen Masturbations-
phantasien schon bald Wirklichkeit werden würden …

Anfang 2014 hat ein guter Freund mehrmals zu mir gesagt: «Du
brauchst unbedingt wieder einen Mann. Du bist doch noch jung,
du brauchst das einfach.» So hab ich mich nach Sexportalen
im Internet umgeschaut. Und bei JOYclub gab's so kleine Sex-
videos, die hab ich mir dann angesehen. So sind schließlich auch
Männerkontakte entstanden. Wir trafen uns zunächst nur bei
mir zu Hause. Das war mein geschütztes Umfeld, da hab ich
mich sicher gefühlt.

Der erste Mann, der mich besucht hat, war ein ganz span-
nender Typ, halb Italiener, halb Inder. Er war relativ klein, aber
ein sehr höflicher, sehr feiner Mann. Das war für mich genau der
Richtige für den ersten Kontakt, weil er ganz vorsichtig mit mir
umgegangen ist, ganz behutsam. Er hat mir das Gefühl gegeben,
dass ich eine ganz tolle Frau sei, etwas ganz Besonderes. Dabei
hatten wir nur ganz normalen Sex miteinander und ein bisschen
Oralsex. Zwischendurch haben wir Wein getrunken und uns sehr
gut unterhalten. Das ging über mehrere Stunden. Wir haben
uns ein paarmal getroffen, nur war es für ihn ein ziemlich weiter
Weg. Dadurch hatte sich das schnell von selbst geregelt, wie oft
wir uns sehen konnten. Heute sehe ich ihn gar nicht mehr.

Inzwischen hab ich sehr viele Männer getroffen, hab mich wirklich total ausprobiert. Ich mache keinen Unterschied, ob die nun verheiratet sind oder in einer Beziehung oder Single. Mir sind die gebundenen Männer eigentlich sogar lieber, weil die Gefahr geringer ist, dass die sich verlieben. Ich hab mich außerdem langsam vom Alter her nach unten getastet. Am Anfang war der Gedanke für mich fremd, mit einem Mann zusammen zu sein, der jünger ist als ich. Doch langsam hab ich die Altersgrenze nach unten reguliert bis zu einem, der zwölf Jahre jünger ist als ich. Dabei waren meine Favoriten immer deutlich ältere Männer. Vor allem habe ich sehr viele Männer gehabt, die das Gleiche mochten wie ich: das Zärtliche, das Sinnliche, mit sehr viel Streicheln, sehr viel Küssen. Und endlich gab es auch Männer, die mich oral befriedigt haben. Davon hab ich in all den Jahren geträumt, hatte aber nie einen Partner, der das gemacht hätte. Das genieße ich heute sehr. Das ist so toll!

Durch diese Kontakte fand ich dann einen Mann, der mich in einen Swingerclub mitgenommen hat. Ich konnte mir gar nicht vorstellen, dass ich das aushalte, irgendwas mit mir machen zu lassen, während andere zuschauen. Aber ich wollte es unbedingt ausprobieren. Ich bin eh ein Mensch, der sich gern zeigt. Das war schon immer so. Also nicht unbedingt ohne Kleider, aber ich bin eben jemand, der gern gesehen wird. Und das war für mich das Tollste an diesem ersten Swingerclub-Besuch. Ich hab es genossen, dass mir andere beim Sex zuschauten und dass mehrere Personen auf einmal an mir rumspielten – das war für mich ein echtes Wow-Erlebnis.

Angefangen hatten wir erst mal mit Wellness. Wir haben ein bisschen im Whirlpool miteinander gespielt, und da bekamen wir dann auch schon die Einladung von einem Paar, mit auf die Spielwiese zu kommen. Ich hatte mit dem Mann, mit dem ich da war, noch gar keinen Sex gehabt, wir hatten nur ein wenig aneinander rumgespielt. Auf der Spielwiese ging's mit diesem

Paar aber gleich zur Sache. Plötzlich war mein Begleiter außen vor, denn die wollten eigentlich nur mich dabeihaben. Das war auch das erste Mal, dass ich eine Frau angefasst hab. Ihr Mann hat uns Anweisungen gegeben. Ich hab mit ihren Brüsten gespielt, und ich hab sie geleckt. Das war, ja, das muss ich sagen, ein wirkliches Aha-Erlebnis für mich.

In diesem Club gab's auch eine Massageliege, und auf der wollte ich mich von meinem Begleiter massieren lassen. Es hat nicht lange gedauert, da waren wir umringt von Single-Männern, wie das da eben so ist. Und weil ich mit diesem Mann ja nicht so wirklich etwas verband, war ihm schon klar, dass da auch andere an mir rummachen dürfen. In der Zeit, als ich auf der Massageliege lag, waren einige Männer an mir dran. Nicht alle auf einmal, aber nacheinander haben sie an mir rumgestreichelt, rumgeleckt, rumgeküsst. Ich hab sie mit der Hand und mit dem Mund befriedigt – das fand ich toll. Ich hab gar nicht mehr wahrgenommen, was alles um mich rum passierte und wer da alles war. Ich bin in einer ganz anderen Welt versunken.

Als ich später allein in die Clubs gegangen bin, fand ich es total geil, dass ich auf niemanden Rücksicht nehmen musste. Ich konnte diese vielen Männer einfach bloß genießen. Meistens waren zwei an mir dran, wenn nicht gar drei. Da hat einer angefangen, nachdem ein anderer gerade zum Ende gekommen war. Also, ich hab nicht mit jedem gepoppt, an manchen hab ich nur mit der Hand gespielt oder mit dem Mund. Zwischendurch haben wir auch mal Pausen gemacht, dann kam jemand Neues dazu, und ich hab den ausprobiert. So eine Gangbang-Situation stört mich gar nicht, damit kann ich gut umgehen. Ich finde das sogar sehr spannend.

Nachdem Roswitha festgestellt hatte, dass es ihr Spaß macht, mit so vielen verschiedenen Männern Sex zu haben, kam ihr der vielleicht naheliegende Gedanke, die Sache zu kommerzialisieren …

Ich hab zwei Profile mit Fotos – aber ohne mein Gesicht – erstellt. Eines in der Gruppe «Käufliche Liebe» bei JOYclub und eines bei kaufmich.de. Über kaufmich.de hatte ich zwar am Anfang mehr Kunden, aber bei JOYclub trifft man einfach auf ein anderes Niveau. Wenn mir einer schreibt: «Hey, willst du ficken?», weiß ich doch schon von vornherein, das ist niemand für mich. Bei JOYclub sind das überwiegend völlig andere Leute, die sich bei mir melden. Meine Telefonnummer hab ich nicht angegeben. Die Herren müssen mich also schon anschreiben, und dann verlang ich erst mal ein Foto. Am Anfang hab ich das nicht gemacht, aber bei einem Mann war mir relativ schnell klar, dass ich den kenne. Zum Glück habe ich dann doch nach einem Bild gefragt, denn es war der Ex von meiner besten Freundin. Deshalb: Wenn mir einer kein Bild von sich zukommen lässt, gibt's auch kein Treffen. Im Profil steht ganz klar drin, dass ich vor allem den zärtlichen, sinnlichen Sex liebe. Auch, was ich mache und was nicht. Zum Beispiel mache ich Oralverkehr schon – auch ohne Gummi –, aber keine Aufnahme, keine Gesichtsbesamung, keinen Analverkehr, das ist für mich alles strikt tabu. Groben SM lehne ich auch ab, das will ich nicht. Und ich hab über mich drinstehen, dass ich eine Frau bin, die wirklich mit allen Sinnen Sex genießen kann, die sich wirklich hingeben kann, und dass ich zu hundert Prozent diskret bin. Das erwarte ich umgekehrt natürlich auch.

Trotzdem bleiben negative Erfahrungen nicht aus. Ich hab mal einen Mann dagehabt, der hatte sich nicht gewaschen, den hab ich gleich wieder weggeschickt. Und einen hab ich mal erlebt, der hat mich ziemlich fest angepackt. In dieser einen Stunde hab ich ihm bestimmt fünfmal gesagt: «Wenn du jetzt nicht sofort aufhörst, mich so fest anzupacken, beende ich das sofort.» Ich hab die Stunde dann doch durchgezogen und danach fünf Tage lang am ganzen Körper blaue Flecke gehabt – an der Brust, am Hintern, überall. Seitdem achte ich im Vorfeld noch mehr drauf, ob Männer harten Sex wollen. Den können sie woanders kriegen, aber nicht von mir.

Ein Thema ist auch immer Dirty Talk. Das ist okay für mich, nur von mir dürfen sie das nicht erwarten. *(Lacht.)* Zu mir dürfen sie fast alles sagen. Mir ist es egal, ob jemand zu mir sagt, ich sei eine Hure oder sonst was. Denn letztlich wissen wir ja alle, worum es geht, und ich muss mich nur immer gut fühlen dabei.

Ich versuche, nicht zu viele Kunden zu haben. Da ich das finanziell nicht unbedingt brauche, kann ich mir aussuchen, wen ich möchte und wann. Wenn ich mal Wochen hab, in denen ich drei oder vier Kunden empfange, wird's mir fast zu viel. Ich fühl mich dann irgendwie benutzt. Danach muss ich wieder eine oder zwei Wochen Pause machen und höchstens privat mal Sex ausleben. Aber dann will ich's wieder, und dann brauch ich's auch wieder.

Aufbruch im verflixten siebten Jahr

Es ist schon bezeichnend, dass Hollywood-Regisseur Billy Wilder der Verfilmung des Theaterstücks «Meine Frau erfährt kein Wort» den Titel «Das verflixte siebente Jahr» gab. Glaubt man den Statistikern, so ist das siebte Ehejahr tatsächlich besonders gefährlich. Trotzdem wird nicht jede der zu dieser Zeit in die Krise schlingernden Ehen geschieden – jedenfalls nicht im siebten Jahr. Manche Ehepartner lassen sich auch was einfallen, um das zu verhindern, und das am besten gemeinsam. Rosi und Bernd haben, als ihr Sexleben in Langeweile zu erstarren drohte, einander ihre erotischen Phantasien anvertraut. Partnertausch hieß am Ende das Agreement. Man meldete sich im JOYclub an und wollte mal sehen, wer sonst noch diese Idee hatte. Ihnen schwebte so etwas wie eine erotische Win-win-Situation vor ...

Wir haben bei JOYclub gesucht und sind auch fündig geworden. Ein Pärchen, das gar nicht so weit von uns entfernt wohnt – das war uns wichtig –, haben wir angeschrieben und uns mit ihm getroffen. Sie haben unseren Vorstellungen einigermaßen entsprochen, sowohl vom Alter her als auch menschlich. Und weil es einfach passte, haben wir dann unseren ersten Partnertausch mit ihnen gehabt. Ich noch nicht mit Geschlechtsverkehr, aber Bernd schon. Im ersten Augenblick dachte ich: «Moment mal, was passiert jetzt hier eigentlich gerade?» Das hat mich zunächst irritiert, auch verstört. Aber nicht so sehr, dass ich die Situation hätte unbedingt abbrechen wollen oder müssen. Und so nach vielleicht fünf Minuten oder ein paar Minuten mehr hab ich dann gemerkt, dass mich das eigentlich ganz schön scharf macht, wenn mein Mann mit einer anderen zugange ist. Und wir waren ja auch alle vier zusammen. Das war ja eine Einheit. Die andere Frau hat mich die ganze Zeit mit im Auge behalten und auch ihren Mann. Das war schön – also, ich fand's richtig schön. Irgendwie war das ein gemütliches, erotisches Zusammensein. Und so hat es sich dann ergeben, dass sich in meinem Kopf ein Schalter umgelegt hat. Es war überhaupt nicht mehr schlimm. Es hatte ganz im Gegenteil sogar Potenzial. Ich hab mir gesagt: «Das macht dich echt an, wenn du dir das mal ganz ehrlich eingestehst.»

Wir haben uns eine ganze Weile regelmäßig mit ihnen getroffen, aber ich hatte immer weniger Lust auf Geschlechtsverkehr. Nicht mit dem anderen Mann und mit Bernd schon gar nicht. Trotzdem habe ich mich immer auf diese Treffen gefreut. Bald musste ich mir eingestehen, dass sie der Grund dafür war. Mehr und mehr habe ich mich auf das Spielen mit ihr fokussiert. Das war am Anfang noch ganz seicht, nur ein bisschen streicheln und ihre Brüste berühren und sie ganz zärtlich küssen. Stück für Stück hat sich dann mehr ergeben, mit lecken und fingern, und das hat sich dann ausgeweitet, bis sie dann auch mich geleckt hat.

Rosi und Bernd haben das verflixte siebente Jahr also lustvoll hinter sich gebracht, und weil man nicht abermals in Routine verfallen wollte, sah man sich nach weiteren erotischen Abenteuern um. Im JOYclub-Magazin studierten sie die Anzeigen der verschiedenen Swingerclubs. Dort lernten sie eines Tages Tina kennen, die immer allein unterwegs war. Tina gefiel beiden – Rosi und Bernd –, und beide gefielen Tina. Die Spielwiesen in den Clubs erwiesen sich allerdings als nicht so ideal für das Trio. So kam Tina zu den beiden nach Hause, und seither haben sie dort zu dritt ihren Spaß …

Viele unserer Freunde wissen, dass wir uns mit Tina treffen, aber was da speziell abgeht, das weiß eigentlich keiner. Es gibt Abende, an denen ich hinter ihr bin, wenn Bernd sie vögelt oder wir Rollenspiele mit ihr machen. Das mit den Rollenspielen ist erst vor kurzem entstanden, als wir mal zusammengesessen haben, und da haben wir aus Quatsch rumgesponnen. Dabei haben wir festgestellt, dass es eine geile Vorstellung ist, wenn eine von uns die Schülerin wäre und die andere die Lehrerin und Bernd der Direktor. Da hat Bernd gesagt: «Okay, mal sehen, was es so gibt», und hat ein paar Sachen bestellt. Ein paar Tage später waren die Kostüme da. Ich hab so ein Schülerinnen-Outfit mit kurzem kariertem Rock bekommen. *(Lacht.)* Für unsere Freundin gab's ein Lehrerinnen-Outfit mit einem ganz engen Rock und einer Brille. Das ist genial – echt geil. Ja, und dann ging's los! Nach einem gemütlichen Essen haben Tina und ich uns umgezogen. Bernd ist erst mal noch am Tisch sitzen geblieben, und wir sind dann wieder zu ihm gekommen. Sie in High Heels und ihrem engen Rock, die Lippen knallrot angemalt, und ich in Schuluniform mit zwei Zöpfen. Na ja, so, wie man sich diese Rollen stereotypisch halt vorstellt. Sie hat mir dann ein bisschen den Hintern versohlt, was für mich eine völlig neue Erfahrung war. Aber geil – sie als Lehrerin in der dominanten Rolle, ich in der defensiven. Dann hat sie mir befohlen, dem

Direktor einen zu blasen. Also, das war alles ganz neu, in jeder Hinsicht. Und jedes Mal kommt noch was Neues dazu. Erst gestern haben wir wieder dieses Rollenspiel gespielt. Bernd und ich haben an ihr rumgespielt. Ich an ihren Brüsten und sie an meinen. Mittlerweile tasten wir uns auch langsam ein bisschen an SM heran. Wir haben Nippelklemmen benutzt. Erst hab ich die Dinger als unterwürfige Person dranbekommen, aber dann hab ich sie auch bei ihr drangemacht. Dafür musste ich als defensiver Part natürlich vorher die Erlaubnis bekommen. Ich hab ihr sogar ein bisschen den Hintern versohlt. Eigentlich müsste ich den ja versohlt kriegen. Das hat sie dann mit einer Kelle auch gemacht, weil wir entdeckt haben, dass wir auf Schlagspiele stehen. Danach hat sie Bernd noch einen geblasen, das heißt, wir haben meinen Mann zusammen verwöhnt, und das war sehr schön. Wir küssen uns auch sehr viel. Das ist ja für viele Paare tabu, was ich ganz interessant finde. Gevögelt werden ist okay, aber beim Küssen ist dann die Grenze. Das ist schon manchmal komisch, wie unterschiedlich die Leute das für sich bewerten. Also, für uns ist küssen sehr wichtig. Das ist ein Ausdruck von Innigkeit und auch von einer gewissen Art der Zuneigung.

Nacktputzer gesucht

Als die Mauer fiel, war Roland 23 Jahre alt, lebte in der sächsischen Provinz und stand kurz vor der Eheschließung. Sein Kopfkino veranstaltete täglich Sneakpreviews. Eine Phantasie kam dabei immer wieder vor, die Phantasie nämlich, von fremden Frauen nackt der Öffentlichkeit vorgeführt zu werden …

Kurz nach der Wende, als es bei uns noch keine Bordelle gab, stellten ein paar Professionelle am Stadtrand oder an irgendwelchen verlassenen Ecken ihre Wohnwagen auf und gingen darin ihrem Geschäft nach. Dort habe ich nach langem Suchen zwei Frauen gefunden, die ein Faible für meine Phantasie hatten. Sie haben mich vor den Wohnwagen nackt auf und ab geführt. Also nicht am Halsband, wie man das heute machen würde. So toll waren die damals noch nicht ausgestattet. Die haben mich einfach an der Hand geführt oder an den Haaren hinter sich hergezogen. Ich hätte mir zwar ein paar mehr Augenzeugen gewünscht, aber drei- oder viermal war schon jemand da, der das gesehen hat.

Mehr als ein Vierteljahrhundert später wohnt Roland noch immer «am Rand einer sächsischen Großstadt». Von hier aus führt ihn sein Job in deutsche Provinzen, die ihm bis zum 9. November 1989 verschlossen waren. Und seine Gattin hat keine Ahnung, was er dort neben der beruflichen Tätigkeit sonst noch so alles treibt. Sie würde mit Sicherheit nicht schlecht staunen, könnte sie ihn auf der Hamburger Herbertstraße nur mit einer Windelhose bekleidet in einem jener Schaufenster sitzen sehen, in denen Huren ihre Reize anbieten …

Ich hätte mich dort lieber nackt präsentiert, aber das wollte sie nicht. Da bin ich wahrscheinlich an die falsche Frau geraten. Also saß ich nun in dieser Windelhose da, vielleicht eine Viertelstunde lang oder so. Ich war schon sexuell erregt, aber es war nicht ganz das, was ich eigentlich wollte. Es sind auch ein paar Männer stehen geblieben, die lachten ein wenig, und einer kam auch nah an die Scheibe ran. Die Hure hat ihn gefragt, ob er reinkommen will, ich würde ihm einen blasen. Da hat er sich sofort umgedreht und war weg … Gut, ich hätte es wahrscheinlich eh nicht gemacht.

Und dann ging JOYclub an den Start. Roland war schon relativ früh dabei, und hier entdeckte er schließlich die Annonce jener Berlinerin …

Sie schrieb, dass sie es genießen würde, sich von nackten Männern die Wohnung putzen zu lassen. Darauf bin ich sofort angesprungen! Wir haben uns ein bisschen ausgetauscht, und ich hab gefragt, warum sie das macht. Sie hat nur geantwortet, dass ich nicht der Erste und mit Sicherheit auch nicht der Letzte wäre, der das bei ihr machen würde. Wir haben einen Termin vereinbart, und wenige Tage später stand ich mit Herzklopfen vor ihrer Tür, in der Hand ein kleines Geschenk. Sie war 58. Eigentlich hatte ich nach einer Jüngeren Ausschau gehalten, aber bei denen läuft das in der Regel auf was Professionelles hinaus. Ich hab das auch schon mal bei einer Hure gemacht, aber das hat kein Flair. Für die ist das Business. Aber in diesem Falle nahm die Frau kein Geld, sondern machte das, weil sie selbst Spaß daran hatte.

Sie wies mir einen Stuhl im Flur zu, der als meine Garderobe dienen sollte. Sehr unkompliziert wies sie mir die Aufgaben zu, die erledigt werden mussten. Meine Nacktheit nahm sie als völlig normal hin. Es gab ziemlich viel zu putzen. Sie war ein paar Tage krank gewesen und daher nicht selbst dazu gekommen. Das fing im Badezimmer an, ging in ihrem Schlafzimmer weiter, dann im Wohnzimmer, und auch auf dem Balkon war noch was zu machen. Ich habe bei ihr etwa drei Stunden lang geputzt. Der Kick bestand darin, das nackt zu tun und vor einer fremden Frau. Das war schon erregend, weil sie ab und an zugeschaut hat. Außerdem haben die Putzutensilien, die sie mir zur Verfügung gestellt hat, mich schon ein bisschen eingeschränkt. So musste ich den Fußboden auf allen vieren wischen und nicht etwa mit einem Schrubber im Stehen. Zwischendurch hat sie angesagt, dass jetzt ein anderer Raum dran sei, und sie hat meine Arbeit auch kontrolliert und kommentiert und mich auch mal zurückgeschickt, weil sie irgendwo noch ein paar Flusen gefunden hatte. Ich mochte es auch, dass sie ein Faible dafür hatte, mich im Vorbeigehen unvermittelt an den Brustwarzen zu kneifen, und zwar sehr intensiv. Dann hat sie mir noch eine Fußkette angelegt, damit ich kleinere Schritte machen musste. Das war schon komisch, weil ich nur so kleine Trippelschritte machen konnte.

Mein Lohn am Ende war ein Bondage von ihr. Also, wir hatten uns im Vorfeld in den Mails darüber ausgetauscht, dass sie Bondage macht. Sie schrieb mir, dass sie da recht versiert sei und Kurse belegt habe und so weiter. Es war für mich das allererste Mal, dass ich so was gemacht habe. Das hatte ich ihr auch geschrieben, und sie meinte, das sei kein Problem, und ich solle das als mein Honorar auffassen. Sie holte dann drei Bondageseile, erklärte mir ein bisschen was und sagte, dass ich keine Angst haben müsste, zum Beispiel wegen der Knoten oder so. Ich bekäme ganz sicher keine Atemnot und könnte jederzeit Bescheid sagen, wenn ich das Gefühl bekäme, es nicht mehr auszuhalten. Dann fing sie damit an, meine Hände zu fixieren, die ich zu diesem Zweck auf den Rücken legen sollte. Als Nächstes schnürte sie mir den Oberkörper zusammen, dabei machte sie mit den Seilen so eine Art Kreuzmuster über der Brust und ging dann mit einem weiteren Seil zwischen meinen Beinen hindurch. Damit sie es untenherum festknoten konnte, musste ich mich hinknien, und bei dieser Gelegenheit fixierte sie auch noch die Unterschenkel an den Oberschenkeln. Was mich erregte, war dieses Ausgeliefertsein. Und auch die Tatsache, dass man mit seinem Körper wie ausgestellt war. Sie hat das Ganze nämlich so gebunden, dass die Brustwarzen ausgestellt waren, dass Hoden und Schwanz ausgestellt waren – das fand ich schon sehr erregend. Ich trug dabei eine Augenmaske und genoss es, völlig bewegungsunfähig zu sein. Sie hat Fotos davon gemacht,

damit ich mir im Nachhinein einen Eindruck von dem Kunstwerk machen konnte. Während der gesamten Zeit, in der sie mit
meinem nackten Körper beschäftigt war, trug sie völlig normale
Kleidung. Wieder befreit, aber noch mit der Maske im Gesicht,
musste ich mich ihr zu Füßen knien und mich relativ zügig selbst
entsaften. Diesem ersten Erlebnis mit ihr folgten lange E-Mails
und dann ein zweites Treffen. Ich habe sie in ein Berliner Hotel
mit einem großen Wellness-Bereich eingeladen. Auch dort
habe ich ihre fordernde Art sehr genossen. Sie hat sich von mir
im Pool hin und her tragen lassen, die Blicke der anderen Gäste
hat sie sichtlich genossen. Im Whirlpool hat sie mir ungeniert
an den Schwanz gefasst, bis er hart war. Es war zwar nicht voll
dort, aber alleine waren wir auch nicht. Sie hat mich auch aufgefordert, mal aufzustehen, um schauen zu können, «wie hoch
das Wasser ist». Natürlich reichte mir der Wasserspiegel nicht
bis zum Schoß. *(Lacht.)*

Es gibt ja viele, die sagen, du musst mit deinem Partner über
so was reden, in meinem Fall also mit meiner Frau. Aber selbst
wenn wir offen über so etwas reden würden – solche Sachen
wollte ich mit ihr gar nicht tun.

Hobbyhure aus Leidenschaft

Geldprobleme hat Laura (33) keine. Es ist der zierlichen Frau wichtig, das zu betonen, damit klar ist, dass es sich um pure Leidenschaft
handelt, wenn sie als Hure unterwegs ist. In leitender Stellung in
einem Krankenhaus tätig, hat sie ein respektables Einkommen.
Niemand in ihrem beruflichen wie privaten Umfeld ahnt, welcher
Tätigkeit die selbstbewusste Singlefrau oft nach Feierabend nach-
geht ...

Ich verkaufe meinen Körper. Es erregt mich, dass ich für den Zeitraum, in dem der Mann da ist, von ihm als sein Besitz angesehen werde. Also dass er ein Anrecht auf mich und meinen Körper hat, weil er dafür bezahlt. Natürlich spielt bei der Erregung auch die Höhe des Betrages eine Rolle. Wenn mir jemand 50 € anbietet, gehe ich gar nicht erst los. Üblicherweise liegt das zwischen 150 € und 250 €. Im Gegensatz zu einer Prostituierten stellt das aber kein Einkommen dar, von dem ich lebe. Wenn ich gerade Lust darauf habe und dann auch noch jemanden finde, der eine devote Frau sucht, dann ist das natürlich umso reizvoller. Ich annonciere allerdings nicht selbst. Ich habe das ein einziges Mal gemacht, aber da kamen dann die skurrilsten und blödesten Fragen. Da ist man ja stundenlang nur damit beschäftigt auszusortieren. Seither sehe ich mir einfach die Herren genauer an, die entsprechende Anzeigen aufgeben, und wenn es passt, dann passt es. Es ist sehr hilfreich, wenn derjenige da schon reinschreibt, welche Vorstellungen er hat. Bezeichnet sich jemand als dominant, ist mein Interesse geweckt. Mittlerweile spielt das für mich eine ganz große Rolle. Und ich suche mir gern ältere Männer, so ab 40 aufwärts. Der älteste bis jetzt war knapp über 70. Der gab vor, dominant zu sein, aber leider hatte er überhaupt keine Ahnung davon. Das passiert halt auch.

Spezielle optische Vorstellungen habe ich nicht. Im Regelfall lasse ich mir zwar Bilder schicken und schicke auch ein oder zwei Fotos zurück, damit man sich eine gewisse Vorstellung machen kann. Schließlich kauft keiner gern die Katze im Sack. Aber wie gesagt, die Optik spielt nicht die entscheidende Rolle, es können schließlich nicht nur Athleten und Models herumlaufen. Wichtig sind mir ein gepflegtes Äußeres und dass der Mann im Intimbereich rasiert ist. Die eigentliche Erregung aber wird bei mir eben dadurch ausgelöst, dass ich mich und meinen Körper verkaufe und fremde Männer davon Besitz ergreifen.

Sex-Tourismus in Südtirol

Manche wollen am Sellajoch wandern oder am Rittner Horn, oder sie kommen, um die Gärten von Schloss Trauttmansdorff zu bewundern. Andere haben vor, im Eisack zu baden, wie in Südirol tatsächlich ein Fluss heißt. Und dann reisen auch noch Leute an, um sich mit solchen Herren zu treffen, wie Marco einer ist. Sie kommen aus den deutschsprachigen Ländern und wollen sich den Jahresurlaub mit erotischen Abenteuern versüßen. Nun gibt es in Südtirol (noch) keine Swingerclubs, doch dafür leisten verschiedene Internet-Portale gute Dienste, um eine echt geile Urlaubsplanung zu realisieren. Auch Marco und seine Kumpels schätzen bei der Anbahnung die Vorzüge der erotischen Online-Portale …

> Es gibt sicherlich noch andere Portale, aber was ich an JOY-club schätze, ist die Tatsache, dass man sich auf die Angaben in den Profilen verlassen kann. Denn wer sich dort anmeldet, muss seinen eingescannten Ausweis senden, um die Daten zu bestätigen. Diese Details werden zwar nicht veröffentlicht, aber trotzdem weiß man bei den Profilen immer, dass es sich tatsächlich um einen Mann, eine Frau oder ein Paar handelt – und das Alter stimmt auch. Das finde ich an JOYclub so einmalig. Bei den anderen Portalen weiß man nie, wer da so genau hinter der Tastatur sitzt.

Marco hat kein Problem damit, seine Mobilfunknummer weiterzugeben. Am Telefon kann er nun mal besser als per Mail abchecken, ob er die potenziellen Sexpartner sympathisch findet, und er hat so einige sympathisch gefunden, die sich bei ihm gemeldet haben. Und weil die Telefonate nicht folgenlos geblieben sind, hat Marco viel zu erzählen, und er hat einen Riesenspaß dabei …

Mein erster Kontakt, bei dem auch wirklich was gelaufen ist, war mit einem Paar aus Norddeutschland. Ich hatte nur mit dem Mann telefoniert, aber vom Foto her kannte ich sie beide. Der Mann hatte mir angekündigt, dass noch ein zweiter Herr aus Südtirol dazukäme, er selbst beschränke sich auf die Rolle des Beobachters. Es war ein kurzes Kennenlernen in einer Hotelbar verabredet, das aber ohne die Frau stattfand. Nach einem Bier und einem kleinen Plausch hat er gesagt: «Okay, das passt, wir gehen jetzt aufs Zimmer.» Das Zimmer hat sich dann als Suite herausgestellt. Als wir reinkamen, stand die Frau schon in Reizwäsche da. Sie trug eine Augenbinde und war mit Handmanschetten und einem dünnen Seil gefesselt, ganz leicht nur, nicht im Sadomaso-Stil. Sie stand mit dem Gesicht zur Wand und war mit den Händen an einen Holzbalken gebunden, die Beine waren jedoch frei. Natürlich wusste sie von dem ganzen Spiel, sehr wahrscheinlich hat sie es mitinitiiert, aber wegen der Augenbinde konnte sie nicht sehen, wer da jetzt genau aufs Zimmer kommt. Wir sind eigentlich recht schnell zum Spielen gekommen. Wir haben uns ausgezogen und sie erst mal mit den Händen überall berührt. Danach hat sie uns beide oral verwöhnt, und anschließend haben wir abwechselnd mit ihr Sex gehabt. Ihr Mann hat die ganze Zeit dabei zugesehen. Irgendwann mitten im Spiel durfte sie schließlich die Augenbinde abnehmen. Also, ich muss schon sagen, das war eine echte Traumfrau. So was bekommt man nicht jeden Tag auf dem Silberteller serviert. Hinzu kam die edle Location, also diese Hotelsuite. Es hat einfach alles gepasst.

Kurz darauf hat sich auch noch ein ganz nettes Erlebnis ergeben. Ein Paar aus Bayern war auf dem Weg zu einem Weinfest am Gardasee und wollte auf der Durchreise mit irgendjemandem irgendwo Spaß haben. Bei der Kontaktaufnahme fragten sie, ob ich da eine Idee hätte. Und da habe ich erwidert: «Okay, mich würde da was reizen. Ich würde mir sehr gern mal im

Cabrio einen blasen lassen. Während des Autofahrens!» (*Lacht.*) Ich hab ein kleines Cabrio, und in dem haben wir das dann gemacht. Wir haben uns getroffen und waren uns sofort sympathisch. Also sind wir die Landstraße entlanggefahren. Weil mein Cabrio nur ein Zweisitzer ist, war sie bei mir, während er mit seinem Auto hinter uns hergefahren ist. Ich saß am Steuer und hab sehr genossen, was sie mit mir gemacht hat, aber gekommen bin nicht. In einer solchen Situation kann ich das gar nicht so schnell. Das wäre eine lange Fahrt bis zum Gardasee geworden. (*Lacht.*) Wir haben schließlich ein schönes Plätzchen neben der Landstraße gefunden, und dort haben wir dann schönen Sex gehabt. Ich hab zugestimmt, dass er mich dabei filmt. Das war schon gewagt, sich von fremden Leuten filmen zu lassen, wenn man gar nicht weiß, ob das nicht am nächsten Tag im Internet landet. Aber das Risiko geht man schon mal ein.

Eine weniger schöne Geschichte habe ich mit einem Paar aus Österreich erlebt. Die wollten was in Bozen organisieren, auch in einem etwas edleren Stil, daher hatten sie sich ebenfalls eine Suite reserviert. Sie wollte nur oral verkehren, das aber mit mehreren Männern. Also hatten die beiden fünf Männer ausgesucht und angeschrieben, aber letztlich sind nur zwei gekommen. Ich und ein anderer. Dabei hätte das echt nett werden können. Der Mann wollte das ein bisschen gepflegt gestalten und bat darum, dass man Fliege und weißes Hemd trägt. Aber dann ist leider nix dabei rumgekommen, ich hab die Frau nicht mal zu Gesicht bekommen. Bei dem Kennenlernen in einer Bar war sie nicht dabei, dort waren nur ihr Mann und noch ein weiterer Typ, der das Ganze inszeniert hätte. Der wäre einfach so als Moderator dabei gewesen, ohne mitzuspielen. Der andere Herr, der noch gekommen war, schaute ständig auf die Uhr und sagte, dass er nicht viel Zeit habe. Tja, das war dann weniger schön, und letztlich wurde das Ganze abgeblasen ... (*Nun lachen wir beide.*)

Ein prominentes Vorbild

Natürlich nennt fast keine Frau, die sich für Escort-Freuden anbietet, ihren realen Namen. Bei manchen aber wird das allein schon durch die Wahl des Pseudonyms deutlich. Niemand heißt wirklich Lola Montez, nicht einmal die spanische Tänzerin, die vor 150 Jahren neben Alexandre Dumas und Franz Liszt auch dem bayerischen König Ludwig I. den Kopf verdrehte. Sie war noch nicht mal Spanierin. Hinter jener Lola Montez steckte die schottische Offizierstochter Elizabeth Rosanna Gilbert, die als Hochstaplerin entlarvt aus ihrer Heimat fliehen musste. Erst dadurch kamen besagte Promis im 19. Jahrhundert in den Genuss ihrer Verführungskünste. Die Lola Montez unserer Tage lebt – wie ja zeitweilig auch ihre historische Namensbase – in München. Die Akquise zahlender Gäste betreibt sie bequem über die Gruppe «Käufliche Lust» im Online-Portal JOYclub. Niemand weiß, wer sich hinter ihrem Pseudonym verbirgt ...

Außer meiner besten Freundin weiß das tatsächlich niemand. Unter meinem Profil «Lola Montez» sind keine Bilder von meinem Gesicht zu sehen. Und ich verschicke auch im Vorfeld keine Bilder, auf denen mein Gesicht zu erkennen wäre. Der Escort findet grundsätzlich nicht bei mir zu Hause statt, denn dadurch wird man sehr leicht erpressbar – Stichwort «Stalking». Am liebsten ist es mir in einem Stundenhotel.

Seit fast vier Jahren ist Lola Montez nun eine Nebenerwerbshure und geht ansonsten einem «ganz normalen Job» nach. Die strengen Münchner Auflagen für das Prostitutionsgewerbe gelten aber natürlich auch für sie ...

Man muss sehr aufpassen wegen des Sperrgebiets. Das ist eine heikle Sache, denn da wird immer mal wieder geprüft. Wenn ich also auch nur den Hauch eines Bauchgefühls habe, dass da etwas nicht stimmt, mache ich das nicht. Es gibt in ganz München nur vier Hotels, die nicht im Sperrgebiet liegen. Dort darf man hingehen, aber ansonsten kann man die Herren nicht im Hotelzimmer besuchen. Es ist natürlich so: Wenn mich jemand anschreibt und ich in seiner Freundschaftsliste Leute sehe, die ich kenne oder mit denen ich schon mal in einem privaten Chat war, dann ist das natürlich kein Thema. Aber wenn mich jemand anschreibt, der sein Profil erst wenige Tage zuvor angemeldet und kaum Profilaufrufe hat, dann sage ich sofort nein.

Wie kommt eine mitten im Leben stehende Frau mit Anfang 40 (in dem Alter war die historische Lola Montez schon gar nicht mehr am Leben) auf die Idee, sich der käuflichen Liebe hinzugeben, wenn – wie sie betont – der finanzielle Aspekt fast keine Rolle spielt?

Früher war ich sehr rege mit einem privaten Profil unterwegs und habe viele Männer getroffen. Da trifft man sich dann beispielsweise in einem Hotel, weil der Herr zu Messezeiten oder aus welchen Gründen auch immer in München ist, und verbringt einen schönen Abend miteinander. Danach fahre ich dann nachts um eins mit der U-Bahn nach Hause, und es kommt noch nicht mal eine SMS, in der mich der Herr fragt: «Bist Du gut nach Hause gekommen?», oder sonst etwas in der Art. Es ist wirklich so, dass man wie eine Hure behandelt wird, nur ohne die Bezahlung. Deshalb habe ich jetzt keine Dates mehr auf normaler Ebene, sondern nur noch als Escort. Das ist die Konsequenz aus dem schlechten Benehmen der Herren.

An mein erstes professionelles Date kann ich mich noch sehr gut erinnern. Ich habe mir gesagt, ich gehe zu dem Date hin und mache das, wenn es mir guttut. Wenn ich merke, dass es mir wehtut, dann höre ich sofort auf. Aber es hat nicht wehgetan. Ganz im Gegenteil. Es war aufregend. Er war Österreicher. Zunächst haben wir an der Hotelbar etwas getrunken, danach sind wir in ein Pornokino gegangen. Bezahlt hat er mich vorher. Er fand es toll, mich im Pornokino zur Schau zu stellen. Er wollte halt einfach mal mit einer Frau dorthin gehen. Ich hatte eine Bluse an, die man vorne aufknöpfen konnte. Er hat die Bluse also geöffnet und meine Brüste massiert und mich quasi so den anderen Herren dort präsentiert. Es wollte zwar schon jemand mitmachen, aber es war von vornherein abgesprochen, dass ich niemanden dazulasse. Anschließend waren wir noch eine halbe Stunde bei ihm auf dem Hotelzimmer im Bahnhofsviertel. Dort gibt es ja auch ganz tolle Hotels, nicht nur irgendwelche Absteigen. Ich habe ihm einen geblasen, Geschlechtsverkehr hat aber nicht stattgefunden.

Ich kann mich kaum an ein Erlebnis aus meiner Escortzeit erinnern, das mir nicht gefallen hätte. Einmal habe ich einen Mann zu Hause besucht, da war es ziemlich schmuddelig. Das fand ich nicht in Ordnung. Seither mache ich auch keine privaten Termine mehr bei den Männern zu Hause, sondern nur noch in Hotels, vor allem eben in den vieren, die dafür in Frage kommen. Außerdem sortiere ich auch ordentlich aus. Ich habe oft Anfragen nach dem Motto: «Hey, hab Lust auf 'nen geilen Fick mit Dir.» So einer fällt schon mal gleich raus. So eine Sprache mag ich nicht, zumindest nicht im ersten Anschreiben. Wenn jemand während des Treffens von mir Dirty Talk hören möchte, dann ist das kein Thema. Das wird im Vorfeld abgeklärt. Die Herren, die des Öfteren jemand gegen Bezahlung in Anspruch nehmen, die wissen sich zu benehmen. Sie schreiben in die E-Mail zum Beispiel: «Ich bin am Soundsovielten in München und hätte Lust, einen schönen Abend mit Dir zu verbringen. Ich stelle mir ungefähr das und das vor ... Wäre das möglich?» Mittlerweile ist es ja auch so, dass ich fast gar nicht mehr akquirieren muss. Ich habe so vier, fünf Herren, und wenn die in München sind und Lust haben, dann kontaktieren sie mich. Wenn's passt, dann trifft man sich. Neue Kunden habe ich kaum. Klar, es fällt mal einer raus, weil er umzieht oder weil sich bei ihm privat etwas geändert hat. Aber es sind und bleiben eben eine Handvoll Kandidaten, die regelmäßig-unregelmäßig zu mir kommen. Im Laufe eines Monats habe ich drei, vier Kunden. Das ist dann aber auch schon viel.

Meine beste Freundin, die einzige, die mein Pseudonym «Lola Montez» kennt, hat mal gesagt, sie könne sich das nicht vorstellen, wie so etwas abläuft. Da habe ich ihr erklärt, dass es im Prinzip genau so abläuft, als würde ich ganz normal einen Mann über ein Online-Portal kennenlernen und mich mit ihm zu einem Sex-Date treffen – nur dass vorher Geld fließt.

Die Tinder-Generation

Maja ist 22 Jahre jung, lebt in Berlin und studiert Psychologie. Die Mischung aus Attraktivität und Klugheit ist bestechend. Ich lerne sie in meiner Stammkneipe kennen, wo wir unabhängig voneinander – ich nach einem langen Tag am Schreibtisch und sie nach der Uni – auf ein Glas oder zwei vorbeischauen. Maja hängt dort mit jungen Leuten ab, hat viel Spaß, aber so richtig kann ich nicht erkennen, mit wem von denen sie auch sonst Spaß hat. Und weil Maja ein offener Mensch ist, habe ich sie gefragt. Das war dann der Moment, in dem sie beschloss, mich demnächst mit den Geheimnissen von Tinder bekannt zu machen.

Tinder bedeutet übersetzt so viel wie Zunder, was wiederum ein altdeutsches Wort für entflammbares Material ist. Das klingt vielversprechend! Ich starte eine Internet-Recherche und stoße auf einen vielsagenden Satz: «Der romantische Aspekt ist eher zweitrangig», schreibt die Cosmopolitan-Autorin und bekennende Tinder-Userin Mirna Funk. Der vordergründige Aspekt hingegen hat Tinder zur erfolgreichsten Dating-App der Welt gemacht. Die Idee eines sozialen Netzwerks, wie sie JOYclub vorschwebt, scheint Tinder fremd zu sein. Hier werden keine Gruppen gebildet, keine Themen in Foren diskutiert. Tinder ist eine Ansammlung von Einzelkämpfern beiderlei Geschlechts, und das weltweit. Tag für Tag melden sich 20 000 neue Nutzer an. 800 Millionen Mal täglich bewerten sie sich gegenseitig, woraus sich 10 Millionen Matches ergeben – so etwas wie ein gegenseitiges Like. An einem Sonntagvormittag auf der Terrasse des «Café Savigny» führt's mir Maja vor.

Schon vor Monaten habe sie sich über ihren Facebook-Account angemeldet, verrät sie mir. Es scheint Maja nicht zu stören, dass Tinder dabei nicht nur persönliche Daten und Fotos übernimmt, sondern sich gleich noch ihre komplette Freundesliste kopiert. Mit solchen Bedenken, das weiß ich, brauche ich Leuten wie Maja gar nicht erst zu kommen. Sachen wie «Intimsphäre» oder «Datenschutz» haben viele in ihrer Generation einfach nicht auf dem Schirm. Auf dem Weg zum Tinder-Flirt stünde das auch extrem im Wege.

Die Dating-App gibt ihren Usern die Chance, noch ein paar Zeilen darüber zu verfassen, was genau sie suchen, wie sie selbst drauf sind und worauf sie beim Sex so stehen. Maja hat's schlicht gehalten: «Ich mag Männer, die wissen, was sie wollen!»

Das spreche für eine devote Haltung, stelle ich fest. Maja blickt mich halb verwundert, halb amüsiert an. «Das spricht doch wohl zunächst mal dafür, dass ich eine Frau bin, die weiß, was sie will, oder?!» Maja formuliert das nicht als Frage – es ist ein selbstbewusstes Statement.

«Das widerspricht sich doch nicht!», werfe ich ein.

Maja bleibt mit ihrem Blick einen Moment lang an mir hängen. «Stimmt!», sagt sie dann und wendet sich wieder ihrem Smartphone zu.

«Let's start!», ruft sie fröhlich und tippt ein, dass sie in einem

Umkreis von 30 Kilometern einen Mann zwischen 25 und 35 Jahren kennenzulernen wünscht. Mehr nicht! Hier geht es offensichtlich nicht darum, möglichst viele Charaktereigenschaften, Hobbys und sonstige Interessen mit den potenziellen Kandidaten in Einklang zu bringen, wie das sonst bei Dating-Portalen üblich ist. Schließlich ist kaum ein Tinder-User auf der Suche nach dem Partner fürs Leben.

Das Bildnis eines kahlgeschorenen jungen Mannes mit dunklen Augen erscheint auf dem Display. Ein absoluter Durchschnittstyp. Maja hat nun die Qual der Wahl und erweist sich als Schnellentschlossene. Ein Wisch nach rechts bedeutet Ablehnung, einer nach links Interesse, erklärt sie mir, murmelt: «Glatze geht gar nicht», und wischt den Bewerber nach rechts weg. In schneller Folge ereilt nun einen nach dem andern das gleiche Schicksal: Bärtige, Brillenträger, Männer mit und ohne Katzen, elegant gekleidet oder leger oder halb nackt. In Bruchteilen einer Sekunde entscheidet die angehende Psychologin über «not» oder «hot».

Der erste Kandidat, der Majas Interesse findet, heißt Markus, ist 24 Jahre alt, hat halblanges Haar und eine Gitarre um den Hals. Sie klickt auf das Foto, und Sekunden später erscheint die Nachricht: «It's a Match!» Er hat seinerseits also auch an ihr Gefallen gefunden. Markus scheint ein ziemlich fitter Mensch zu sein. Weitere Abbildungen zeigen ihn wahlweise beim Joggen oder auf dem Mountain-Bike, und dass er auch noch mutig ist, beweist ein Foto, das ihn beim Bungeespringen zeigt.

«Hi, Süße! Lust auf 'ne heiße Nacht mit 'nem ziemlich scharfen Typen?», erscheint seine Message im Chat-Feld. Maja verdreht die Augen, und der Daumen wischt unerbittlich nach rechts.

Mir fällt ein Satz ein, den ich während der Internet-Recherche in einer Frauenzeitschrift gelesen habe: «Entgegen gängiger Meinungen ist Tinder keine Plattform, auf der man sich zu schnellem Sex verabredet.»

Wieder schiebt Maja im fliegenden Wechsel die Herren in den Orkus. Auch jene, die mittlerweile den Kontakt zu *ihr* suchen. Ich zitiere den Satz aus der Frauenzeitschrift, und Maja unterbricht für einen Augenblick ihren ganz individuellen «Contest of Men». «Okay, es ist nicht optimal, das sofort zu schreiben, so wie der eben. Aber glaub mir, es geht um nichts anderes!», sagt sie und starrt wieder auf das Display ihres Smartphones. Im Rhythmus einer Dampfmaschine wischt der Daumen nach rechts. Plötzlich erstarrt Maja wie weiland Lots Weib und haucht ein kaum hörbares: «Wow!» Das also muss er sein, jener magische Moment, dem die Tinder-Junkies hinterherjagen. Die Ursache des Entzückens ist so ziemlich das Gegenteil von Markus. Dieser Gentleman ist immerhin schon 32, trägt einen Blazer zur schwarzen Hose, einen lässigen Rollkragenpullover, eine Kurzhaarfrisur und ein smartes Lächeln zur Schau. Ein Typ, wie sie in Wahlkämpfen für die Junge Union Flugblätter verteilen – smart und konservativ. Es dauert ein wenig, ehe Maja nach ihrem Klick die Antwort bekommt: «It's a Match!»

«Jetzt muss es schnell gehen!», sagt sie und hackt «Cooles Foto!» in die Tastatur.

«Was muss schnell gehen?», will ich wissen.

«Wenn man nicht nach fünf Sätzen das Date ausgemacht hat, wird's schwierig. Ich bin schließlich nicht die einzige Bitch in der App!», sagt sie und fängt lauthals an zu lachen. Tinder-Weisheiten eben! Nach fünf Sätzen hat sie das Date: eine Dinnereinladung für den Abend, und weil sie Vegetarierin ist, geht's in ein indisches Lokal in Kreuzberg.

«Yeah!», schreit Maja und lässt das Handy in ihrer Tasche verschwinden.

Kleiner Nachtrag: Stunden später hat sich der junge Mann im Blazer als «genialer Witzeerzähler» erwiesen. Das ist sicher lustig, aber ganz bestimmt nicht sexy. Solche Typen haben schon in meiner Jugend meist in die Röhre geschaut. Noch am selben Abend ist Maja wieder auf Tinder unterwegs. «Und manchmal klappt's auch mit der Vögelei!», sagt sie mir am Tresen unserer Stammkneipe und grinst mich frech an.

Die Weltreisende

Zweimal im Jahr geht Virginia auf große Tour, den Rest des Jahres hat sie einen stressigen Job, über den sie nicht sprechen will. Schließlich soll ihre «Beichte» anonym veröffentlicht werden. Würde sie aber darüber Auskunft geben, welchen Job sie in welcher Art von Firma in einer «ziemlich überschaubaren Branche» ausübt, könne sie «von bestimmten Leuten sehr schnell erkannt werden». Und was sie überhaupt nicht brauchen könne, sei «das Image einer Bitch». Jedenfalls ist es so, dass Virginia viel arbeitet und dabei so viele Überstunden macht, dass sie zweimal im Jahr länger verreisen kann. Im Sommer geht's in eine Weltstadt wie Tokio, Buenos Aires oder Tel Aviv, und wenn sie mal etwas weniger Zeit hat, dann liegen die Ziele in Europa und heißen Rom oder Barcelona. Im Winter aber geht's definitiv in die Wärme. Ihre bevorzugten Ziele sind Bali, die südthailändischen Inseln oder auch mal Südafrika. Mir gegenüber spricht sie von ihren «Tinder-Holidays», die sie – der Name ist Programm – grundsätzlich allein unternimmt. Den Rest des Jahres bleibe die Dating-App offline, sagt sie, dann gehöre ihr Liebesleben dem Freund. Was aber hatte sie dann auf JOYclub zu suchen, will ich wissen, wo sie den Link zu meinem Fragebogen angeklickt hat? Virginia, die sich bei einem Kurztrip nach Berlin mit mir auf einen Kaffee trifft, sieht mich mit hochgezogenen Augenbrauen an. Meine Frage hat sie offensichtlich überrascht. Sie sei mit ihrem Freund als Paar dort angemeldet, erklärt sie schließlich. Man habe sich mal nach «Gleichgesinnten» umgesehen … Das aber sei eine andere Geschichte. Heute sei sie hier, um von den «Tinder-Holidays» zu erzählen …

Man darf sich Tinder nicht als eine Zauber-App vorstellen, bei der man – Simsalabim – den Traumprinzen findet. Auch nicht für eine Nacht. Gut, wenn die Ansprüche an den Traumprinzen ein gewisses Niveau unterschreiten, dann vielleicht schon. Aber dafür braucht man kein Tinder. Wenn es nur darum geht, irgendwen abzuschleppen, genügt in der Regel ein Kneipenbesuch.

Ich logge mich nur bei Tinder ein, wenn ich auf Reisen bin. Zu Hause habe ich einen Freund, und wenn ich mal Zeit habe … also *wenn* ich mal Zeit habe …, wollen wir auch mal andere dabeihaben. Aber das gehört nicht hierher. Tinder funktioniert jedenfalls weltweit so, dass man bestimmte Angaben dazu macht, was für eine Person man in der Nähe von dem Ort, an dem man sich selbst gerade befindet, gern kennenlernen möchte. Das funktioniert in Miami ebenso wie in Phuket. In Phuket sogar noch ein bisschen besser, weil sich dort massenweise Sextouristen aus der ganzen Welt aufhalten. Wenn die erst mal festgestellt haben, dass thailändische Huren in der Regel sehr klein und – wenn man alles addiert – auch nicht wesentlich billiger sind als die Huren zu Hause, greift so manch einer zu Tinder. Nun sind europäische, US-amerikanische oder australische Sex-Touristen nicht unbedingt der Typ Liebhaber, auf den ich stehe. Am Ende bin ich allerdings noch fast immer fündig geworden.

Doch ich will eine Geschichte erzählen, die optimal gelaufen ist – und das passiert seltener als ein Lotteriegewinn. Nein, jetzt übertreibe ich … *(Lacht.)* Im letzten Winter hatte ich auf dem Weg nach Miami einen Stopover von fast neun Stunden in Amsterdam zu überbrücken. Ich hatte überlegt, ob es sich lohnen würde, in die Stadt zu fahren, denn ein so langer Aufenthalt auf einem Flughafen ist ja keine reizvolle Vorstellung. Noch im Gang vom Flugzeug, also kurz vor dem Ausstieg, loggte ich mich bei Tinder ein, und im Transitbereich angekommen, hatte ich auch schon jemanden gefunden, der mir gefiel. Das schrieb ich ihm auch auf Englisch. Das Match kam prompt, und dann erschien der Satz auf dem Display, der für mich die Lösung für die nächsten neun Stunden einläuten sollte: «Wow! You look gorgeous!» Bei so einem Einstieg laufe ich ja zur Höchstform auf. Ich ließ ihn wissen, dass ich jetzt exakt sieben Stunden für ihn hätte und nicht daran dächte, diese bei einem «coffeshop small talk» zu verbringen. Der Typ verstand sofort. Er schickte ein Smiley und kurz danach eine Nachricht, die mich fast umgehauen hat: «Let's meet in the lobby of the Steigenberger Airport Hotel ...» Ich dachte nur: «Wow, das hat Stil!» Und dann kam der Oberhammer. Okay, ich brauchte ein Weilchen, um aus dem Flughafen rauszukommen, und dann lag das Steigenberger auch nicht gerade gegenüber von dem Terminal, in dem ich angekommen war. Als ich die Hotellobby betrat, war er jedenfalls schon da. Ich wunderte mich. Der Amsterdamer Flughafen ist ja nun auch nicht gerade für seine Citynähe bekannt. Womöglich hatte er hier schon seit Stunden rumgesessen, in der Hoffnung auf irgendeine Tinder-Maus, die bei der Landung nichts Besseres zu tun hat, als sich einzuloggen. Die App zeigt einem zwar an, wie weit die andere Person von einem entfernt ist, aber darauf hatte ich gar nicht geachtet. Na ja, das war in dem Moment auch alles egal, denn er kam schon mit einem grandiosen Lächeln auf mich zu. Dieser große, wahnsinnig gutaussehende Mann nahm mich in den Arm wie eine uralte Freundin und küsste mich so gierig, als habe er die letzten Jahre im Kloster verbracht. Er war mir sofort irrsinnig vertraut, mit ihm wäre ich überall hingegangen. Fürs Erste war es aber nur die vierte Etage, in die ich ihm folgte. Erst später habe ich realisiert, dass er bereits die Zimmerkarte hatte, und auch, dass dort schon ein Koffer stand.

Die Tür war noch nicht ins Schloss gefallen, da fielen wir schon übereinander her. Zwei wildfremde Menschen, die vom anderen so gut wie nichts wussten, rissen sich förmlich die Kleider vom Leib. Er hatte ein Präservativ bereitgelegt. Wie in Trance nahm ich es ihm aus der Hand und stülpte es mit dem Mund über seinen harten Schwanz. Ich habe ihm kurz einen geblasen, und dann ging der Wahnsinn los. Er nahm mich in fast jeder erdenklichen Stellung, fickte mich mal hart, mal langsam und zärtlich. Ich dankte dem lieben Gott, dass ich zu vaginalen Orgasmen fähig bin, denn davon bekam ich in den nächsten vier Stunden etliche. Irgendwann habe ich aufgehört zu zählen. Vier Stunden haben wir gevögelt und dabei nicht miteinander gesprochen. Kein einziges Wort. Damit fingen wir erst wieder an, als ich schließlich erschöpft in seinen Armen lag und bemerkte, dass sein Schwanz selbst im schlaffen Zustand noch ein ziemliches Teil war. Jetzt realisierte ich auch den Koffer.

Offenbar war er hier Hotelgast, so meine Vermutung. Entweder war er gerade mit dem Flugzeug angekommen, oder, was mir noch wahrscheinlicher schien, er trat demnächst seine Reise an. Ich fragte ihn, ob er Holländer sei. «Belgier!», sagte er, und er sagte es so, dass ich verstand – er wollte keine weiteren privaten Fragen mehr hören. Das fand ich völlig okay. Ich fand es nicht nur okay, sondern echt geil! Das ist doch gerade das, was Tinder ausmacht – möglichst schnell mit jemandem Sex zu haben und dabei vollkommen anonym zu bleiben. Also, mich macht das tierisch an! Ich habe das ja nun schon mehrfach praktiziert auf meinen Reisen, aber ich muss sagen, die Nummer in Amsterdam ist die absolute «number one of my experiences with Tinder»!

Swinger, Clubs und wilder Sex ...

Die *lust*igen Weiber (und notgeilen Männer) im Hamburger Equinoxe und die KitKatClub-Community in Berlin sind zwei sehr verschiedene Spezies, sieht man einmal davon ab, dass es sich in beiden Fällen um Besucher von Clubs handelt, in denen Geschlechtsverkehr stattfindet. Im Equinoxe hauptsächlich und im Kitkat eher so nebenbei, wenn sich halt was ergibt. Und so unterschiedlich die beiden Clubs sind, so ungleich sind auch ihre Betreiber. Aber sie haben auch eine nicht unwesentliche Gemeinsamkeit: Beide haben sie sich in ihrem bisherigen Leben dreimal neu erfunden.

Zwei Macher – zwei Leben

Der gebürtige Kärtner Simon Thaur sieht aus, als ob er gerade einem Stummfilm von Friedrich Wilhelm Murnau entstiegen ist. Aus der Titelrolle des 1922 produzierten Filmklassikers «Nosferatu», um genau zu sein. Sein diabolisches Aussehen steht im Widerspruch zu seiner äußerst sympathischen, ja geradezu liebenswerten Art. Eloquent ist er übrigens auch. Thaur, wie seine Freunde ihn nennen, schafft es, drei Aspekte einer Sache in einem einzigen Satz unterzubringen und das ganz nebenbei auch noch komisch zu finden. Er ist einer, der über sich selbst lachen kann. Der Hanseat Andreas Gardner lacht hingegen eher selten – oder ich hab ihn an einem Abend erlebt, an dem ihm nicht zum Lachen zumute war. Er ist keineswegs unsympathisch, aber auch nicht zwingend das Gegenteil. Andreas Gardner ist eher eine Respektsperson mit Schlips und Kragen. Von jemandem wie ihm lässt man sich einen Kostenvoranschlag für eine Wohnungsrenovierung machen, oder man kauft ihm einen Gebrauchtwagen ab. Genau in diesen beiden Metiers war der einstige Malermeister in seiner Zeit vor dem Equinoxe tatsächlich tätig. Im Grunde ist der Sex-Club, oder – auf Neudeutsch – die «erotische Eventlocation», bloß ein weiteres Geschäftsmodell, um an Geld zu kommen.

Thaur hat eine klassische Patchwork-Biographie. Als junger Mann war er 14 Jahre lang auf Dauer-Trebe, hielt sich gar eine Weile in der Gemeinschaft tibetanischer Mönche in Indien auf und schrieb nicht weniger als fünf Bücher über ein von ihm selbstentwickeltes astrologisches System. Nach Europa zurückgekehrt, besuchte er zunächst die Kommunen des Aktionskünstlers Otto Mühl, der als Guru der freien Sexualität unterwegs war, sowie des Psychologen Dieter Duhm, um schließlich mit Freunden auf Gomera selbst eine solche zu gründen. Nach zweieinhalb Jahren aber ging ihm das Projekt auf die Nerven, und Thaur weiß auch, warum: «Ich musste einsehen, dass freie Liebe als abstraktes Konzept einer idealisierten Kondition so nicht umsetzbar war. Allein schon, weil aus meiner Sicht auch Frauen Machtspielchen betreiben und ihre Gunst sehr gezielt und spezifisch verteilen, um die Dinge so zu beeinflussen, wie sie es gerne möchten.» Und wenn Thaur etwas nicht mehr will, dann setzt er es auch nicht fort. Das war später auch so, als er Pornos produzierte, für die er zudem Regisseur und Akteur in Personalunion war. Es waren die härtesten Pornos der Republik durch die Darstellung außergewöhnlicher Sexualpraktiken. «Es war alles drin, was in irgendeiner Form in Deutschland erlaubt ist. Aber eigentlich haben wir sämtliche Klischees in diesen Rollenspielen durch den

Kakao gezogen», erinnert er sich und auch daran, dass er irgendwann die Lust daran verlor. Zu dieser Zeit gab es den KitKatClub schon seit 14 Jahren. Entstanden war der Club, nachdem Thaur mit Lebensgefährtin Kirsten und anderen Frauen in frivolen Outfits jene Locations aufsuchte, die in der Aufbruchstimmung Anfang der Neunziger in Berlin angesagt waren. Das Far out gehörte gerade noch dazu, die wilden Goa-Partys auch und auf alle Fälle der Rotkreuz-Club im Bunker, wo dann schon sexuelle Elemente eine Rolle spielten. Das nennt Thaur seine «Lehrzeit». In der Woche vor seinem 34. Geburtstag inszenierten er und seine Lebensgefährtin Kirsten im März 1994 schließlich die Geburtsstunde des KitKatClubs. Die Premierenparty ging in der Turbine über die Bühne, einer der allerersten Techno-Locations in Berlin – neun Jahre, bevor Andreas Gardner im niedersächsischen Soltau «aus Jux und Tollerei» seinen ersten Sex-Club eröffnete.

Mit der Stunde null ging es für den KitKatClub auch gleich richtig los, was dem Umstand geschuldet war, dass Thaur und Kerstin mittlerweile in Berlin einen großen Kreis an Freunden und Bekannten hatten. Innerhalb kürzester Zeit erwarb sich der Club einen internationalen Ruf, der auch vier Umzüge überlebte. Inzwischen treffen sich die KitKat-Fans an jedem Wochenende an der Grenze von Kreuzberg zu Berlin-Mitte. Dort, wo sich einst zwei Weltsysteme feindlich gegenüberstanden, befindet sich heute ein Ort der Freiheit, des gemeinsamen Feierns und, ja, auch ein Ort der sexuellen Betätigung.

Während Simon Thaur das wilde Leben genoss, bemalte Andreas Gardner fleißig Wände und brachte Gebrauchtwagen an den Mann, bevor er endlich auch unter die Sex-Club-Besitzer ging. Es sind zwei sehr verschiedene Leben sehr ungleicher Männer, und deshalb sind das Equinoxe und der KitKatClub zwar beides bunte Planeten im Alltagsgrau der Republik – aber dennoch so unterschiedlich wie Mars und Jupiter.

Equinoxe und KitKatClub

Wie nur ist Andreas Gardner auf den Namen «Equinoxe» gekommen? Man sollte meinen, außer Altphilologen, exzentrischen Briten und in die Jahre gekommenen Jean-Michel-Jarre-Fans könnte sich niemand diesen Namen merken. Okay, der französische Synthie-Pop-Musiker hat zwar 1978 eines seiner Konzept-Alben so betitelt, aber ist das ein Grund, 30 Jahre später ein erotisches Etablissement danach zu benennen?! Auf dem Weg nach Hamburg greife ich also zum Smartphone und versuche mehr über diesen Namen herauszufinden. Mit Hilfe von Google finde ich heraus, dass sich das Wort vom lateinischen «Aequinoktium» ableitet und exakt jenen zeitlichen Wendepunkt beschreibt, an dem der Tag auf die Nacht trifft. Der Duden kennt dafür das lustige deutsche Wort «Tagundnachtgleiche». Mit diesem Namen wäre das Unternehmen wahrscheinlich längst bankrott, als Equinoxe aber spielt der Laden inzwischen in der ersten Liga deutscher Sex-Clubs mit – neben dem Wildpark am Stadtrand von Stuttgart, dem Why not in Bielefeld-Sennestadt oder dem Casa 69 in Neuhof-Hauswurz. Je nach Neigung entscheiden sich Swinger, einen Club in unmittelbarer Nähe des Wohnortes aufzusuchen, oder aber für das genaue Gegenteil. Und wer seine Lüste so richtig weit von zu Hause auszuleben wünscht, findet unter www.swingertempel.com viele entsprechende Etablissements zwischen dem After eight im schottischen Edinburgh und dem Notorius, einem «five stars swinger resort» in der portugiesischen Provinz Estremadura.

Hierzulande haben fast alle Swingerclubs eines gemeinsam – abgesehen von der unzweideutigen Absicht ihrer Besucher, versteht sich –, und das ist ein nach außen unprätentiöses Erscheinungsbild der jeweiligen Immobilie. Oftmals wirkt sie geradezu unauffällig. Das Equinoxe zum Beispiel befindet sich in einem ehemaligen Stadtteilkino ohne jegliche architektonische Besonderheiten und in respektvoller Distanz zur grell-geilen Reeperbahn. Drinnen erwartet einen hingegen auf drei Etagen reichlich Plüsch in Rot und Schwarz. Es gibt mehrere Bars, eine Tanzfläche und einen Billardtisch, vor allem aber zahlreiche Spielwiesen, wie jene riesigen Matratzen genannt werden, die hier mal offen, mal in Grotten und Nischen versteckt herumliegen. Auf denen geht es an jedem Wochenende (und manchmal auch mittwochs) so richtig zur Sache. An guten Abenden tauchen zur Tagundnachtgleiche bis zu 400 Gäste im Equinoxe auf, und wenn demnächst auch noch ein Kellerverlies für die BDSM-Freunde und eine Dachterrasse für die Outdoor-Fans hinzukommen, können das auch schon mal doppelt so viele werden. Zum Vergleich: Im Berliner KitKatClub wird das Wochenende regelmäßig von bis zu 3000 Besuchern angezählt.

Zur «Sharing my wife»-Party findet im Equinoxe jeder Einlass, der sich entweder vorher angemeldet hat oder umgehend das Portemonnaie zückt. Der Dresscode ist simpel: Die Damen sollten ein sexy Outfit oder nichts anhaben, bei den Herren genügen ein schwarzer Anzug, ein weißes Hemd und der Verzicht auf Turnschuhe. Bei den anderen Themenpartys, die sich Andreas Gardner ausgedacht hat, läuft's ein bisschen anders. Bei «Active & Attractive» erfolgt die Auswahl der Gäste nach dem Body-Mass-Index, die Party «Never be alone» wendet sich an bi-lastige Männer und Frauen, «Dirty Session» an junge Leute und «Secret Circle» an einen elitären Kreis von Stammgästen. Und mit der schrillen Party «Obsessive Beats» hat man die Lack-und-Leder-Fetischisten im Auge und damit einen Kundenkreis, der durchaus auch für Thaurs Club interessant ist.

Kirsten ist diejenige, die entscheidet, wer ins Kitkat kommt und wen sie nach Hause schickt. Lack und Leder geht immer, und ihr strenger Blick wird umso milder, je mehr nackte Haut jemand zeigt. Das aber sind keineswegs die einzigen Kriterien – auch Damen und Herren in eleganter Abendgarderobe haben eine Chance. Hinter alldem steckt die nachvollziehbare Sorge, dass sich Spanner unters

Publikum mischen könnten, die bei einem Bier oder zwei «nackte Weiber begaffen» wollen. Von denen gibt es auf der «Sharing my wife»-Party im ‹Equinoxe› jede Menge, aber immerhin tragen sie schwarze Anzüge und weiße Hemden. Und die «Weiber» haben auch gar nichts dagegen, begafft zu werden, während sie von anderen Gentlemen wahlweise in eine oder zeitgleich in mehrere Körperöffnungen penetriert werden. Da nicht jeder Anzugträger auf seine Kosten kommt, haben viele die Hand in der Hosentasche. Gleichmäßige Armbewegungen lassen sie als Mitglieder der Wichser-Fraktion erkennen, wie man solche Personen in der Szenesprache nennt.

Im KitKatClub ist die Wichser-Fraktion einigermaßen überschaubar. Mehr als fünf von ihnen sind nie am selben Abend da. Es handelt sich durchweg um ältere Herren jenseits der 60, die gar nicht erst kaschieren, womit sie gerade beschäftigt sind. Sie tragen Halbschuhe oder Sandalen mit Socken und sonst nichts, sitzen irgendwo im Club herum und spielen an ihrem Puller herum. Einer allerdings ist jedes Mal am Start. Woche für Woche stellt er seinen privaten Stuhl nahe dem Eingangsbereich auf. Dort also, wo nun wirklich jeder vorbei muss. Der Mann ist gut vorbereitet – mit einem bunten Küchenhandtuch auf der Sitzfläche und einzelnen Blättern einer «Wisch und Weg»-Küchenrolle unter demselben. Denn irgendwann wird das Massieren des erigierten Glieds ja wohl mal ein feuchtes Ergebnis hervorbringen. Kaum jemand nimmt den alternden Onanisten zur Kenntnis. Er hingegen zeigt durchaus großes Interesse – vornehmlich an der Damenwelt aus der Generation seiner Enkel. Am liebsten würde er sie mit seinen Augen entkleiden, hätten sie das nicht an der Garderobe schon selbst besorgt. Den Dresscode des KitKatClubs verstehen viele der Damen dergestalt, dass sie entweder auf einen BH verzichten oder einen solchen als einziges Kleidungsstück spazieren tragen. Es gibt also einiges zu sehen für den Stamm-Wichser des KitkatClubs.

«Unten ohne» gehört zum Jobprofil fürs weibliche Personal jenseits des Tresens. Ansonsten sind der Phantasie der Bardamen keine Grenzen gesetzt. Eine trägt einen Brautschleier, eine andere einen Wehrmachtshelm mit aufgeklebten Hörnern und wieder andere gar nichts auf dem Kopf. Sie sind gänzlich ungeschminkt oder haben sich entweder für ein sehr individuelles Make-up entschieden oder bis zur Unkenntlichkeit mit Tarnfarbe bemalt wie ein Elitesoldat im Nahkampf. Und jede von ihnen hat einen ganz eigenen Fankreis, der darauf besteht, nur von ihr bedient zu werden.

Luciano etwa steht auf die kleine, wuselige Barfrau mit der Tarnfarbe. Niemand weiß, wie sie wirklich aussieht, und ob Luciano tatsächlich Luciano heißt, weiß auch keiner. Aber viele wissen, dass er ein ausgebildeter Opern-Bariton ist. Zumindest Thaur weiß es, der (nicht nur) dieser Qualität wegen einst in einem seiner Pornostreifen eine Nebenrolle mit ihm besetzt hat. Luciano erscheint jedes Mal in einem anderen Outfit, aber immer mit Details, die ihn als Masochisten outen. Bei meinem letzten Besuch im KitKat trug er nichts weiter als ein Latexröckchen, in der Hand einen Siebenstriemer, eine spezielle Peitsche, die er unaufgefordert sehr jungen Frauen hinhielt. Und gelegentlich ließ sich tatsächlich eine von ihnen dazu herab, das Folterinstrument entgegenzunehmen und es dem vor ihr knienden Mann ein paarmal über den entblößten Hintern zu ziehen. Mit jedem Schlag lieferte Luciano den akustischen Beweis, dass er tatsächlich ein ausgebildeter Bariton ist. Dieses Mal trägt der Sangeskünstler ein rotes Korsett, das seinen stattlichen Körper schlanker erscheinen lässt. Um den Hals ein massives Halsband mit Hundeleine. Und nun wird auch klar, warum er sich von der Tarnfarben-Barfrau bedienen lässt. Ehe sie ihm sein Glas Wein reicht, nimmt sie einen Schluck davon und lässt ihn mit laszivem Augenaufschlag vom Mund ins Glas zurücklaufen. Es ist offenbar ein übliches Ritual zwischen den beiden, denn der Bariton wirkt sichtlich beglückt.

«Das alles hier ist die Freiheit, die ich meine!», ruft neben mir – die wummernden Techno-Bässe der Boxen übertönend –

eine Frauenstimme mit bayerischem Zungenschlag. Es ist Maria Ringsgwandel, die hier im schwarzen sexy Outfit der Porno-Malerin Maria Imaniel unterwegs ist. Es hat also tatsächlich nicht allzu lange gedauert, bis wir uns ein zweites Mal begegnet sind – ihre Vernissage auf dem Kurfürstendamm ist gerade mal ein halbes Jahr her. Sie brüllt mir ins Ohr: «Freedom is luxury! Du erinnerst dich – mein künstlerisches Motto. Im Kitkat darf jeder so sein, wie er ist, und deshalb ist das hier der friedlichste Ort auf dem Globus. Stell dir nur mal vor, es gäbe diese Freiheit überall. Was wäre das für eine Welt?» Ich muss gestehen, dass mir diese etwas einfach gestrickte Sichtweise durchaus zusagt. Dafür bin ich sogar bereit, darüber hinwegzusehen, dass Kirsten vorn an der Einlasskontrolle entscheidet, wer diese Freiheit genießen darf und wer nicht. Anders aber würde ein solcher Club der erotischen Libertinage gar nicht funktionieren.

Wer sich im Equinoxe entkleiden oder umziehen will, packt seine Klamotten in eine der großen blauen Tüten eines schwedischen Möbelhauses, die mit einer Nummer versehen sind, und drückt sie der Geschäftsführerin in die Hand. Wer seine Nummer vergisst (also die auf der Tüte), hat später ein Problem. Es werden an diesem Abend wesentlich mehr Tüten von Herren abgegeben als von Damen. Genau das aber entspricht dem Konzept der «Sharing my wife!»-Themenparty. Herrenüberschuss ist hier Programm. Schließlich stehen die Damen, die zu solchen Partys kommen, darauf, von mehreren Männern auf jede erdenkliche Weise rangenommen zu werden. Das behauptet zumindest Andreas Gardner. Auf die Blondine im Marilyn-Monroe-Outfit neben mir am Tresen scheint das allerdings nicht zuzutreffen. Genervt erklärt sie ihrem Begleiter, einem deutlich älteren Toupet-Träger: «Sorry, aber das hier ist nicht meine bevorzugte Party!» Die Enttäuschung ist dem Galan deutlich anzusehen. Hatte er sich doch offenbar schon auf die als lustvoll empfundene Eifersucht gefreut, die ihn quälen würde, wenn er seine junge Begleiterin beim fröhlich-geilen Treiben beobachtete.

Irgendwie will die Party nicht recht in Schwung kommen. Auch andere Frauen sitzen mit Mienen herum, die es nicht ratsam erscheinen lassen, sie anzusprechen. Drüben am Billardtisch steht ein Pärchen – frivol herausgeputzt, aber augenscheinlich überhaupt nicht glücklich. Die junge Frau diskutiert heftig mit ihrem Begleiter, und irgendwie habe ich das Gefühl, dass auch sie nicht hier sein will. Wenige Meter von mir entfernt erkenne ich das Vorstandsmitglied eines großen Versicherungskonzerns, der dort mit seiner in schwarzer Spitze und Strapsen gekleideten Frau steht. Die Mittfünfzigerin scheint sich verständlicherweise daran zu stören, dass ihr «Marktwert» hier nicht besonders hoch zu sein scheint. «Ich glaube, ich möchte gehen!», erklärt sie kategorisch. Ihr Begleiter aber macht ihr ultimativ klar, dass es sich hierbei nicht um eine Glaubensfrage handele, und schiebt sie tiefer in den Saal hinein.

Den besten Überblick hat man im KitKatClub von der Empore über dem großen Tanzsaal. Auf der gegenüberliegenden Seite wird die Aussicht zwar vermutlich keineswegs schlechter sein, ein unauffälliges Beobachten des Geschehens ist von dort jedoch nicht möglich. Quasi über den Köpfen der Tanzenden schwebt da ein riesiger runder Käfig – ein Präsentierteller hinter Gitterstäben. Wer sich dort hineinbegibt, verliert schlagartig jegliche Privatheit. Es ist der ideale Ort für Exhibitionisten, um den Begriff mal umgangssprachlich zu verwenden. Dort oben in diesem Käfig tanzt nur, wer sich präsentieren will, auch wenn nicht jede Figur dem Mehrheitsgeschmack entsprechen dürfte. Aber darauf pfeifen zu können gehört eben auch zu den Freiheiten dieses Ortes.

Bei denen, die nie im KitKat waren, hat der Club einen Ruf, der eher dem Equinoxe gerecht wird – den eines «Fick-Tempels». Auch wenn auf den Liegen mit dem roten Kunstleder hinter mir gerade zwei Paare versuchen, diesem Image zu entsprechen. Auf der großen Fläche unter mir aber demonstriert eine deutliche Majorität der Besucher, weshalb sie hierhergekommen ist: Es wird getanzt oder sich zumindest rhythmisch bewegt, und der DJ weiß, was er auflegen muss, um mit hämmerndem Techno gute Laune zu verbreiten. Das also ist sie, die große bunte KitKat-Familie! Die Lack-und-Leder-Leute sind nicht zu übersehen. Ein Mann in martialischer Phantasieuniform genießt sichtlich die devoten Blicke seiner Fans. Ein glatzköpfiger Herr in Abendkleid und High Heels tanzt mit verträumtem Blick allein vor sich hin. Ein Gentleman im Smoking zieht an einer Hundeleine eine gertenschlanke Sub in Abendkleid und Gasmaske hinter sich her. Ein blonder Jüngling knutscht zärtlich ein dunkelhäutiges Mädchen und ein asiatischer Bodybuilder eine androgyne rothaarige Beauty. Ein fast nackter junger Rollstuhlfahrer führt mit seinem Gefährt auf der Tanzfläche wahre Kunststücke vor. Und am Rande des Treibens sitzt einer aus der Wichser-Fraktion und massiert im Rhythmus des Techno seinen Penis, der sich partout nicht aus dem Zustand der Erschlaffung verabschieden will.

Im ersten Stock des Equinoxe geht der Punk ab. Eine falsche Blondine (wie ihre spärlich vorhandene Schambehaarung entlarvt) wird von einem knackigen Jungspund hart rangenommen, während sie gleichzeitig einen etwas älteren Herrn oral verwöhnt und bei einem deutlich älteren einen Handjob erledigt. Von der Matratze nebenan aus wird der Drei-Generationen-Sex von vier Herren eingehend beobachtet. Mit unschuldiger Pfadfindermiene demonstrieren sie wenig glaubhaft innere Teilnahmslosigkeit. Würde nicht einer von ihnen, der wie alle anderen eine Hand in der Hosentasche hat, kurzfristig die Augen nach oben verdrehen, könnte man angesichts der schwarzen Anzüge fast annehmen, sie hätten sich in der Veranstaltung geirrt und eigentlich zur Jahrestagung der Bestattungsunternehmer gewollt. Ich könnte mich glatt zu ihnen gesellen, denn das ist auch exakt mein Outfit.

In einer Art Grotte mit niedriger Decke kommt ein rundlicher Mann auf einer jungen Frau gerade zum Samenerguss. Anders lässt sich sein orgiastischer Schrei jedenfalls nicht interpretieren. Für die Herren rundherum ist dies das akustische Signal, sich neu zu positionieren. Ein ziemlich attraktiver Sportlertyp kauert direkt neben der Dame. Er bittet mich mit einer Geste, ich möge ihm doch aus der Schale neben mir ein Kondom zuwerfen. Gern tue ich ihm den Gefallen, aber das scheint einem weitaus weniger sportlichen Mann gar nicht zu gefallen. Er fängt das Teil in der Luft ab und ruft mir mit drohend erhobenem Zeigefinger ein lautes «Nein!» zu. Dann reicht er das Kondom einem noch weniger sportlich aussehenden Mann, der es sich überstreift und sich sogleich über die breitbeinig daliegende Frau hermacht. Umgehend greift der Zeigefinger-Typ zu seinem erigierten Glied. Nun wird mir die Konstellation klar. Ganz offensichtlich ist er der Partner, vielleicht gar der Gatte dieser Frau, und er ist auch derjenige, der ihr die Liebhaber zuweist. Dabei achtet er ganz offensichtlich streng darauf, dass keiner der Auserwählten attraktiver ist als er selbst. Etwas Ähnliches hatte ich bereits kurz zuvor draußen an der Bar beobachtet. Eine dralle junge Frau saß dort auf einem der Hocker und wurde von drei Durchschnittsmännern begrapscht und gefingert. Daneben stand ein schmächtiger, unauffälliger Mann mit argusäugigem Blick. Als ein smarter Anzugträger, die linke Hand lässig in der Hosentasche, hinzutrat und mit seiner rechten an die Brust der Schönen greifen wollte, ging der Schmächtige sofort energisch dazwischen. Es spricht also alles dafür, dass Andreas Gardners These, wonach auf dieser Themenparty die Frauen das Sagen haben, mehrheitlich eine Illusion ist. Schon das Motto der Party macht doch eigentlich klar, wer hier die Ansage macht: «Sharing my wife!»

Plötzlich steht im KitKat die Pornomalerin wieder neben mir. Gemeinsam blicken wir hinunter auf die Leute, die jene Freiheit leben, die sie zum Motto ihrer Kunst erhoben hat. Maria wird von einem Mann angesprochen, der sich in einer Calvin-Klein-Unterhose und einem Netz-T-Shirt wohlfühlt. Auch wenn er es nicht sagt, erfasst Maria schnell, dass er sich dieser Kleidungsstücke gern entledigen würde, wenn sie nur bereit wäre, ihm auf eine der roten Kunstleder-Liegen zu folgen. Mit einer Kopfbewegung in meine Richtung ruft sie: «Ich bin mit meinem Freund da!» Der Mann blickt mich mit hochgezogenen Augenbrauen an, klopft mir auf die Schulter, brüllt «Gratulation!» und steigt mit gesenktem Blick die Treppe hinunter.

«Das war wohl nicht dein Typ?», will ich von Maria wissen. Sie schüttelt so heftig den Kopf, dass ihr blonder Pferdeschwanz hin und her wippt. «Naa, wirklich net!», ruft sie.

Als ich Maria frage, ob sie sich im KitKat Inspirationen für ihre Kunst hole, sieht sie mich mit verständnislosem Blick an. «Ich bin zum Feiern hier!», ruft sie. «Inspiration? Wo soll ich die denn hier herkriegen? Von denen da? Das sehe ich doch in jedem Porno besser!»

Ich folge ihrem Blick hinüber zu einem schwitzenden Sixpack-Typ, der gerade eine vollbusige Blondine im Doggystyle begattet. Gleich nebenan liegt ein schmächtiger Mann, die Arme hinter dem Kopf verschränkt. Mit geschlossenen Augen genießt er es, von einem sehr mageren Mädchen oral verwöhnt zu werden. Lässig ans Geländer gelehnt, sind zwei barbusige Frauen in einen leidenschaftlichen Kuss versunken. In einer von ihnen erkenne ich die israelische Schauspielerin wieder, von der ich zuvor an der Bar erfahren habe, dass sich der legendäre Ruf des KitKat inzwischen bis in die Clubszene von Tel Aviv herumgesprochen hat.

Im Equinoxe entdecke ich kurz nach Mitternacht dann doch noch eine selbstbewusste und vor allem selbstbestimmende Frau. Jenen Typus eines Weibes also, wie es dem Veranstalter als Ideal vorschwebt. In der hintersten Ecke der unteren Etage trohnt eine trotz ihrer Nacktheit erkennbar vornehme Dame mit Kurzhaarfrisur. Zwischen ihren Beinen ist ein Herr mit flinker Zunge bemüht, ihr einen Orgasmus zu bescheren. Vielleicht weil sie sich an der äußersten Peripherie vergnügen, sind die beiden weitgehend unbeobachtet. Das ändert sich jedoch schlagartig, als die Dame der Welt lautstark die Ankunft ihres Höhepunktes verkündet. Sofort kommt Bewegung in das Heer der Spanner, von denen sich mancher zu vorgerückter Stunde doch noch eine letzte Chance erhofft, zum Schuss zu kommen. Die Madame macht dem Herrn, der bis eben noch seine Zunge spielen ließ, durch eine entschiedene Geste klar, dass er für den Geschlechtsakt nicht in Frage komme. Sie lehnt sich entspannt zurück, und wie die adlige Protagonistin in einer Rosamunde-Pilcher-Verfilmung mustert sie die rundum versammelten Gentlemen. Anmutig richtet sie den Zeigefinger auf einen von ihnen, der in der nächsten Sekunde die Hose fallen lässt.

Wenn gegen 2 Uhr morgens im Equinoxe die letzten Gäste die Lokalität verlassen, geht's im KitKatClub erst richtig los. Fünf Stunden später bestelle ich einen finalen Drink an der Bar. Ich beobachte das Mädchen hinterm Tresen – das mit der Tarnfarbe im Gesicht und dem behörnten Helm auf dem Kopf. Auch nach so vielen Stunden geht sie ihrem Job noch immer relaxt und mit lasziven Bewegungen nach. Auf einmal kann ich Luciano verstehen, der sich von ihr ins Weinglas spucken lässt. Ist das doch Teil einer erotischen Inszenierung, eine Geste exklusiver Intimität – gnädig gewährt von einer unnahbaren Femme fatale.

Als ich kurz nach 8 Uhr morgens den Club verlasse, ist es draußen taghell. Aus einem startenden Taxi winkt mir fröhlich eine Frau mit Frida-Kahlo-Augenbrauen zu – die Pornokünstlerin Maria Imaniel. Sie hat im KitKat nicht die Inspiration für ihre Kunst gesucht, wohl aber jene Freiheit gefunden, ohne die diese nicht möglich wäre.

Start ins Swingerleben

Es gibt viele Wege und noch viel mehr Gründe, die zu einem ersten Besuch in einem Swingerclub führen können. Laura war noch eine junge Frau (und ist dies mit 29 noch immer), als sie bereits seit acht Jahren eine Beziehung führte. Davon wohnte sie schon anderthalb Jahre mit ihrem Freund in einer gemeinsamen Wohnung. Es sei «ein bisschen langweilig» geworden, sagt Laura heute rückblickend, der Alltag habe Überhand genommen. Die Schmetterlinge im Bauch hatten sich längst aus dem Staub gemacht.

Eines Tages trifft sie sich mit einem ehemaligen Kommilitonen, der ein paar Tage in ihrer Stadt in einem Hotel wohnt. Man trifft sich, es kommt zum «Knutschen und ein bisschen Rummachen». Mehr läuft nicht, aber die Schmetterlinge melden sich zurück. Es erfolgt die Beichte beim Partner zu Hause und ganz sachlich, völlig unaufgeregt beschließt man, mal für ein halbes Jahr eine Beziehungspause einzulegen. Mal sehen, wo's einen hintreibt. Laura treibt es an die Seite eines guten Freundes – eines echten Kumpels. Gemeinsam wollen sie sich mal in einem Swingerclub umsehen. Einfach nur ein oder zwei Bier trinken und ein bisschen Mäuschen spielen, was dort so abgeht. Gemeinsam machen sie sich dafür vom Vogtland aus auf den Weg zum Chateau Inez in Leipzig.

Erst haben wir uns nicht reingetraut. Wir standen davor, und mein Kumpel hat zwei oder drei Zigaretten geraucht. Dann haben wir noch ein Schnäpschen getrunken und sind schließlich reingegangen. Es war total anders, als ich es erwartet hatte. Ich dachte, ich würde die Generation 50plus vorfinden. Typen, die vielleicht im normalen Leben keine Frau abkriegen und auf der Suche nach einer schnellen Nummer sind. Dickbäuchige, biertrinkende Männer. Ich hatte eine total stereotye Vorstellung. Und bei den Frauen …? Na ja, da dachte ich an welche, die vielleicht auch schon jenseits von Gut und Böse sind, vom Alter her, meine ich. Ich habe im Wesentlichen ältere Leute erwartet, die da ganz unter sich Rudelbumsen vom Feinsten veranstalten. Keine Ahnung, warum ich das gedacht habe, obwohl das in den Rezensionen auf JOYclub auch ganz anders klang. Sonst wären wir ja gar nicht erst hingefahren.

Na ja, ich bin also mit meinem Kumpel da reingegangen, und wir hatten einen supergeilen lustigen Abend. Ich hatte unter anderem das allererste Mal Kontakt zu einer Frau, die ich da kennengelernt habe. Oh ja, das war schon aufregend!

Wir haben uns zu viert zurückgezogen auf eine dieser Matten. Es gab zwar noch keinen Sex oder Partnertausch, aber mit ihr bin ich schon auf Tuchfühlung gegangen. Wir haben uns geküsst und gestreichelt. So kam ich überhaupt das erste Mal in den Genuss, eine Frau intim anzufassen, was ich eigentlich schon immer einmal machen wollte. Damals hat sich diese Phantasie zum ersten Mal erfüllt. Gefühlsmäßig war es der absolute Oberkracher. Danach hat auch mein Kumpel noch ein bisschen Spaß mit ihr gehabt, während ich mit ihrem Partner gekuschelt hab. Aber dann war auch gut. Für den ersten Abend war das echt ausreichend, fand ich.

Aber jetzt ist Laura angefixt. Das nächste Mal zieht sie alleine los – diesmal in den Club Avantgarde in Plauen. Offenbar möchte sie einfach mal ohne männliche Begleitung an sich beobachten, was da so mit ihr passiert.

Ich war dort auf einer Youngster-Party, wo ja schon eher meine Zielgruppe anzutreffen ist. Da war eine Frau, und die hatte noch einen Mann dabei. Wir sind zu dritt in den Pool gestiegen und haben erst mal rumgemacht. Na, was man halt so macht miteinander: ein bisschen geknutscht und ein bisschen Petting und so. Und ich hatte an dem Abend auch meinen ersten Swinger-Sex mit einem Fremden. Das war jetzt nicht der übermäßige Knüller, aber entspannt war es schon. Ganz ohne Druck – und das war schön.

Venezianische Nacht

Den Ort unserer Begegnung kennt jeder, der zu DDR-Zeiten die Transitstrecke von Berlin-West nach Bayern unterwegs war. Kurz vor der deutsch-deutschen Grenze konnte man noch mal billig zu Mittag essen und sich im Intershop zollfrei mit Zigaretten und Schnaps eindecken. Die Raststätte Hermsdorfer Kreuz steht noch immer, und trotz vieler Modernisierungsbemühungen kriegt man den alten Mief nicht so recht aus den Gemäuern. Umso erfrischender wirkt Christianes Erscheinen. Vom ersten Moment an verströmt sie Fröhlichkeit. Sie ist unwiderstehlich charmant und wirklich sehr erotisch, was ihre Geschichte glaubhaft macht. Die 36-jährige Ehefrau und Mutter hatte schon im Fragebogen einige Andeutungen über ein exzessives Swingerclub-Leben an der Seite ihres Gatten gemacht. Vor drei Jahren, so erzählt sie mit leichtem thüringischem Zungenschlag, habe sie seinem Drängen nachgegeben, und gleich der erste Besuch sei zu einem ganz besonderen Erlebnis geworden …

Als ich ins Auto stieg, war ich total aufgeregt. Ein paar Wochen lang hatte Sebastian, mein Mann, auf mich eingeredet. Ich sei ein so «erotisches Weib», das könne er unmöglich für sich allein beanspruchen. Anfänglich habe ich das für einen Witz gehalten. Aber dann hat er mir auf irgendeinem Internetportal kleine Filmchen von Wifesharing-Partys gezeigt. Da lagen Frauen auf quadratischen Matratzen, und zahlreiche Männer griffen nach ihnen, penetrierten sie in Möse und Mund. Der Gedanke, dass *ich* da liegen könnte, hat mich durchaus erregt. Trotzdem dauerte es noch eine Weile, ehe mein Mann mich so weit hatte. Und als er mich dann so weit hatte, war ich eben total aufgeregt. Ich hatte keine Ahnung, was an diesem Abend konkret auf mich zukommen würde. Also, ein bisschen wusste ich es schon. Wir hatten uns einen etwas besseren Club ausgesucht, und dort sollte es eine «Venezianische Nacht» geben mit Masken und so. Der Club war nicht gerade bei uns in der Nähe. Anderthalb Stunden waren wir dorthin unterwegs, und das bedeutete auch anderthalb Stunden Herzklopfen bis zum Hals.

Dann waren wir endlich da. Die Location befand sich in einem Hinterhof. Eine mit grünem Teppich ausgelegte Treppe führte nach oben. Dort wurden wir vom Hausherrn mit einem Glas Sekt begrüßt. In einem Nebenraum konnten wir uns umziehen und eine Maske aussuchen. Die Spannung stieg. Mit einem Hauch von Nichts bekleidet, blickte ich hinüber in den gastronomischen Bereich. Da saßen Damen und Herren beim Dinner und unterhielten sich, zwei oder drei Pärchen lümmelten gemütlich in einer Sitzecke, und einige Leute saßen an der Bar. Darunter war ein Mann, der mich regelrecht fixierte. Ich werde zwar auch im Alltag häufig mit Blicken verfolgt, aber diesmal fand ich das etwas befremdlich. Vielleicht weil der Mann, wie alle anderen Gäste, eine Maske trug, wahrscheinlich aber, weil ich fast nichts anhatte.

Ein Stockwerk tiefer, dorthin war ich meinem Mann gefolgt, erstreckte sich über mehrere Räume der SM-Bereich. Es war noch nicht viel los. Im hintersten Raum war eine Frau mit hochgeschobenem Rock über die Lehne eines Sofas gebeugt und präsentierte einem Herrn ihren nackten Po. Er schlug mit der flachen Hand in kurzen Abständen und immer heftiger zu. Dieses Bild hat mich fasziniert, und ich hab mich gefragt, ob mir das auch gefallen würde. Also, lange gefragt hab ich mich eigentlich nicht. Na klar, würde mir das gefallen. Natürlich nicht von jedem, aber ich konnte mir das schon auch mit jemand anderem vorstellen als mit Sebastian.

Nun gingen wir ganz nach oben. Dort waren mehrere von diesen Spielwiesen, wie man diese quadratischen Matratzen nennt, und am Kaminfeuer gab's gemütliche Sitzgelegenheiten. Hier konnte sich jeder seinen Begierden hingeben oder andere dabei beobachten. Das haben wir auch eine kleine Weile gemacht, ohne dass jemand der gerade vögelnden Paare Notiz von uns genommen hätte.

In Kontakt mit anderen kamen wir wenig später in einem Raum in der untersten Etage, wo gegen 22 Uhr eine kleine Show stattfinden sollte. Mein Mann wollte noch eine Zigarette rauchen, aber ich nahm schon mal Platz und reservierte für ihn den Stuhl rechts neben mir. Daneben nahmen zwei Herren Platz. Ein weiterer Herr kam zielstrebig auf mich zu und fragte, ob der Stuhl links neben mir frei sei. Ich nickte, woraufhin er Platz nahm, und als seine Frau kam, setzte sie sich auf seinen Schoß. Schließlich kam Sebastian und setzte sich zu mir. So saßen wir also eingerahmt zwischen völlig fremden Leuten. Mir ging durch den Kopf, dass sie ja alle zu demselben Zweck gekommen waren wie wir. Was also würde passieren? Erst mal begann auf einer kleinen Bühne die Show. Plötzlich waren dort Frauen und Männer, die sich gegenseitig streichelten und küssten. Die Frau links neben mir ging nach vorn und fing an, einen der Herren oral zu verwöhnen. Der Mann, auf dessen Schoß sie bis eben noch gesessen hatte, sah mich nun von der Seite an. Es war ein intensiver Blick, das spürte ich, obwohl ich gar nicht zu ihm hinsah. Langsam begriff ich, dass wir allesamt Teil dieser Show waren. Instinktiv legte ich meine Hand auf sein Knie. Klar war das eine Einladung. Er beugte sich zu mir und begann, mich überall zu berühren. Sebastian sah seelenruhig dabei zu. Schließlich flüsterte ich dem fremden Herrn ins Ohr, dass ich mit ihm gern nach nebenan in den SM-Bereich gehen würde.

Ich hatte mich getraut, einfach so. Über mich selbst erstaunt, ließ ich mich zu einem Andreaskreuz führen. Dort musste ich meine Beine spreizen – das machte er mir klar, ohne ein Wort zu sagen. Er drang mit mehreren Fingern in mich ein und begann aufs heftigste meinen G-Punkt zu stimulieren. Es war ein wahnsinniges Gefühl. Ich empfand es irgendwie als unwirklich, was da gerade mit mir passierte. Aus dem Augenwinkel sah ich, dass Sebastian in einiger Entfernung gegen die Wand gelehnt stand und uns beobachtete. Plötzlich fing der Mann an zu sprechen. «Ich möchte, dass du jetzt abspritzt!», sagte er zu mir. Es war fast ein Befehl. Ich wusste allerdings gar nicht, was er meinte. Doch schon im nächsten Moment wurde ich von einem gigantischen Orgasmus überwältigt. Ich spürte eine warme Flüssigkeit zwischen meinen Beinen. Er penetrierte mich mit seinen Fingern immer weiter und flüsterte mir nun liebevoll ins Ohr: «Das kannst du gleich noch mal haben, wenn du es willst. Du kannst es zehnmal am Abend haben, denn du bist eine wahnsinnig erotische Frau.» Tatsächlich kam ich kurz darauf ein zweites Mal, und diesmal kriegte ich mit, wie ein Strahl aus meiner Möse spritzte. Damals wusste ich noch nicht, dass man das Squirt nennt. Kurz darauf tauchte seine Frau auf. Also die Frau zumindest, die zuvor auf seinem Schoß gesessen hatte. Ich war irritiert, denn gerade eben war sie doch noch oben mit einem anderen Herrn beschäftigt gewesen.

Der fremde Mann klärte mich auf. Er sehe seiner Frau gern beim Sex zu. Er nahm mich an der Hand, und wir folgten seiner Frau zu einem Raum mit einem schwarzen Bett. Auch Sebastian kam mit uns mit. Die Frau legte Handtücher auf das Bett, und mit einem Mal war der Herr wieder da, den sie zuvor oral verwöhnt hatte. Das setzte sie nun hier mit ihm fort. Aber nur für kurze Zeit, denn dann setzte sie sich auf seinen Schwanz und begann ihn zu reiten. Was mich in dem Moment aber so richtig angeturnt hat, war ihr Mann, der hinter mir stand. Es war die Art, wie er mich hielt und an mir spielte, während er seiner Frau beim Sex zusah. Nach einer Weile kam ein anderes Pärchen in den Raum, das den Mann hinter mir offenbar kannte. Man begrüßte sich jedenfalls sehr vertraut mit Küsschen. Dann nahm jemand meine Hand und führte sie zu der Brust dieser Frau. Ich streichelte sie, während sie und ihr Begleiter mich küssten. Aber das war irgendwie nicht so mein Ding. Schließlich will ich auch in einem solchen Club nicht Freiwild für jeden sein. Deshalb löste ich die Situation auf und zog Sebastian aufs Bett, um erst mal Sex mit meinem Mann zu haben. Das war eine völlig neue Situation – mit einem vertrauten Partner an einem solch öffentlichen Ort. Ich genoss diese wundersame Atmosphäre. Danach gingen wir nach unten und besorgten uns einen Drink. Damit aber war der Abend im Club noch nicht zu Ende.

Plötzlich war der Mann wieder da, der mich an diesem Abend schon zweimal zum Orgasmus gebracht hatte. Er sagte, er wolle mir etwas zeigen. Wir folgten ihm zu einer Art gynäkologischem Stuhl, auf den ich mich mit gespreizten Beinen draufsetzte. Mit einem Mal hatte er ein Gerät in der Hand, von dem ich bis heute nicht weiß, wie es heißt. Es führte eine vibrierende Bewegung aus. Der Mann setzte es an meinen Schamlippen an und führte es langsam zu meinem Kitzler. Obgleich es auf einer niedrigen Stufe eingestellt war, verursachte es ein so wahnsinnig geiles Gefühl, dass ich dachte, ich würde explodieren. Eine solche Ekstase kannte ich bisher nicht, und ich stöhnte so laut wie noch nie in meinem Leben. Der Mann küsste mich auf die Wange und flüsterte mir ins Ohr: «Bitte spritz wieder für mich!» Und genau das geschah dann auch. Das aber sollte erst das Vorspiel sein. Er bat Sebastian, mich festzuhalten, und das war auch unbedingt nötig. Jetzt nämlich stellte er dieses Gerät auf die höchste Stufe und setzte es wieder bei mir an. Was ich nun erlebte, war eine Mischung aus heftigem Schmerz und purer Geilheit. Ich wand mich, und Sebastian hatte seine liebe Mühe, mich festzuhalten.

Mein Stöhnen ging nun in ein Schreien über, sodass die anderen Partygäste auf uns aufmerksam wurden. Aus dem Nebenraum brüllte eine Frau genervt: «Verpasst ihr doch einen Knebel!» Aber mein Peiniger lachte nur und fragte zurück, ob sie eifersüchtig sei.

Nachdem ich noch einmal in großem Bogen abgespritzt hatte, überließ mich der Herr meinem Gatten. Ich war völlig fertig. Ein paar Minuten verweilte ich stumm, immer noch heftig atmend, in Sebastians Armen. Dann gingen wir duschen und nahmen an der Bar noch einen letzten Drink. Glücklich nahm ich meinen Mann in den Arm und gab ihm einen leidenschaftlichen Kuss. Ich wusste da schon, dass das ein unvergesslicher Abend bleiben würde – weil es unser erster, wenn auch ganz sicher nicht unser letzter Clubbesuch war. Seitdem haben wir auf zahlreichen solcher Partys viele geile Erlebnissen gehabt, aber diese «Venezianische Nacht» war etwas ganz Besonderes.

Überraschend geil

Als Damion das Kaffeehaus betritt, erkenne ich ihn sofort. Zugegeben, das ist auch nicht besonders schwer. Ich erwartete ein afrodeutsches Männermodel, und so viele gehen davon selbst in Berlin nicht spazieren. Auf dem Fragebogen, den ich wenige Tage zuvor in meinem E-Mail-Account gefunden habe, hat er ebenso viele Berufe wie sexuelle Vorlieben angegeben. Neben dem Job als Model zählt Damion auch «Fotograf, Wellness-Masseur, Reporter im Rotlicht-Milieu und zertifizierter Eventmanager» zu seinen Professionen. Bei den sexuellen Neigungen überwiegen solche, die bislang nur im Kopfkino stattgefunden haben. So wünscht er sich unter anderem, einmal Sex mit sechs bis sieben Frauen gleichzeitig zu haben – wie das praktisch gehen soll, wäre ein komplettes zusätzliches Kapitel wert – sowie Sex mit einem Transgender. Gern würde er auch mal eine Frau «ohne Rücksichtnahme auf ihren Willen benutzen – auf freiwilliger Basis, versteht sich». Sehe nur ich hier einen gewissen Widerspruch?

Erst mit Ende 20 hat der heute 46-Jährige angefangen, seine Neigungen zu erforschen, manche hat er auch schon in die Tat umgesetzt. Er hat's mal mit Männern probiert, und mit seiner Partnerin, mit der er in einer offenen Beziehung lebt, ist er regelmäßig in SM-Clubs unterwegs. Na, und inzwischen organisiert der zertifizierte Eventmanager mit befreundeten Geschäftspartnern Themenpartys an verschiedenen Locations. Solche Events sind naturgemäß immer für eine Überraschung gut, aber das, was Damion dann passierte, hätte er sich selbst nicht träumen lassen …

Ich habe auf einer dieser privaten Sex-Partys eine sehr korpulente Frau kennengelernt. Sie war wirklich sehr dick, aber sie hatte ein fast engelsgleiches Gesicht mit einem wunderschönen Mund. Sie trug eine Korsage, die ihr reizvolles Dekolleté bestens in Szene setzte. Sie sah aus wie ein lebendig gewordenes Rubens-Gemälde, fast schien es, als sei sie direkt einem solchen Bild entstiegen. Ich sah sie an und dachte nur: «Wow!!!» Wir gingen rüber ins Schlafzimmer, in dem ein Himmelbett mit goldfarbenen Verstrebungen vor kaminroten Wänden stand. Es passte einfach alles.

In meinen erotischen Träumen waren korpulente Frauen nie vorgekommen, also etwa beim Onanieren oder so. Ich bin ein sehr sportlicher Typ, und deshalb entsprechen Frauen mit solch einer Figur überhaupt nicht meinem Beuteschema. Auf der Straße schaue ich solche Frauen jedenfalls gar nicht an. Diese Frau war allerdings in der Szene sehr bekannt, und jeder wusste, dass sie nur auf Blasen stand und nichts anderes sonst. An diesem Abend kam noch eine zweite Frau dazu, die ebenfalls sehr korpulent war. Dann ging's auch schon zur Sache. Die eine hat mir einen geblasen, und die andere habe ich geleckt. Das war eine echt geile Situation. Das war das erste Mal, dass ich mit solch dicken Frauen in näheren Kontakt kam. Was Frauen mit außergewöhnlichem Aussehen angeht, hatte ich vorher nur mal eine kleine Frau, die knapp 1,60 m groß war und auch übergewichtig – aber nicht so dick.

Mit einer der beiden Dicken, also mit der, die ich geleckt hatte, habe ich mich danach noch ein paarmal getroffen. Die Treffen fanden bei ihr zu Hause statt, sie wollte das so. Es war immer sehr nett bei ihr. Wir haben erst was gegessen, ein bisschen gequatscht und sind dann langsam auf Touren gekommen. Ihre ausladenden körperlichen Proportionen waren für mich bis dahin komplett ungewohnt. Aber es hat mich eine Zeitlang total gereizt, wenn ich zum Beispiel beim Lecken so zu ihr hochgeschaut habe. Und wann hat man schon mal eine so riesige Brust vor sich, die größer ist als der eigene Kopf? Sie stand sehr darauf, dass man sie erst fingert und dann fistet, sprich: mit der Faust penetriert. Das hatte ich noch nie vorher gemacht. Ich fand das dann aber geil, weil sie dabei gesquirtet hat, also abgespritzt halt. Und das auch mehrfach, was mich total angemacht hat. «Normalen» Sex mochte ich mit ihr eigentlich nicht so richtig. Da hat mir der Kick gefehlt, um auf Touren zu kommen. Also, ich hab sie schon gefickt, das ging schon, und ich bin auch gekommen, doch der eigentlich Kick bestand darin, sie zu fisten, und auch, ihr den Hintern zu versohlen. Sie stand eben auf Spanking[10] und auch auf Analverkehr und solche Sachen.

Sie hatte einen Dildo, der war so groß wie ein Unterarm. Den konnte man bei ihr bis über die Hälfte in alle Öffnungen schieben, außer natürlich in den Mund. Das hat mich schon sehr geil

---

10 Spanking (engl. für *hauen*, *verhauen*) bezeichnet das Schlagen auf das bekleidete oder entblößte Gesäß; im weiteren Sinn auch auf benachbarte Körperteile oder äußere Geschlechtsorgane. Die Schläge erfolgen mit der flachen Hand oder mit einem Gegenstand.

gemacht. Eine Weile war das echt cool, auf Dauer habe ich dann allerdings doch nicht so den Gefallen daran gefunden, mit solch großem Spielzeug zu hantieren. Sie war auch schon sehr elastisch, sodass ich gedacht habe: «Gegen so ein riesiges Teil ist mein Schwanz nicht groß genug. Wahrscheinlich der Schwanz von niemandem.» Es war einfach zu viel Spielraum vorhanden, da habe ich nicht mehr viel gespürt.

Später hatte ich auf einer anderen privaten Sex-Party noch ein weiteres Mal eine echt dicke Frau. Es war eine dieser Partys, die ich mittlerweile mit ein paar Leuten in speziellen Apartments oder Hotelsuiten veranstaltete. Ein Freund von mir, der auch Mitveranstalter war, hatte diese dicke Frau eingeladen, weil er meinte: «Okay, eine dicke Frau muss sein, da stehen einige drauf!» Das war wieder eine mit einem ausgesprochen hübschen Gesicht, schönen Brüsten, aber auch einem wirklich ausladenden Hintern. Die fand ich an diesem Abend interessant, aber dabei ist es dann schließlich auch geblieben.

Schmerzhaftes Verlangen

Treffen sich drei Deutsche, schon gründen sie einen Verein.»
Keine Ahnung, wer dieses Bonmot als Erster formuliert hat,
aber angesichts von mehr als einer halben Million Vereine in unserem Land ist da schon was dran. Sieht man mal davon ab, dass es
nach dem Vereinsrecht mindestens sieben Mitglieder bedarf, um
ins amtliche Register eingetragen zu werden. Doch im Kern war, ist
und bleibt der Deutsche ein Vereinsmeier. Da machen auch diejenigen keine Ausnahme, die drauf stehen, sich den Hintern versoh
len zu lassen, auf Streckbänke geschnallt oder an Andreaskreuzen
ausgepeitscht zu werden. Es gibt in diesem Land kaum eine größere Ortschaft, in der sich nicht Doms und Subs[11] zu einem lokalen
Interessenverband zusammengeschlossen haben. «Die Pervääärsen», heißen sie in Darmstadt, in Erlangen firmieren sie unter der
Camouflage «Frankenkuschler», in Heidelberg und Friedrichshafen nennt man sich augenzwinkernd «Schlagabtausch» und in
Wuppertal poetisch «Children of Dawn». Um dem Sadomasochismus eine Morgenröte zu bescheren, trifft man sich auch schon
mal zu Kongressen im Waldschlösschen bei Göttingen, im Schloss
Buchenau bei Fulda oder im Haus Burgpark in Hürth. Erfahrungen werden dort ausgetauscht, und über «Trends und Tendenzen
zum Thema Lack-, Leder- und SM-Szene» wird gesprochen. So

---

11   dominant oder devot (submissive) veranlagte Sexualpartner

etwas will natürlich professionell organisiert sein, weshalb man sich in der «Bundesvereinigung Sadomasochismus» zusammengeschlossen hat, die inzwischen als «gemeinnützig und mildtätig» anerkannt ist. Seit man zudem in der «Deutschen Gesellschaft für Sozialwissenschaftliche Sexualforschung» Unterschlupf fand, sind die SMler auch offiziell als Lobbyverband beim Deutschen Bundestag registriert. Was aber können die Parlamentarier für sie tun? Oder die Parlamentarierinnen? Nach eigenem Bekunden möchten die Sadomasochisten «als Teil der kulturellen und politischen Vielfalt in Deutschland» gefördert werden und erwarten, dass man sich «für ihre Akzeptanz in der Bevölkerung» einsetzt. Auf *den* parlamentarischen Schlagabtausch – hier hat das Wort eine etwas andere Bedeutung als in Heidelberg oder Friedrichshafen – darf man wohl gespannt sein.

Schweinebraten und Peitsche

Ich mache mich auf den Weg in den Thüringer Wald, zu einem kleinen Ort an der alten Salzstraße, irgendwo zwischen Bad Salzungen und Erfurt. Das dort monatlich stattfindende SM-Wochenende ist mir von verschiedenen Gesprächspartnern empfohlen worden. Ich reise also nicht zu den Pervääärsen und auch nicht zu den Frankenkuschlern, sondern zu Irmi. Die toughe Österreicherin füllt in der thüringischen Provinz die Doppelrolle als Herbergsmutter und Beichtschwester aus. Wer hier drahtige, durchtrainierte Körper erwartet hat, die in exklusiv gestylten Räumlichkeiten mit verspiegelten Wänden und gedimmtem Licht lustvoll den Neigungen eines Marquis de Sade frönen, sieht sich enttäuscht. Was man vorfindet, ist in jeder Hinsicht das exakte Gegenteil davon, wenngleich am Ende nicht weniger lustvoll. Das 150 Jahre alte Haus war zu DDR-Zeiten ein Erholungsheim, und so sieht es auch noch immer aus. Auf Sesseln und Sofas aus volkseigener Produktion haben sich Menschen beiderlei Geschlechts niedergelassen, bei denen eine barocke Körperlichkeit überwiegt. Ein Umstand, der für mich den Wohlfühlfaktor schlagartig erhöht. Noch sprechen die Frauen über Kochrezepte und erörtern Fragen der Gartenpflege. Die Herren beraten zeitgleich über den günstigsten Termin für das Sommerfest, der mit den diversen Urlaubsplänen der Stammtischler abzustimmen sei. Die Themen wollen einfach nicht zu dem Lack-und-Leder-Outfit passen, das einige schon angelegt haben. Genauso wenig wie das Andreaskreuz, die Streckbank und die erotischen Zeichnungen an den Wänden zu der ansonsten biederen Wohnstube.

Die Gäste kämen regelmäßig aus ganz Deutschland, Österreich, der Schweiz und sogar aus Holland, sagt Irmi. An diesem Wochenende aber sind fast nur ostdeutsche Dialekte vernehmbar. Und Irmi sagt auch: «Viele Menschen leben BDSM, weil sie schlechte Erfahrungen aus der Kindheit mit sich herumschleppen. Es handelt sich überwiegend um Missbrauch und Misshandlungen. Und für diese Menschen sind wir da. Ich habe zwar keine therapeutische Ausbildung, aber da ich selbst auch davon betroffen bin, weiß ich natürlich, wie schwierig es ist, aus diesem Trott herauszukommen. Und wenn jemand mit mir reden möchte, nehme ich mir die Zeit.» Der renommierte Sexualpsychologe Dr. Christoph J. Ahlers aus Berlin betrachtet das ein bisschen anders. Auf meine Frage nach den Ursachen devoter oder dominanter Neigungen gab er mir solch pragmatische Sätze mit auf den Weg: «*Die* allumfassende Antwort ist beim aktuellen Stand der Wissenschaft derzeit nicht zu leisten. Sie ist aber auch nicht wichtig, solange diejenigen, die BDSM einvernehmlich praktizieren, nicht unter ihrer Sexualpräferenz leiden. Für die anderen gilt leider: Selbst ein Wissen über die Ursache einer Präferenz löst diese nicht auf.»

Vorerst aber steht Irmi nicht als Gesprächspartnerin zur Verfügung, sondern in der Küche, wo sie ein dreigängiges Menü kreiert. An diesem Abend stehen Blumenkohlsuppe, Schweinebraten und Pudding auf dem Speiseplan. Horst deckt derweil an langen Tischen ein. Er ist das Faktotum, oder wie andere sagen: «Die gute Seele an Irmis Seite.» Während er Teller, Besteck und Servietten mit liebevoller Hingabe drapiert, skizziert er in knappen Sätzen seine Biographie. Fast sein ganzes Erwachsenenleben lang hat der Industriekaufmann als Single verbracht, der seine devoten Phantasien ausschließlich durch Selbstfesselungen auslebte. Schon beim Indianerspielen in der Kindheit habe er es als lustvoll empfunden, an den Marterpfahl gebunden zu werden. Später aber habe er leider niemanden mehr gehabt, der so etwas mit ihm hätte tun wollen, und das Internet war noch nicht erfunden. Als er das World Wide Web dann für sich entdeckte, stolperte er auf entsprechenden Online-Portalen immer wieder über Hinweise auf Irmis Stammtisch. Irgendwann ließ er sich in den vorzeitigen Ruhestand versetzen und versieht seither hier seinen Dienst. Das Haus werde schließlich nicht nur von den Mitgliedern des Stammtischs genutzt, erzählt er. Jeder könne die Räumlichkeiten mieten, und davon werde auch regelmäßig Gebrauch gemacht, und zwar von den verschiedensten Fetisch-Gruppen. Da wären etwa die «Sadomasochistischen Christen» oder die «Furrys» – eine eingeschworene Gemeinschaft, deren Mitglieder in Tierkostüme schlüpfen und sich in der Rolle von anthropomorphen Wesen (als Tiere mit menschlichen Eigenschaften) wohlfühlen.

Ich frage Horst, ob sich hier auch für ihn Gelegenheiten ergäben, seine devoten Neigungen auszuleben. Einen Moment lang unterbricht er seine Tätigkeit, und mit einem verlegenen Lachen bekennt Horst leise: «Mit der Zeit trifft man in unserem Haus ja viele Leute, und mit der einen oder anderen Person freundet man sich an. Daraus ergibt sich durchaus mal die Möglichkeit, mitzuspielen.» Dann fährt er lächelnd mit dem Eindecken der Tafel fort. Schließlich bittet er zu Tisch.

Man nimmt Platz und spricht schon wieder übers Essen. An meinem Tisch erzählt ein stattlicher Bartträger von seinem Großvater, der über 40 Kaninchen besaß. Um aus einem solchen Tier einen Rollbraten zu machen, müssten nach der Schlachtung die Muskeln von den Knochen gelöst und das Skelett im Ganzen herausgetrennt werden. Eine Dame in einem rot-schwarzen Lederkorsett philosophiert darüber, dass der Erfolg beim Hasenbraten ganz wesentlich von den Gewürzen abhänge. Ein kompakter Mann mit Vollglatze in Netzunterhemd und Latexröckchen scheint sich diesen würzigen Genuss vor das vielzitierte geistige Auge zu führen – zumindest lassen seine unruhige Mundpartie und die Zunge, mit der er sich über die Lippen leckt, darauf schließen.

Mollige Damen mit hochgeschnürten Brüsten und halterlosen Strümpfen sind bemüht, das Abendessen, das in einem Speiseaufzug aus dem Keller kommt, möglichst rasch zu den Tischen zu bringen. Die deftige Hausmannskost wird in großen Schalen und Terrinen serviert. Im Raum herrscht eine Atmosphäre wie auf einer Familienfeier, und wie auf solchen wird über sexuelle Themen nicht gesprochen. Das ändert sich nach dem üppigen Mal «schlagartig» – und zwar im wahrsten Sinne des Wortes, denn es beginnt eine Whipshow für Rohrstöcke und Peitschen. Ein Herr von kräftiger Statur hat eine ganze Batterie von Schlaginstrumenten auf dem Tisch vor sich liegen, und er sagt Sätze wie: «Wir haben hier Flogger[12] mit weichem Leder, die lass ich jetzt mal ein bisschen kreisen. Dann haben wir noch welche mit glattem Leder, die sind dann schon etwas fester. Und dann gibt es welche mit kantigem Leder, die sind von der Wirkung noch intensiver.» Neben ihm steht seine splitternackte Assistentin, die Arme hoch über dem Kopf an einen Galgen gebunden. Tapfer erträgt sie die Schläge der Lederflogger unterschiedlichster Ausprägung auf ihrem Hinterteil. Dies geschieht einerseits zu Demonstrationszwecken, aber natürlich mag sie das auch. Das Auspeitschen vor Publikum scheint sie als Lustgewinn

---

12 Als Flogger werden Riemenpeitschen aus unterschiedlichsten Materialien wie Wildlederriemen oder Latex- bzw. Kunststoffstreifen bezeichnet.

zu empfinden. Noch ahne ich es nur, später aber wird sie mir das auch so sagen.

Derweil präsentiert der Peitschenhändler sein absolutes Lieblingsschlagwerkzeug, und auch dieses bekommt seine entblößte Begleiterin zu spüren. Seine Erläuterungen trägt er in einem Tonfall vor, als wolle er ein besonders praktisches Haushaltsgerät veräußern – was so ein Flogger aus SM-Perspektive ja wohl auch ist: «Hier haben wir Flogger, die weiter unten mit Rosshaar besetzt sind. Ich kann also ganz vorsichtig spielen, indem ich nur mit den Haaren treffe.» Sein weicher Schlag führt bei der Assistentin zu einem höhnischen Lacher.

«Ich kann aber auch ein bisschen mehr Gas geben und treffe mit den Knoten, die hier unten dran sind.» Diesmal hat der Schlag einen lustvollen Schrei zur Folge.

«Das Wechselspiel zwischen soft und Gasgeben ist eine sehr interessante Variante!», sagt er und blickt dabei gespannt in die Runde.

Mich erinnert das Ganze an Kaffeefahrten mit integrierter Verkaufsveranstaltung. Nur dass Rohrstöcke, Bullys[13] und Flogger im Gegensatz zu Rheumadecken an Ort und Stelle auf ihre Wirksamkeit überprüft werden können.

Plötzlich hat der Glatzkopf mit dem Netzunterhemd den Platz am Pranger eingenommen. Seine weibliche Begleitung schiebt ihm das Latexröckchen nach oben, präsentiert so einen Hintern von beachtlicher Fläche und greift zu dem Rosshaar-Flogger. Mit vorsichtigem Spielen hält sich die dominante Dame gar nicht erst auf. Stattdessen entlockt sie ihrem Sklaven mit gezielten Schlägen spitze Schreie als Zeichen ungezügelten Lustempfindens. Und weil der Verkäufer weiß, dass Humor den Umsatz fördert, kommentiert er mit Berliner Schnauze: «Jedes Hauinstrument ist immer so intensiv wie die Hand, die es führt. Man kann mit all diesen Gegenständen

---

13 Bullwhip (Bully) – eine Peitsche aus nur einem einzigen Schwanz

auch zärtlich sein – wenn man denn mal will!» Im Auditorium bricht Heiterkeit aus, und die ersten Damen kramen bereits in ihren Handtaschen nach dem Portemonnaie.

Spätes Outing

Es mag ja sein, dass SMler sich nicht sofort an der Nasenspitze erkennen, aber was Christiane und Ilja da bei Irmis Stammtisch erzählen, ist kaum zu glauben. Vor fünf Jahren hätten sie sich über ein «ganz normales Partnerschaftsportal» im Internet kennen- und nach persönlicher Inaugenscheinnahme auch lieben gelernt. Und obgleich sie beide schon unabhängig voneinander im SM-Bereich lustvolle Erfahrungen gemacht hatten, merkten sie angeblich erst nach Jahren, wie der jeweils andere drauf ist. Mir fällt es schon deshalb schwer, das zu glauben, weil Christianes Dominanz auf kilometerweite Entfernung erkennbar ist. Wie kann Ilja das übersehen haben? Als ich den beiden das sage, bricht Christiane in lautes Gelächter aus, und ihr schönes Mädchengesicht mit den hellblauen Augen wird plötzlich ganz weich und sympathisch. Vielleicht hat sie ja während der ersten Jahre der Zweisamkeit mit Ilja immer nur gelacht, schießt es mir durch den Kopf.

Die beiden sind in jeder Hinsicht ein komplett gegensätzliches Paar. Christiane trägt ihr dichtes schwarzes Haar in einer prächtigen Turmfrisur, während Ilja sich Morgen für Morgen den gesamten Kopf kahl rasiert. Sie hat eine frauliche Figur mit Rundungen an den richtigen Stellen, er hingegen ist eher der schmächtige Typ. Und dann sind da eben noch diese antagonistischen Parts, die sie im erotischen Spiel einnehmen.

«Ich war schon immer dominant, irgendwie ist das in mir drin», stellt Christiane kategorisch fest und sieht ihren Freund auffordernd an.

Ilja löst den Blick von seinen Fußspitzen und fängt leise an, seine Geschichte zu erzählen:

Bei mir ging das erst so um das Jahr 2000 herum los. In dieser Zeit erschienen die ersten SM-Seiten im Netz wie Sadomaso-Chat und andere. Lange Zeit lief bei mir nur Kopfkino. Damals war ich bei der Bundeswehr, und im Nachbarort gab es eine Lokalität, wo SM praktiziert wurde. Irgendwann siegte die Neugier über die Phantasie, und ich bin mal hingefahren. Da waren zwei kleine Räume – vorne eine Bar und hinten ein Spielzimmer. Man saß also zunächst an dieser Bar und schaute, ob sich was entwickelt für den Abend – oder eben nicht. Na ja, dort fand sich dann eine Frau, die mich zum ersten Mal an einem Andreaskreuz festgemacht hat, und es ging los mit Spanking. Ein anderes Mal hat mich eine dominante Frau in einen Rock gesteckt. Mir gefiel diese Demütigung, in Frauensachen herumlaufen zu müssen, und auch die verbalen Erniedrigungen, die damit verbunden waren. Das waren so meine ersten Erfahrungen auf diesem Gebiet. Die Zeit bis 2007 war meine Sturm-und-Drang-Zeit, in der ich relativ viel ausprobiert habe.»

Tja, und dann traf er Christiane und kriegte bezüglich seiner sexuellen Neigung die Zähne nicht auseinander. Zwei, drei Jahre lang! Wie aber hat man schließlich doch noch zu Befehl und Gehorsam gefunden?

«Ich bin jemand, der mit so was erst mal hinterm Berg hält. Ich tu mich schwer, darüber zu reden», sagt Ilja. «Aber so nach und nach hat sie es aus mir herausgekitzelt.»

Nun sehe ich Christiane an, und Christiane versteht. Achselzuckend versucht sie eine Erklärung: «Vielleicht habe ich es nicht merken wollen, weil ich inzwischen schon 30 war und auf der Suche nach einem Lebenspartner. Vorher hatte ich ja immer nur Sexpartner, und denen gegenüber habe ich nie hinterm Berg gehalten. Schon bei meinem ersten Mal, da war ich gerade 17 Jahre alt, habe ich den Typen mit Handschellen ans Bett gefesselt. Ohne Ankündigung, und er hat's mit sich machen lassen.» Sie lacht, als habe sie einen besonders komischen Witz erzählt. Und dann erklärt sie unaufgefordert, wie der Sex zwischen ihr und Ilja so läuft. «Der erotische Reiz an BDSM liegt für mich eigentlich in der Macht und der Dominanz, wenn sich der Mann unterwirft. Aber zum Orgasmus komme ich nicht im SM-Bereich, da bin ich ehrlich. Also, wir praktizieren erst SM, und danach geht es über in ‹normalen› Geschlechtsverkehr.»

Christiane steht auf, und sofort erhebt sich auch Ilja. Die beiden ziehen sich in eines der Spielzimmer zurück, wo sie ihre Neigungen ungestört ausleben können, denn auch das ist möglich in Irmis Reich.

Die einsame Frau an der Bar

Schon während des Essens war mir diese Frau aufgefallen. Ein androgynes Wesen, das seine schmächtige Figur in ein schwarzes Korsett mit Stahlstäben geschnürt hat. Das allein schon macht sie optisch zur Außenseiterin, und offenbar empfindet sie sich auch als eine solche. Jedenfalls nahm sie während des Essens am äußersten Ende der Tafel Platz. Ich hatte fast den Eindruck, dass ihr selbst dort noch die Nähe zur Gruppe unangenehm war. Hätte der Peitschenhändler für seine Utensilien nicht den einzigen separaten Tisch in Beschlag genommen, hätte sie ihr Essen womöglich dort eingenommen. Zudem ist sie offenbar Vegetarierin, denn als ihr einer der Gentlemen ein Stück vom Braten anreichen wollte, lehnte sie vehement ab und griff beherzt zum Gemüse.

Inzwischen steht die Frau an der Bar, dem derzeit einsamsten Ort dieses Etablissements. Jenseits des Tresens bietet Horst seine

Dienste an, die aber außer ihr derzeit niemand in Anspruch nimmt. Scheu blickt die androgyne Person zu den Leuten hinüber, die in kleinen Gruppen auf den Sofas und Sesseln herumlümmeln und sich unterhalten. Vorn am Galgen und am Andreaskreuz im Nebenraum werden die neuerworbenen Peitschen und Flogger an devoten Partnern ausprobiert. Dem Klatschen der Schläge folgen Lustschreie so folgerichtig wie der Donner dem Blitz. Doch niemand nimmt davon Kenntnis, auch die Frau an der Bar nicht. Unsere Blicke treffen sich. Zu Beginn des Abends hat mich Irmi als Buchautor vorgestellt, der den einen oder die andere ansprechen werde. Jeder Einzelne könne dann für sich entscheiden, ob er oder sie sich mir anvertrauen wolle oder nicht. Dem interessierten Blick dieser Frau an der Bar entnehme ich, dass sie mit mir reden möchte. Ich mache mich zu ihr auf den Weg. Als Horst mich kommen sieht, zieht er sich diskret zurück.

«Na, wer bist du denn?», versuche ich den Einstieg ins Gespräch auf die fröhliche Tour. Ich erfahre, dass sie Anette heißt – «mit einem n!» –, 48 Jahre alt ist und ein Unternehmen in einer sächsischen Kleinstadt führt. Diese Informationen treffen nicht mal ansatzweise den Kern meiner Neugier. Also werde ich konkreter. Ob sie neu in der BDSM-Szene sei, will ich wissen. Anette schüttelt ihren Kopf mit derselben Vehemenz, mit der sie zuvor den Braten abgelehnt hat. Stumm blicke ich sie an, und wie schon Christiane versteht auch sie, dass ich mich damit nicht zufriedengeben werde. Sie sieht zu den meist paarweise erschienenen Stammtischlern und verzieht den Mund zu einem unbeholfenen Grinsen. Dann beginnt sie zu erzählen. Sie habe in der Vergangenheit mit verheirateten Spielpartnern einige fatale Erfahrungen gemacht. Die ersten negativen Erlebnisse bereits mit dem eigenen Gatten. Der sei nicht ihr Spielpartner im BDSM-Sinn gewesen, genau das sei dann irgendwann zum Problem geworden. Wenige Andeutungen, ihre sexuellen Neigungen betreffend, hatten ausgereicht, um bei ihm das pure Entsetzen hervorzurufen. Andererseits war *seine* sexuelle Phantasie alles andere als kreativ. Als das Eheleben schließlich seinem verdienten Ende entgegendämmerte, wollte Anette ihren devoten Neigungen endlich mal auf den Grund gehen. Zunächst suchte sie, die sich selbst als «Leseratte» bezeichnet, im Internet nach entsprechender Literatur. Und mit der Literatur kam der erste Spielpartner – ein Mann nämlich, der diese Art von Büchern vertrieb. Er interessierte sich dafür, wer sich solche einschlägigen Werke zuschicken ließ.

«Manfred war ein Dom aus der Nähe von Hannover», erinnert sich Anette. «Wir hatten zunächst eine sehr intensive, virtuelle Beziehung. Dann ist er auch zu mir nach Hause gekommen. Er war sehr, sehr streng als Dom und hielt seine eigene Frau als 24/7-Sklavin[14]. An diesem Anspruch hat er leider auch mich gemessen. Aufgrund meines Jobs bin ich jedoch eine sehr eigenständige Frau. Im Spiel bin ich gern devot, auch extrem devot – aber zur Dauersklavin eigne ich mich überhaupt nicht. Was soll ich sagen, es hat hinten und vorne nicht funktioniert. Das Ende verlief so, dass ich eine Freundin in Norddeutschland besuchen wollte, und Manfreds Wohnsitz lag auf halber Strecke. Ich hab ihm daher angeboten, dass ich mir zwei Tage länger Urlaub nehme, um mich mit ihm in einem Hotel zu treffen. Aber ich hab ihm auch gesagt, dass ich möchte, dass seine Frau davon weiß. Mit Heimlichtuerei kann ich nämlich nicht leben. Unter diesen Umständen war unsere Beziehung für ihn leider nicht mehr zu halten. Gleichzeitig sagte er aber auch, dass ein Freund von ihm namens Gerhard an mir als Spielpartnerin interessiert sein könnte. Also schlug er vor, dass wir uns einfach mal zu dritt treffen. Das hörte sich gut an. Hatte ich doch die heimliche Hoffnung, dass er mir zum Abschied gewissermaßen noch meinen Herzenswunsch erfüllen würde: Manfred wusste, dass ich mich gerne mal von zwei Männern benutzen lassen wollte.

14   24/7 bedeutet 24 Stunden an 7 Tagen in der Woche – also quasi rund um die Uhr.

Nicht nur hart und brutal, sondern unterbrochen von Zärtlichkeiten, aber alles mit verbundenen Augen und während meine
Hände über dem Kopf fixiert oder festgehalten wurden. Überhaupt spielt das entschiedene Festhalten für mich eine überaus
wichtige Rolle. Es stellt für mich das totale Ausgeliefertsein dar,
und das erregt mich sehr.

Anettes Herzenswunsch wurde zwar nicht erfüllt, aber Gerhard
erwies sich als sensibler Spielpartner. Mit verklärten Augen macht
sie deutlich, dass Sensibilität und Dominanz kein Widerspruch sein
müssen.

Wenn wir uns treffen, trinken wir immer erst einen Kaffee und
unterhalten uns, um uns wieder «näher» zu kommen, weil zwischen den einzelnen Treffen gut und gerne mal sieben bis zehn
Tage liegen können. Manchmal hat er für unsere Treffen etwas
geplant, manchmal lassen wir uns einfach treiben. Das finde
ich gut. Ich bin dankbar dafür, dass er nicht zu viel Druck aufbaut und mich selbst mein Tempo bestimmen lässt. Ich bin am
Anfang eigentlich immer erst mal auf Berührungen aus. Wenn
auch er dazu in der Stimmung ist, kann es durchaus sein, dass
wir zunächst einfach nur Sex haben. Wenn nicht, dann fordert er
mich, indem er Bondage macht oder je nach Lust und Laune verschiedene Schlagwerkzeuge, Nadelspiele, Wachs und so weiter
an mir ausprobiert. Gerhard denkt sich immer irgendetwas aus,
und ich stelle mich in der Zeit, in der er da ist, ganz auf ihn ein.
Er achtet aber immer ganz genau darauf, dass auch ich zu «meinem Recht» komme und es genießen kann.

Die Sache ist nur – auch Gerhard hat eine liebende Gattin zu Hause,
die sich ebenfalls als Spielpartnerin anbietet. Das hat sie allerdings
nicht immer getan, weshalb er ja auch auf der Suche nach Frauen wie
Anette war. Und diese Suche war erfolgreich gewesen, auch schon

vor Anette. Während Gerhards «bessere Hälfte» noch zögerte, ob sie sich vom eigenen Gatten vertrimmen lassen sollte, nahm er Anette schon mal zu so etwas Ähnlichem mit wie hier bei Irmi, nur 350 Kilometer weiter westlich. Das ließ sich alles ganz gut an, bis Gerhard eines Tages seine Frau mitbrachte. Für Anette begannen schmerzliche Stunden ganz anderer Art, nämlich seelischer Art.

Gerhard und ich sind darin übereingekommen, dass wir seine Frau nicht kompromittieren und sie an solchen Abenden auf jeden Fall absoluten Vorrang hat. Da ich aber sehr gern den Kontakt zu den Gästen dieses anderen Stammtischs habe, fahre ich da trotzdem regelmäßig hin. Es ist für mich eine schwierige Situation, weil ich die beiden dort ja in Aktion sehe.

Anfangs habe ich mich gefragt, ob sie es nur ihm zuliebe tut, aber inzwischen glaube ich, sie hat SM wirklich für sich entdeckt. Seither frage ich mich jeden Tag, ob es überhaupt noch in Ordnung ist, dass diese Spielpartnerschaft zwischen Gerhard und mir besteht. Er besucht mich ja nach wie vor. Wenn seine Frau auf mich zukommen und sagen würde, dass sie damit nicht klarkommt, würde ich das akzeptieren und mich komplett zurückziehen. Keine Ahnung, wie es dann bei mir weitergehen würde. Na ja, es hat ja vielleicht auch einen Grund, dass ich diesmal hierhergekommen bin. Ich will mich ja noch weiter entdecken. Zum Beispiel habe ich festgestellt, dass ich Bondage wahnsinnig gerne mag. Deshalb trage ich ja auch Korsetts, und zwar richtige Stahlkorsetts wie dieses hier. Nicht jeden Tag, aber möglichst zwei- bis dreimal wöchentlich. Bei Nadelspielen stehe ich allerdings noch ganz am Anfang ...

An diesem Abend blieb Anettes Hoffnung auf Bondage, Nadelspiele oder gar einen flotten Dreier unerfüllt. Während sich die anderen nach und nach in die Spielzimmer zurückzogen, blieb sie als einsame Frau an der Bar sitzen. Wobei, ganz einsam blieb sie nicht – Horst, das Faktotum, gesellte sich für einen netten Plausch zu ihr.

Die gerettete Ehe

Ein Mann mit einem sympathischen Lächeln winkt mich zu sich heran. Ich nehme neben ihm auf dem Sofa Platz. Er ist einer dieser Typen, den man seriös erlebt, wenn er einem als Bankberater gegenübertritt, der kumpelhaft daherkommt, wenn man sich am Kneipentresen begegnet und dem man sofort vertraut, wenn er als Klempner erscheint, um in der Küche die Mischbatterie auszuwechseln. Einer, bei dem man kaum mehr als einen Smalltalk erwartet, der einen dann aber mit einer gigantischen Story überrascht. Neben ihm sitzt eine Dame, die in ihrem schwarzen Lederkleid ein wenig wie eine verkleidete Hausfrau wirkt. Sie scheint sich nicht besonders wohlzufühlen, jedenfalls macht sie kein fröhliches Gesicht, um es mal freundlich zu formulieren. Mir ist zunächst nicht klar, in welchem Verhältnis die beiden zueinander stehen oder ob überhaupt ein solches besteht. Zumindest scheint ihre Anwesenheit den kumpelhaften Typen nicht zu stören. Er erzählt intime Dinge aus einer Zeit, in der er zwischen seinem Wohnsitz in Thüringen und seinem Arbeitsort im Schwäbischen hin- und hergependelt ist. Von Montag bis Freitag habe er in einer kleinen Wohnung gesessen. Abends vor seinem Rechner seien plötzlich Gedanken an SM in ihm hochgekommen. Entsprechende Filme im Internet waren dem förderlich. Ihren Ursprung aber hatten diese «Gedanken» viele, viele Jahre zuvor …

Seinerzeit habe ich mich selbst gefesselt und bis zum Orgasmus masturbiert. Nachdem ich geheiratet hatte, empfand ich aber kein Bedürfnis mehr danach. Doch als ich dann auswärts arbeiten musste und abends allein war, hat sich das im Hinterkopf wieder aufgebaut, und so habe ich erneut mit Selbstfesselungen angefangen. Schließlich habe ich überlegt, ob es nicht auch reizvoll sein könnte, mal jemand anderen zu fesseln – jemanden vom anderen Geschlecht. Vor sieben oder acht Jahren habe ich dann versucht, das ganz zaghaft mal in meiner Ehe anklingen zu lassen, aber ich bin auf taube Ohren gestoßen.

Mit einer fahrigen Geste zeigt er wie zufällig auf die Hausfrau im Lederkleid, doch es sieht so aus, als höre sie auch jetzt nicht zu. Der Mann, von dem ich inzwischen weiß, dass er Gunter heißt, scheint sich nicht daran zu stören und setzt seine Beichte eloquent fort ...

Mein innerer Drang war sehr groß, und weil er nicht befriedigt wurde, hat es mich unruhig gemacht, was sich in meiner Ehe bemerkbar gemacht hat. Es hat mir einfach etwas gefehlt. Ich hab mir gesagt: «Okay, wenn du das nicht auf die Reihe kriegst, wirst du dich wohl trennen müssen.» Da waren wir schon über 20 Jahre verheiratet – aber ich hab es einfach gebraucht. Ich wollte es! Da kam mir die Idee, über eine Annonce nach jemandem zu suchen, mit dem ich das ausleben kann. Auf meine Annonce, die in einer Regional-Zeitung hier in Thüringen erschien, haben sich fünf Leute gemeldet, von denen vier absolute Spinner waren. Das hat man schon nach den ersten SMS-Kontakten gemerkt. Aber mit der einen Frau ging es dann relativ schnell. Sie war Anfängerin so wie ich und hatte noch nie mit jemandem auf diese Art und Weise gespielt, wollte es aber mal versuchen. Sie hat mich in meiner kleinen Zweitwohnung an meinem Arbeitsort besucht. Ich habe sie gefesselt und sie dabei auch ein wenig härter angefasst. Schließlich hatten wir beide einen Orgasmus. Bemerkenswert war, dass ich fortan nicht mehr den Drang hatte, aus meiner Ehe auszubrechen. Es existierte diese Parallelwelt, die mich sowohl körperlich als auch mental befriedigt hat. Meine Frau hat natürlich gemerkt, dass ich ruhiger geworden bin.

Ein stummes Nicken der noch immer missmutig dreinblickenden Frau scheint nun schon mehr als ein Indiz dafür zu sein, dass sie die Gattin jenes sympathischen Mannes ist. Aber ich frage noch immer nicht …

Ich habe bei dieser Frau immer den dominanten Part eingenommen. Zunehmend sind auch Spielzeuge vom Dildo bis zum Nadelrad zum Einsatz gekommen. Zum Teil waren auch recht heftige Fesselungen mit Aufhängen dabei. Ich hatte zu diesem Zweck in dem Zimmer, in dem ich wohnte, extra ein paar Haken angebracht. Wir beide sind in das Ganze irgendwie reingewachsen, und mir hat es zunehmend Spaß gemacht. Na ja, und es ist ja so, dass die Ehefrauen zu Hause auch nicht ganz dumm sind. Sie merken das, wenn sich etwas geändert hat. Dann hab ich versucht, eine Fesselung zu Haus zu machen. Ich hatte schon vorher mal mit meiner Frau darüber gesprochen, aber als wir es dann ausprobiert haben, ist es negativ verlaufen. Also, es hat ihr überhaupt keinen Spaß gemacht.

«Stimmt!», sagt die Frau im Lederkleid und gibt mir damit die endgültige Gewissheit, welche Rolle sie im Leben des coolen Gunter spielt. Der erzählt einfach weiter …

Aber ich hab nicht lockergelassen. Mehr und mehr habe ich zu Hause von meinen Bedürfnissen erzählt. Tröpfchenweise, mal dieses, mal jenes. Und irgendwann hab ich Gundi meine Beziehung gestanden.

Während er das erzählt, legt er zärtlich die Hand auf das Knie seiner Frau ...

Danach lief es eine Weile mit ihrer Duldung, und ich muss sagen, dass ich diese Einstellung sehr bewundert habe. Also dass sie das wegstecken konnte. Ich gehe davon aus, dass sie eifersüchtig war ...

«Sicher!», wirft die Frau ein, von der ich nun auch den Namen weiß.

Gundi war auf etwas eifersüchtig, das sie nicht einschätzen konnte. Aber sie hat's geschluckt, und das ist vielleicht für uns beide ein großer Vorteil gewesen, weil wir nicht einfach auseinandergerannt sind. Im Gegenteil! Wir sind nach Bulgarien in Urlaub gefahren und haben dort mehrmals über das ganze Thema gesprochen. Schließlich hat sie gesagt, sie wolle es gern noch mal probieren mit dem SM. Zu der Zeit war ich schon ein paarmal bei diesem Stammtisch hier gewesen. Und vor anderthalb Jahren sind wir dann zusammen hergefahren, und ich hab sie hier aufs Kreuz gebunden. Also nebenan im Spielzimmer, wo man alleine ist.

Endlich meldet sich auch Gundi zu Wort. Mit einer Miene, mit der man üblicherweise einen nahen Angehörigen zu Grabe trägt, erzählt sie ihre Sicht auf die Dinge ...

Als ich von der Beziehung meines Mannes erfahren habe, hatte ich den Gedanken an Trennung. Aber ich bin bei ihm geblieben, vor allem wegen der Kinder. Tja, und dann hat er mir in diesem Bulgarien-Urlaub eben erklärt, dass er keine Liebe für diese andere Frau empfindet, sondern mit ihrer Hilfe nur ein Bedürfnis befriedigt. Und er sagte eben auch, dass das mit unserer Ehe und unserer Liebe zueinander nichts zu tun habe. Ich dachte: «Na ja, das ist eine Sache, die er von dir nicht kriegen kann. Wenn du dich jetzt trennen würdest, ginge das sicherlich, aber ...» Also habe ich beschlossen, mal mit hierherzukommen. Anfangs war das natürlich eine völlig fremde Welt für mich. Ich musste mich erst einleben, obwohl ich sofort herzlich aufgenommen wurde. Das ist hier ja wie eine Familie. Keiner hat dumme Fragen gestellt. Gleich beim ersten Mal sind wir ins Spielzimmer gegangen. Die Rollenverteilung war von Anfang an klar – ich war und bin die Sub. Das entspricht ursprünglich gar nicht meiner Neigung. Als ich mich zum ersten Mal von meinem Mann festbinden und hauen ließ, war das zunächst schon ein komisches Gefühl, aber irgendwann wurde es dann auch mal schön. Ich hab's richtig gebraucht.

Es sei ihm alles andere als leicht gefallen, die eigene Frau zu schlagen, erinnert sich Gunter an den Beginn eines eigenwilligen Weges, das eheliche Liebesleben wieder spannend zu machen.

Bei einer fremden Sub war das überhaupt kein Problem. Anfänglich ist das Schlagen gar nicht mal mein Ding gewesen. Alles andere, wie der Einsatz von Wachs oder Stromschläge, ging hingegen. Das mit dem Schlagen hat sich erst hier entwickelt, und dafür gab's ein Schlüsselerlebnis: Jemand hat mich aufgefordert, mit seiner Sub zu spielen. Das hab ich gemacht, aber es hat mich beim ersten Mal so gut wie gar nicht erregt. Aber beim zweiten und dritten Mal habe ich das Schlagen dann schon genossen, einfach deshalb, weil mein Gegenüber es genossen hat. Also, ich hatte Freude daran, der Frau eine Freude zu bereiten. Das war damals einfach nur Spanking und hatte mit Orgasmus noch überhaupt nichts zu tun. Aber bei der eigenen Frau war mir das beim ersten Mal richtig unangenehm. Das hat sich inzwischen jedoch geändert, weil sie es mittlerweile haben will und es genießen kann, und insofern macht es mir auch Spaß.

Ich frage Gundi, ob und gegebenenfalls auf welche Weise sie während einer SM-Session zum Höhepunkt kommt. Zugegeben, die Frage ist nicht besonders originell, doch sie stellt seit jeher eine Art Lackmustest für das Vorhandensein wahrer Lust dar. Ohne irgendeine Form von Mimik zu bemühen, antwortet Gundi freimütig ...

Zum Orgasmus komme ich durch den Einsatz diverser Sexspielzeuge wie eines Vibrators zum Beispiel. Das hat bis jetzt eigentlich immer geklappt. Natürlich will ich meinem Mann eine Freude machen, aber mir tut es eben auch gut. Ich hab auch schon mit anderen Männern gespielt, und mit denen hat es mir ebenso Spaß gemacht. Also ich würde sagen, ich hab zumindest angefangen, meine masochistische Neigung zu entdecken. Vorher hatte ich irgendwie Angst, es gab da eine Hemmschwelle.

Mag sein, dass ich einen verblüfften Eindruck mache – zu meinen Gedanken würde es jedenfalls passen. Unaufgefordert nimmt Gunter zu seinen Gefühlen Stellung ...

Das tut mir nicht weh! Schon gar nicht, wenn der andere Mann sympathiemäßig unseren gemeinsamen Vorstellungen entspricht. Wir haben auch schon zu dritt oder zu viert gespielt. Oder meine Frau war auf der Streckbank, und es war noch ein anderes Paar da, und wir haben zu dritt mit ihrem Körper gespielt. So etwas finde ich sehr erregend.

Was aber ist aus jener außerehelichen Sub geworden, mit der Gunter seine SM-Neigungen einst in einer kleinen Wohnung im Schwäbischen erst richtig entdeckt hat? Als ich mich nach deren Verbleib

gens von meinen Neigungen, denn er hat den Ring der O[16] erkannt, den mir Robert wenige Tage, nachdem wir zusammengekommen sind, gekauft hatte. Am Anfang hat mein Vater sich gar nicht getraut, mich darauf anzusprechen. Inzwischen weiß ich aber, dass er selbst mit seiner Freundin ab und zu im Insomnia[17] ist.»

In einiger Entfernung wird eine Peitsche lautstark auf dem Hintern einer Dame ausprobiert, die das selbstgewählte Martyrium keineswegs stumm erträgt. Zum ersten Mal an diesem Abend führt das zu einer kurzen Irritation unter den plaudernden Stammtischlern.

Mandi ist die Erste, die zur Sprache zurückfindet, und das mit einem unfreiwilligen Bezug zu dem Geschehen nebenan: «Es gibt Leute, bei denen findet rund um die Uhr SM statt. Bei uns aber ist es so, dass wir eine ganz normale Beziehung führen und SM nur einen gewissen Teil davon ausmacht.» «Es ist das Sahnehäubchen!», fügt Robert hinzu, und Mandi lacht. Dann aber wird sie wieder ernst, und zwar ziemlich ernst: «Die Beziehung zu Robert hat mir geholfen, die Depression zu überwinden. Ich hatte zwar auch schon vorher viele Liebhaber, aber die waren alle nur Mittel zum Zweck, um meine Gelüste zu befriedigen. Mehr aber auch nicht. Von denen hätte aber niemals auch nur einer den ganzen Irrsinn mitgemacht, den ich in den letzten anderthalb Jahren durchgemacht habe.»

Ich könnte jetzt die Frage stellen, weshalb sie sich einen Liebhaber aus der Generation ihres Vaters gesucht hat. Doch ich finde es naheliegender zu fragen, was gemeint ist, wenn sie von diesem «ganzen Irrsinn» spricht. Darauf aber antwortet nicht Mandi, sondern Robert: «Als ich gemeinsam mit Mandi wieder angefangen habe mit SM, waren die einzigen Spielzeuge, die ich hatte, ein ganz

---

16 Der Ring der O ist ein einfacher Bandring mit einer daran befestigten kleinen Öse, der in Just Jaeckins Romanverfilmung der Protagonistin namens O als Zeichen ihrer Unterwerfung überreicht wird.

17 BDSM-Club in Berlin

kleiner Flogger, ein Stück Seil und ein alter Gürtel. Alles danach habe ich mir im Laufe der Zeit mit ihr zusammen erspielt und erarbeitet. Den Umgang mit dem Rohrstock und auch mit der Bully habe ich erst von Tobias nach und nach gelernt. Das ist der Peitschenhändler, der vorhin hier die Show gemacht und uns heute hierher mitgebracht hat. Tja, und ich konnte es nur lernen, weil ich eine Sub habe, mit der ich es machen kann.»

Er beugt sich zu Mandi hinunter und gibt ihr einen Kuss. Seine weiteren Schilderungen stehen dann in einem gewissen Gegensatz zu dieser zärtlichen Geste …

Unsere erste Erfahrung mit einer Bully waren exakt fünf Schläge. Es war nach einer von Tobias' Peitschen-Shows, und ich war gerade dabei, ihm beim Abbau zu helfen. Da hab ich ihm gesagt, dass ich gern mal eine Bully ausprobieren möchte, und er hat mir eine geliehen. Ich hab Mandi versichert, dass ich ganz vorsichtig sein würde. Ich sagte ihr, dass ich nur fünf Schläge mit der Bully machen und sie danach erst mal fragen würde, wie sie es findet. Sollte irgendwas schiefgehen, könnte sie einfach mit dem Fuß aufstampfen und ich würde sofort abbrechen. Nach diesen fünf Schlägen hat sie allerdings nur gegrinst – vom einen Ohr zum anderen. Und hätte sie keine Ohren gehabt, hätte sie im Kreis gegrinst.

Es entsteht ein Moment der Stille. Ich treffe den Entschluss, mich nun doch zu erkundigen, ob der Altersunterschied von immerhin 24 Jahren wirklich so unproblematisch ist, wie es in diesem Augenblick erscheint. Ich will die Antwort von Mandi, denn die von Robert könnte ich mir schließlich selbst geben. Und weil ich sie dabei herausfordernd ansehe, antwortet sie auch: «Meine früheren Liebhaber waren alle in meinem Alter und hatten genug damit zu tun, ihren eigenen Platz in der Gesellschaft und im Leben zu finden. Die hätten gar nicht die Muße gehabt, die Geduld oder die emotionale Kapazität, um zu sagen: ‹Um dich kümmere ich mich jetzt auch noch!› Klar haben es viele versucht, und mit einigen habe ich nach wie vor Kontakt. Aber ein Rückhalt, wie ich ihn bei Robert gefunden habe, wäre mit denen gar nicht möglich gewesen. Es war ein sehr glücklicher Zufall, dass er genau in dem Augenblick kam, als es mir schlechtging, und mich aufgefangen hat.»

Schwarze Romantik

Mit romantischen Gefühlen ist das so eine Sache. Von den einen werden sie als Sentimentalität belächelt, von den anderen mit feuchten Augen als Zeichen der Liebe wahrgenommen. Um romantische Gefühle zu zeigen, ist fast immer irgendeine Form von Überraschung im Spiel. Da gibt's den klassischen Strauß roter Rosen oder das Candlelight-Dinner oder beides. Gern genommen werden auch heimlich gebuchte Städtereisen – vorzugsweise nach Paris oder Venedig – und natürlich der Brillantring. Letzterer aber kommt aus Kostengründen erst ins Spiel, wenn die Verbindung eine gewisse Solidität verspricht. Natürlich geschieht all dies keineswegs selbstlos – vom Beschenkten wird schon auch etwas erwartet. Das reicht vom dankbaren Blick bis hin zum Eheversprechen. Auch wenn es Romantiker nicht gern hören – ihre Gefühle sind immer an ein gewisses Maß Eigenliebe gekoppelt. Daran ist nichts Verwerfliches, aber ein solches Eingeständnis wäre natürlich eines nicht: romantisch!

Liebesgeschichten sind der Stoff, aus denen Hollywoodfilme gemacht werden, auch deutsche Unterhaltungsliteratur, und irgendwie verlaufen diese Geschichten immer irgendwie ähnlich. Die Geschichte aber, die Tobias und Tanja zu erzählen haben, weicht davon ziemlich ab. Es ist – auch wenn man nicht glauben mag, dass es so was gibt – SM-Romantik pur.

Bei Tobias handelt es sich um den stattlichen Herrn, der am frühen Abend die Bullys und Floggers vorgeführt hat, und bei Tanja um die Sub, deren Hinterteil dafür herhalten musste. Nun, nach getaner Arbeit zündet sich der Peitschenhändler eine gewaltige Zigarre an und bläst selbstzufrieden den Rauch in die Luft. Tanja kauert, in einen seidenen Morgenmantel gehüllt, neben ihrem Dom auf dem Sofa und lehnt liebevoll den Kopf an seine Schulter. Und irgendwann erzählen mir die beiden dann, was sich zwei Wochen zuvor im heimischen Spielzimmer zugetragen hat.

«Tanja und ich kennen uns nun schon seit vier Jahren, da wollte ich mal wieder erleben, dass sie vor Spannung zittert, weil sie nicht weiß, was passiert», beginnt Tobias. «Ich hab ihr also erzählt, dass ich Leute kennengelernt habe, die einen eigenen Club haben. Allerdings müssten wir einen Test bestehen, damit wir dort überhaupt rein dürfen. Und der Test würde darin bestehen, dass ich sie an einen Mann aus diesem Club verleihe. So etwas war bis dahin für uns ein absolutes No-Go.»

«Die Vorstellung, von einem fremden Mann angefasst zu werden, ist mir eigentlich unerträglich», wirft Tanja ein. «Ich bin zweimal in meinem Leben von einem Mann genötigt worden – einmal in der Schulzeit und dann noch mal mit Anfang 20. Deshalb habe ich immer gesagt, wenn eine dritte Person mitspielen soll, kann ich mir dafür nur eine zweite Frau vorstellen!»

Diesmal aber schien Tobias bereit zu sein, ihre Abmachung zu kippen. «Ich erklärte ihr, dass ich gern in diesen Club rein möchte, und dazu sei es nun mal nötig, sie zu prüfen, um festzustellen, ob sie auch eine gute Sub sei. Daher, so sagte ich, würde ich sie für einen Abend freistellen und an einen anderen Herrn geben.»

«Ich bestand darauf, dass auf gar keinen Fall Sex stattfindet», sagt Tanja.

«Das habe ich ihr zugesichert. Sie verlangte auch, dass ich auf jeden Fall im Raum bleiben solle …»

Tobias drückt Tanja etwas fester an sich, als er bemerkt, dass ihr das alles auch zwei Wochen später noch ziemlich nahegeht.

«In ihrer Wohnung gibt es ein Spielzimmer mit einem Käfig, Ketten und Befestigungshaken und sonst noch einiges», erzählt Tobias. «Und für diesen speziellen Abend haben wir alles chic gemacht: Sekt kalt gestellt und drei Gläser sowie Pralinen bereitgestellt. Kurz bevor es losging, hat sie wahnsinnig gezittert und plötzlich angefangen zu weinen.»

«Ich war mit den Nerven komplett am Ende», erinnert sich Tanja. «Es waren so viele Gefühle, die auf mich einprasselten …»

«Da habe ich ihr gesagt, sie habe nun zum letzten Mal an diesem Abend die freie Entscheidung, Ja oder Nein zu sagen», unterbricht sie Tobias und nimmt einen Zug von seiner gewaltigen Zigarre.

Tanja blickt ihren Dom verliebt an und flüstert fast: «Ich habe beschlossen, für dich durchzuhalten.»

Tobias streicht ihr über den Kopf und blickt wie in weite Ferne, als er die weiteren Ereignisse jenes Abends schildert: «Wir haben natürlich die Spielzeuge beiseitegepackt, von denen ich annahm, dass Tanja sie nicht lange aushalten würde. Dann hab ich sie an die Wand gekettet, ihr die Augen verbunden und zu ihr gesagt: ‹Ich komm gleich wieder. Ich bin draußen mit ihm verabredet und bringe ihn dann gleich mit.› Bevor ich den Raum verließ, habe ich ihr noch erklärt, dass wir das Ganze filmen werden, damit sie es sich hinterher ansehen kann.»

«Da stand ich nun also», sagt Tanja und wirkt alles andere als fröhlich …

Auf der einen Seite war ich aufgeregt und auf der anderen eigentlich komplett am Ende. Es war eine Mischung aus Geilheit, Neugier und dem Wunsch, Tobias stolz zu machen. Ich muss dazu sagen, dass ich ein krankhaft ehrgeiziger Mensch bin. Vor Prüfungen habe ich zum Beispiel immer Angst, aber nicht, weil ich mir Sorgen mache, womöglich durchzufallen, sondern weil ich befürchte, nicht gut genug zu sein. Und diesmal wollte ich beweisen, dass ich eine gute Sub bin. Schließlich hörte ich die Türe und auch, wie Tobias mit einer anderen Person hereinkam. So dachte ich zumindest. Er hat sich leise mit dieser Person unterhalten und mich ihr vorgestellt. Es war auch das Anstoßen der Sektgläser zu hören. Dann fasste mich der Fremde an, und zwar ziemlich hart. Er machte dann etwas, was ich nicht kannte. Es hatte mit Feuer und Wachs zu tun und verursachte bei mir ein komplett neues Gefühl. In diesem Moment habe ich gehofft, dass Tobias dieses Spielzeug auch mal kauft. Ich wusste ja nicht, dass es sich lediglich um eine brennende Kerze handelte.

Dieser fremde Mann war total hektisch und beim Hauen wesentlich brutaler, als ich es von Tobias gewohnt war. Vor allem hat er mich, wie ich allmählich realisierte, mit einer Rose verprügelt, und das tut richtig weh. Und ich hatte nicht gerade das Gefühl gehabt, dass er auf mich Rücksicht nahm. Bei Tobias ist das immer komplett anders. Er genießt es, er hat Spaß dabei und kostet das aus. Wir verstehen uns ohne Worte. Inzwischen vertraue ich ihm voll und ganz, denn früher habe ich immer schon abgebrochen, obwohl noch was gegangen wäre. An diesem Abend aber hatte ich mir vorgenommen durchzuhalten, obwohl ich nach ein paar Schlägen schon das Gefühl hatte, abbrechen zu müssen. Der Mann fasste mich auch im Intimbereich an, obwohl ja etwas anderes abgemacht war. Plötzlich aber hatte ich das Gefühl, dass der Griff zwischen meine Schenkel dem von Tobias sehr ähnelte. Außerdem, so überlegte ich, würde er doch wohl nie zulassen, dass mir ein fremder Mann den Finger in die Fotze steckt. Langsam kam mir der Verdacht, dass Tobias selbst dieser «Fremde» war. Nach einer Weile dachte ich: «Scheiß drauf! Entweder ist er es und hat seinen Spaß daran, mich so zu hauen wie vorher noch nie, oder mein Spielpartner ist ein Wildfremder, und ich mache Tobias stolz, wenn ich durchhalte.» So konnte ich es irgendwie genießen, war allerdings auch froh, als es endlich vorbei war. Der Typ ging dann, ohne sich zu verabschieden. Ich war stinksauer, dass er sich noch nicht mal die Mühe gemacht hatte, wenigstens «tschüs» zu sagen. Dann machte mich Tobias los, nahm mich in den Arm und fing mich auf. Plötzlich sah ich überall Rosenblätter herumliegen. Aber ich habe mich nicht getraut zu fragen, ob er vielleicht die ganze Zeit allein mit mir gewesen war. Außerdem hatte Tobias im Vorfeld ja auch auf jede meiner Fragen eine plausible Antwort gehabt. Also zum Beispiel, wo er den anderen getroffen hatte, was er über mich erzählt hatte ... Ich war mir nur nicht sicher, ob er mit ihm auch abgeklärt hatte, welches meine K.-o.-Stellen sind. Und ob auch wirklich klar war, dass es keinen Sex geben würde.

Und noch was fällt mir ein: Ich habe ja schon seit längerer Zeit die Phantasie, mal Waterboarding[18] auszuprobieren, aber Tobias traut sich da nicht so richtig dran. Nun aber sagte er mir, dass dieser Fremde dafür ein absoluter Profi sei. Allerdings wollte ich das nicht mit einem fremden Mann machen. Woher sollte ich denn wissen, wie weit ich ihm vertrauen konnte.

Was aber war tatsächlich passiert in der Zeit, als Tanja mit verbundenen Augen an die Wand gefesselt war? An jenem Abend ging Tobias nach Hause, ohne dass sie ihren Verdacht geäußert hätte. Doch dann bekam sie eine WhatsApp-Nachricht von ihm, und sie erinnert sich sichtlich gerührt an den Text, als habe sie ihn eben erst erhalten: «Gute Nacht, Tanja! Du hast deinen Herrn heute zu dem glücklichsten Herrn dieser Welt gemacht. Danke, dass ich dich mein Eigen nennen darf.» Tanja strahlt: «Ist das nicht schön? So etwas habe ich noch nie von einem Mann gehört, von dem ich es auch hätte hören wollen.» Am nächsten Tag haben wir uns dann gemeinsam das Video angesehen, und da hatte ich die Gewissheit,

18 Als Waterboarding wird eine Foltermethode des simulierten Ertränkens bezeichnet.

dass Tobias am Abend zuvor tatsächlich allein gewesen war. Diesen fremden Herrn hatte es nie gegeben. Das zu erfahren verursachte bei mir ein gemischtes Gefühl. Auf der einen Seite habe ich mich gefreut, dass Tobias derjenige war, für den ich das ausgehalten hatte. Auf der anderen Seite war ich total enttäuscht. Meine erste Reaktion war: ‹Ich wollte es doch für *dich* machen?!› Und er sagte nur: ‹Das hast du!›»

Die Runde der verbliebenen Stammtischler ist klein geworden. Viele sind bereits auf den Zimmern, wo es wohl bei einigen noch richtig zur Sache geht. Wer aber das Vergnügen hatte, die Story von Tanja und Tobias zu hören, blickt selig lächelnd vor sich hin. Ich mache mir gar nicht erst die Mühe, ihre Gedanken zu erraten. Romantische Gefühle sind eben tatsächlich immer an ein gewisses Maß an Eigenliebe gekoppelt. Rosen und Kerzen haben auch in diesem speziellen Fall eine Rolle gespielt, wenngleich sie einem etwas anderen Zweck zugeführt wurden. Und als ob Tobias meinen stummen Gedanken erraten hätte, erklärt er, während er die Asche seiner Zigarre abstreift: «Es war wieder so wie am Anfang unserer Beziehung. Sie reagierte auf jede Berührung. Tanja hat gezuckt und war aufgeregt, weil sie eben nicht wusste, wer da etwas mit ihr anstellte. Aber sie hat mir bewiesen, dass sie das für mich ertragen würde. Das fand ich toll, und es hat mich stolz gemacht.»

Tja, das ist so eine Sache mit der Romantik, und das ist in BDSM-Kreisen auch nicht anders als bei denen, die von ihnen als Stinos[19] bezeichnet werden. Na ja, ein bisschen anders vielleicht schon …

---

19 Als Stinos werden in BDSM-Kreisen jene bezeichnet, die aus deren Sicht als «stink-normal» gelten, wofür diese Abkürzung steht.

Spätnachts in der Bar eines Hotels in einer mittelgroßen westdeutschen Stadt. Hier ist Frauke die Barchefin. Als sie erfährt, für welche Recherchen ich im Lande unterwegs bin, sagt sie: «Wenn Sie Zeit bis zu meinem Dienstschluss haben, kann ich Ihnen auch etwas Interessantes erzählen.»

Nachdem die letzten Gäste gegangen sind und Frauke mit ihrem Kollegen die Kasse abgerechnet hat, sitzen wir allein an dem langen blitzblanken Tresen. Frauke gibt einen aus und erzählt von intimsten Erlebnissen. Von dem Klassenkameraden, der sie im Alter von 13 Jahren vom Makel der Jungfräulichkeit befreite. Von einem jungen Mann, mit dem sie später eine eheähnliche Beziehung einging, mit gemeinsamem Wohnsitz, Kingsize-Bett und regelmäßigem Blümchensex. Sie schauten zwar keine Pornos, aber Frauke spürte auch so, dass das nicht alles sein kann, die Sache mit dem Blümchensex. Jedenfalls nicht für sie. Er schien ja irgendwie zufrieden damit zu sein, wie es lief. Und sie blieb bei ihm – bis zum verflixten siebten Jahr.

Danach folgte erst mal eine nahezu asexuelle Zeit, in der sie sich auf ihre berufliche Karriere konzentrierte. Sie durchlief mehrere Abteilungen der gehobenen Hotellerie und lernte nebenbei mehr als 300 Cocktails zu mixen. Gimlet, Sidecar, Last Word, Moscow Mule – Frauke hat sie alle im Kopf. Lange hatte sie auch nichts anderes im Kopf. Nur selten ließ sie sich mal auf einen One-Night-Stand ein. Dann ging sie mit Männern mit, die den Abend am Tresen verbracht hatten. Darunter war auch ein wunderschöner junger Mann, der im Bett sehr rücksichtsvoll mit ihr umging. Ständig erkundigte er sich nach ihren Wünschen. Soft Sex at it's best! Da hat Frauke endgültig begriffen, dass sie darauf nun gar nicht steht. Aber es hat noch eine ganze Weile gedauert, ehe ihr auf einem Online-Portal die Annoncen «dominanter» Männer auffielen, die auf der Suche nach «devoten» Frauen waren. Das sprach sie an. Aber sie wusste nicht, wie sie eine Antwort formulieren sollte. Schließlich drehte sie den Spieß um und annoncierte ihrerseits: «Sehr schlanke, zierliche, devote Frau sucht dominanten Mann.»

Am nächsten Tag hatten 300 Leute ihre Annonce angeklickt, und mehr als jeder dritte davon übersandte via E-Mail seine Bewerbung. Einige schrieben nur solche Sätze wie: «Der Doc macht Hausbesuche!» Das war nicht gerade das, was Frauke sich vorgestellt hatte. Es gab auch welche, die sie zur Sklavin für eine 24/7-Beziehung ausbilden wollten, was bedeutet hätte, sich 24 Stunden an 7 Tagen in der Woche in bedingungslose Abhängigkeit zu begeben. Ihr Gehirn funkte: «No way!» Was aber stellte sie sich eigentlich vor?

Besonders angesprochen haben mich kurze, knappe E-Mails, bei denen ich sofort gespürt habe, da ist einer, der weiß, was er will, der redet nicht lange drum herum.

In einer dieser E-Mails suchte jemand eine Frau für eine BDSM-Session, und zwar «Gerne auch eine Anfängerin!». Ich habe im Internet nachgelesen, was auf einer BDSM-Session passiert, und das hat mich gereizt. Also habe ich ihn angeschrieben. Wir haben dann einige E-Mails ausgetauscht, und er hat mir versichert, dass nichts passieren würde, was ich nicht wolle. Ich habe ihn klipp und klar wissen lassen, dass ich so etwas noch nie zuvor gemacht hatte, und er schlug vor: «Lass uns das einfach ein bisschen antesten.» Mit dem habe ich mich dann getroffen, und das war spannend. Ziemlich spannend sogar!

Erst hatte ich Angst, und ich habe kurz überlegt, ob ich wirklich hingehen soll. Aber dann habe ich mir gesagt: «Da musst du jetzt durch! Nach Hause gehen kannst du immer noch.»

Wir haben uns in einem Pärchen-Club getroffen, wo man in ein Hinterzimmer gehen und die Tür abschließen kann. Es gab dort eine Strafbank, eine Liege und ein Bett. Der Typ war groß und kräftig, wie ich es mag, und man kann weiß Gott nicht sagen, dass er hässlich gewesen sei. Er hat auch nicht den Anschein gemacht, irgendein Irrer zu sein. Da kann man sich ja vorher auch nicht sicher sein, wenn man sich nicht kennt.

Wir haben uns kurz unterhalten und sind dann eben in diesem Spielzimmer verschwunden. Die Tür fiel zu, und plötzlich war er ein völlig anderer Mann. Das war total verrückt, denn auch bei mir ging sofort die Lampe an.

Er herrschte mich an: «Zieh dich aus, und stell dich breitbeinig an die Wand!»

Das war genau die Ansage, die ich gebraucht habe. Als ich nackt war, hat er mir Fußfesseln angelegt und die Hände auf den Rücken gebunden. Da habe ich gemerkt, hier geht was ab, was mir gefällt. Dann bekam ich eine Augenbinde umgelegt. Er fing an, mich überall zu berühren, was mich ziemlich erregt hat.

Nach einer Weile hat er seinen Schwanz ausgepackt und ihn mir in die Hand gelegt. Wenn man das so hört, denkt man vielleicht, ich sei davor zurückgeschreckt. Aber ganz im Gegenteil. Ich habe gleich angefangen, ihn zu masturbieren. Nach einer Weile hat er auch getestet, ob ich blasen kann. Dazu musste ich in die Knie gehen. Allerdings war es für mich ungewohnt, die Hände nicht einsetzen zu können. Das hatte ich vorher so noch nie gemacht. Doch das lernt man schnell. Wir haben nicht viel gesprochen, also ich sowieso nicht. Beim Blasen geht das ja schlecht.

Dann musste ich mich auf eine halbhohe Liege legen, wo man die Füße noch auf den Boden stellen kann, und er hat angefangen mit der Orgasmus-Kontrolle. Dazu hat er mich mit den Fingern gereizt, zwischendurch aber immer wieder abgebrochen und gesagt: «Du darfst noch nicht kommen!» Ich wollte immer mehr davon haben. Dann hat er meine Brustwarzen bearbeitet. Er hat sie ziemlich fest mit den Fingern geknetet. Das war schon schmerzhaft, allerdings auch wieder nicht so, dass mir der Schmerz unangenehm gewesen wäre.

Dann kam es zum Spanking – das heißt, mir wurde mit der flachen Hand der Hintern versohlt. Anfangs noch nicht allzu toll. Er hat mich gefragt, ob er kräftiger zuschlagen kann, und ich habe gesagt: «Ja!»

Danach kam es zum Sex. Er ist dabei von hinten in mich eingedrungen. Im Stehen! Ich bin allerdings nicht gekommen, weil ich – was er nicht wissen konnte – im Stehen nicht kommen kann.

Das war an einem Freitagnachmittag, und abends musste ich zur Arbeit. Ich war total aufgewühlt. Ja, ich war den ganzen Abend über regelrecht aufgelöst. Das habe ich ihm auch zwischendurch per SMS geschrieben. Wir hatten die Telefonnummern ausgetauscht, weil wir beide der Meinung waren, dass wir uns wiedertreffen sollten. Und das fand noch in derselben Nacht statt. Wir haben erst etwas getrunken und sind dann wieder in dieses Spielzimmer gegangen. Unaufgefordert zog ich mich sofort aus.

Nun ging es ziemlich heftig zur Sache. Diesmal hatte er Klammern für die Brustwarzen dabei. Auch der Sex wurde um einiges härter als am Nachmittag. Er nahm mich im Doggystyle, während meine Hände auf dem Rücken gefesselt waren. Also er hat sich genommen, was er wollte, und ich fand das wahnsinnig geil! Langsam bin ich dann runtergekommen. Das war genau das, was ich gebraucht habe, sonst hätte ich wahrscheinlich nicht schlafen können in dieser Nacht.

Das ist jetzt gerade mal zwei Wochen her. Ich bin manchmal immer noch verwirrt und frage mich: «Warum ist es nur so, dass ich es liebe, geschlagen zu werden?» Aber ich weiß auch, dass ich es nie wieder anders haben will. Oder höchstens mal zur Abwechslung ... Dieser Tag vor zwei Wochen war für mich der Einstieg in den sadomasochistischen Sex, und es ist noch lange nicht zu Ende.

Drei Monate später findet unser nächstes Treffen am nächtlichen Tresen statt. Frauke hat mittlerweile neue Erfahrungen gesammelt. Gelegentlich hat sie mich durch knappe SMS auf dem Laufenden gehalten. So habe ich erfahren, dass sie diese Erlebnisreisen inzwischen nicht mehr mit dem Mann unternimmt, der ihr die Welt der devoten Leidenschaften eröffnet hat. Der hatte nämlich plötzlich mehr für die «sehr schlanke, zierliche» Frau empfunden und war deswegen nicht mehr in der Lage gewesen, seine Rolle zu spielen. Die Rückkehr zum Kuschelsex im Ehebett aber war für Frauke überhaupt nicht in Frage gekommen ...

Nachdem ich die Sache beendet hatte, entdeckte ich zufällig eine E-Mail, die bei mir im Spam-Ordner gelandet war. Komischerweise war es wirklich nur diese eine. Der, der sie geschrieben hatte, ein gewisser Markus, hatte sich sehr knapp gefasst. «Ich kriege das hin, was du brauchst. Wenn du interessiert bist, ruf mich an!» Er hatte eine Telefonnummer mitgeschickt, was noch keiner vor ihm gemacht hatte. An einem Sonntagnachmittag habe ich angerufen und ihm gesagt, was ich suche. Das wusste ich ja nun schon konkreter. Also, dass ich einen Mann brauche, der mir sagt, wo es langgeht, und der mich hart rannimmt. Ich hab ihm auch erzählt, dass mich das alles gerade total aufwühlt. Und Markus meinte wieder: «Das kriegen wir hin!» Noch am selben Abend bin ich zu ihm nach Hause gefahren.

Es war zunächst erst mal komisch, weil es ganz anders war, als das, was ich kannte. Bei ihm herrschte von Anfang an ein strenger Ton. Ich hatte die Wohnung kaum betreten, als er schon fragte: «Bist du bereit?» Und als ich Ja sagte, sollte ich mich auf dem Teppich im Wohnzimmer nackt machen. Ich war kaum zwei Minuten da und fragte schüchtern: «Wie jetzt? Hier?» Und er: «Ja sicher, komplett nackt!» Ich gehorchte. Kaum hatte ich mich ausgezogen, musste ich mich breitbeinig hinstellen, und schon hatte Markus den Finger bei mir drin. Ich kam gar nicht zum Nachdenken. Plötzlich hatte ich ein ledernes Band um den Hals und musste ihm auf allen vieren ins Schlafzimmer folgen. Da waren am Bett schon Seile angebracht, und er hat mich damit festgebunden. Ich lag auf dem Bauch, und Markus hat ohne Vorwarnung richtig fest zugehauen, erst mit der Hand und dann mit einem hölzernen Kochlöffel. Das war für mich in dieser Härte ungewohnt. Es tat ziemlich weh, und ich hatte hinterher rote Striemen auf dem Hinterteil. Aber es hat mich eben auch geil gemacht.

Interessant war auch, dass Markus als sehr erfahrener Mann schnell herausgefunden hat, dass ich nur äußerlich zu befriedigen bin, also klitoral und nicht vaginal. Er hat mich gefickt, und als er merkte, dass ich so nicht komme, hat er mich in die Badewanne gesetzt und es mir mit dem Wasserstrahl besorgt. Danach hat er Badewasser eingelassen, es gab Sekt, und plötzlich war Markus ganz normal. Jetzt erst haben wir uns das erste Mal richtig unterhalten.

Als ich dann ging, war ich komplett durcheinander. Es war geil und schön gewesen – und gleichzeitig seltsam und fremd. Fremder als beim ersten Mal mit dem anderen Mann. Obwohl ich meinen Spaß gehabt hatte, war ich verstört. Ich glaube fast, ich war verstört, *weil* ich daran Spaß gehabt hatte. Jedenfalls war ich mir überhaupt nicht sicher, ob ich noch mal zu ihm gehen würde. Eine ganze Woche habe ich darüber nachgedacht, dann kam der Termin immer näher, zu dem Markus mich für das nächste Treffen bestellt hatte. An jenem Sonntag – das ist mein freier Tag – bekam ich von ihm eine SMS: «Wie vereinbart treffen wir uns heute Abend um 20 Uhr. Freust du dich schon?» Und ich dachte: «Oh Gott, was mache ich nur?» Ich habe zwar nicht auf die SMS geantwortet, aber pünktlich um acht stand ich vor seiner Tür.

Inzwischen bin ich schon sechsmal bei Markus gewesen, und

es kam jedes Mal etwas Neues dazu. So was wie Routine kommt gar nicht erst auf. Ich werde mit den Händen an einen Deckenhaken gefesselt, und die Klammern werden mittlerweile nicht nur an den Brustwarzen befestigt, sondern auch an den Schamlippen. Das kannte ich alles vorher nicht. Inzwischen fragt Markus auch mal, was ich so mag oder ob ich mit diesem oder jenem einverstanden wäre. Er würde mir zum Beispiel gern in den Mund spritzen, aber das will ich nicht. Eigentlich wollte ich auch keinen Analverkehr, doch das haben wir dann trotzdem mal probiert, und inzwischen mag ich es. Ich habe ihm auch gesagt, dass ich sein Sperma nicht ins Gesicht kriegen möchte, aber als ich gefesselt war, hat er sich über meinen Wunsch hinweggesetzt. In diesem Moment habe ich mich … also nicht beleidigt gefühlt, das wäre der falsche Ausdruck … aber erniedrigt. Das war ja wohl seine Absicht, und deshalb habe ich auch nichts gesagt.

Nachdem ich längere Zeit nichts mehr von Frauke gehört habe, bekomme ich eines Tages am frühen Nachmittag einen Anruf von ihr. Sie scheint gut aufgelegt zu sein. «Hast du dein Aufnahmegerät zur Hand? Es lohnt sich, denn ich hab was Neues zu berichten», kündigt sie an. Ihr Traum habe sich endlich erfüllt, tut sie geheimnisvoll. Doch ich weiß sofort, was sie meint. Denn bei unserem letzten Treffen hat sie mir zum Abschied ihren heimlichen Traum anvertraut …

Gestern war ich bei Markus, und zunächst gab's nichts Ungewöhnliches. Ich wurde mal wieder ans Bett gefesselt, und er hat mir die Augen verbunden. Bewegungslos und blind war ich dem ausgeliefert, was nun passieren würde. Doch es passierte erst mal gar nichts. Ich versuchte Markus' Atem zu lauschen oder irgendeiner Bewegung von ihm nachzuspüren. Nichts! Es war mucksmäuschenstill. Offenbar hatte er den Raum verlassen. Nach einer ganzen Weile hörte ich ihn nebenan mit jemandem sprechen. Ich vernahm eine zweite männliche Stimme, konnte aber nicht verstehen, was gesprochen wurde. Schritte kamen näher. Als sie schon ganz nah bei mir waren, machte ich mir klar, dass ich hier nackt dem Blick eines fremden Mannes ausgeliefert war, den ich selbst nicht sehen konnte. Markus sagte zu ihm: «Das ist das Mäuschen, das ich dir zum Ficken anbieten kann!»

Mein Herz fing an zu rasen. Ich konnte den Puls an meiner Halsschlagader spüren. Es war der Gipfel der Erregung. Hände berührten mich. Ich spürte sofort, dass es nicht Markus' Hände waren. Die kannte ich ja inzwischen sehr gut. Diese fremden Hände betasteten meine Brüste, strichen an meinem Körper hinab. Schließlich suchten zwei oder drei Finger den Weg in meine Muschi und penetrierten mich. Ich hatte das Gefühl, jeden Moment ohnmächtig zu werden.

«Unsere Süße wird dir jetzt ein bisschen einen blasen!», hörte ich Markus sagen.

«Wirst du das tun?», fragte der Fremde.

Ich bekam fast keinen Ton heraus. Kaum hörbar hauchte ich: «Ja!»

Kurz darauf fasste eine Hand unsanft in meinen Haarschopf, zog den Kopf ruckartig nach oben, und ich öffnete bereitwillig den Mund. Der Schwanz, der im nächsten Moment hineingeschoben wurde, war definitiv nicht der von Markus. Dieser war riesig, was man von Markus' nicht gerade behaupten kann. Meine einzige Sorge war, ob Markus seinem Freund gesagt hatte, dass ich es nicht mag, wenn man in meinem Mund abspritzt. Ich hätte es ihm auch selbst sagen können, aber dazu war es nun zu spät. Deshalb war ich einigermaßen erleichtert, als er sich nach kurzer Zeit offenbar entschloss, zum Ficken überzugehen.

Langsam schob er seinen gewaltigen Prügel in mein enges Fötzchen. Ich genoss jeden Zentimeter.

«Darf ich in dir kommen?», fragte er.

Da mischte sich Markus ein: «Was fragst du sie denn dauernd? Sie hat zu machen, was du willst!»

«Ich bin eben ein Gentleman», sagte der Fremde. Dann wandte er sich wieder an mich: «Und? Darf ich?»

«Ja, gern!», sagte ich.

Nun stieß er härter zu, und gleichzeitig steckte mir Markus seinen deutlich kleineren Schwanz in den Mund. Es machte mich total an, zwei Männern unisono zu Willen zu sein. Der Fremde begann nun auch noch mit dem Daumen meine Klitoris zu reiben. Das Wunder geschah, ich kam mit den beiden Herren gleichzeitig. Markus war diesmal so freundlich, auf meinen Brüsten abzuspritzen.

Meine beiden Liebhaber gingen aus dem Zimmer und ließen mich erschöpft und glücklich zurück. Nach einer Weile hörte ich, wie Markus seinen Freund draußen verabschiedete. Jetzt erst erfuhr ich einen Namen. Wie er aussieht, weiß ich natürlich nicht, aber ich weiß, dass Paul einen großen Schwanz hat.

Frauke lacht laut los. Ein fröhliches Mädchenlachen. Es ist das letzte Mal, dass ich sie lachen höre. Als sie mich einen Monat später wieder anruft, scheint ihr überhaupt nicht zum Lachen zumute zu sein. Lustlos erzählt sie mir, dass sie sich mittlerweile mit weiteren Männern getroffen habe. Mit einem, der es erst mal etwas sanfter angehen lassen möchte, um es allmählich zu steigern, und mit einem, bei dem sie schnell das Weite gesucht hat, weil er es mit der Körperpflege nicht so genau nahm. Dann aber kommt sie auf die Ursache ihrer Bedrücktheit zu sprechen, auf jene Sehnsucht nach einer Partnerschaft, wie sie schon mal bestand, ehe sie die neuen Leidenschaften an sich entdeckte. Ein romantisches Rudiment aus der alten Zeit. Damit aber tun sich in der promiskuitiven SM-Szene speziell Frauen schwer, die sich nicht in eine Rund-um-die-Uhr-Abhängigkeit einer 24/7-Beziehung begeben möchten. Frauke scheint den Tränen nahe, als sie langsam und leise ihre Gedanken formuliert …

Einerseits wissen die Männer, die ich besuche, dass ich mich auch mit anderen treffe. Sie selbst treiben es ja auch mit mehreren Frauen. Davon gehe ich jedenfalls fest aus. Andererseits sagen sie, wenn man über Beziehungen spricht, dass sie mit jemandem wie mir keine Beziehung anfangen würden. Wenn ich zur Türe rausgehe, denken sie immer, dass ich gleich zum Nächsten gehe. Na klar! Umgekehrt will ich auch nicht mit jemandem eine Beziehung haben, der mit anderen Frauen … Also, ich will irgendwann mal eine richtige Beziehung haben, die zwar sexuell schon am BDSM orientiert ist, aber eben nicht nur. Doch wenn ich Markus sage, dass ich Gefühle für ihn habe, dann bekomme ich zur Antwort: «Sorry, sei mir nicht böse, aber ich könnte mit einer Frau wie dir nicht zusammen sein.» Das verletzt mich. In solchen Momenten keimt in mir die Frage, was ich da eigentlich treibe …

Nach einem Moment der Stille klickt es in der Leitung. Ich habe von Frauke nie wieder etwas gehört.

Die Switcherin

Im Alter von 13 Jahren liebte Kiara es, gebissen zu werden. «Damit fing alles an!», sagt sie. Zu dieser Zeit seien ihre Freunde alle um einiges älter und wie sie in der Gothic-Szene unterwegs gewesen. Die neun Jahre, die seither vergangen sind, waren alles andere als ereignisarm – auch und gerade, was Kiaras sexuelle Entwicklung angeht. Ihre Neigungen beschreibt die angehende Erzieherin auf dem Online-Fragebogen: *Ich liebe und lebe BDSM, und zwar in verschiedenen Rollen, wobei ich am liebsten devot und masochistisch «benutzt» werde.* Kiara erinnert sich noch genau, wie sie diesem Wunsch zum ersten Mal ziemlich nahe kam …

Auf dem 18. Geburtstag meiner besten Freundin war einer aus unserer Parallelklasse. Er machte Dinge mit mir, die mich unheimlich erregt haben. Wahrscheinlich wusste er das zunächst gar nicht. Er hat aber auch nicht aufgehört, als er merkte, was Sache war. Und weil wir die waren, die am längsten wach blieben ... Also der Reihe nach: Er war in einer Uniform gekommen, und als Masochistin stehe ich nun mal auf Uniformen. Der hatte so eine Tarnuniform der Bundeswehr an. Und wenn so einer auch noch jemand ist, der mich gegen die Schulter boxt oder auf die Finger haut, dann regt mich das schon an. Außerdem stehe ich auf Blut, und er hatte ein Messer dabei. Ich stehe total auf Messer. Es machte ihm Spaß, mit der Klinge über meine Haut zu gehen. Also ohne mich zu verletzen, es ging nur um das kalte Metall und das Wissen, dass es gefährlich ist. Nun hat er sich an dem Abend auch noch in den Finger gepiekst. Das hat natürlich geblutet, und da hat es bei mir im Kopf echt klick gemacht. Ich habe mir gesagt: «Den greifst du dir heute Nacht, denn ich hatte ohnehin beschlossen, nicht allein in dem Gästebett zu schlafen.»

Der Typ und ich sehen uns zwar täglich in der Schule, aber außer meiner besten Freundin hat dort keiner eine Ahnung von uns. Er wohnt 50 Kilometer entfernt, aber das liegt auf dem Weg, wenn ich meine Eltern besuchen fahre. Manchmal nehme ich ihn auch mit zu mir nach Hause und am nächsten Tag wieder mit zur Schule. Zwischendurch habe ich durch ihn auch mal die dominante Rolle zu schätzen gelernt. Insgesamt bin ich aber lieber devot und masochistisch, und zwar bei so ziemlich allem, was gefordert wird. Ich mag es zum Beispiel, wenn man mich nimmt und gegen die Wand drückt. Ich mag es, wenn man mir sagt: «Was du willst, spielt hier keine Rolle. Es wird gemacht, was ich dir sage!!!» Und soweit das nicht über meine Tabus hinausgeht, mache ich es auch. Selbst wenn es mal unbequem und anstrengend ist. Wehtun darf es ja sowieso. Tabu ist nur alles, was mit Fäkalien zu tun hat. Illegale Sachen gehen gar nicht, und außerdem stehe ich nicht auf anal. Jedenfalls nicht beim Spielen, sondern nur, wenn Vertrauen herrscht, und auch nur, wenn ich dazu wirklich Lust habe, und das ist vielleicht zwei Mal im Jahr der Fall.

Momentan habe sie gar keine Lust auf eine feste Beziehung, erklärt Kiara. Eine monogame Beziehung käme für sie – wenn überhaupt – erst «in weiter Ferne» in Frage. Momentan sei sie ausschließlich an sexuellen Kontakten interessiert. Das hört sich selbstbewusst an, und dass das tatsächlich zu Kiaras vornehmlichen Eigenschaften gehört, wird mir klar, als ich in Magdeburg der sehr kleinen, keineswegs schlanken, sondern eher pummeligen Frau begegne. «Ich hab kein Problem damit, auf Männer zuzugehen!», sagt sie und auch, wie oft sie schon gehört habe: «Eigentlich bist du überhaupt nicht mein Typ, aber deine Ausstrahlung macht dich unwahrscheinlich sexy!»

Und wo findet sie, die ja gerade nicht in der Großstadt Magdeburg, sondern in einer Kleinstadt lebt, diese Herren?

In der Stadt, in der ich zur Fachschule gehe, gibt es keine SM-Clubs. Ist vielleicht auch ganz gut so. Dazu fahre ich entweder nach Berlin oder nach Hamburg. Zuletzt war ich zur Fem-Dom FunFair eingeladen – das war im Catonium in Hamburg. Der Dresscode hieß: «Frauen bekleidet – Männer nackt». So waren diesmal die Frauen das herrschende Geschlecht, und die Männer waren benutzbar – für alle. Aber wenn ich in Berlin bin, gehe ich ins DarkSide und in die Residenz Avalon zur Sklavenausbildung. Wenn ich allein dort bin, sehe ich mich nur um, beteilige mich aber nicht. Aber an sich bin ich nicht abgeneigt, dass da auch mal was passiert. Sei es auspeitschen oder rumknutschen oder sonst was. Je nachdem, mit wem ich da hingehe, bin ich mal auf der devoten und mal auf der dominanten Seite.

Neulich zu meinem Geburtstag war ich mit zwei Jungs unterwegs, und da war ich absolut die Devote.

Auf dem Internetportal, über das wir in Kontakt gekommen sind, tritt Kiara keineswegs devot auf und lässt sich sogar mit «Herrin» ansprechen …

Bis auf eine Person bin ich dort bisher nur auf Leute getroffen, die ich nicht persönlich kannte. Ich liebe es auch im echten Leben, Männer zu quälen – erst heiß machen und dann zurückweisen. Ich habe zum Beispiel einen Schwanzvertrag mit einem Sklaven. Da steht drin, dass er ohne meine Erlaubnis nicht kommen darf und mich fragen muss, bevor er sich anderen Frauen zeigt. Meine Wünsche sind für ihn Gesetz. Momentan halte ich ihn keusch, und er darf seinen Schwanz nicht mal steif machen. Wenn er sich vor der Webcam anderen Damen zeigt, und die wollen sehen, wie er abspritzt, muss er mich vorher um Erlaubnis fragen. Er muss mich auch unterrichten, wenn er ausgeht und wie lange er weg sein wird. Will er über Nacht wegbleiben, hat er mir mitzuteilen, wo er übernachten wird. Neulich bekam er von mir die Aufgabe, jeden Abend eine halbe Stunde zu wichsen, ohne zu kommen. Er ist ein sehr artiger Sklave. Heute hat er mich gefragt, ob er am Abend kommen darf. Ich hab ihm gesagt, dass er mich überzeugen soll. Ich bin gespannt, was er sich überlegt. Wenn er sich was Gutes einfallen lässt, dann darf er – ansonsten nicht. Wir kommunizieren überwiegend per WhatsApp und manchmal via Skype. Ich selbst habe eigentlich keine Lust, mir Typen vor der Webcam anzusehen, das fand ich noch nie reizvoll. Umgekehrt aber, wenn ich in der devoten Rolle bin und bestimmte Dinge machen soll für Herren, ist das schon erregend. Wenn sie sagen: «Kneif dir in die Nippel! Zeig mir deine Muschi! Befriedige dich jetzt!» Aber die meisten Männer, die mich so via Skype erleben, kennen mich auch privat.

Dominanz und Demut

Der Typ, mit dem ich verabredet bin, ist ein Phänomen, der Ort, an dem wir uns treffen, allerdings auch. Der Quälgeist liegt in einem vierten Hinterhof in Berlin-Kreuzberg – ein Club, dessen Name Programm ist. Aus allen Winkeln der Republik – und darüber hinaus – kommend, lassen sich hier vorwiegend Herren von Herren auf Strecknetze spannen, an Kreuze fesseln oder in Kisten und Käfige sperren. Leute wie Sebastian finden das geil. Das Gefühl des Ausgeliefertseins bereitet ihnen Lust. Und dann gibt es auch noch die anderen, die Bock darauf haben, Leuten wie ihm zu zeigen, wo der Hammer hängt. Natürlich einvernehmlich! Auch wenn das für Außenstehende nicht immer so aussieht – es sind Spiele, die hier ablaufen, und Sebastian kennt sie alle. Wenn man in der Szene bundesweit unterwegs ist, kommt man an ihm nicht vorbei, auch wenn er nicht überall Sebastian heißt. Er hechelt auf Dogplay-Treffen, lässt sich von Windel-Papis das Fläschchen geben, und auf dem Bondage-Workshop im Quälgeist, zu dem er heute extra aus dem Ruhrpott angereist ist, wird er zum Paket verschnürt werden. Neben alldem hat er auch noch einen Lover, managt seinen Job als IT-Berater sowie eine vierköpfige Familie. Das eben macht ihn zum Phänomen.

Wenn im Quälgeist die Post abgeht, ist es in den Räumlichkeiten eher duster. Rotes und blaues Licht, das von den schwarzen Wänden kaum reflektiert wird, erinnert an die Dunkelkammern aus der

Ära der analogen Fotografie. Das ist natürlich nicht die Absicht. Es soll nur irgendwie schummrig sein, ein bisschen geheimnisvoll oder so.

Sicherheit kommt vor der Lust

Andi ist unüberhörbar ein junger Mann aus Sachsen, und wenn ich es richtig verstanden habe, gehört er hier im Quälgeist, der als Verein organisiert ist, zum Vorstand. Beinahe wöchentlich pendelt er zwischen Leipzig und Berlin, und das nicht ohne Grund. In der Sachsen-Metropole gebe es nämlich nur zwei Lokalitäten für Schwule. Das würde ihn immerhin vor eine Wahl stellen, meine ich schmunzelnd. Da wird Andi konkreter: «Dort geht es eher in Richtung Darkrooms. Ich fessle aber ungern im Dunkeln, denn ich will sehen, wie mein Spielpartner darauf reagiert. Das ist genau das, was mich als Aktiven erregt. Allerdings bin ich nicht immer nur der Aktive, ich mag beide Seiten.» Was in diesem Statement unterschwellig anklingt, ist der Sicherheitsaspekt bei solchen Fesselspielen. Fortan äußert sich Andi zu fast nichts anderem mehr. Unseren Rundgang durch den Club startet er mit der Demonstration eines Notfall-Sets. Er zeigt mir Bolzenschneider, Seitenschneider, eine Verbandsschere, «mit der man sehr gut Folie zerschneiden kann», und – falls doch mal was schiefgeht – einen Verbandskasten.

Ich sehe mich um und betrachte die verschiedenen Apparaturen, in denen devot veranlagte Menschen den Kick des hilflosen Ausgeliefertseins genießen. Wer es nun mal liebt, als Paket verschnürt durch die Luft zu schweben, kann mit einer Seilwinde horizontal nach oben gezogen werden. Das ist auch in einem Hängekäfig möglich, der sich wie ein Schlauch zuzieht, je weiter er hochgezogen wird. Daneben gibt es einen drehbaren Marterpfahl, für alle, die ihre Neigung einst beim Indianerspielen entdeckt haben. Und ein

Stockwerk weiter oben stehen verschiedene Käfige herum, welche die devote Klientel dazu einladen, mit einer Zwangsjacke darin herumzuliegen. An einem kreisrunden Stahlnetz mit einem Durchmesser, das selbst Riesen genug Platz bieten würde, erläutert er mir im Duktus eines TÜV-Experten die Bedeutung der Panikhakens: «Wenn bei jemandem der Kreislauf zusammenbricht und derjenige erst mal in die Ketten sackt, sitzt alles nicht mehr da, wo es hingehört, und er beginnt sich zu strangulieren. Da hast du keine Zeit, nach einem Schlüssel zu fragen. Einfach hochheben, um irgendwie eine der Ketten zu lösen, schaffst du auch nicht. Dafür gibt's diese Panikhaken, die kriegst du mit dem kleinen Finger auf.» Das scheint wirklich eine epochale Erfindung zu sein, überlege ich, da beschwört Andi schon die nächste Gefahr herauf: «Bei der Mumienproduktion mit Frischhaltefolie oder Klebeband ist im Club immer ein neutraler Beobachter dabei, der im Normalfall nicht eingreift», sagt er, ohne näher zu erläutern, was in diesem Falle der «Normalfall» ist. «Der Passive ist immer unter Kontrolle, und zwar nach Möglichkeit, ohne dass er das mitbekommt.» Na klar, sonst wäre der Kick des hilflosen Ausgeliefertseins ja auch erheblich gestört, schießt es mir durch den Kopf.

Plötzlich wird es schlagartig hell im Quälgeist. Die angereisten Kursteilnehmer beginnen, ihre Matratzen und Schlafsäcke auf dem Boden zu deponieren. «Bondage-Lager» nennt sich der Workshop, der am Nachmittag beginnt. Fast 30 Gentlemen werden in den nächsten vier Tagen nicht nur Nachtlager und Mahlzeiten miteinander teilen, sondern auch einen Bondage-Meister, der ihnen ein paar Lektionen in Verpackungstechnik und Seilkunde erteilen wird. Da braucht's schon etwas Licht.

Ein gutes Dutzend Teilnehmer ist bereits eingetroffen und macht sich im Hof miteinander bekannt. Einige von ihnen, so scheint's, kennen einander schon, erinnern sich an gemeinsame Erlebnisse in einem Club in Dortmund, «den es leider nicht mehr gibt». Andere plaudern über das schwul-lesbische Fetisch-Straßenfest Folsom Europe, das in vier Monaten wieder in Berlin auf dem Terminplan steht. Und mittendrin steht Andi und erklärt mir: Auf gar keinen Fall dürfe man in Sachen Atemreduktion allein zu Hause experimentieren. Mit dem Satz: «Es gab autoerotische Unfälle bei einigen Freunden, die nun leider nicht mehr unter uns weilen», sorgt er auch bei den übrigen Anwesenden für Gänsehaut. Deshalb werde morgen von zwei erfahrenen Latex-Fetischisten die kontrollierte Atemreduktion in einem Vakuum-Bett vorgeführt. Als hätte ich es geahnt, weist er mit dem ausgestreckten Arm auf ein schwules Paar, von dem der eine Teil Sebastian ist, dieser phänomenale Typ. Da ich nicht die Absicht habe, mich vier Tage lang im Quälgeist kasernieren zu lassen, bekomme ich von ihm eine Privatlektion erteilt. Theoretisch natürlich!

Das Bett müsse man sich so vorstellen, dass es da zwei Lagen Latex übereinander gibt, die an den Rändern miteinander verklebt sind. Umgeben seien sie von einem Rahmen aus Rohren, die an eine Vakuumpumpe angeschlossen werden können. Ich verstehe das Folgende so: Man legt sich zwischen die Latexschichten und hat nur noch ein Mundloch zum Atmen. Wird die Luft herausgesaugt und ein Vakuum erzeugt, schmiegt sich das Material ganz eng an den Körper an. Dadurch sei man nahezu unbeweglich. Damit, sagt Sebastian, würden gleich zwei Neigungen bedient – einerseits der Materialfetisch und andererseits die Fixierung, die ja auch eine Form von Bondage darstelle. Die Erektion wäre nicht nur wünschenswert, sondern trotz des Vakuums auch möglich, versichert mir Sebastians Spielpartner. Meist passiere das ohnehin schon, wenn man mit dem Latex in Verbindung komme. «In der passiven Position muss ich dann eben abwarten, was weiter geschieht», sagt Sebastian. Und das könne alles Mögliche sein: das Streicheln des gesamten Körpers zum Beispiel oder der Einsatz von Hilfsmitteln, die bevorzugt im Genitalbereich zum Einsatz kommen. Das sei alles überaus intensiv spürbar, denn schließlich sei die Latexfolie weniger als 1 mm dick.

Es ist ruhig geworden am Tisch. Offenbar gibt es bei den Anwesenden gerade für das Vakuumbett ein besonderes Interesse. Ich sehe mir die überwiegend jungen Männer an und überlege, wie wohl deren Mütter reagieren würden, könnten sie einer solchen Vakuumbett-Bondage-Session ihrer Söhne beiwohnen. Wahrscheinlich würde es zu Ohnmachtsanfällen kommen, wenn sie den eigenen Sohn eingeschweißt wie ein Grillhähnchen ertragen müssten. Selbst dann, wenn nicht zu befürchten steht, dass er das weitere Schicksal des Geflügels zu teilen hat.

Die Freiheit zur Unfreiheit

Das mit der Unterscheidung von «devot» und «masochistisch» ist ein bisschen tricky. Masochisten in männlicher und weiblicher Inkarnation bezeichnen ihre Rolle ja durchaus auch als «devoten Part». Schließlich hab ich das oft gehört an dem Wochenende im Thüringer Wald und andernorts auch. Allerdings tun sich manche Leute, die sich in Läden wie dem Quälgeist fesseln oder wegsperren lassen, schwer damit, sich selbst als Masochisten zu bezeichnen. Das gilt für die schwulen Herren ebenso wie für die lesbischen, hetero- wie bisexuellen Besucher(innen) auf diversen Themenpartys, die hier auch für sie angeboten werden. Keiner aber würde diese Events anders als SM-Partys bezeichnen, in dessen Abkürzung das Adjektiv «masochistisch» enthalten ist. Sebastian hat sich eine Definition zurechtgelegt, die sicher nicht von allen akzeptiert wird, der man aber einen gewissen Pragmatismus nicht absprechen kann. «Masochisten lieben den Schmerz, während devot zu sein einfach nur das Verlangen ist, dominiert zu werden», sagt er. Oder anders ausgedrückt: Was die Devoten lockt, ist die Freiheit, sich ebenjene (zeitweise) nehmen zu lassen.

«Man kann die devote Seite ausleben und trotzdem selbstbewusst auftreten», sagt einer der Teilnehmer des Bondage-Kurses, doch nicht jeder hier nickt diese Aussage stumm ab. Plötzlich macht das Wort vom «Programmsklaven» die Runde, der seinem Gegenpart vor der Session minutiös diktiere, wie diese abzulaufen habe. Wer denn da wohl der Dominante und wer der Devote sei? Interessanterweise ist von «Masochisten» keine Rede mehr, und so ist mir eines klar geworden: Leute wie Peitschen-Tobias könnten hier keine großen Umsätze generieren. Es sei denn, sie würden ihr Sortiment um Bondageseile erweitern.

Bondage für Anfänger

Vermutlich waren ihre Vorschläge für ein Leben zu zweit ein bisschen zu konkret, um sich als Partner nicht eingeengt zu fühlen. Das zumindest ist das Ergebnis von Silkes Überlegungen, weshalb es trotz dreier Versuche immer kurz vor dem Traualter in die Brüche gegangen ist. Doch schon seit längerem denkt sie darüber nicht mehr groß nach. Sie hat ein paar Affären hinter sich und findet das Single-Dasein inzwischen «ganz okay». Kurz bevor sie mich anruft, hat sie erstmalig im Internet die Erotikseiten durchforstet, wobei ihr ein Angebot ganz besonders ins Auge gefallen ist …

Ich habe die Anzeige von «Bondage-Klaus» entdeckt, wie ich ihn nenne. Er schrieb, dass er Bondage für Anfängerinnen macht. Das wollte ich mal ausprobieren. Mittlerweile war ich zweimal bei ihm. Er ist ein großer, kräftiger Mann, dem ich gerade mal bis zur Brust gehe. Die Sessions finden bei ihm im Schlafzimmer statt, das für diese Zwecke ausgebaut worden ist.

Wenn ich bei Bondage-Klaus war, brauche ich immer ein paar Tage Pause. Eine Session bei ihm dauert mindestens sechs Stunden. Das ist körperlich echt anstrengend. Er macht seine Bondage-Knoten rund um meinen Körper, und an der Brust gibt es Stellen, die er ständig stimuliert. Also er reibt daran, und das tut irgendwann richtig fies weh. Aber alleine das erregt mich schon so sehr, dass ich jedes Mal kurz vorm Durchdrehen bin. Natürlich versuche ich mich mit Händen und Füßen zu wehren, aber die sind ja gefesselt. Das wiederum macht *ihn* anscheinend total geil. Nun haben wir zwar ein Safeword vereinbart, mit dem ich das sofort abbrechen könnte, aber komischerweise habe ich davon noch nie Gebrauch gemacht. Ich bin auch gar nicht sicher, ob er sich daran halten würde, denn Bondage-Klaus ist ein strenger Mann, der sich nichts sagen lässt.

Hinterher bin ich jedes Mal fix und fertig. Dabei ist es noch nicht mal zum Sex gekommen. Bis jetzt jedenfalls nicht. Ich würde gern von ihm gefickt werden, aber ich traue mich nicht, es ihm zu sagen. Seltsam, oder?! Na ja, aber diese Hilflosigkeit, wenn ich gefesselt bin, dieses absolute Ausgeliefertsein ist ja auch wahnsinnig erregend.

Bondage-Klaus treibt ein böses Spiel mit mir. Beim ersten Mal hat er mir beispielsweise noch Wasser in einem Glas zu trinken angeboten, beim nächsten Mal sollte ich es dann aber aus einem Hundenapf schlabbern. Das wollte ich nicht, also habe ich mich gewehrt. Da hat er mich auf den Strafbock gesetzt und meine Beine hochgezogen, bis es richtig wehtat. Er hat mir auch Stromschläge verpasst. Kleine kurze Stromschläge

durch Klammern, die er an Armen, an Beinen und an den Brustwarzen angesetzt hat. Er hat dieses Spiel so lange getrieben,
bis ich dann doch aus dem Hundenapf getrunken habe. Zum
einen, weil ich durstig war, und zum anderen brauchte ich wohl
auch die Erniedrigung. Bei Bondage-Klaus ist irgendwie alles
ganz anders als bei anderen. Aber gerade in dieser Abwechslung liegt ja auch ein Reiz. So habe ich derzeit mehrere Herren
nebeneinander – und wenn ich «Herren» sage, meine ich das
auch.

Topf und Deckel

Seit sieben Jahre sind sie nun schon zusammen, die Mona und der
Mark. Dabei war das so gar nicht geplant. Als sie sich kennenlernten,
waren sie beide gerade jeweils einer langjährigen Ehe entflohen und
eigentlich auf der Suche nach Spielpartnern im BDSM-Bereich.
Mona hatte kurz zuvor eine entsprechende Neigung bei sich entdeckt und wollte mal ein bisschen was ausprobieren. Mark hingegen
war schon in dem einen oder anderen Club gewesen, wo so was
praktiziert wird. Nun sah er sich auf Internet-Portalen nach einer
dominanten Frau um, und weil sie nicht allzu weit von ihm entfernt
leben sollte, legte er sein Augenmerk auf die Postleitzahlen ...

Mir ist erst im Nachhinein bewusst geworden, dass es mir
schon immer Spaß gemacht hat, andere Leute in unangenehme
Situationen zu bringen. Aber ich wusste nicht, was eigentlich
dahintersteckt. Das habe ich erst festgestellt, als ich mich mit
dem Thema BDSM auseinandergesetzt habe. Ich war in einem
Forum auf ein Profil gestoßen, in dem das erklärt wurde. Das
fand ich ganz interessant. Und diese Person hat mir dann geraten, es einfach mal auszuprobieren. Es war reine Neugierde, die

mich veranlasst hat, mich auf einen Kaffee mit ihm zu treffen. Daraus hat sich dann eine «Herausfindebeziehung» ergeben. Er suchte nicht explizit nach einer dominanten Frau, und ich wusste zu diesem Zeitpunkt auch noch gar nicht, auf welcher Seite ich eigentlich stehe. Meine Dominanz habe ich dann im direkten Spiel entdeckt, indem ich beide Seiten ausprobiert habe. Dabei wurde mir klar, dass ich die devote Seite nicht spielen und leben kann. Das funktioniert einfach nicht. Ich habe in dieser Beziehung festgestellt, dass ich die dominante Seite erregend finde. Und dann habe ich Mark kennengelernt.

Ich hatte vorher schon BDSM-Erfahrungen gesammelt, und mir war immer klar, dass ich den devoten Part übernehmen möchte. Ich hatte nie den anderen Part und wollte ihn auch nie haben. Ich habe das schon als Jugendlicher irgendwie geahnt. Aber ich habe nicht gewusst, was es bedeutet. Mit meiner damaligen Frau habe ich nicht darüber gesprochen, die war viel braver und viel normaler. So etwas hätte mit ihr nie funktioniert. Es war ja auch noch die Zeit vor dem Internet. Man kann wirklich sagen, dass bei Mona und mir das Internet eine große Rolle beim Finden der eigenen Sexualität gespielt hat.

Am Anfang habe ich meine devote Seite bei Dominas ausgelebt. Alles andere war schwierig und wäre auch mit einem gewissen Aufwand verbunden gewesen. Ich hatte ja auch noch eine Ehe und kein Bestreben, die aufs Spiel zu setzen. Ich wollte aber auch nicht von meinen speziellen Interessen lassen, da war das mit den Dominas die einfachste Lösung. Sie mussten nur darauf achten, dass ich keine sichtbaren Spuren davontrug. Aber letztlich war das unbefriedigend. Die Situation an sich war zwar ganz geil, aber wenn das Spiel zu Ende war, blieb nichts mehr davon übrig. Man war leer und ist nach Hause gefahren. Heute ist das ganz anders.

Mein erstes Treffen mit Mark fand in einem Café statt. Ich habe damals gesagt, dass ich nur ganz wenig Zeit hätte und nach einem Kaffee gehen würde. Damit wollte ich vermeiden, womöglich stundenlang einem Schwachmaten zuhören zu müssen. Aus dieser halben Stunde sind dann zweieinhalb Stunden geworden, denn es stellte sich da schon heraus, dass die Chemie passte.

Und wir haben dort schon ausgemacht, ein Spiel zu machen. Dieses Spiel sollte ungeplant und ausschließlich ein Spiel sein, ohne Partnerschaft, ohne alles. Dementsprechend locker-flockig sind wir an die Geschichte rangegangen. Das zweite Treffen fand bei ihr statt.

Bevor ich Mark kennengelernt habe, war ich auch schon in Clubs, mit meinem vorherigen Spielpartner. Das hat mich sehr viel Überwindung gekostet. Ganz lange war für mich allein die Anwesenheit in solchen Locations wichtig. Ich bin mit der Fetischkleidung hingegangen und habe nur danebengesessen, um diese Atmosphäre erst einmal kennenzulernen. Für mich war das ja alles neu. Ich war erstaunt über die Vielfalt der Leute, die Gefallen daran fanden. Angesichts dieser ganzen Informationen und Gespräche und visuellen Reize war ich eigentlich schon satt.

Es hat mich Überwindung gekostet, vor anderen diese dominante Person darzustellen. Es hat dann aber doch stattgefunden. Als die Spielsituation beendet war, habe ich auch andere Leute kennengelernt. Und dann hat es angefangen, dass ich mich mit der Zeit getraut habe, ohne jemanden an meiner Seite in der Öffentlichkeit zu spielen. Ich bin dann nämlich alleine dorthin gegangen. Da gab es ein Paar, bei dem sie devot war, und ich habe diese Frau bespielt. Ohne dass ich irgendwelche Bi-Ambitionen gehabt hätte. Ihr Partner hat sie an einem Spielgerät befestigt und ihr die Augen verbunden, sodass sie nicht wusste, wer sie bespielt. Ich habe ihr Schmerzen zugefügt, Schläge mit allen möglichen Schlagwerkzeugen, aber immer in Absprache mit ihrem Partner. Das lief zwar nonverbal ab, aber es funktionierte trotzdem. Das Finale hat aber der Partner selbst gemacht. Hat mich das erregt? Das ist schwer zu sagen. Das Ganze findet ja im Kopf statt. Klar, Erregung findet immer im Kopf statt, aber im Spiel, als dominanter Part, spielen sich die Gefühle in der Region zwischen Kopf, Herz und Bauch ab. Das hat vorrangig überhaupt nichts mit Sexualität zu tun.

Wenn ich mit Mark unterwegs bin, dann endet so ein Spiel meistens mit dem Orgasmus des Subs. Das bedeutet aber nicht, dass ich das unbedingt für diesen Abend brauche. Mich überkommt vielmehr ein Gefühl von Stolz auf das, was der Sub für mich erleidet und bereit ist, für mich zu tun. Das ist so erfüllend, dass das Sexuelle überhaupt keine Rolle spielt. Trotzdem kann man von einer erotischen Situation sprechen. Dieses Machtgefüge von oben nach unten, von Dom und Sub, kann ja durchaus einen Erregungszustand auslösen.

Für unser erstes Spiel, damals bei mir zu Hause, sind Mark und ich erst einmal in einen Baumarkt gegangen und haben ein paar Utensilien besorgt, mit denen ich Mark dann fixiert habe.

Das mit dem Fixieren ist erst beim zweiten Mal gewesen. Zu dem ersten Treffen hatte mir Mona die Aufgabe gestellt, mich zu einer bestimmten Uhrzeit bei ihr einzufinden, mich dort auszuziehen und mich von ihr entsprechend mustern zu lassen. Zu Schlägen kam es an diesem Tag nicht, es ging mehr um die Situation «Wer ist oben, und wer ist unten». Das Machtverhältnis war da schon ganz klar ausgeprägt. Und sie hat in diesem Augenblick ihren Lustgewinn daraus gezogen. Für mich spielt auch die verbale Erniedrigung eine sehr wichtige Rolle. Für Mona ist das nicht so das ganz große Ding.

Ich bin in Hamburg aufgewachsen, und ich kenne alle Schimpf-
worte. Und ich kenne auch ganz viele Leute, die ich eigentlich so
titulieren müsste – aber Mark gegenüber funktioniert das nicht.
Weil er eben mein Partner ist und ich befürchte, es könnte even-
tuell nach dem Spiel noch ein negatives Nachspiel in der Realität haben. Es hat auch mit Respekt zu tun. Es fällt mir schwer,
ihm gegenüber respektlos zu sein. Wobei mir das bei Fremden
überhaupt keine Probleme bereitet, wenn ich zu der betreffen-
den Person keine Beziehung habe.

*Für einen Sub besteht der größte Respekt im Spiel darin, wenn man
ihm die verbale Erniedrigung, die er ersehnt, auch gibt. Das ist eine
sehr große Befriedigung, es stellt eine gewisse – «Wertschätzung» ist
vielleicht der falsche Begriff –, eine gewisse Achtung dar. Und das
ist schon eine coole Sache. Zumindest für mich ist es wichtig. Ich
weiß dann ganz genau, wo ich hingehöre in dem Augenblick und wer
mich da hinbringt, wo ich hingehöre. Es sind nur wenige Worte, mit
denen man das herbeiführen kann. Das kann man mit Gesten zwar
genauso, aber ein Wort ist schnell und direkt. Das macht mich einfach
an.*

*Nachdem wir das zu Hause ein wenig ausprobiert haben, sind wir
auch in den Club gegangen, in dem Mona vorher schon ein paarmal
war. Ich war zum ersten Mal dort. Entsprechend unruhig und nervös
war ich auch. Sie ist zu diesem Zeitpunkt zwar noch nicht meine Partnerin gewesen, aber vorher war ich praktisch vogelfrei, und das war
jetzt schon ein bisschen was anderes. Ich war etwas aufgeregt, aber
es hat mir von Anfang an gut gefallen. Seitdem versäumen wir es ganz
selten, dorthin zu gehen.*

Ich liebe die Reaktionen meines Mannes. Wenn man es nie ausprobiert hat, kann man nicht nachvollziehen, welche tiefe Verbindung in so einem Spiel entsteht. Dieses Gefühl der absoluten
Hingabe, wenn mir schon ein Blick zeigt, dass er alles tun würde,

was ich in einem solchen Moment von ihm verlange. Wenn das Spiel diesen Punkt erreicht hat – das ist einfach unbeschreiblich intensiv und intim, das ist gar nicht zu beschreiben, das kann man nur erleben. Zum Beispiel stelle ich Mark gern nackt zur Schau und verleihe ihn an andere Damen.

Das alles passiert nicht nur in diesem einen Club. Wir haben unseren Radius inzwischen erweitert und besuchen auch andere Clubs und Veranstaltungen. Wir gönnen uns hin und wieder mal ein Wochenende in Düsseldorf oder Köln oder wo eben sonst eine entsprechende Veranstaltung stattfindet.

Ich demütige Mark vor anderen Personen mit Ohrfeigen, benutze ihn für Leckdienste und gestatte ihm gelegentlich, sich durch Onanieren zu befriedigen. So etwas mache ich aber nur in der BDSM-Szene. Im tagtäglichen Alltag habe ich ihn noch nie geohrfeigt.

Die Situation, in den Clubs vor ihr auf dem Boden zu knien, unter all den Leuten, ist für mich eine Erniedrigung, dich ich sehr genieße. Mona trägt dabei meistens Kleidung, die ihre Rolle ganz eindeutig unterstreicht. Entweder Pumps oder Stiefel, schwarze Kleidung sowieso. Ich habe Klamotten an, die mein Sub-Wesen deutlich machen. Ich komme auch schon mal ganz nackt in den Club rein, ziehe mich im Vorraum aus, habe dann außer Schuhen überhaupt nichts an. Ich trage den ganzen Abend oder zumindest sehr lange eine Augenbinde und sehe dann nicht, wer alles da ist. Vor allem weiß ich gar nicht, wer sich im jeweiligen Fall an mir zu schaffen macht. Ich genieße das, ich finde diese Rolle toll. Der relativ «normale» Sex, den wir nach so einem Spiel miteinander haben, ist so außergewöhnlich und einzigartig – so kann man das beim Blümchen-Sex in einer Stino-Beziehung sicherlich nicht spüren. Wir können dann ganz zärtlich und liebevoll miteinander umgehen. Das ist so erfüllend, so packend, dass daraus immer eine enorm tiefe Befriedigung resultiert. Damit ist nicht nur der Orgasmus gemeint, das ist etwas im tiefsten Inneren, eine absolute Ruhe und Genugtuung, ein unbeschreiblich gutes Gefühl.

Mark hat das sehr gut in Worte gefasst. Alles, was vorher an Emotionen aufgebaut worden ist, das ist hinterher dann geglättet und befriedigt – und man ist erfüllt von ganz tiefen Emotionen.

Wir haben auch schon einen BDSM-Urlaub gemacht – in Dänemark …

Das war wirklich interessant. Wenn man das Grundstück dort betritt, ist das so, als würde man in eine andere Welt eintauchen. Es gibt dort keine Zeitung, kein Radio, kein Internet – nichts. Es gibt nur die Leute, die alle die gleiche Leidenschaft haben. Die Anlage besteht aus einem alten Bauernhof, der von einem Verein gekauft worden ist und seit 30 Jahren in Eigenleistung restauriert wird. Die Besucher kommen hauptsächlich aus Dänemark, Deutschland, Schweden und der Schweiz. Die weiteste Anreise hatte ein Mann aus Kanada.

Es ist nicht so, dass es dort irgendwelche fremdorganisierten Veranstaltungen gäbe. Dafür sind wir selbst verantwortlich. Außer während der Essenszeiten kann jeder tun und lassen, was er will. Da muss man nichts vorspielen, da kann jeder so sein, wie er lustig ist. Die Unterkünfte – meist nur abgeteilte Kabinen, völlig spartanisch – sind vollkommen getrennt vom Spielbereich. Der ist dafür sehr großzügig gehalten. Es gibt große Räume mit entsprechendem Mobiliar und allen möglichen Aufhänge-, Fixierungs- und sonstigen Möglichkeiten. Es gibt eine Nasszelle, in der man eine Menge Spaß haben kann. Und es gibt auch einen großen Outdoor-Bereich, den man ausgiebig nutzen kann. Man kann sich dort rund um die Uhr vergnügen.

«Ich bin gern ein Sklave!»

Es ist mehr als 30 Jahre her, seit Heiko sich das eingestehen musste. Nun ist er 54 Jahre alt und sagt es noch immer. Entdeckt hat er die devote Leidenschaft an sich, als er zu Beginn der achtziger Jahre ein Pornoheftchen in die Hand bekam, in dem eine SM-Party als Fotostrecke abgebildet war. Eine Weile musste das als «Wichs-Vorlage» herhalten, dann wollte er es auch mal spüren. In den Berliner Stadtmagazinen gab es damals schon die ersten Anzeigen von professionellen Dominas. Ein solches Studio suchte Heiko eine Zeitlang regelmäßig auf. Ein paar Jahre später war er es, der eine Annonce aufgab. Mittlerweile hatte sein Kopfkino einen Film im Programm, in dem er als Nacktputzer aktiv war. Und genau als solche bot er sich an …

Das mit dem Putzen muss so Mitte der achtziger Jahre begonnen haben. Ich hatte damals annonciert und war ganz überrascht, wie viele Frauen sich daraufhin gemeldet hatten. Ich bin zu der jeweiligen Dame gefahren und habe gefragt, was sie gerne hätte, putzen oder staubsaugen oder was auch immer. Das habe ich dann gemacht, und zum Schluss haben sie mir einen runtergeholt. Das war meine Belohnung. Sexuellen Kontakt hatte ich zu keiner dieser Frauen. Die haben mich immer nur mit der Hand berührt. Nur eine hat es mir mal mit dem Mund gemacht, aber das war abgesprochen. Drei von den vier Frauen, die ich am Anfang hatte, waren wirklich bildhübsch. Ich hätte nie gedacht, dass ich mal so jemanden treffen würde. Das hat einfach Spaß gemacht. Während ich geputzt habe, war ich in einem Zustand der permanenten Erregung. Ich putzte nackt und hatte dabei ständig eine Erektion. Na ja, jedenfalls fast ständig. Es kam schon drauf an, wie lange das Ganze dauerte.

Später kamen auch Männer dazu oder Pärchen, die das haben wollten. Das war alles bunt gemischt. Wenn ich bei Männern putzte, habe ich mir natürlich auch von denen einen runterholen lassen. Ich würde mich eindeutig als bisexuell bezeichnen, denn ich finde es im gleichen Maße erregend, von Männern als Sklave gehalten zu werden wie von Frauen. Bei Männern ist das natürlich etwas anders, manche von ihnen sind extrem dominant. Die Frauen oder Pärchen gucken oftmals aus Spaß und Interesse zu. Ich hatte mal einen Mann, der wissen wollte, ob er mich richtig demütigen durfte. Darauf habe ich mich interessehalber eingelassen. Er hat mich ausgelacht, was ich nicht unbedingt erregend, aber auch nicht abturnend fand. Bei den Frauen sah die Demütigung so aus, dass ich mich hinknien und ihre Füße küssen und bearbeiten musste. Oder ich musste eine Zeitlang während des Putzens auf dem Boden herumkriechen und durfte nicht laufen. So etwas machen die Frauen gerne. Die eine oder andere haut auch schon mal richtig zu, was mir ganz gut gefällt. Die Männer sind richtig dominant, es sei denn, man trifft auf Homosexuelle. Von den meisten weiß ich gar nicht, was sie für Neigungen haben, darüber redet man nicht.

Viele wollen, dass man vor ihnen kriecht oder ihren Natursekt[20] trinkt. Ich diene ja auch als WC-Becken. Bei Männern ist das erst einmal vorgekommen, aber bei Frauen schon vier-, fünfmal. Ich muss mich dazu hinlegen, und sie urinieren auf mich drauf. Ich stehe aber ausschließlich auf Sekt, Kaviar[21] ist nicht mein Ding. Die Damen pinkeln mir in den Mund. Oder auf den Schwanz, und den Rest muss ich dann trinken. Ich onaniere dabei. Ich hatte auch schon eine, die hat mir währenddessen mit dem Fuß einen runtergeholt. Das sah zwar komisch aus, war aber echt erregend.

20 Urin

21 Kot

In den neunziger Jahren ist Heiko eine Beziehung eingegangen, und wer immer behauptet, dass 24/7 nicht funktionieren würde, dem würde er vehement widersprechen. Bei ihm klappt das angeblich schon seit zwei Jahrzehnten ...

Meine Freundin ist der dominante Part, und ich muss ihr sexuell zu Diensten sein. Wenn sie mich ruft und Lust hat, muss ich gleich loslegen. Egal, was sie will. Das ist so bei uns. Wir wohnen zusammen, dadurch bin ich sozusagen ihr Dauersklave. Wir haben ein Kind zusammen, das inzwischen 19 ist. Mitbekommen hat es davon nichts, da haben wir schon drauf geachtet.

Meine Partnerin bindet meine Hoden sehr straff ab. Dabei werden die beiden Eier getrennt, und dann gibt es mit der Klatsche oder mit der Hand was drauf. Das ergibt ein Kribbeln, ein Piken, einen Schmerz – schwer zu beschreiben, das muss man selbst mitgemacht haben. Der Schmerz wird sofort in Lust umgewandelt – schlagartig sozusagen. (Lacht.) Das kann so weit gehen, dass man abspritzt, obwohl niemand Hand angelegt hat. Eigentlich spritze ich nicht so schnell ab, aber es gibt Situationen, da geht es ziemlich schnell, wenn derjenige das interessant und anders macht. Ich hab mir nie die Frage gestellt, warum ich diese Neigung habe, weil ich das auch nie schlimm fand. Das ist halt so, das ist mein Ding.

Ich werde auch an Frauen und Männer weitergereicht. Meine Freundin und ich haben da zwei, drei Bekannte, die rufen an und fragen, ob ich mal wieder Zeit hätte. Die geben eine Party, auf der ich bedienen oder den Frauen zu Willen sein muss. Diese Freunde kenne ich schon ganz lange. Irgendwann kam dann mal das Gespräch auf das Thema «Sklave», und sie meinten, dass ich mich das niemals trauen würde. So ist das gekommen. Als sie gemerkt haben, «Oha, der macht das ja wirklich!», fanden sie das toll, und es ist dabei geblieben.

Ausgeliehen ...

Ihr erster Gedanke war, dass er verrückt geworden sein müsse. Da war sie Anfang 30 und erst seit ein paar Jahren mit ihm verheiratet. Bis dahin war alles prima, das Leben fühlte sich gut an, auch das Eheleben, was nicht bei allen ihren Freunden so war. Und dann kam ihr Mann mit dem Vorschlag an, sie an jemanden auszuleihen. Er wolle zusehen, wenn sie einem anderen Mann zu Willen sei, hatte er gesagt. Als Stefanie mir von den inneren Kämpfen erzählt, die sie damals mit sich selbst ausgefochten hat, beendet sie fast jeden Satz mit einem verlegenen Lacher. Irgendwann hatte ihr Mann sie so weit, doch sie kann heute beim besten Willen nicht mehr sagen, was diesen Sinneswandel ausgelöst hat. Überrascht musste sie feststellen, dass ihr Mann die Links zu den entsprechenden Internetseiten bereits auf seinem Rechner hatte ...

Wir lernten im Internet jemanden aus Darmstadt kennen, der war sehr aktiv und passte uns auch sonst recht gut. Wir sollten ihn in Nürnberg treffen, wohin er mit dem ICE aus Frankfurt kommen wollte. Da hatte ich die Idee, dass ich ihm nach Würzburg entgegenfahren könnte. Das haben wir dann so gemacht. Mein Mann hat mich zum Zug gebracht, blieb selbst aber in Nürnberg. Ich war entsprechend der Vorgabe gekleidet: schwarzer Mantel, kurzer Rock, halterlose Strümpfe, Stiefel, kein Slip.

Ich kam vor ihm in Würzburg an. Am Bahnhof lief ich nervös hin und her. Erst fünf Minuten vor seiner Ankunft ging ich auf den Bahnsteig, an dem er ankommen würde. Der Zug fuhr ein, und ich wusste, dass er in einem der hinteren Abteile saß. Eine Menge Leute stiegen aus. Er entdeckte mich zuerst. Lächelnd begrüßte er mich und schob mich entgegen dem Menschenstrom in den hinteren Bereich des Bahnsteiges, wo wir allein waren. Meine Nerven lagen ziemlich blank. Wie abgesprochen, begann er mich zu taxieren, ob mein Outfit wirklich der Kleiderordnung entsprach. Er war zufrieden und machte ein Foto, für das ich mich hinsetzen und sowohl den Mantel als auch meine Schenkel öffnen sollte.

Nach einiger Zeit durfte ich meinen Mantel wieder schließen, und wir gingen in Richtung Ausgang. Der Herr lief sehr zügig, ich hatte Schwierigkeiten, Schritt zu halten. Da wir noch Zeit hatten, bis unser Zug einlief, suchten wir einen Platz in der Bahnhofshalle. Zwei Barhocker, die hinter einem Verkaufsstand standen, erschienen ihm als gute Gelegenheit. Wir saßen uns gegenüber, und ohne Umschweife begann mein Herr mich zu küssen, wobei seine Hand unter meinen Mantel glitt und meine Brüste erforschte. Die andere Hand hielt bestimmend meinen Kopf. Ich fühlte mich äußerst unwohl in dieser Situation mitten in der Öffentlichkeit. Das konnte man meinem Gesicht auch ansehen. In freundlichem Ton sagte er, ich solle mich nicht so haben, wir seien nur ein Paar, das sich küsst. Dann schob er eine Hand unter meinen Rock. Erstaunt stellte er die Feuchtigkeit fest. Ich kann es nicht erklären. Auf der einen Seite Widerwillen und gleichzeitig geil. Ich verstand mich selbst nicht mehr. Der Stand, zu welchem die Hocker gehörten, wollte schließen, also standen wir auf. Innerlich machte ich drei Kreuze. Wir liefen aber nicht zum Bahnsteig, sondern statteten vorher den Schließfächern einen Kurzbesuch ab. Hier legte der Herr mir ein Halsband an und verkündete, dass ich ihm nun in allem zu dienen hätte. Er drückte mich an die Wand und drängte seinen Körper gegen meinen. Er küsste mich, betastete forsch meine Brüste und meine Möse. Er drehte mich um, und ich spürte deutlich seinen harten Schwanz, den er an mir rieb. Dann durfte ich mich wieder ordnen, und wir gingen zum Zug.

Nachdem wir eingestiegen waren, liefen wir zum hintersten Abteil, wo sich der Ruhebereich befand. Wie passend! Er bestand allerdings nur aus drei Sitzreihen, in denen schon zwei

Fahrgäste saßen, doch jeder von denen hatte einen Laptop auf dem Schoß und Stöpsel im Ohr. Mein Herr nahm mich auf den Schoß. Es gefiel ihm, mir an meine Möse zu fassen. Immer wieder. Es dauerte nicht lange, und schon hatte ich seinen Schwanz im Mund. Mein Unwohlfühlen legte sich mit der Zeit etwas, denn ich bemerkte, dass mein Herr die Umgebung ständig im Blick hatte. Ich diente, wie es sich gehörte, ließ mich betasten und küssen. Aber auch die ungewöhnlichste Zugfahrt endet einmal. Wieder ordentlich gekleidet, verließen wir den Zug und liefen zum Hotel, das gegenüber vom Nürnberger Bahnhof liegt.

Im Hotelzimmer rief ich den Namen meines Mannes, bekam aber keine Antwort. Damit hatte ich nicht gerechnet. So schnell konnte ich gar nicht denken, da hatte ich auch schon den Mantel aus. Im nächsten Moment lag ich mit dem Oberkörper auf dem Tisch und wurde von hinten gefickt. Plötzlich ging die Balkontür auf, und wer kam herein? Mein Mann! Der hatte unser erstes Treiben einfach vom Balkon aus betrachtet. Und dann hatten wir noch zwei volle Stunden Spaß, in denen ich von beiden abwechselnd genommen wurde. Dann aber kapitulierte ich, das heißt, meine Möse hielt es nicht mehr aus ...

Das Rape-Experiment

Sie würde sich selbst als «durchschnittlich» bezeichnen, sagt mir Carolin am Telefon, und ich spüre, dass sie das ernst meint. Es liegt keine Spur von Koketterie in ihrer Stimme, als sie sich als «die Frau von nebenan» beschreibt. Sie steche «nicht groß aus der Masse heraus». Unschuldig wirke sie auch, sagt sie. Das zumindest ist ungewöhnlich für eine 32-jährige selbständige Unternehmerin. Aber irgendwie scheint es zu stimmen, denn Carolin bemerkt immer wieder, dass die Männer, mit denen sie sich verabredet, zunächst unentschlossen wirken. In ihren Gesichtern ist die Frage zu lesen, ob sie dieser Person tatsächlich all das glauben dürfen, was sie da an Vorlieben angegeben hat – in der Online-Anzeige, aber viel mehr noch im E-Mail-Austausch danach. «Gekniffen» habe jedoch noch keiner, sagt Carolin und lacht ...

> Männer sind da ja etwas einfacher gestrickt. Wenn sie schon mal jemanden vor sich haben, mit dem sie Sex haben könnten, dann schicken sie diejenige nicht wieder nach Hause.

Und mit Carolin kann man nicht einfach nur «Sex haben», Mann kann da richtig auf dicke Hose machen. Das lässt sie zumindest in ihren E-Mails durchblicken. Während unseres Telefonats tastet sie sich langsam, fast ein wenig scheu, an all die sexuellen Neigungen heran, zu denen sie sich im Fragebogen schon ausgiebig bekannt hat ...

> Ich arbeite im Bereich der häuslichen Pflege, weil ich ein Helfersyndrom habe, aber sexuell bin ich das genaue Gegenteil. Beruflich arbeite ich selbständig und bin die ganze Zeit damit beschäftigt, etwas zu organisieren, muss dies und jenes machen, vor allem muss ich ständig irgendetwas kontrollieren. Im sexuellen Bereich möchte ich gerade nicht die ganze Zeit die Kontrolle haben. Beim Sex macht es mich am meisten an, wenn ich den Mann zu bedienen habe. Ich werde fixiert, und es kommen verschiedene Gegenstände und Spielzeuge zum Einsatz, und man sagt mir, was ich zu tun habe. Es geht zwar in eine geschlechterdefinierte sexuelle Handlung über, bei der man vaginalen, analen oder oralen Sex hat, aber es geht dabei keineswegs zärtlich zu. Doch ich genieße es, benutzt zu werden.

In ihrer Phantasie war Carolin immer dem voraus, was bei ihr aktuell gerade lief. Je mehr sie die devote Rolle zu genießen versteht, desto mehr kann sie sich vorstellen. Zwei mehrjährige Beziehungen sind (nicht nur) daran gescheitert, dass sie ihre Phantasien da nicht ausleben konnte, es aber auch gar nicht wollte. Ihren derzeit ausgelebten Sex kann sie sich jedenfalls nicht in einer festen Partnerschaft vorstellen. In ihrem Kopfkino hat sich da schon was entwickelt, als sie noch die Grundschule besuchte ...

> Ich fand es schon immer ganz toll, wenn man mich festgehalten hat, also bei Kinderspielen und so. Aber wo genau das herkommt, kann ich nicht sagen. Jedenfalls hatte ich plötzlich ein Verlangen nach Rape.

Mit Vergewaltigungsphantasien ist das so eine Sache. Eigentlich lassen sie sich nicht realisieren. Keine Frau, die dafür einen bestimmten Partner vor Augen hat und sich im Kopf exakt den Set und den Ablauf vorstellt, geht nachts durch den Stadtpark in der Hoffnung, dass plötzlich ein Sittenstrolch aus dem Gebüsch hüpft und alles nach seiner Pfeife läuft. Aber kann man noch von einer Vergewaltigung sprechen, wenn sie zuvor minutiös wie eine Theaterszene abgesprochen wurde? Carolin hat da vor einiger Zeit ein Experiment gemacht ...

> Es ist noch gar nicht lange her, und deswegen ist es mir auch noch sehr präsent. Es war ein Spiel, das ich zuvor noch nie gemacht habe. Wie bei den meisten meiner Sexualpartner habe ich auch diesmal einen Mann über eines der einschlägigen Internet-Portale gefunden. Ich hatte verhältnismäßig harmlose Annoncen aufgegeben und kam erst im persönlichen E-Mail-Kontakt so nach und nach auf das Thema «Rape» zu sprechen. Es stand noch nicht in der Annonce, denn ich wollte entwürdigende und verletzende Reaktionen vermeiden. Wenn

man sich aber erst mal im E-Mail-Austausch befindet, tastet man sich langsam heran, um herauszufinden, ob der andere auch solche Phantasien hat.

Ich wusste, ich würde komplett unkontrolliert sein und einfach nur in dem Rahmen agieren, in dem es eben passiert. Mir war es allerdings wichtig, vorher über die Tabus zu sprechen, also über das, was ich auf gar keinen Fall machen möchte. Das sind bei mir ganz klar Kaviar und Natursekt – das geht gar nicht! Darüber hinaus ist alles tabu, was Spuren hinterlässt. Ich möchte mich nicht erklären müssen, was da passiert ist. Anal-Fisting mag ich auch nicht, und ich möchte, dass verhütet wird. Alles andere ist erlaubt! Dann haben wir über seine Vorlieben gesprochen, um sie mit meinen abzugleichen und zu schauen, ob ich damit einverstanden bin. Es wurde auch abgesprochen, was ich anhaben soll – ein Kleid und Unterwäsche, die er zerstören darf. Schließlich hat er mir eine Adresse genannt, zu der ich dann hingefahren bin. Ich wusste auch, wo ich klingeln sollte. In der Wohnung angekommen, habe ich die Schuhe ausgezogen und die Jacke abgelegt. Im Badezimmer sollte ich dann warten, bis es losging.

Und plötzlich kam dieser wildfremde Mann von hinten, hat mir den Mund zugehalten, während ich mich gewehrt habe. Aber er war natürlich stärker. Er hat mich gepackt und ins Schlafzimmer geschleift. Dabei hat er meine Hände mit seinen auf dem Rücken fixiert, sodass ich in meinen Bewegungen sehr eingeschränkt war. Zeitweilig hat er mir die Luft abgedrückt, sodass ich nur darauf konzentriert war, wieder zu Atem zu kommen. Dann hat er meine Sachen zerrissen und versucht, sich Zugang zu meinem Intimbereich zu verschaffen. Natürlich habe ich mich gewehrt, wofür ich Schläge geerntet habe. Aber es war abgesprochen, auf welche Weise er mich schlagen durfte: Schläge ins Gesicht und auf den Hintern, allerdings nur mit der flachen Hand.

Das alles war für mich der Adrenalin-Ausschuss pur. Es erregt mich eben, wenn ein Mann sich nimmt, was er möchte, und ich keine Chance mehr habe, dagegen anzukommen. Das sind dann die Momente, die mich am meisten pushen und in denen ich auch kommen kann. Natürlich kann ich nicht einfach so kommen. Ich kann zwar sehr feucht werden, auch richtiggehend nass, aber ich kann nicht kommen, ohne dass ich berührt werde oder sonst irgendwas passiert. Bei den üblichen BDSM-Sessions kommen da verschiedene Sachen zum Einsatz, zum Beispiel Finger, Dildos und Vibratoren sowie leichtere oder härtere Schläge. Der ganze Bereich wird dann sehr heiß und durchblutet, wodurch die Lust noch mal zusätzlich gesteigert wird. Auch beim Rape macht das ausschließlich der Mann. Es reizt mich einfach wahnsinnig, weil es ja immer Männer sind, die mir ansonsten völlig unbekannt sind. Mit Männern, die ich näher kenne, mache ich so was natürlich nicht. Allerdings habe ich mich mit manchen Männern mehr als einmal getroffen, und es haben sich Freundschaften entwickelt.

Aber könnte sich aus einer solchen Freundschaft auch eine feste Partnerschaft entwickeln, wie sie natürlich auch Carolin noch manchmal im Hinterkopf hat?

Ich könnte mir keine Beziehung vorstellen, in der meine sexuellen Bedürfnisse nicht befriedigt werden. Ich kann mir aber auch keine Beziehung vorstellen, in der alle meine sexuellen Bedürfnisse – insbesondere Rape – eine Rolle spielen. Deshalb kann ich wohl überhaupt keine Beziehung führen. Natürlich leide ich unter diesem Widerspruch, denn mir fehlt schon jemand, mit dem ich reden und kuscheln kann. Aber ich halte es für unrealistisch, mit einem solchen Mann alle meine sexuellen Bedürfnisse ausleben zu können. Bei meinen Rape-Phantasien erregt mich ja gerade der Gedanke, dass es sich um einen wildfremden

Mann handelt. Es bliebe also nur eine offene Beziehung, da ich mir beim besten Willen nicht vorstellen kann, monogam und treu zu leben. Dafür stellt es für mich einfach einen viel zu großen Reiz dar, Sex mit Männern zu haben, die ich nicht kenne. Und ich habe noch längst nicht alle meine Phantasien ausgelebt. Bei vielen Sachen stehe ich sogar noch komplett am Anfang.

Die Entdeckung

Der badische Dialekt lässt ihn sympathisch erscheinen. In seinen Ansichten wirkt er pragmatisch, der 53-jährige Martin, was vielleicht mit seinem Job als Maschinenbau-Ingenieur zusammenhängt. Irgendwie ticken Maschinenbauer nun mal anders. Wer als Kind ein romantischer Träumer ist, wird so was nicht, eher der verspielte Tüftler. Maschinenbauer haben eher eine nüchterne, pragmatische Denke, was ja nicht das Schlechteste sein muss. Sie sagen solche Sätze wie Martin: «Auf dem Dorf hat man ein geruhsameres Leben als in der Stadt!»

Seit einiger Zeit hat er eine «Liebes-Sex-Wochenendbeziehung» – pragmatischer kann man es kaum ausdrücken – mit einer Frau, die um einiges jünger ist als er. Überwiegend habe man «ganz normalen, sehr zärtlichen» Sex, aber ein bisschen was habe man schon ausprobiert. So mit dem reizvollen Spiel von devotem und dominantem Verhalten, wobei Martin sich als Switcher bezeichnet. Sich da nicht festzulegen ist gleichzeitig pragmatisch wie spannend. Alles in allem aber sei das Sexleben nicht besonders spektakulär, sagt Martin. Jedenfalls nicht mit der Partnerin der «Liebes-Sex-Wochenendbeziehung». Vor drei Jahren aber stand er im Schwimmbad neben einem Mann, und das hatte Folgen, die sich der Maschinenbauer im Leben nicht hätte vorstellen können ...

Früher habe ich nie Lust verspürt, mich mit einem Mann zu treffen. Jedenfalls nicht aus sexuellen Gründen. Vor drei Jahren stand dann aber mal einer neben mir im Schwimmbad, und plötzlich hab ich mir überlegt, wie das jetzt wäre, mit ihm allein zu sein. Plötzlich dachte ich, es könnte ganz schön sein, einen Schwanz im Mund zu haben und ihm einen zu blasen. Danach habe ich Anzeigen studiert in der «Zypresse», das ist ein Heft, das zweimal wöchentlich erscheint. Darin gibt es Kleinanzeigen für alles Mögliche. Da suchte einer einen devoten Mann, der ihm einfach nur den Schwanz bläst, sonst nichts. Bei dem habe ich mich gemeldet, und so kamen wir in Kontakt. Ich hatte ihm gesagt, dass es mir einen Kick geben würde, wenn er zu mir käme, und ich hätte die Augen mit Pflaster zugeklebt. Ich wüsste nicht, wer er sei, und wenn wir fertig wären, ginge er einfach wieder.

Es lief dann folgendermaßen ab: Als er klingelte, habe ich ihm aufgedrückt. Nervös wartete ich nackt auf allen vieren mit einem Hundehalsband und zugeklebten Augen als läufige Hündin auf meinen Hundefotzentrainer. Als er zur Tür hereinkam, ging ich sofort mit meinem Mund an seinen Schritt. Da packte er mich am Halsband und drückte mein Gesicht auf den Boden. Dann griff er mich überall ab und fing an, mir Befehle beizubringen. Nach ein paar leichten Ohrfeigen musste ich seinen Schwanz lutschen, bis er mir in den Mund gespritzt hat. Dann trat er hinter mich und hat mich grob zwangsentsamt. Ich spritzte auf den Boden und musste es auflecken. Danach ist er einfach weggegangen, und bis heute weiß ich nicht, wer er war. Das Ganze hat mich wahnsinnig angemacht. Die leichten Ohrfeigen, das Warten, bis er mich erst ganz zum Schluss zwangsentsamt hat und ich meine eigene Sahne auflecken musste.

Kurz danach schrieb er mir, wenn er das nächste Mal komme, hätte ich nackt und vornüber über einen Bock gebeugt zu warten. Auch die Augen sollte ich mir wieder zukleben und mir das

Hundehalsband umlegen. Außerdem sollte ich mich vorher fesseln, sodass ich bewegungsunfähig wäre. Das macht man ja üblicherweise so, dass sich das Ganze zur Sicherheit nach einer Weile von allein öffnet. Also für den Fall, dass ihm etwas dazwischenkommen sollte. Die Wohnungstür sollte ich angelehnt lassen, damit er hereinkommen könne. Er werde allerdings nicht allein sein, weil er mich von einem Freund besteigen lassen wolle. Der würde mich mit einem Gummi vögeln und danach in den Blechnapf abspritzen. Dann müsse ich ihm, also dem, der schon mal da war, den Penis lutschen, bis er mir wieder in den Mund spritzt. Anschließend müsste ich den Blechnapf leerlecken.

Nun kam es aber etwas anders. Da er keine Zeit hatte, hat er seinen Freund allein vorbeigeschickt, damit dieser mich richtig «entjungfert». Natürlich hatte ich wieder die Augen zugeklebt. Das mit dem Entjungfern hat dann aber nicht so gut geklappt, weil er einen ziemlich großen Penis hatte und ich etwas verklemmt war. Ich hatte auch eine ungünstige Position eingenommen.

So bleibt mir nichts anderes übrig, als abzuwarten, bis man mir einen neuen Termin nennt. Vielleicht kommen sie dann ja endlich zu zweit. Ich werde sie nicht sehen, und sie werden das Geschehen bestimmen, so, wie es mit dem einen ja auch schon mal stattgefunden hat. Das wird der absolute Hammer!

Outdoor-Sex

Sex im Freien ist in Mode gekommen, Sex mit Fremden auch. Der ultimative Kick ist daher für viele die schnelle Nummer mit wildfremden Menschen in Parks, Wäldern oder an Stränden. Ein bisschen so, wie Hunde zu ihrem Spaß kommen – schnuppern, umeinandertänzeln und dann hopp, hopp ...

So etwas hat es in dieser oder jener Form auch schon vor 100 Jahren gegeben, aber damals war es das gewagte Spiel einer Elite – und es gab Opfer. So manche Proletariertochter kam mit adligem Sperma im Unterleib vom Spaziergang aus dem Tiergarten zurück. Von einer libertären Bewegung konnte man jedenfalls nicht sprechen. Nicht mal in den glorifizierten Roaring Twenties gab es den hemmungslosen anonymen Sex im Freien, wie es ihn heute gibt. Jedenfalls nicht als Volksbewegung – wenn ich mal etwas übertreiben darf. Einzig die homosexuelle Szene hat sich schon vor Jahrzehnten institutionalisierte Treffpunkte geschaffen – zu einer Zeit also, als schwule Erotik noch bestraft wurde. Je nach Wetterlage traf man sich in öffentlichen Bedürfnisanstalten, den sogenannten «Klappen», oder an bekannten Ecken in den Stadtparks – bevorzugt dort, wo Trauerweiden standen, deren bis zum Boden reichende Äste einen idealen Sichtschutz boten. Und das läuft trotz Gay Romeo.com, Darkrooms und schwul-lesbischen Straßenfesten noch immer so. Diesbezüglich ist die deutsche Hauptstadt übrigens bis heute geteilt: Im Berliner Westen kann der interessierte

Homosexuelle im Tiergarten in der Nähe der Löwenbrücke entsprechende Kontakte finden und «es» an Ort und Stelle hinter sich bringen. Im Osten sollte er im Volkspark Friedrichshain dem Denkmal des Spanienkämpfers einen Besuch abstatten. Das tun nämlich auch andere Herren und sicher nur in Ausnahmefällen mit der Absicht, der heroischen Skulptur von Fritz Cremer ihre Referenz zu erweisen. In Hamburg laufen solche Nummern im mittlerweile verwahrlosten Blindengarten, im Stadtpark an der Hindenburgstraße, in Duisburg in den begehbaren Ecken der alten Hochöfen im Landschaftspark Nord, in Bochum-Hamme im West-Park, und Tübingens schwule Outdoor-Fans fahren bei schönem Wetter zum Baggersee nach Kirchentellinsfurt …

Längst aber sind Sex-Treffen in freier Natur kein Privileg der Schwulen mehr. Inzwischen werden auch für die heterosexuelle Mehrheitsgesellschaft anonyme Open-Air-Partys veranstaltet. Vom kleinen Oralsex-Kränzchen bis zu Rudelbums-Lustbarkeiten benötigt organisierter Outdoor-Sex allerdings eine Logistik, wie sie erst seit Beginn des Internetzeitalters zur Verfügung steht. Zum Beispiel hält die Webadresse bumszeit.de (und für Schwule gayszene.net) in Sachen «Parkplatzsex» alle auf dem Laufenden, die es wissen wollen. Hier findet man für jede Bundesautobahn entsprechende Informationen, die fast so zuverlässig sind wie die Staumeldungen des ADAC. Und wie bei diesen erfährt man von Orten, deren Namen man noch nie gehört hat: Die Sexymaniacs treffen sich auf der A31 zwischen Lembeck und Reken, auf dem Rastplatz Waldmohr an der A6 oder zwischen Gruibingen und Kirchheim-Teck auf dem Parkplatz Urweltfunde an der A8.

Dummerweise werden die Internet-Portale nicht nur von willigen Damen und triebgesteuerten Herren angeklickt, sondern auch von den Ordnungshütern. Und die sorgen dann hier und da schon mal überraschend für 'nen Coitus interruptus. Die Feststellung der Personalien finden dann höchstens noch Uniformfetischisten geil. Der Rest der Partygesellschaft steht ratlos halb nackt herum und muss sich belehren lassen. Solange die sexuellen Handlungen im Innenraum eines Automobils stattfinden, hat das in der Regel keine strafrechtlichen Konsequenzen. Zumindest nicht, solange der Wagen genügend Abstand zu Familienkutschen hält, aus denen minderjährige Kinder steigen, um irgendwo Pipi zu machen. Auf Autobahnparkplätzen findet Sex aber eher selten im geschlossenen Wagen statt, denn der Reiz liegt ja gerade in der Open-Air-Variante. Und das erfüllt den Straftatbestand «Erregung öffentlichen Ärgernisses» nach § 183a StGB. Um es mal positiv zu sehen: Es kommt beim Open-Air-Sex jedes Mal der reizvolle Kick des Illegalen hinzu, und wenn einem das Glück hold ist, dreht man dem Gesetzgeber eine Nase.

Spontan-Sex oder Dating?

Wenn es so einfach wäre, dass man nur einen der bekannten Parkplätze anfährt, sich aus den anwesenden Damen, Herren oder Paaren jemand Ansprechendes aussucht, um dann im Gebüsch oder auf der Kühlerhaube eine Nummer zu schieben, so wäre das ein Ideal für jeden Outdoor-Sex-Fan. Man hielte sich nicht lange mit quatschen auf, schließlich sucht hier niemand den Partner fürs Leben. Schneller, unkomplizierter Sex soll es sein und vor allem anonym. Nur: Dieses Ideal findet man fast nie vor oder – wenn man Parkplatzsex-Nostalgikern glauben darf – nicht mehr. Sicher, die Sache mit dem § 183a spielt da eine gewisse Rolle. Es mag aber auch noch andere Gründe geben, weshalb es nicht garantiert ist, dass man überhaupt jemanden antrifft.

Auf einem der annoncierten Parkplätze in Ostwestfalen war ich allerdings keineswegs allein. In den zwei Stunden, die ich darauf wartete, dass etwas Berichtenswertes passiert, hielten sich außer mir ständig so zwischen 12 und 17 Männer dort auf. Es war ein einziges

Kommen und Gehen, aber sexwillige Frauen befanden sich nicht darunter. Auch wenn sich auf diesem Parkplatz ausschließlich Männer aufhielten, waren die meisten von ihnen offenbar nicht schwul. Gerade mal drei Herren verdrückten sich in ein angrenzendes Wäldchen und kamen nach knapp acht Minuten wieder zurück. War das nun die superschnelle Nummer oder haben frustrierte Heteros angesichts des Frauenmangels miteinander was probiert und sind nicht klargekommen?

Eine andere Situation fand ich im Brandenburgischen vor, auf einem Parkplatz, der laut Internet «rund um die Uhr von sexwilligen Singles und Paaren» bevölkert sein sollte. In einiger Entfernung zu mir parkte ein roter 2er-BMW, ohne dass ich hätte erkennen können, ob jemand im Wagen saß. Wo aber sollten die Insassen sonst sein? Es gab hier weder eine Toilette, noch war das Gelände von dichtem Baum- oder Strauchbewuchs umgeben. Wer hier Sex hat, präsentiert sich ganz offen dem vorbeirauschenden Kraftverkehr. Es ist nachvollziehbar, dass erotisierte Freiluftfans so was erregend finden, aber auch, dass Autobahnpolizisten das anders sehen.

Nach einer Weile stieg eine weibliche Person auf der Beifahrerseite aus. Im hellen Trenchcoat lehnte sie sich an das Heck, zündete sich eine Zigarette an und blickte in meine Richtung. Während sie den Rauch in die Luft blies, öffnete sich wie von Zauberhand der englische Übergangsmantel und gab den Blick auf einen spärlich bekleideten Körper frei. Die recht dralle Figur war in ein dunkelblaues Mieder gezwängt, die stämmigen Beine steckten in schwarzen halterlosen Nylons und ziemlich gewaltige Brüste quollen aus ebenjenen Schalen hervor, die sie eigentlich hätten zähmen sollen. Würde es mir gelingen, diese Frau dort zu einem Interview zu bewegen, ohne dass sie mir an die Wäsche ging?

Die Entscheidung wurde mir abgenommen. Auf der Fahrerseite stieg nun ein Cowboy in Jeans, Stiefeln und Lederjacke aus und kam gemächlichen Schrittes auf mich zu. Ich öffnete das Fenster, und der Mann lieferte mir den Beweis, dass er in der Lage war, eine Frage in ihrer denkbar knappsten Form zu stellen.

«Interessiert?», knurrte er.

Auch ich versuchte mich knapp zu halten, umriss stichpunktartig mein Anliegen und sagte, dass ich ihn und diese Frau dort gern dazu befragen würde …

Ohne das Ende meines Satzes abzuwarten, machte der Cowboy wortlos auf dem Absatz kehrt. Auf halbem Wege zu seinem Fahrzeug forderte er die Frau im Trenchcoat mit großer Geste auf einzusteigen. Sekunden später verließ ein roter BMW den Parkplatz im Brandenburgischen und ließ mich einsam zurück. Ich beschloss, für meine Recherchen einen anderen Weg zu gehen.

Ich werde Mitglied der JOYclub-Gruppe «Parkplatztreffs». Sie wurde am 27.12.2007 gegründet. Da hatte wohl seinerzeit einer «zwischen den Jahren» Langeweile. Einer, dem trotz winterlicher Temperaturen die Lust auf Open-Air-Sex noch nicht vergangen war.

Inzwischen hat die Gruppe 5429 Mitglieder. Auf der Startseite werden drei verschiedene Erwartungen unterschieden, weshalb Leute solche Parkplätze ansteuern: 1. schneller Sex und der Reiz der Anonymität, 2. ein Paradies für Exhibitionisten, 3. ein Magnet für Voyeure. Aus Profilnamen wie «Geile_Zeiten» oder «Spermalovers» kann man noch nicht zwingend ablesen, wer dahintersteckt. Eher schon aus den Angaben, in welchen sich die User als «ziemlich offene Maus» bezeichnen oder als «humorvolles Pärchen mit vielen Facetten», als «recht erfahren und aufgeschlossen» oder «experimentierfähig und unanständig». In der Hoffnung, als Beobachter auf eine Parkplatz-Party eingeladen zu werden, wende ich mich an einige Gruppenmitglieder im Berliner Umfeld. Von Simon und Anita werde ich schließlich erhört. Die beiden sind seit 17 Jahren verheiratet, und als «Tatort» wird mir der Parkplatz eines Supermarktes zwischen Berlin-Pankow und der brandenburgischen Provinz genannt. Hier gehe es an warmen Tagen ab 22 Uhr zur Sache, lässt man mich wissen. Dann sei der Supermarkt schon zwei Stunden geschlossen und selbst das Verkaufspersonal längst zu Hause. Wer also sollte über das, was hier abläuft, öffentlich erregt sein. So sähen es offenbar auch die Ordnungsbehörden, meint Anita. Bisher seien sie jedenfalls noch nie dort aufgetaucht. «Zumindest nicht in Uniform oder mit gezücktem Dienstausweis!», sagt Simon und lacht.

Der Trenchcoat scheint die obligatorische Uniform der Parkplatz-Frauen zu sein. Auch Anita erscheint in einem solchen Teil, als wir uns vor einem Lokal auf dem Berliner Kollwitzplatz treffen. Allerdings tritt Simon nicht als Cowboy auf, sondern als netter Nachbar von nebenan: in Bundfaltenhose, Hemd und Weste.

Ich habe zwei Bedingungen zu akzeptieren. Zum einen solle ich mich diskret im Hintergrund halten und keinen der sexwilligen Parkplatzbesucher ansprechen und zum anderen: «Keine Fotos!» An einem lauen Sommerabend gegen 21.30 Uhr fahren wir in Kolonne vom Prenzlauer Berg aus in Richtung Norden. Selbst zu dieser Uhrzeit stellt das im großstädtischen Verkehr kein leichtes Unterfangen dar. Eine Dreiviertelstunde später rollen unsere Wagen dann auf dem Kiesweg hinter dem riesigen Supermarkt aus. Auf einer angrenzenden Wiese scheint schon jemand sexuell aktiv zu sein. Zumindest deutet das die Körperhaltung der Herren an, die dort mit einer Hand im Genitalbereich einen Halbkreis bilden. Als sie auf unsere Wagen aufmerksam werden und Anita aussteigt, setzt drüben eine Absatzbewegung ein. Und dann geht alles ganz schnell. Etwa 20 Meter vor mir läuft, wie in einem pornographischen Stummfilm, eine unglaubliche Szene ab. Anita hat den Trenchcoat abgeworfen und präsentiert sich sechs Herren in Strapsen und ohne BH. Also nahezu nackt. Mit entschiedenen Gesten weist sie die Herren an, sich in einer Reihe anzustellen. Simon öffnet die Kofferraumklappe des Kombis und zieht aus dem Innenraum ein großes Kissen nach vorn, auf dem seine Frau Platz nimmt. Er zündet sich eine Zigarette an und beobachtet aus einigen Metern Entfernung, wie Anita die beiden ersten Herren zu sich ruft. Gierig fangen sie an, Anitas Brüste zu betatschen, während sie mit der Behutsamkeit einer Kinderkrankenschwester abwechselnd deren erigierte Penisse mit dem Mund verwöhnt. Wann immer jemand sein Ejakulat loswird, tritt Simon in Aktion, greift zu einer Küchenrolle und säubert die besudelte Gattin. Dann erst dürfen die nächsten beiden Herren herantreten.

Nach einer Weile nähert sich von der Wiese eine nicht mehr ganz junge, dralle Blondine mit ihren Epigonen. Sie ist offenbar mit Simon und Anita bekannt, denn sie begrüßt beide mit Bussis, wenngleich das Bussi für Anita ein respektabler Zungenkuss ist. Irgendwie beginnt mich die Szenerie zu langweilen. Schließlich passiert hier auch nichts anderes als im Hamburger Equinoxe oder bei anderen Wifesharing-Partys. Zum Finale wird Simon seine Gattin im Doggystyle besteigen, so wurde es mir angekündigt. Aber muss ich unbedingt dabei sein? Als zwei weitere Automobile auf dem Parkplatz auftauchen, aus denen eine multikulturelle maskuline Gemeinschaft aussteigt und mein Wagen umgehend ihre Aufmerksamkeit erregt, starte ich den Motor und fahre davon. Im Wegfahren höre ich noch, wie einer «Spanner!» ruft. Wie recht er doch hat – mit dieser Selbsteinschätzung!

Der zweite Mann

Es macht Erich so richtig Spaß, den «Mix aus Scham und Lust bei einer Frau mitzuerleben». Dann nämlich, wenn es ihm gelingt, sie zu Dingen anzustiften, «die sie erregen, zugleich aber auch beschämen». Idealerweise passiert das in der Öffentlichkeit eher als im privaten Umfeld. Etwa wenn sie sehr gewagt gekleidet vors Haus geht, also in einem Stil, der vornehm mit «frivolem Ausgehen» umschrieben wird. «Ihre wachsende Geilheit dabei zu erleben ist der größte Kick für mich», sagt Erich. Und noch etwas erregt den 41-Jährigen, der in der «Unterhaltungsbranche» tätig ist. Nämlich Dirty Talk, also eine Frau dazu zu bringen, dass sie Dinge sagt, die ihr üblicherweise nicht über die Lippen kämen. So weit, so gut, aber was hat er sonst noch zu berichten? Wir sitzen uns in einem Lokal in der Düsseldorfer Altstadt gegenüber. Ich sehe ihn erwartungsvoll an, und Erich beginnt zu erzählen …

Fast ein Jahr lang traf ich mich immer wieder mal mit einem Ehepaar, das über ein Online-Swinger-Portal einen zweiten Mann als «Mitspieler» für diverse Inszenierungen gesucht hatte. Für die beiden standen Spiele mit «Sehen und Zeigen» in der Öffentlichkeit und auch das Verbale im Mittelpunkt. Nach den ersten Treffen, die eher ein Herantasten waren, haben wir öfter gemeinsame Abende erlebt, die meist in diesem Restaurant hier begannen. Sie war nach meinen Wünschen gekleidet – im kurzen Kleid, ohne Höschen, mit halterlosen Strümpfen, glatt rasiert, auf hohen Schuhen. Bei späteren Treffen musste sie auch mal Liebeskugeln in sich tragen. Schon während des Dinners kam es dann unter dem Tisch zu ersten Berührungen zwischen uns. Kleine verbale Reize kamen hinzu. So mochte sie es, wenn ich sie mit Sätzen angeheizt habe wie: «Du bist ja schon wieder nackt unterm Rock, du kleine läufige Ehestute!» Oder wenn sie Aufgaben ausführen musste. So wies ich sie zum Beispiel an, zur Toilette zu gehen und sich Liebeskugeln einzusetzen. Ein anderes Mal hatte sie die bei unserem Treffen schon drin, also sagte ich ihr, sie solle die Liebeskugeln herausnehmen und ihrem Mann am Tisch übergeben. Dann verlangte ich, dass sie einen oder zwei weitere Knöpfe an ihrer Bluse öffnete, um die Blicke der Kellner auf sich zu ziehen, oder auf der Toilette den BH abzulegen und nackt unter der Bluse zum Tisch zurückzukehren.

Im Laufe des Abends haben wir dann meist noch in eine Bar gewechselt, wo sie von uns befingert und verbal angeheizt wurde. Wir haben sie auch dazu gebracht, unsere Schwänze durch den Hosenstoff hindurch hart zu machen. Dabei hat es uns allen gut gefallen, interessierte Blicke auf uns zu ziehen. Wir haben auch regelmäßig «frivole Bars» aufgesucht, also Lokale, wo «Sehen und Zeigen» geradezu erwünscht ist und sich entsprechende Paare treffen. In solchen Läden haben wir sie dann auch schon mal vor aller Augen zum Orgasmus gefingert – und ich habe auch mehrmals intensive Blowjobs genossen, mit ihrem Mann als «abschirmendem Zuschauer». Als sie mit zunehmendem Vertrauen mehr und mehr zu ihrer exhibitionistischen Ader stehen konnte, haben solche Abende auch immer mal wieder in Erotikkinos geendet. Nachdem sie das erste Schamgefühl – das für sie aber gerade Teil des Kicks war – überwunden hatte, hat sie es richtig genossen, dass um sie herum mehrere Schwänze gewichst wurden. Gleichzeitig wurde sie dabei von ihrem Mann oder von mir gefingert oder auch gefickt.

Anfangs konnte sie sich in solchen Situationen noch nicht so ganz fallenlassen. Dann wurde sie erst hinterher befriedigt, wenn wir wieder unter uns waren. Nach und nach wurde das zusehends anders. Wenn Rahmenbedingungen und Ambiente passten, konnte sie dann auch vor aller Augen zu mehreren intensiven Höhepunkten kommen. Das hat sowohl mich als auch ihren Mann total erregt. Es war enorm genussvoll, sie hochzubringen, geil zu halten, kommen zu lassen.

Bis heute habe ich ein ganz konkretes Bild vor Augen: Sie kniet auf einem Kinositz und hat meinen Schwanz im Mund. Von hinten wird sie von ihrem Mann rhythmisch gefickt. Um uns herum stehen mehrere wichsende Männer und ein Paar, bei dem der Mann die Frau von hinten fingert, während sie uns zusehen. Und dann presst sie, halb geknebelt von meinem Steifen, den Satz hervor, den ich ihr vorgegeben habe: «Ich will, dass jeder Schwanz hier im Raum meinetwegen abspritzt.»

Caterina bezeichnet sich selbst als «komplizierte Person», und ich sehe keinen Anlass, ihr zu widersprechen. Sie sei nicht beziehungsfähig, sagt sie. Wenn ein Mann ihr nach einem One-Night-Stand «am Tag danach» Blumen schicke oder sie einfach nur wiedersehen wolle, kriege sie schon die Krise. Auch zwischen uns kommt es zunächst zu einem Clash, obgleich ich nicht das Vergnügen habe, Caterinas Liebhaber zu sein. Die attraktive Mittvierzigerin, Diplom-Kauffrau und Steuerberaterin im Rheinischen, wendet sich während meiner Recherchen für das Buch «Sex im Kopf» an mich. Zunächst per Fragebogen, dann telefonieren wir miteinander, und sie erzählt mir eine wahrhaft abenteuerliche Geschichte …

Vor etwa zwei Jahren war ich sonnabends auf einem Familienfest. Wir feierten den 80. Geburtstag meiner Tante, mit Kaffee und Kuchen und später einem üppigen Abendessen, das Übliche halt. Ich sprach mit diesem und jener, alles Verwandtschaft, die man sonst nie sieht – kurzum, es wurde ziemlich spät. Um Mitternacht herum machte ich mich auf den Weg nach Hause, ich hatte etwa 150 Kilometer vor mir. Nach einer Stunde fuhr ich zu einem Autohof, um zu tanken. Ich ging zur Toilette und trank danach noch einen Kaffee. Mir fiel auf, dass sich recht viele LKW-Fahrer in dem Gastraum aufhielten. Man erkennt sie ja sofort an ihrem Outfit. Manche spielten Karten, und alle tranken Bier. Na klar, ging es mir durch den Kopf, die hängen wegen des Sonntagsfahrverbots jetzt 24 Stunden hier fest. Einer fiel mir besonders auf, weil er mich an einen ehemaligen Mitschüler erinnerte.

In meiner Klasse waren fast nur Kinder aus der gehobenen Mittelschicht. Mein Vater zum Beispiel war ein erfolgreicher Wirtschaftsanwalt und Notar. Andere waren die Söhne und Töchter von Gerichtspräsidenten, Bankdirektoren, Ärzten,

Backunternehmern mit vielen Filialen und so weiter ... Tja, und dann gab's da noch Dragan, den Sohn eines Taxifahrers mit osteuropäischem Migrationshintergrund. So nannte man das damals noch nicht, seinerzeit hieß das Ostblockflüchtling. Dragan war ziemlich isoliert in unserer Klasse, und in seiner Freizeit hing er nur mit seinesgleichen ab. Ein Junge aus der Parallelklasse stand ihm zeitweilig etwas näher und wollte Dragan den Eintritt in den Tennisclub ermöglichen, doch der Vorstand lehnte seine Mitgliedschaft ab. Mit den Söhnen von Taxifahrern gab man sich nicht ab. So war das vor mehr als einem Vierteljahrhundert noch.

Dragan sah nicht schlecht aus, hatte halblange dunkelblonde Haare, sentimentale braune Augen und eine wahnsinnig gute, durchtrainierte Figur. Der Sportunterricht war die einzige Stunde in der Woche, in der wirklich alle Mädchen Dragan wahrnahmen. Aber wenn er etwas sagte, sprach er anders als wir, fand andere Sachen witzig. Dragan passte nicht zu uns, er wuchs in einer anderen Liga auf.

Im letzten Jahr vor dem Abitur hatte ich von meinem Cousin für kleines Geld einen VW-Golf bekommen. Eines Tages stellte die Werkstatt fest, dass die Bremsbeläge erneuert werden mussten. Natürlich hätte mir mein Vater die Kosten vorgeschossen oder auch bezahlt, aber ich war jetzt in einem Alter, in dem man auf möglichst weitgehende Unabhängigkeit Wert legte. Also hörte ich mich in der Klasse um, ob jemand einen billigen Schrauber kannte. Da bot Dragan sich an. Ich zögerte zunächst, doch er versicherte mir, dass er das nicht zum ersten Mal machen würde. Und ich glaubte ihm. Also kaufte ich im Fachhandel Bremsbeläge und fuhr in die spießige Reihenhaussiedlung, wo Dragan mit seiner Familie wohnte. Ich sah ihm dabei zu, wie er die Bremsbeläge wechselte, und musterte heimlich seinen Body. Dragan trug ein Muscle-Shirt, eigentlich ein scheußliches Kleidungsstück, aber an ihm sah es richtig gut aus. Vor allem, weil es eng anlag und seinen muskulösen Oberkörper betonte. Seine kräftigen Oberarme waren von einem leichten Schweißfilm benetzt, genauso wie sein Nacken, der nur deshalb zu sehen war, weil Dragan sich die Haare zu einem Pferdeschwanz zusammengebunden hatte. Je länger ich ihn ansah, umso mehr erregte mich sein Anblick. Wenige Wochen zuvor hatte ich mich von einem Typen in einer Diskothek abschleppen lassen. Mit ihm hatte ich meinen ersten Sex, und der war gewöhnungsbedürftig. Der Junge hatte ebenso wenig Erfahrung gehabt wie ich. Bei Dragan wäre das bestimmt anders, da war ich mir sicher. Und es war anders – ganz anders.

Ich hatte mir in der kurzen Zeit fest in den Kopf gesetzt, mit ihm zu schlafen. Nach der Reparatur bat ich ihn, mir sein Zimmer zu zeigen. Dort fiel ich ihm um den Hals und steckte ihm meine Zunge in den Mund. Im nächsten Moment zog ich mein T-Shirt aus und präsentierte ihm meine Brüste. Den Rest erledigte Dragan, und das machte er so perfekt, wie ich es vermutet hatte. Er leckte mich zum Beispiel zum Orgasmus, bevor er mich nahm. Und wie er mich nahm! Wow! Dumm nur, dass er sich dabei in mich verliebte. Ich musste ihm fortan aus dem Weg gehen, um nicht zum Gespött der ganzen Schule zu werden.

Na ja, jedenfalls erinnerte mich dieser Truckfahrer auf dem Autohof an Dragan. Er sah mich herausfordernd an, so wie Dragan es nach unserem Vorfall auch oft getan hatte. Dragans Blick hatte ich ignoriert, dem des Truckfahrers hielt ich stand. Eine ganze Weile jedenfalls, dann wurde es mir irgendwie zu dumm. Ich schaute in der Gegend herum, folgte mit den Augen den Lichtern der Autoscheinwerfer auf der nahegelegenen Schnellstraße. Plötzlich war der Truckfahrer weg. Ich sah mich um, konnte ihn aber nirgendwo entdecken. Kurz danach verließ ich den Autohof und lief zu meinem Auto. Als ich dabei an den parkenden LKWs vorbeikam, bemerkte ich aus dem Augenwinkel, wie er zwischen zwei Trucks aus dem Halbdunkel kam.

In einem fremden Akzent rief er mir zu: «Na, Lady, wollen wir ficken?»

War der Mann geisteskrank? Natürlich ignorierte ich diese übergriffige Respektlosigkeit, stieg in mein Auto und fuhr weg. Aber irgendwie ging er mir nicht aus dem Sinn. Was, wenn ich auf sein «Angebot» eingegangen wäre ...? Doch schon im nächsten Moment verwarf ich diesen absurden Gedanken wieder. Ein paar Tage später erzählte ich einem Klienten davon. Der fing an zu lachen und meinte: «Bisher dachte ich, so was gibt's nur im Porno.»

Porno? Ich wollte nicht nachfragen, weil das womöglich zu der Vermutung Anlass gegeben hätte, ich sei daran näher interessiert. Außerdem wollte ich meinen Klienten nicht kompromittieren. Am Abend gab ich bei Google die Suchbegriffe «LKW + Sex» ein und fand tatsächlich unzählige Seiten. Für die meisten musste man sich registrieren, was ich in zwei Fällen auch tat. Dann konnte ich sehen, was mir vielleicht geblüht hätte, wäre ich nur ein wenig williger gewesen. Der Truckfahrer hätte mich in die Knie gezwungen und mir seinen erigierten Prügel in den Mund geschoben. Er hätte mich zwischen den LKWs im Stehen von hinten genommen ... Tja, mit dem Porno kam die Geilheit und mit der Geilheit der Entschluss. An einem der nächsten Wochenenden setzte ich mich in den Wagen, kaufte in einer Apotheke Präservative und fuhr in Richtung Autohof ...

Das wäre schon ein sehr großer Zufall gewesen, wenn jener Truckfahrer auch wieder da gewesen wäre. Doch dieser Zufall trat nicht ein. Da sie aber schon mal da war, nahm Caterina mit der zweiten Wahl Blickkontakt auf. Auch dieser Mann verließ das Lokal, und als sie ihn draußen traf, folgte sie ihm zu einem riesigen LKW mit einer ziemlich kleinen Koje. Es war schwierig für den Mann, den Gummi überzustreifen, und der Sex ging nur in der Löffelchenstellung von hinten. Nach wenigen Minuten war die Nummer für ihn vorbei.

Enttäuscht, vor allem beschämt, stieg Caterina vom LKW und ging zurück zur Raststätte. Ein Glas Wein würde ihre Fahrtüchtigkeit schon nicht einschränken, sagte sie sich. Eigentlich sei sie in der Stimmung gewesen, sich zu betrinken. Als sie dann aber einsam vor ihrem Glas saß, kam plötzlich ein nicht mehr ganz junger Mann an ihren Tisch und suchte das Gespräch. Der Alkohol löste ihre Zunge. Plötzlich habe sie den Mann gefragt, ob er auch in so einer engen Koje schlafe. Als er erklärte, er leiste sich am Wochenende immer ein Zimmer im Motel des Autohofes, fragte Caterina ihn: «Wollen wir beide da jetzt hingehen?» Mit einem gutmütigen Blick fragte der Mann nach: «Wollen sie das wirklich?» Sie habe ihm geantwortet: «Unbedingt!», und so kam sie zu einer zweiten Nummer an diesem Abend – mit einem wildfremden Mann an einem Rastplatz unweit der Autobahn.

Es war eine groteske Situation. Dieser Typ wäre mir im Straßenbild überhaupt nicht aufgefallen. Ein vollkommen durchschnittlicher Mensch. Dass die Wahl auf ihn fiel, war meiner Geilheit geschuldet und dem Umstand, dass er nicht dickbäuchig war wie fast alle anderen, die an diesem Abend noch da waren. Der Dragan-Typ zum Beispiel wäre optisch keineswegs durchschnittlich gewesen. Ganz und gar nicht. Dieser war es aber eben schon. Er konnte sein Glück kaum fassen und gab sich redlich Mühe mit mir. Er legte sich zwischen meine Schenkel und fing hektisch an zu lecken. Ich schloss die Augen und vergaß diesen Mann sofort. Na ja, ich dachte halt an den anderen und bin gekommen. Und danach habe ich es so arrangiert, dass er mich von hinten … *(Sie bekommt einen Lachanfall – schließlich ernst.)* Hinterher kam ich mir schmutzig vor. Auf der Heimfahrt ging es mir gar nicht gut.

Damals sagte ich zu Caterina, dass ich ihre Geschichte leider nicht verwenden könne, da es in meinem Buch ja um den «Sex im Kopf» gehe, also um die nicht ausgelebten erotischen Phantasien. Aber exzentrisch, wie sie nun mal ist, machte mir Caterina am Telefon eine Szene. Warum ich das nicht zu Beginn unseres Gesprächs gesagt hätte. Dann hätte sie sich das alles sparen können. Schließlich legte sie grußlos auf.

Mehr als ein Jahr später melde ich mich per E-Mail wieder bei ihr. Nun sei ich an ausgelebten Sex-Geschichten interessiert, lasse ich sie wissen und frage, ob sich die Autohof-Leidenschaft fortgesetzt habe. Es dauert einige Tage, dann bekomme ich überraschend zu später Stunde einen Anruf von einer hörbar angetrunkenen Caterina. Es ist eine Nacht von Sonnabend zu Sonntag. Ich merke sofort, dass es ihr nicht gutgeht. Den seelischen Zustand, in dem sie sich befindet, bezeichnet sie selbst schonungslos als «Scheiße!». An diesem Abend habe sie sich von «drei geilen Truckern nacheinander besteigen» lassen. Wie in einem Wahn sei sie gewesen, diesen «primitiven Machos» zu Willen sein zu dürfen. Diese «animalische Geilheit», der Schweiß, die «harten, unerbittlichen Griffe», die sie zum «willenlosen Opfer» machten, hätten sie erst total angemacht. Nun aber bereite ihr all das Probleme. Das sei jedes Mal dasselbe …

Immer wieder stockt Caterina beim Reden, beantwortet meine Fragen nur vage oder gar nicht. Sie setzt das Gespräch dann an einer vollkommen anderen Stelle fort, was zur Verwirrung beiträgt. Nicht nur zu meiner, sondern anscheinend auch zu ihrer eigenen. Dann höre ich ein kurzes «Ciao» und ein Knacken in der Leitung. Zu diesem Zeitpunkt gehe ich davon aus, dass dies das endgültige Ende unseres Dialogs sei. Umso mehr bin ich überrascht, als sie mir sechs Wochen später eine E-Mail schickt. Es sei bei ihr wieder so weit, schreibt sie. Ich biete ihr an, sie zu begleiten. Natürlich nicht in Bett oder Koje, aber zu diesem Autohof. Ich könne ja im Auto auf sie warten. «Mal sehen!», schreibt sie zurück. Am nächsten Tag unterbreitet sie mir schließlich den Vorschlag, via Skype mit ihr verbunden zu sein, wenn sie dorthin fahre. Ob sie hinterher bereit sei, mit mir über Skype zu sprechen, hänge von ihrer Stimmung ab.

Es ist 22 : 32 Uhr, als ich an jenem Samstagabend das bekannte Skype-Signal auf meinem PC höre. Ein, zwei Klicks, und wir sehen einander auf dem jeweiligen Bildschirm. Caterina sitzt im Auto und hat das Handy offenbar am Armaturenbrett befestigt. Sie wird von leicht schräg unten aufgenommen. Sie hat sich aufwendig geschminkt, ganz im Gegensatz zu ihrem «privaten Stil», wie sie betont, als ich ihr ein Kompliment mache. Für einen kleinen Moment huscht ein charmantes Lachen über ihr Gesicht, doch schon im nächsten Moment wirkt sie wieder sehr angespannt. Ich frage, ob sie nervös sei …

«Nervös» ist das falsche Wort. Was soll mich nervös machen? Ich kann ja jederzeit wieder nach Hause fahren. Es ist … Na ja, ich bin erregt. Ja, warum soll ich nicht zugeben, dass ich geil bin. Wahnsinnig geil sogar! Das ist doch der Grund, weshalb wir skypen, oder? Ich habe keine Ahnung, wer heute da sein wird. Vielleicht ein alter Bekannter? Das ist bisher aber noch nie passiert, da waren jedes Mal andere.

Ob es sich denn in der Vergangenheit so gestaltet habe, wie sie es in den Pornos gesehen habe, will ich wissen. Caterina lacht …

Na ja, wir sind natürlich keine Pornodarsteller. Es gibt auch keinen Regisseur, der uns bildwirksam in Szene setzt. Außerdem gibt's in den Pornos fast nie Präservative, bei mir aber immer. Ich bin ja nicht lebensmüde.

Ich frage sie, ob es auch passieren könne, dass sie sich für keinen der anwesenden Truckfahrer entscheide und unverrichteter Dinge wieder wegfahre.

Theoretisch schon, das ist aber bisher noch nie passiert. Wenn ich erst mal da bin … Na ja, die Toleranzschwelle sinkt, wenn man sich 70 Kilometer lang mental auf Sex vorbereitet hat. Aber gewisse Mindeststandards habe ich schon. Solche mit Bierbauch – da stehe ich nicht drauf. Lieber einen Älteren mit guter Figur als einen jungen Fettsack. Und er sollte ein Zimmer gemietet haben oder meinetwegen für uns anmieten, aber die Nummer in der Koje brauche ich nun wirklich nicht mehr. Im Sommer habe ich mal mit einem Outdoor-Sex gehabt. Es gibt weiter hinten ja einen kleinen Wald, und das war okay. Jedenfalls in dem Moment. Hinterher habe ich ja immer ein Problem. Aber darüber will ich jetzt nicht nachdenken. So, nun sind wir gleich da.

Das Handy hängt die ganze Zeit im Wagen, und Skype läuft weiter. Offenbar war Caterina, nachdem sie geparkt hatte, so fixiert auf das, was sie gleich erwarten würde, dass sie vergessen hatte, ihr Handy mitzunehmen. Ich lege das Bild auf einen zweiten Monitor und arbeite auf dem Hauptmonitor an einem Text. Eine kleine Ewigkeit später kommt Caterina zurück. Ihre Frisur ist zerstört, die Haare hängen nass an ihr herunter, das Augen-Make-up ist verschmiert. Als sie mich auf dem Display ihres Handys sieht, erschrickt sie und wendet sich dem Schminkspiegel zu …

Hast du die ganze Zeit gewartet? Du bist ja tapfer!

Ich frage sie, ob sie in den Regen gekommen sei. Mit einer Mischung aus Erstaunen und Langeweile blickt sie in die Kamera.

Soll das ein Witz sein? Heute waren die Herren mal wieder zu dritt. Erst zwei gleichzeitig, und dann kam noch einer hinterher. Und frage mich bitte nicht, wie es mir jetzt geht. Währenddessen war es der Wahnsinn, und jetzt – das Übliche …

Das Letzte, was ich sehe, ist Caterinas langer Arm in Richtung ihres Handys. Dann ist die Skype-Verbindung unterbrochen.

Outdoor in der guten alten Zeit

Es gibt sie auch unter den Internet-Junkies – die, die über die «gute alte Zeit» nachsinnen, in der alles besser gewesen sei. Jochen, ein gutbetuchter 48-jähriger Frührentner aus dem Rhein-Main-Gebiet, ist einer von ihnen. Natürlich ist damit keineswegs das Zeitalter gemeint, bevor Tim Berners-Lee und sein Buddy Robert Cailliau das World Wide Web erschufen …

Früher konnte man die Internet-Community schon als elitären Kreis bezeichnen. Da war nicht jeder Idiot dabei, so wie heute. *(Lacht.)* Damals haben wir übers Internet richtiggehende Sex-Partys an Rastplätzen organisiert. Direkt neben der Autobahn ging's zur Sache. Das versuchen manche ja heute auch noch. Aber von denen, die sich anmelden, kommt höchstens ein Prozent. Vor allem aber wird die Polizei garantiert mit eingeladen, inklusive Ordnungsamt. Oft wird dieselbe Anzeige zusätzlich im Schwulenbereich geschaltet, dann kommen von denen auch noch viele dazu. Es gibt zum Beispiel so einen Mini-Waldparkplatz in der Nähe des Köln-Bonner Flughafens. «Alter Radarturm» heißt der. Da haben gelegentlich nette Veranstaltungen mit Gangbang unter freiem Himmel stattgefunden. Aber in den letzten drei, vier Monaten gab's dort vier Polizeibesuche. Das macht doch keinen Spaß!

Ein weiteres Problem, wenn man heutzutage etwas offiziell veranstaltet, besteht darin, dass dann so viele Spanner und Zuschauer kommen, dass das bloß die Party sprengt. Fahren Sie heute mal auf den Parkplatz. Ob Sie etwas machen oder nicht, spielt gar keine Rolle. Sie müssen nicht mal aussteigen und können nach einem kurzen Stopp sofort wieder losfahren. Sie ziehen garantiert eine Kolonne von zehn Autos hinter sich her. Und versuchen Sie dann mal, die wieder loszuwerden.

Selbst wenn man heutzutage was machen würde – das Publikum ist so was von scheiße, da ist alles dabei von aufdringlich bis eklig. Außerdem kommen Jugendliche hin, die nur rumkichern und Spaß haben wollen. Die grölen und schreien und machen einen an. Das bringt nichts mehr, diese Parkplatznummern.

In Jochens nostalgischen Erinnerungen passiert das, was immer passiert, wenn man alte Geschichten erzählt: Selbst widrige Umstände werden in der Retrospektive plötzlich zu witzigen Anekdoten …

Am Anfang der Internet-Zeit hat man sich mit mehreren Paaren zum Bumsen im Wald verabredet. Einmal haben wir uns an einem Sonntagnachmittag verabredet, so etwa gegen 17 Uhr. Irgendjemand hat das organisiert. Ich bin mit meiner Freundin hingefahren. Wir haben uns auf einem Parkplatz im Frankfurter Stadtwald getroffen und sind dann hintereinander hergelaufen. Das waren immerhin so um die 15 Paare. Also ich muss auch sagen, dass es nicht so besonders toll war. Zum einen war die Wiese, auf der wir uns vergnügen wollten, ein bisschen feucht, zum anderen begann es bereits zu dämmern. Als wir schließlich auf der Wiese zugange waren, hat aber keiner daran gedacht, dass wir später durch den Wald wieder zurückmüssen, wo es dann verdammt dunkel sein würde. Jetzt laufen Sie mal durch einen dunklen Wald, wenn Sie den Weg nicht so kennen. *(Lacht.)* Ich hab nur gedacht: «Ach du Scheiße, voll nervig, keiner kennt sich aus, keiner hat ein Navi dabei oder eine Taschenlampe …» Wir sind echt ewig lang durch den Wald gestolpert, bis wir den Parkplatz endlich wiedergefunden haben. Nun ja, andererseits gab es in der Zeit damals so einige Erlebnisse, die wirklich schön waren. Da traf sich zum Beispiel eine Runde von zehn Leuten auf einem Parkplatz, der etwas zurückversetzt lag. Und dann legte eine Frau sich da auf den Tisch und wurde von allen durchgefickt und vollgespritzt. Schön war's!

FRIENDS OF THE GOLDEN SHOWER

Jeder der Wartenden ahnt, dass die kleine schmächtige Chinesin der Star des Abends sein wird. Und jeder kann erkennen, dass sie selbst es auch so sieht. Perücke und Halbmaske lassen die Asiatin auf eine besondere Art geheimnisvoll erscheinen, deren stolzer Habitus weist auf ein ungezügeltes Selbstbewusstsein hin.

Die Teilnehmerzahl «für dieses exklusive Event» sei begrenzt, hatte der Veranstalter online annonciert und auch, dass «auf ein gewisses Verhältnis der Geschlechter» Wert gelegt werde. Was darunter zu verstehen ist, macht der Blick auf die Gästeliste deutlich: 27 Paare haben sich angemeldet, darunter jene stolze Chinesin mit ihrem deutschen Mann. Aber auch 30 männliche und zwei weibliche Singles. Das «gewisse Verhältnis der Geschlechter» bedeutet also mal wieder einen deutlichen Männerüberschuss. Allerdings ahnt man, dass zumindest eine Person in der Schlange vor dem Eingang damit kein Problem haben wird – jene asiatische Schönheit. Im Gegenteil!

«UtoPEEa – Night of Golden Pleasure!», heißt das Motto, und hier ist der Name Programm. Für alle, die des Englischen nicht mächtig sind, gibt es eine Ankündigung auf Deutsch: «Für die ‹nassen Spiele› steht das schon vielfach bewährte Pee-Otop zur Verfügung.» Wer auch das nicht versteht, gehört definitiv nicht zu der Zielgruppe, die der Veranstalter im Auge hat.

Es sind allesamt Natursektliebhaber, die da vor der Kreativwerk-

statt Eulenspiegel in Hamburg-Harburg in Erwartung einer sprich-
wörtlich feucht-fröhlichen Party anstehen. Der Dresscode lautet:
«alles Erotische von Netz bis Nylon, Lack bis Leder, Dessous bis
Fantasy». Lässt man von der Bar aus den Blick durch den Raum
schweifen, muss man feststellen, dass viele Männer offenbar schon
die Kombination einer simplen Shorts mit einem schlabberigen
T-Shirt sexy finden. Auffallend ist, dass der Altersdurchschnitt mit
deutlich über 40 für eine Sex-Party relativ hoch ist. Pinkelspiele
scheinen nicht zu den bevorzugten erotischen Aktivitäten junger
Leuten zu gehören. Das entspricht auch den Ergebnissen meiner
Umfrage. Vielleicht, so überlege ich, fängt man damit überhaupt
erst an, wenn man mit allem anderen schon durch ist und sich auf
die Suche nach einem neuen Kick gemacht hat.

«Das Publikum hier hat was von Schrebergärtnern», bringt die
Frau neben mir ihre Abneigung auf den Punkt. Sie trägt ein dunkel-
rotes Lack-Outfit und hat die blonden Haare streng zu einem langen Zopf zusammengebunden, was beides ihre feminine Dominanz
unterstreicht. Ihr Begleiter, der sich – wie auch ich – für klassische
schwarze Eleganz entschieden hat, zeigt sich von dem Spruch sehr
amüsiert. Ich erfahre, dass die beiden ein Paar sind, Bärbel und
Bernd heißen und den Weg aus Lübeck hierher auf sich genommen
haben, um erstmalig an einer solchen Themen-Party teilzunehmen.
Bärbel sagt, sie sei ja grundsätzlich bereit, Menschen beiderlei
Geschlechts ihren Natursekt zu spenden, und Bernd, solchen von
fremden Damen aufzunehmen. Allein die Ansammlung der anwesenden «Schrebergärtner» sagt ihnen nicht zu. Das «exklusive
Event» droht für sie zum Fiasko zu geraten, ehe es überhaupt rich-
tig losgegangen ist – wenn es da nicht diese kleine Chinesin gäbe.
Die finden sie beide ansprechend, und das signalisieren sie ihr auch,
als sie zwischenzeitlich am Tresen auftaucht. Bernd und Bärbel
werden von deren Begleiter gemustert, die Chinesin aber reckt den
Zeigefinger in die Luft und entscheidet: «We will do it together!
Definitely!» Im nächsten Moment verschwindet die Kleine wie-

der strammen Schrittes in Richtung Pee-Otop auf die andere Seite des Raums – gefolgt von einem halben Dutzend Herren, die schon mal kollektiv die Geschlechtsteile aus den Shorts holen. Für Bernd und Bärbel Grund genug, das Ganze erst mal aus der Ferne zu betrachten …

Die Unersättliche

Auf dem Weg zum Nassbereich lässt die Chinesin ihr knappes Sommerkleidchen fallen. Das Tattoo, das sie sich oberhalb des rasierten Schambereichs hat stechen lassen, steht in einem gewissen Widerspruch zu der selbstbewussten Dominanz, die sie ausstrahlt. «Slave», steht da – doch sklavisch wirken eher jene, die ihr folgen: ihr Mann, der beflissen das abgelegte Kleidungsstück in Sicherheit bringt, sowieso, aber auch die Herren, die mit dem Geschlechtsteil in der Hand aufs Pee-Otop steigen. Hier auf der mit großen Plastikplanen ausgelegten Fläche können sie frei laufen lassen. Vier Männer pinkeln gleichzeitig auf die Frau. Ein Mann kniet vor ihr und beginnt sie zu fingern. Das ist zwar eigentlich auf einer solchen Themen-Party gar nicht vorgesehen, aber die Chinesin scheint's nicht zu stören. Sie öffnet den Mund, und einer der Herren lenkt den Strahl direkt dorthin. Sie scheint nun voll in ihrem Element zu sein, und da steht solch Beiwerk wie Perücke und Maske nur im Weg: Mit einem energischen Handgriff lüftet sie ihr geheimnisvolles Inkognito. Die pure Ekstase ist ihr in das asiatische Jungmädchengesicht geschrieben. Sie beugt sich zu dem vor ihr knienden Mann und beginnt mit «Snowballing». Darunter ist ein erotisches «Taler, Taler, du musst wandern!» zu verstehen, bei dem die im Mund aufgenommene Körperflüssigkeit durch einen Kuss an jemand anderen weitergegeben wird. Beim Gruppensex machen das Frauen (und sicher auch Männer) gelegentlich, nachdem das Ejakulat eines Mannes in ihrem Mund verblieben ist. Nun also geschieht das Gleiche mit Urin.

Gleich daneben wird das Buffet eröffnet, und wer nicht gerade damit beschäftigt ist, eine kleine Chinesin mit Nassspielen zu bespaßen, stürzt sich auf Hähnchen in Curry-Kokos-Soße, Parmaschinken auf Melone, Kartoffel-Gratin und verschiedene Salate. Es gibt auch geraspelte Rohkost, aber davon will niemand etwas haben. Auch Bernd und Bärbel nicht, die sich von den übrigen Köstlichkeiten reichlich auf die Teller laden. Ein letzter Blick auf die schier unersättliche Chinesin hat die beiden so abgeturnt, dass nun auch ihre letzte Aussicht geschwunden ist, auf dieser Party noch irgendwo ein bisschen mitzuspielen. Da muss man sich wenigstens am Buffet gütlich tun, um den Eintrittspreis von 65 Euro pro Paar (Einzelherren zahlen 85 Euro) wenigstens ansatzweise zu amortisieren.

Jede Blase ist irgendwann mal leer. Und was macht eine ekstatische Chinesin in einem solchen Fall? Sie besinnt sich darauf, dass die Kerle auch noch über andere Körperflüssigkeiten verfügen. Konsequenterweise hat sie nun damit begonnen, den ersten oral zu befriedigen und einem weiteren die Gnade des Handjobs zu erweisen. Ab sofort also ist es Sperma, das die Gentlemen nacheinander aufs Gesicht, den Körper und im Mund der asiatischen Dame abladen. Eine solche Aussicht finden nun auch andere reizvoll. Immer mehr Männer drängen sich so eng um die Chinesin, dass es bald zu dunkel ist, um sie noch zu sehen. Der ansonsten passive Gatte scheint das schon zu kennen und wird als Beleuchter aktiv. Er zaubert eine Taschenlampe hervor und illuminiert die Szenerie. Dies geschieht natürlich nicht zuletzt in seinem eigenen Interesse, denn längst ist klar, dass er aus dem Beobachten der bizarren Situation seinen Lustgewinn zieht.

Urplötzlich öffnet sich auf wundersame Weise die Mauer der dicht gedrängt stehenden Männer. Und wie weiland Moses durch das geteilte Rote Meer, so schreitet nun die kleine Chinesin durch die so entstehende Gasse. Den zierlichen Körper von Urin und

Sperma besudelt, strebt sie der Treppe neben der Bar zu. «Golden Shower is lovely, but now I need a real one!», ruft sie. Das aber hält jene Herren, die bis jetzt noch nicht auf ihre Kosten gekommen sind, nicht davon ab, ihr zu folgen. Sie mögen sich sagen, dass im Duschbereich ein Stockwerk höher schließlich auch noch was laufen könnte, und seien es die eigenen Körpersäfte …

Der Cross-Dresser

Plötzlich steht er da, am anderen Ende des Tresens, und starrt Bärbel und Bernd an. Wo ist er auf einmal hergekommen? Ist er eben erst auf der Party erschienen, oder ist er in unauffälligen Klamotten hier angekommen und hat sich zwischenzeitlich umgezogen? In diesem Outfit jedenfalls war er zuvor definitiv nicht hier. Man kann ja mal jemanden übersehen, aber nicht einen einzelnen Cross-Dresser. Schon gar nicht einen baumlangen Kerl auf High Heels und in Netzstrümpfen zum dunkelblauen Latexkleid.

Mich faszinieren von jeher Leute, die gerne Kleidung des andern Geschlechts anziehen. Deshalb war ich beim European Song Contest schon ein Fan von Conchita Wurst, ehe er überhaupt zu singen angefangen hatte. Damals wusste ich schon, was mir lange nicht unbekannt war, nämlich, dass Cross-Dressing nicht zwingend Transgender[22] zugeordnet werden kann, es also nicht unbedingt ein Ausdruck der Geschlechtsidentität ist. Und auch, dass Cross-Dresser meist heterosexuell und unter beiden Geschlechtern zu finden sind. Offenbar gehöre ich mit solcher Faszination keiner unbedeutenden Minorität an, weshalb ich einer Zielgruppe zugerechnet werden kann, der sich Hollywoods Traumfabriken immer mal wie-

22 **Transgender** ist ein Begriff für Abweichungen von der zugewiesenen sozialen Geschlechterrolle beziehungsweise den sozialen Geschlechtsmerkmalen.

der zuwenden. Sie haben uns die Bewunderung für Dustin Hoffman als *Tootsie* abverlangt, mit Robin Williams als *Mrs. Doubtfire* zum Lachen gebracht und mit Barbra Streisand als Talmud-Schüler *Yentl* eine rührende jüdische Geschichte miterleben lassen. All diese Filmfiguren haben etwas gemeinsam: Sie konnten nur auf diesem Wege etwas erreichen, was ihnen in einem geschlechtsidentischen Outfit verwehrt geblieben wäre. Was aber steckt bei jenem Cross-Dresser am Ende des Tresens hinter der Kostümierung? Und auf wen ist er eigentlich scharf – auf Bärbel, auf Bernd oder auf beide? Sie beschließen, es herauszufinden.

Nachdem sie ihn mit einer kaum wahrnehmbaren Kopfbewegung zu sich zitiert haben, geben Bernd und Bärbel dem Kerl in Frauenkleidern erst mal die Chance, seine Vorstellungen darzulegen. Er wolle gern als Mann benutzt werden, sagt der, und auch, dass er «an Lecken und Ficken interessiert» sei. Genau das aber ist Bärbel nun gerade nicht. Sollte sich der Cross-Dresser im Vorfeld etwas eingängiger mit dem Motto der Party vertraut gemacht haben, dürfte er darüber auch nicht allzu verwundert sein. «Golden Shower wäre denkbar», erklärt Bernd stellvertretend für Bärbel. Das aber würde dann nicht «in dem PEE-Otop dort drüben» stattfinden, sondern im abgeschlossenen Duschbad eine Etage höher. Falls der Cross-Dresser auf öffentliche Pinkelspiele stehe, käme er heute nicht auf seine Kosten. Zumindest nicht mit Bärbel, die keine «Schrebergärtner» als Zuschauer akzeptiere. «Ein bisschen lecken geht vielleicht», stellt Bernd in Aussicht, aber mehr sei nicht drin. Der Cross-Dresser willigt ein, und Bärbel schüttet auf die Schnelle zwei Gläser Wasser in sich hinein, um den Blasendruck zu erhöhen. Dann machen die drei sich auf in die oberen Gemächer.

Drüben auf dem Pee-Otop sind inzwischen etliche Paare damit beschäftigt, sich gegenseitig Natursekt zu kredenzen. Und nebenan auf den Sofas – gegenüber dem fast restlos geplünderten Buffet – findet nun doch statt, was eigentlich ausgeschlossen sein sollte, nämlich fröhliche Bumserei. Die kopulierenden Paare variieren dabei zwischen Missionarsstellung und Doggystyle. Alles in allem findet nichts statt, was mich motivieren könnte, mich auch noch auf den beiden anderen Etagen umzusehen, und so richtet sich mein Interesse vornehmlich auf die angebotenen Getränke.

Nach 20 Minuten sind Bernd und Bärbel wieder da – ohne den Cross-Dresser. Sie wirken ernüchtert, wenn nicht sogar enttäuscht. «Na schön, der Herr im Damen-Outfit hat Bärbels Natursekt aufgenommen und sie auch ein bisschen geleckt», erzählt Bernd. «Aber er schien überhaupt nicht erregt zu sein. Jedenfalls hatte er keine Erektion, denn das hätte man ja gesehen.»

«Konnte er sich denn nicht selbst stimulieren?», will ich wissen.

Bernd schüttelt den Kopf und erklärt: «Er musste sich in der engen Dusche mit beiden Händen abstützen.»

Die beiden fangen an zu lachen, und weil ich mir dieses groteske Bild nun auch vorstelle, lache ich mit …

Das mit diesen «Sachen»

Die Stadt, in der Alex wohnt, ist überschaubar. 8000 Leute leben hier, und da kennt man die meisten zumindest vom Sehen. Sächsische Kleinstadtidylle. Viele leben im Plattenbau und arbeiten in der nahegelegenen Chemieindustrie, manche im Schichtdienst – so wie Alex. Vor drei Jahren hat er seine langjährige Freundin geheiratet. Mit dem Mädchen, mit dem er davor in einer Beziehung war, hatte sich das ganz gut angelassen mit diesen «Sachen» beim Sex. Seit seinem 17. Lebensjahr trägt er das als Phantasie mit sich herum …

Das war eine ganz verrückte Geschichte. Sie hat erzählt, dass eine Freundin von ihr «mit ihrem Freund mal etwas ausprobiert» habe. Ich war neugierig und hab gesagt: «Na, lass hören!» Und dann hat sie erzählt, dass die sich gegenseitig daran gehindert hätten, auf Toilette zu gehen, und so dann Sex hatten. Also mit voller Blase. Da hab ich gesagt, dass wir das auch gern probieren könnten, weil ich das selbst auch schon im Hinterkopf gehabt habe. Sie meinte, sie hätte sich nicht getraut, mich das zu fragen, und ich sagte, dass es mir genauso gegangen wäre. Das war doch wirklich ein irrer Zufall, denn ich kann mir nicht vorstellen, dass ein Großteil der Bevölkerung so eine Neigung hat.

Also haben wir das mal ausprobiert. Es ist jetzt nicht so, dass wir das danach immer gemacht hätten, das hing sehr von der Tagesform ab. Eines Tages hab ich sie gefragt: «Kann ich mal zugucken, wenn du zur Toilette gehst?» Und sie antwortete: «Ja, kannst du machen!» Also bin ich mit ins Bad gegangen, und als sie saß, hab ich mich vor sie hingekniet. Aber da meinte sie: «Du darfst nicht so nah kommen, sonst kann ich nicht.» Ich fragte: «Darf ich denn rankommen, wenn's dann läuft?» Das würde gehen, meinte sie. Also bin ich erst einmal ein paar Schritte zurückgegangen. Als es dann lief, bin ich wieder hingegangen und hab angefangen, ihre Oberschenkel zu streicheln. Das fand sie sehr schön, und mir gefiel es auch, und dann hatten wir noch im Bad Sex gehabt.

Ich hab sie leider nie gefragt, ob sie sich für mich einpinkeln würde, aber in der Wanne haben wir uns mal gegenseitig angepinkelt. Eigentlich hatte ich sie nur gefragt, ob sie mich anpinkeln würde, und sie hat mich gefragt, wie sie es machen soll. Ich meinte: «Na, ich leg mich in die Wanne, und du hockst dich über mich.» Das hat sie dann gemacht und mich danach gefragt: «Kannst du das auch bei mir machen?» Sie wollte es allerdings nicht auf den Bauch haben, deswegen hat sie sich so seitlich in die Wanne gehockt, sodass ich ihr auf den Rücken pinkeln konnte. Sie wollte halt vermeiden, dass es ihr ins Gesicht spritzt.

Natursekt haben wir nicht probiert, das hätte ja bedeutet, es auch runterzuschlucken. Also, so weit geht das bei mir nicht, das würde ich nicht machen wollen. Auf den Körper und auf den Kopf ist so weit okay, aber nicht in den Mund. Leider ist meine Freundin fremdgegangen, weswegen wir uns getrennt haben. Denn sie wollte mindestens einmal am Tag Sex. Aber wenn man wie ich in Schichten arbeitet, ist man halt nicht immer in Stimmung.

Vor drei Jahren hat Alex dann eine andere Frau geheiratet, ohne sie vorher in seine Pinkelphantasien einzuweihen. Das hat er erst getan, nachdem das Ja-Wort gefallen war und die Ringe an den Fingern steckten …

Ich hab erst nach der Hochzeit mal mit ihr darüber gesprochen. Sie wollte nämlich wissen, was ich mit meiner Ex-Freundin so alles gemacht habe. Zunächst war ich ein bisschen nervös, was sie wohl dazu sagen würde. Und als ich ihr das alles erzählt hatte, sagte sie: «Nee, das würde mir nicht gefallen!» Aber wir haben einen anderen Weg gefunden. Wenn sie ihre Tage hat, können wir ja nicht miteinander schlafen, dann schmusen wir, und sie drückt mir ein wenig am Unterleib auf meine Blase, die dann richtig voll ist. Entweder hole ich mir dabei selbst einen runter, oder sie macht das – je nachdem. Manchmal gehe ich zwischendurch zur Toilette, wenn der Druck zu stark ist, denn ich will ja nicht das Sofa oder das Bett vollpinkeln. Der Reiz ist, wenn ich von der Toilette komme, aber noch da. Also wenn sie mich vorher so gequält hat, ist das im Kopf immer noch drin.

Übrigens empfinde ich mich als bisexuell. Ich kann mir die Pinkelspiele also durchaus auch mit Männern vorstellen. Ich hab aber noch keine sexuellen Erfahrungen mit Männern gemacht. Meine Frau weiß von meinen bisexuellen Neigungen, und auf Facebook oder so schaue ich mir auch Bilder von Männern an. Also wenn ich auf einer öffentlichen Toilette stehen würde, und es käme ein hübscher Mann herein, der dürfte mich anpinkeln. Das würde mir schon sehr gefallen.

Duschspiele zu zweit

Verenas Stimme klingt am Telefon sehr mädchenhaft, und wenn sie lacht, könnte man sie glatt für eine Zwölfjährige halten. Aber Verena ist ein ganzes Jahrzehnt älter. Demnächst wird sie ihr Lehramtsstudium mit einer Masterarbeit abschließen und dann Schülerinnen gegenüberstehen, deren Mädchenstimmen so klingen wie ihre eigene. Sie wird den Teenagern alles Mögliche beibringen, und dies wahrscheinlich in der gleichen wortgewaltigen Eloquenz, mit der sie mir von den Pinkelspielen erzählt, deren Reiz sie mit ihrem Partner ganz nebenbei entdeckt haben will ...

Angefangen hat es, als wir letztes Jahr im Urlaub waren. Ich musste ganz dringend Pipi. Nun waren wir ja im Meer. Sollte ich da rausgehen und eine Toilette suchen? Mein Freund hat mich aufgefordert, es doch einfach laufenzulassen. Sollte ich? Als Kind kriegt man ja beigebracht, dass man so was nicht macht, und wenn, wird darüber nicht geredet. Nach kurzem Überlegen hab ich es gemacht, und dann musste mein Freund auch. Okay, das war's zunächst!

Als wir wieder zu Hause waren, haben wir mal zusammen gebadet. Wir haben so eine Eck-Badewanne. Da lagen wir beide drinnen, und wieder musste ich ganz dringend auf die Toilette. Aber man steht dann natürlich nicht auf und trocknet sich umständlich ab, um sich 20 Zentimeter weiter wieder hinzusetzen. Jedenfalls sagte er: «Mach doch einfach hier!» So haben wir es dann gemacht. Er auch! Da war das aber noch bei weitem nicht so ausgeprägt, wie es jetzt ist. Danach folgten immer mal wieder so kleine witzige Anspielungen im Alltag, wenn etwa einer von uns auf der Toilette saß und der andere dazukam. Und dann haben wir uns ein bisschen näher darüber informiert. Da musste doch irgendetwas dahinterstecken. Tja, und was wir dann so gefunden haben über Golden Shower, das hörte sich für uns eigentlich ganz gut an. Schließlich haben wir angefangen, das richtig zu praktizieren. Noch immer haben wir kein großes Latex-Tuch, und deshalb machen wir es bislang nur auf der Terrasse oder in der Badewanne.

Bei uns läuft es so ab, dass wir immer erst ein bisschen damit spielen, also mit dem Pinkeln, und danach Sex haben. Das Erotische an den Pinkelspielen ist die Intimität und einfach dieses total schöne Gefühl. Es fühlt sich an wie eine warme Dusche, nur mit dem Unterschied, dass die Dusche aus dem Partner herauskommt. Prinzipiell darf er mich überall «beduschen», allerdings nur ungern in die Haare, weil ich die danach waschen müsste. Durch die Stellung, die mein Partner hauptsächlich dabei einnimmt, trifft es halt meistens die Brüste. Oft drehe ich mich um, damit auch der Po geduscht wird. Danach dusche ich meinen Freund, und anschließend verreiben wir das gegenseitig auf unseren Körpern.

Nun spricht man ja auch von «Natursekt», weil viele das trinken. Wir lassen es zwar auch in den Mund fließen, aber wir schlucken es nicht. Für uns ist es auch nicht zwingend nötig, es in den Mund laufen zu lassen. Es steht für uns auch nicht in einem BDSM-Kontext, in dem Sinne, dass es etwas mit Erniedrigung zu tun hätte. Das überhaupt nicht. Uns geht es einfach nur um die Intimität und um die Zuneigung. Und das auf diese Weise zu erleben, empfinden wir als aufgeilend. Danach müssen wir dann aber sofort Sex haben. Meist fängt das sogar noch in der Wanne an, denn wenn wir woanders hingehen würden, müssten wir uns ja zuvor erst wieder abtrocknen.

Ich mag auf jeden Fall auch die andere Körperflüssigkeit – also Sperma – auf mir spüren. Doch mit Bukkake, also der Gesichtsbesamung, habe ich insofern schlechte Erfahrungen gemacht, als dass es mir in den Augen brennt. Am schönsten ist es, wenn's über die Brust läuft oder mein Freund in meinem Mund kommt. Also ich schlucke das auch.

All das erzählt man ja normalerweise niemandem. Wir haben es auch beide nie zuvor mit jemand anderem gemacht, und wir sind nicht sicher, ob wir noch mal jemanden finden werden, der in diesem Punkt mit uns übereinstimmt. Okay, wir könnten auf eine dieser Golden-Shower-Partys gehen. Aber das wäre nichts für uns, da wir die Person kennen wollen, mit der wir so was spielen. Denn bei fremden Leuten wäre dann doch so ein kleiner Ekelfaktor dabei.

Kunst als Inspiration

Solange Ralph sich zurückerinnern kann, hatte er erotische Wünsche und sexuelle Phantasien. Zumindest seit der Pubertät war das so, und nun ist er Anfang fünfzig. Diese erotischen Wünsche und sexuellen Phantasien waren aber keineswegs immer dieselben. Manche waren zeitweilig sehr vorherrschend und traten bald zugunsten von anderen wieder in den Hintergrund. Passive Natursektspiele etwa spielten im Kopfkino seiner Jugend eine große Rolle und waren danach für viele Jahre verschwunden. Doch seit der vielseitig interessierte Ausdauersportler zu Beginn der neunziger Jahre im Hamburger Erotic Art Museum eine Ausstellung des Fetisch-Künstlers Gilles Berquet besucht hat, sind die Pinkelphantasien ständig präsent …

Auf Berquets Fotos sind ausschließlich junge Frauen zu sehen, und es geht immer um Bondage und SM. Die Frauen nehmen also entweder eine masochistische Rolle ein, oder sie treten als sehr dominante Frau in Lack und Leder auf. Viele seiner Bilder tragen einfach nur den Titel «La pisseuse», also die Pissende. Da ist es mir wieder in den Sinn gekommen, dass ich in meiner Jugend erotische Träume hatte, in denen ich angepinkelt wurde. Natursekt ist also Kunst, dachte ich, und so fand ich – etwa drei Jahre später – den Mut, meine damalige Lebensgefährtin darauf anzusprechen. Ich habe ihr gesagt, dass ich das gerne mal ausprobieren würde. Sie war nicht sehr begeistert von der Sache, aber nach einer Weile zeigte sie sich dazu bereit, und wir haben es mal ausprobiert. Mir hat das sehr gefallen. Ihr war die Sache eigentlich zu schmutzig, aber hin und wieder hat sie es für mich gemacht. Ich war dabei hochgradig erregt. Normalerweise machte sie es in der Badewanne oder in der Duschkabine. Und im Urlaub haben wir es einmal am Strand gemacht.

Man muss sich das nicht so vorstellen, dass ich am ganzen Körper bepinkelt werde, sondern es geht mir um die Aufnahme. Das heißt, ich finde es sehr erregend, wenn es bei mir direkt im Mund landet. Die jeweilige Frau hockt sich also über mein Gesicht, oder ich hocke vor ihr, und sie sorgt dafür, dass der Strahl direkt in meinem Mund landet. Bei meiner damaligen Lebensgefährtin war es darauf beschränkt, und auch im Nachgang gab es meist keinen Sex. Das war dann nur so ein Hupferl für mich.

Ein paar Jahre später haben wir uns dann getrennt. In dieser Zeit kam das Internet auf und mit ihm die entsprechenden Möglichkeiten der Kontaktaufnahme. Da habe ich speziell nach Sexualpartnerinnen gesucht, die eine Neigung in diese Richtung haben – also nicht nach einer neuen Beziehung. Auf diesem Weg habe ich eine Frau kennengelernt, die das von sich aus ganz toll fand. Ja, sie fand es sehr erotisch, wenn man ihr beim Pinkeln zuguckte. Auf einer Website für erotische Fotos hatte sie kleine Filmchen eingestellt, auf denen sie beim Pinkeln zu sehen war, und sie fand es toll, wenn sie Zuschriften bekam.

Sie wohnte damals in Stade und ich in Hamburg-Harburg. Auf halber Strecke haben wir uns in einem Restaurant getroffen, um uns persönlich kennenzulernen. Erst haben wir uns ein wenig beschnuppert, und dann ist sie mit zu mir in meine Wohnung gekommen. Dort hat sie sich sofort ausgezogen und ich mich auch, und dann haben wir es in der Badewanne einfach laufen lassen. Danach haben wir uns noch ein paarmal getroffen, manchmal auch bei ihr. Und wenn sie mir in den Mund pinkelte, hat sie sich dabei selbst befriedigt. Wir hatten aber nie Sex, denn sie wollte nur Safer Sex machen, während ich es hochgradig abturnend finde, wenn ich mir mitten im Spiel so etwas überstreifen muss. Es blieb also bei den Pinkelorgien.

Danach habe ich eine weitere Frau kennengelernt. Wieder über das Internet, denn ich war ja immer auf der Suche nach lockeren Sexkontakten. Diese Frau hat mir gestanden, dass sie eine Vorliebe für Körperflüssigkeiten habe. Sie mochte alles, was klitschig war. Und sie mochte es, Sex zu haben, wenn sie ihre Tage hatte. Damit hatte ich kein Problem, deshalb konnten wir das ausleben. Na, und als ich ihr meine Pinkelleidenschaft gestanden habe, war sie vom Fleck weg begeistert. Mit ihr habe ich es immer direkt danach noch in der Badewanne getrieben. Ich war da ja nun schon sehr erregt, und das konnte durch den Sex nur noch gesteigert werden. Da sie nun mal auf Körperflüssigkeiten stand, wollte sie auch von mir angepinkelt werden. Sie wollte spüren, wie ihr mein Urin über den Busen und auch über ihre Schamlippen lief. Das habe ich für sie gemacht, aber es hat bei mir keinerlei Erregung erzeugt. Diese ansonsten lockere Bekanntschaft hielt ein knappes Jahr. Danach habe ich meine jetzige feste Partnerin kennengelernt. Sie hatte von Anfang an ein Faible für SM und hat mich in diese Szene eingeführt. Ihr habe ich gleich erzählt, dass ich diese Pinkelphantasien habe. Das kannte sie noch nicht, das heißt, sie hatte nur davon gehört. Aber als wir es ausprobierten, fand sie es richtig toll. Diesmal ist es tatsächlich so, dass die Pinkelspiele fester Bestandteil einer Partnerschaft sind. Hinzu kommt bei ihr eine gewisse Dominanz, was die Sache für mich noch reizvoller macht. Sie hat auch vorgeschlagen, das Pinkelspiel zu intensivieren. Dann trinkt sie viel und hält es zurück, bis sie das Gefühl hat, dass ihre Blase platzt – dann ist das über ein Liter. Solche Vorschläge bringt sie ein, und sie mag es auch, mir in den Mund zu pinkeln und gleichzeitig geleckt zu werden. Unlängst waren wir im Urlaub, und da haben wir eine neue Variante ausprobiert. Ich hab ihr gesagt, sie solle doch mal ihre Muschi direkt auf meinen Mund drücken und dann lospinkeln – eine sehr dominante Variante, die mir extrem gut gefällt.

Massagen, Huren, Dominas

Ist es nicht eigentlich egal, wie viele Männer in diesem Land täglich zur Befriedigung ihrer Lüste zum Portemonnaie greifen? Soziologen wollen so was immer ganz genau wissen und sind bei der Suche nach der exakten Zahl doch zum Scheitern verurteilt. Es fängt ja schon mit der Uneinigkeit darüber an, wer zum Bereich der Prostitution zu zählen ist und wer nicht. Nun, dass es sich bei den Damen, die ihre Reize in Schaufenstern, Laufhäusern und Wohnungsbordellen anbieten, um Huren handelt, dürfte unstrittig sein. Schließlich ist das ja die von ihnen selbst akzeptierte Berufsbezeichnung. Selbst Laura, die ihren Leib online hobbymäßig anpreist, wird zu den Huren gezählt. Auch die Ladys, die Gangbang als Business betreiben, haben nichts dagegen, dem Prostitutionsgewerbe zugerechnet zu werden. Wie aber steht es mit den Damen, die Sensual-Massagen anbieten? Dürfen sie, nur weil sie die klassische Massage nackt ausüben und mit einem Handjob zum Abschluss bringen, bei den Huren eingereiht werden? Oder macht sie erst so manches heimliche Zusatzangebot zu einer solchen? Was ist mit jenen Dominas, die nicht einmal bereit sind, sich ihren Gästen unbekleidet zu zeigen, geschweige denn, sich von ihnen befummeln zu lassen? Soziologen sind sich da uneins – die Beamten der Gewerbeämter hingegen nicht. Von denen werden alle über einen Kamm geschert. Deshalb sieht sich die Klinik-Domina Eve in Dresden der sächsischen Sperrbezirksverordnung ausgesetzt und darf ihren «Patienten» nur in einem Gewerbegebiet den Katheter legen.

Niemand bezweifelt, dass sich die Zahl der Gäste allein im klassischen Rotlichtgewerbe pro Tag in einem hohen sechsstelligen Bereich bewegt, manche sprechen gar von 1,4 Millionen. Das sollte denn auch Soziologen genügen ...

Die Sensual-Masseurin

Nach Silvias Geschichten kann man süchtig werden, vor allem nach der Art, wie sie sie erzählt. Da sind diese funkelnden dunklen Augen, dieser gehauchte polnische Akzent, mit dem sie die Verben im Satzgefüge an der falschen Stelle positioniert. Auch ist eine leise Ironie nie zu überhören.

Vor etwa zwei Jahren habe ich die kleine polnische Frau aus Zielona Gòra, das früher mal Grünberg hieß, kennengelernt. Am Rauchertisch vor dem «Florian» war das, einem Berliner Szenelokal. Damals erzählte sie mir, dass sie eine ausgebildete Dolmetscherin für Englisch, Polnisch und Russisch sei. Zehn Jahre zuvor habe sie in ihrer Heimatstadt, 200 Kilometer von Berlin entfernt, «gehabt Pech mit einem Geschäftspartner», mit dem sie Schwung in den Internethandel hatte bringen wollen. Und als ich sie fragte, womit sie denn heutzutage ihren Sauvignon im Florian verdiene, drückte sie mir wortlos eine Visitenkarte in die Hand und entschwand lächelnd aus meinem Gesichtskreis. «Sensual Massage», las ich auf dem kleinen schwarzen Karton.

Am nächsten Morgen starte ich eine Internetrecherche und finde heraus, was die einstige Dolmetscherin für Englisch, Polnisch und Russisch in Berlin so treibt. Neben freizügigen Fotos von ihr – und etwa 20 weiteren Damen – wird mir auf der Website eines Massagestudios mitgeteilt, dass Silvia «eine sehr schöne schlanke Frau voller Rasse und Klasse» sei. Nun, das weiß ich ja bereits. Hier erfahre ich aber auch, dass sie «sehr gerne, gekonnt, ausdauernd und hingebungsvoll massiert». Sie sei «eine faszinierende Mischung aus Engel und Vamp», wird behauptet. An den Besucher der Website ergeht das Angebot: «Spüre die magischen Effekte ihrer Hände und ihres durchtrainierten Körpers und lass Dich bezaubern von einer Meisterin ihres Fachs!»

Anderthalb Jahre später treffe ich Silvia wieder, und diesmal ist es kein Zufall. Im Zuge der Recherchen für dieses Buch habe ich bei ihr angerufen und sie gebeten, mir zu erzählen, wie man als Dolmetscherin für Englisch, Polnisch und Russisch zu einer Sensual-Masseurin wird. Zunächst einmal erfahre ich ganz nebenbei, dass sie in dem Studio für Sensual-Massagen nicht etwa angestellt, sondern dort die Chefin ist. Die anderen 20 Frauen mieten die Räume in ihrem Etablissement stundenweise an. Dort trifft sie mich zu einem Gespräch – aber erst am späten Abend, nachdem der letzte Gast gegangen und die Abrechnung mit den Untermieterinnen abgeschlossen ist.

Silvias Studio befindet sich in einem Hinterhaus im bürgerlichen Berliner Stadtbezirk Wilmersdorf. Im Vorderhaus empfängt zu diesem Zeitpunkt noch eine legendäre Institution aus der Rotlichtwelt ihre Gäste – ein Bordell mit dem lustigen Namen «Pssst!». Dessen Betreiberin Felicitas Weigmann war im Dezember 2000 bundesweit in die Schlagzeilen geraten. Mit einem Präzedenzurteil vor dem Berliner Verwaltungsgericht hatte sie die offizielle Anerkennung ihres Betriebs als Anbahnungsstätte für sexuelle Dienstleistungen durchgesetzt. Dies war ein wichtiger Meilenstein auf dem Weg zum zwei Jahre später verabschiedeten rotgrünen Prostitutionsgesetz, das den Bezahl-Sex vom jahrhundertealten Makel der Sittenwidrigkeit befreite. Damit hatte sich Felicitas Weigmann endgültig Alice Schwarzer zur Feindin gemacht, Zehntausende von Huren aber oder solche, die es werden wollten, als Freundinnen gewonnen. Und auch Silvia, die Chefin des Sensual-Massage-Studios nebenan,

hat von dem couragierten Kampf ihrer berühmten Nachbarin pro-
fitiert.

Stolz führt sie mich durch die Räumlichkeiten ihres kleinen
Unternehmens. Jedes Zimmer ist auf eine andere Art eingerichtet.
Eine Dusche gibt es immer, aber manche Räume verfügen auch
über einen Whirlpool. Das also ist das Reich, in dem all das stattfindet, von dem Silvia, die hübsche Geschichtenerzählerin, mir
gleich berichten wird. Ich darf mich auf einer der Kingsize-Liegen
ausstrecken, während sie mir auf einem Sessel gegenübersitzt. Ich
wiederhole meine Frage nach dem für eine Dolmetscherin ungewöhnlichen Lebensweg.

Sie sei mit der klassischen Massage aufgewachsen, erzählt Silvia.
Ihre Mutter habe diesen Job in einem Wellness-Center in Polen
gemacht und später dann auch in Berlin. Ihrer «Matka» sei es hier
gutgegangen, besser jedenfalls als ihr in Zielona Gòra, nachdem sie
von ihrem Geschäftspartner übers Ohr gehauen worden war. Silvia
beschloss, auch *ihr* Glück in Berlin zu suchen. Nach verschiedenen Jobs in der Gastronomie, bei denen sie einigermaßen Deutsch
gelernt hatte, wurde sie auf eine Annonce aufmerksam. Eine Masseurin wurde gesucht. Sie bewarb sich und wurde auch tatsächlich
eingestellt.

Sehr schnell wurde Silvia klar, dass der Service, der von ihr erwartet wurde, sich substantiell vom Berufsbild ihrer Mutter unterschied.
Und da ist er wieder, dieser gehauchte polnische Akzent, mit dem
die «schöne schlanke Frau voller Rasse und Klasse» erzählt, wie sie
gleich beim ersten Gast den Job ordentlich vermasselte. Sie war für
eine «griechische Massage» gebucht – ohne genau zu wissen, was
das eigentlich ist. In einem Crash-Kurs von 30 Sekunden erfuhr Silvia von einer Kollegin, dass es sich dabei um eine Prostata-Massage
handelt, bei der ein Zeigefinger in den Anus eingeführt wird. Die
Kollegin verzichtete jedoch auf den Verbrauchertipp, wahlweise Öl
oder Gleitgel zu benutzen. «Ich denke, dieser Mann ist danach nie
wieder zu einer erotischen Massage gegangen!», sagt Silvia. Dabei

blitzen ihre dunklen Augen spöttisch auf – ein biologischer Vorgang, der bei den Erzählungen aus dem Leben einer Sensual-Masseurin an Intensität noch zunimmt.

Da ist von einem Gentleman die Rede, bei dem sie oder eines der Mädchen jedes Mal «drei glänzende Nylonstrumpfhosen einer Edelmarke untenherum und zwei weitere oben herum anziehen sollen». Dazu fahre man mit den Armen dort hinein, wo normalerweise die Beine stecken, erklärt sie mir. Und damit der Kopf herausschauen könne, werde zuvor ein Loch in den Schritt geschnitten. Der Kunde trage auch selbst eine solche Strumpfhose, sagt Silvia, und das den ganzen Tag – im Büro, in der U-Bahn oder sonst wo –, allerdings auf traditionelle Weise nur an den Beinen …

«Wenn er kommt zu mir, ich bin seine Herrin», schildert Silvia das Rollenspiel im Studio in ihrer charmanten, polnisch infiltrierten Syntax. «Ich spiele, dass ich komme aus dem Urlaub, und freue mich, ihn zu sehen. Dann aber ich stelle fest, dass er hat geklaut meine Strumpfhosen, und dann es gibt Ärger. Ich schlage ihn im Intimbereich – das ist sein Wunsch. Nach einer Weile er winselt um eine Pause und dann beginnt die Massage mit den dicken Strumpfhosen. Nach ein paar Minuten er fängt an, mich zu beleidigen. Natürlich, um zu bekommen weitere Schläge – und nun ich auch beleidige ihn. Er steht darauf, dass ich sage: ‹Du kleines Stück Scheiße!› Noch nie ich habe ihn gesehen nackt. Irgendwann er kommt zum Höhepunkt, und dann man soll ihn lassen allein. Er zieht sich um, ohne zu duschen, und dann er geht.» Seit Jahren ist das offenbar ein so festgezurrtes Ritual wie die Krönungszeremonie in Westminster Abbey.

«Ein anderer Fall, da es geht extrem ins SM. Ein ganz verrückter Mensch!», sagt Silvia und schüttelt mit schiefem Lächeln den Kopf, als habe sie eben erst irgendeine Ungeheuerlichkeit erlebt. «Er hat Schnittwunden überall und eine Frau hat geritzt ihren Namen auf seine Brust. Also niemand von hier, andere Frau. Dieser Typ wollte, dass man abschneidet seine Brustwarzen. Er hatte sogar dabei ein

Skalpell und Desinfektionsmittel und Verbandszeug. Wir hätten das nicht gemacht, natürlich nicht, aber Brustwarzen waren auch schon gar nicht mehr da. Nun er wollte, dass man sticht mit dem Skalpell in seine Brust, bis Blut kommt. Und er wollte auch, dass man ihm schneidet in die Eichel. Nun, ein Mädchen das hat gemacht, aber ich nicht. Immer wieder es wird auch gefragt nach Kaviar und Natursekt. Aber das definitiv, wir machen das nicht, das ist zu unhygienisch. Nur ein junger Mann, er will es, dass ich beschreibe, wie ich würde das machen – sehr detailliert. Und wenn ich erzähle das, ich tue ihm weh an den Brustwarzen, und er macht es sich mit der Hand selbst. Das ist doch okay, oder!?», fragt sie und schenkt mir das charmante Lächeln eines Mischwesens aus «Engel und Vamp».

Eine Stunde später stehen Silvia und ich wieder da, wo wir uns vor knapp zwei Jahren kennengelernt haben: am Rauchertisch vor dem Florian. Und beim zweiten Glas Sauvignon erzählt sie plötzlich, dass sie seit einiger Zeit verstärkt von weiblicher Kundschaft aufgesucht werde. «Die Damen, sie wollen erotische Massage mit Happy End – also mit Handentspannung. Niemals sie haben individuelle Wünsche wie die Männer. Nicht mal bei der Stimulation der Klitoris sie sagen ‹langsamer› oder ‹schneller›. Die weiblichen Gäste ich habe nie anders erlebt als passiv!»

Kurz darauf wird Silvia im Lokal von einer eleganten Dame fröhlich mit Küsschen links und Küsschen rechts begrüßt. Natürlich verkneife ich mir die Frage, die mir auf der Zunge liegt.

Der empfindsame Koloss

Frankfurt am Main, 3. Oktober 2015: Man hat mich zu den Feiern zum 25. Jahrestag der Deutschen Einheit eingeladen, und ich bin der Einladung gefolgt. Schließlich bietet das auch eine gute Gelegenheit, mich mit einem hessischen Ex-Soldaten zu treffen, der mir via Fragebogen seine Leidenschaften gebeichtet hat. In der Lobby des Hilton-Hotels kommt ein Schrank von einem Mann auf mich zu. Oliver – der ehemalige Bundeswehr-Offizier ist inzwischen in «verantwortlicher Position» bei einer Sicherheitsfirma tätig – trägt ein lässiges Outfit: Jeans, Cowboy-Stiefel und eine Lederjacke, auf der ein riesiges Emblem «Rockabilly Rules» verkündet. Der sehr kräftige Händedruck würde ganz andere sexuelle Präferenzen vermuten lassen, wüsste ich nicht bereits, dass Oli, wie ich ihn nennen soll, auf sensitive Massagen steht, ausgeführt von zarter Frauenhand …

Mein erstes Erlebnis in diese Richtung hatte ich auf Ko Samui, einer thailändischen Insel. Zwölf Jahre lang hatte ich unseren Streitkräften als Zeitsoldat gedient, nun wollte ich erst mal ein bisschen abhängen. Einfach relaxen, am Strand liegen, durch die Welt streifen …

In dem Hotel, in dem ich wohnte, wurde eine Thai-Massage angeboten. Also das war eine ganz normale Massage ohne erotischen Hintergrund. So wurde es jedenfalls dargestellt. Geleitet wurde das Studio von einer älteren Thailänderin, die auch eine junge Frau beschäftigte, von der ich später erfuhr, dass sie ihre Nichte war. Natürlich sollte zu meinem Wellness-Programm auch eine solche Massage gehören. Die aber wollte ich unbedingt von der jungen Masseurin bekommen. Ich muss gestehen, dass mir das Mädchen – sie mag so um die 20 gewesen sein – ausgesprochen gut gefiel. Ja, ich fand sie richtig sexy. Ich hatte sie schon mehrfach auf dem Hotelgelände gesehen. Manchmal, wenn ich mittags auf meinem Bett lag, habe ich an sie gedacht und bei mir Hand angelegt. Ich stellte mir dann jedes Mal die Frage, ob ich *sie* dazu kriegen könnte, bei mir Hand anzulegen. Also einen Handjob, über die normale Massage hinaus. Ich konnte sie ja schlecht fragen. Denn daraus konnte womöglich eine peinliche Situation entstehen, nämlich wenn sie empört und lautstark ablehnen würde. Daher dachte ich mir eine unverfängliche Strategie aus, damit sie gegebenenfalls die Möglichkeit hatte, ohne Gesichtsverlust aus der Nummer rauszukommen.

Eines Morgens ging ich in dieses Massagestudio, bemüht, meine Aufregung zu überspielen. Ich buchte eine klassische Thai-Yoga-Massage. Die ältere Masseurin kassierte das Geld, und ich ging mit der Auserwählten in den Massageraum. Dort legte sie ein Handtuch auf die Liege, und ich sprach sie an. Ich erklärte, ihr jetzt schon das Trinkgeld geben zu wollen, und drückte ihr noch mal die gleiche Summe in die Hand, die ich eben schon bei ihrer Tante bezahlt hatte. Überrascht sah sie mich mit ihren wunderschönen schwarzen Augen an. Lächelnd sagte ich: «I'm sure you will do a good job, especially regarding the very sensitive parts of my body.»

Ich legte mich auf den Bauch, und das Mädchen begann mich zu massieren. Da hatte ich noch keine Ahnung, ob sie mich eben so verstanden hatte, wie ich von ihr verstanden werden wollte. Nach einer Weile bat sie darum, dass ich mich umdrehte. Die Massage ging ganz normal weiter, erst der Oberkörper, danach die Beine, sogar die Füße wurden massiert. Nichts sprach dafür, dass sie sich irgendwann mal mit meinem Geschlechtsteil beschäftigen würde. Ich war enttäuscht und mein Schwanz auch, weshalb er gar nicht erst seine wahre Pracht entfaltete. Nicht einmal annähernd.

Als sie mit der Massage fertig war, machte sie etwas, was mich in den Wahnsinn zu treiben drohte. Sie senkte den Kopf und ließ ihr langes weiches Haar über meinen Körper kreisen. Auch über die sensiblen Teile meines Unterkörpers. Das allein ging mir schon durch Mark und Bein, doch dann drückte sie einen Finger ihrer rechten Hand an die kleine Stelle zwischen Hodensack und After. Außerdem führte sie einen der eingeölten Finger der linken Hand in den Anus ein und begann meine

Prostata zu massieren, während sie noch immer ihr Haar über meinem Schenkelbereich kreisen ließ. Ein unglaubliches Gefühl bemächtigte sich meines Körpers. Mir war natürlich klar, dass die Kleine so was nicht zum ersten Mal machte. Schließlich griff sie mit ihrer öligen rechten Hand nach meinem steil in die Höhe ragenden Schwanz. Nun massierte sie gleichzeitig die Prostata und meine Eichel, und es dauerte nicht lange, bis ich mich entlud. Das Mädchen lachte und rief: «Oh, so much!»

Während meiner Zeit auf Ko Samui war ich noch zweimal bei der Kleinen. Obwohl die Spannung, wie die Nummer enden würde, ja nun verflogen war, gefiel mir die finale Massage von Mal zu Mal besser. Ich war regelrecht süchtig danach.

Als ich nach Deutschland zurückkam, war ich diesbezüglich etwas ratlos. Entsprechende Läden für Thai-Massagen hier in Frankfurt sind oft schmuddelig, und die Mädchen, die dort arbeiten wirken ziemlich abgefuckt. Sorry, dass ich das so deutlich sage. Ich habe in die Läden auch nur von außen hineingesehen, aber das hat gereicht. Da kam mir das Internet zu Hilfe. Es gibt mittlerweile Foren von Massagefans, in denen sie sich austauschen und die Leistungen der einzelnen Studios bewerten. Inzwischen bin ich im gesamten hessischen Raum bis hinüber ins Unterfränkische und rüber nach Rheinland-Pfalz unterwegs, um verschiedene Massagestudios aufzusuchen. Längst buche ich nicht mehr die reine Lingam-Massage, womit der klassische Handjob gemeint ist. Die Masseusen sind hierzulande – im Gegensatz zu den klassischen Masseurinnen – ja grundsätzlich nackt, und daraus ergeben sich viele Möglichkeiten. Zum Beispiel das, was man spanische Massage nennt. Das bieten vor allem Frauen mit großen Brüsten an, denn mit denen wird man dann rundum massiert – also erst der Körper und zum absolut geilen Abschluss ein öliger Tittenfick.

Gelegentlich habe ich schon noch mal penetrierenden Sex mit irgendwelchen Frauen, die ich hier und da kennenlerne.

Aber das finde ich immer weniger reizvoll. Was ist das schon gegen eine Tantra-Massage, body-to-body, mit Prostata-Stimulation!?

Abgetaucht in andere Welten

Der Mann im grauen Flanellanzug, der mir im Restaurant Käfer in München gegenübersitzt, weiß selbst, dass für einen Gentleman in seiner Stellung die Sehnsucht nach Erniedrigung nichts Ungewöhnliches ist. Als mentaler Ausgleich sozusagen. Trotzdem muss davon in seinem konkreten Fall ja keiner etwas wissen. Er blickt sich diskret nach Lauschern um und unterbricht die Unterhaltung gar, als der Kellner am Nebentisch verweilt, um diverse Weine zu empfehlen.

Er spricht sehr leise, der Mann im grauen Flanellanzug, was kein Problem ist, weil ich ihm ein kleines digitales Aufnahmegerät in die Brusttasche seines Jacketts gesteckt habe. Wir verhalten uns wie Geheimagenten und sind doch nur mit den – zugegeben heimlichen – sexuellen Leidenschaften meines Gegenübers beschäftigt. Ich weiß eine Menge über ihn, da ich meinen Gesprächspartner in anderen Zusammenhängen kennengelernt habe. Umso ernster nehme ich seine Bitte, nichts davon zu veröffentlichen, nicht einmal andeutungsweise. Interessant sei ausschließlich, auf welche Weise er seine Leidenschaft entwickelt habe, und das an einem Ort, wo so etwas nicht üblich sei – in einem Massageinstitut. Das zumindest glaubt der Herr im grauen Flanellanzug, dass so etwas dort nicht üblich sei …

Es ist unter stressgeplagten Menschen ja durchaus etwas Normales, sich eine Massage verabreichen zu lassen. Durchaus auch mit einer gewissen erotischen Komponente. Bei Menschen beiderlei Geschlechts übrigens. Ich weiß von Damen, die spezielle Institute aufsuchen, in denen sie den ganzen Körper mit so einem elektrischen Massage-Handschuh abtasten lassen. Und wenn ich den ganzen Körper sage, so heißt das, dass die Massage auch zwischen den Schenkeln fortgesetzt wird. Gut, also auch ich habe hier in München schon vor Jahren ein Massagestudio aufgesucht, von dem ich wusste, dass man dort bis zum Happy End massieren würde. Zunächst aber fand eine normale Entspannungsmassage statt, mit allem, was dazugehört – aromatisierte Öle, sphärische Musik, ansonsten absolute Stille. Der Unterschied war nur der, dass die Masseurin nackt war, zeitweilig auf meinem Po saß und das Öl mit ihren Brüsten auf meinem Rücken verteilt hat. Man nennt diese Art «Spanische Massage». Das Ganze wurde jeweils beendet mit der Lingam-Massage, wobei das asiatische Wort «Lingam» für den aufgerichteten Penis steht. Dieser wird dabei von der Masseurin je nach Wunsch mit der Hand oder zwischen den Brüsten verwöhnt. Das ist jedenfalls eine viel entspanntere Art, zum Höhepunkt zu kommen, als bei einem Geschlechtsakt. Höchstens noch vergleichbar mit der oralen Verwöhnung – das aber bieten erotische Masseurinnen in der Regel nicht an.

Nun, ich war schon eine Weile eine Art Stammgast in einem sehr speziellen Massagestudio, als sich etwas zu entwickeln begann. Ich war sehr oft bei einer Masseurin mittleren Alters, nicht immer, aber häufig. Sie ist sehr erfahren und kann bestimmte Befindlichkeiten quasi ertasten. Bei mir hat sie beispielsweise herausgefunden, dass meine Brustwarzen sehr empfindlich sind. Nun könnte man annehmen, das wäre Grund genug, besonders sanft mit dieser Körperpartie umzugehen. Diese erfahrene Masseurin weiß jedoch, dass genau das Gegenteil eine besondere Wirkung verspricht. Also hat sie dort immer ein wenig intensiver massiert und schließlich die Brustwarzen derart gezwirbelt, dass mir der Schmerz direkt in den

Kopf geschossen ist. Ganz offenbar aber befindet sich genau dort auch das Lustzentrum. Trotzdem habe ich mich manchmal gewehrt – mit dem Ergebnis, dass sie meine Hände mit Hilfe von Handschellen am Bett fixiert hat. Da gibt es oben und unten jeweils so eine Art Leitergitter. Später hat sie auch meine Beine fixiert. Die Masseurin wurde zur unerbittlichen Beherrscherin der Situation. Da es ein absolutes Tabu darstellt, während der Massage zu sprechen, konnte ich auch keine verbalen Einwände erheben. Das hätte ich aber vermutlich auch gar nicht getan. So also ging das los und hat inzwischen eine außergewöhnliche, vielleicht auch fatale Richtung eingeschlagen.

Am Nebentisch wird eine kurze Weinverkostung vorgenommen, und der Mann im grauen Flanellanzug bricht seine Erzählung ab. Doch auch nach der Weinverkostung setzt er sie nicht mehr fort. Erst auf mehrfache Bitte, mir von dieser «Entwicklung» zu erzählen, nimmt er den Faden wieder auf.

Inzwischen ist es so, dass ich gelegentlich eine WhatsApp-Nachricht dieser Masseurin erhalte, in der sie mich auffordert, sofort in ihr Studio zu kommen. Manchmal ignoriere ich die Nachricht oder schreibe zurück, ich hätte keine Lust oder keine Zeit. Dann werden ihre Befehle strenger, manchmal droht sie mir auch. Letztlich knicke ich irgendwann ein und fahre hin. Mittlerweile ist es obligatorisch, dass ich auf der Liege fixiert werde. Aber nicht nur das – mir werden die Augen verbunden, und ich bekomme einen Kopfhörer aufgesetzt. Wenn ich Glück habe, darf ich Strauß-Walzer hören oder Opernchöre genießen. Es passiert aber auch, dass sie mich mit Heavy-Metal-Rock quält. Von der Wahl der Musik ist natürlich abhängig, in welche Welten ich abtauche, wenn ich doch aller äußeren Wahrnehmung beraubt bin. Irgendwann, das weiß ich, wird sich jemand mit mir beschäftigen. Aber ich weiß nicht, welche der Damen das tun wird, und ich erfahre auch hinterher nicht, wer es war, die ihre satanischen Lüste an mir ausgetobt hat. Es sind lustvolle Grausamkeiten, die mir zugefügt werden: Ich bekomme Nippel-Klammern angesetzt, oder mein Oberkörper wird mit Eiswürfeln überschüttet, die anschließend darauf verrieben werden. Der Erfindungsreichtum der Damen, mit dem sie mich aus jenen anderen Welten zurück ins Jenseits befördern, ist jedenfalls ausgesprochen vielfältig. Das Ganze endet immer mit einer Lingam-Massage, und ich muss sagen, dass ich das Studio jedes Mal als ein physisch wie psychisch ausgeglichener Mensch verlasse.

Das klassische Bordell

Pünktlich zum Schichtwechsel ist die Verwandlung perfekt. Die Metamorphose von der jungen Frau in Jeans und Schlabberpulli zur verführerischen Femme fatale hat nur wenige Minuten gedauert. Vorangegangen war ihr ein Ortswechsel von der privaten Vorstadt-Idylle in die gnadenlose Realität eines Nobelpuffs mitten in Berlin. Wir halten uns in einem kleinen Zimmer auf, das für die Sex-Arbeiterinnen Schminkraum, Teeküche, Umkleidekabine sowie Aufenthaltsraum ist, wenn sie nicht gerade nebenan ihrem Job nachgehen.

Zwischen Metallspind und Spiegel bereitet sich Kelly, wie sie hier heißt, auf ihre Gäste vor. Über Kellys Outfit entscheidet das Terminbuch, über das Make-up sie selbst. Sie weiß, dass ein dicker Lidstrich die großen blauen Augen ihrer Wirkung berauben würde. Und sie weiß auch, dass knallige rote Lippen einen effektvollen Kontrast bilden zu den langen naturblonden Locken. Beim Make-up lässt sie nicht mit sich reden. Beim Kostüm schon. Sie sagt «Kostüm» und muss lachen. Es ist ein fröhliches, glucksendes Mädchenlachen, wenn sie davon erzählt, wie eines Tages ein bekannter TV-Star hier auftauchte. Bei der Zigarette danach sagte er: «Ich mache im Grunde den gleichen Job wie du! Man sagt mir, was ich spielen soll, und ich sage, wie viel Geld ich dafür haben will. Nur dass ich mein Kostüm während des Spiels meist anbehalte.» Und dann, erzählt Kelly, hätten sie beide über diesen schrägen Vergleich gelacht.

Sie entdeckt das Pseudonym des Schauspielers im Terminbuch. Er hat sich für 18 Uhr angemeldet. Sie holt schon mal die Overknee-Stiefel aus dem Spind, denn sie weiß, für welche Rolle sie in seinem Kopfkino besetzt ist. Mit Zigarette im Mundwinkel wird sie ihm eine Weile missgelaunt gegenübersitzen. Sie wird schmutzige Worte sagen und Befehle erteilen. Er wird vor ihr niederknien, devot am Absatz des Stiefels saugen und darum flehen, von ihr erhört zu werden. Irgendwann wird sie ihm diese Gnade gewähren, ihre großen Brüste entblößen, für die sie viel Geld bezahlt hat, und ihm erlauben, sein Gesicht darin zu vergraben. Es läuft immer nach demselben Muster ab. «Wie eine Theaterinszenierung», hat er einmal gesagt. Da war er längst zum Stammfreier geworden.

Die meisten ihrer Gäste kennt Kelly seit Jahren. Nicht bei allen läuft es so stereotyp ab wie bei dem Mann aus dem Fernsehen. Das zweifelhafte Vergnügen, von zufälliger Laufkundschaft taxiert zu werden, überlässt Kelly längst ihren jüngeren Kolleginnen. Etwa im Viertelstundentakt gehen die Mädchen in die Zimmer, um sich den fremden Männern vorzustellen. Die 18- bis 22-Jährigen haben dabei die größten Chancen. Kelly gehört mit 34 Jahren fast schon zu den Dinos in diesem auf Frischfleisch fixierten Gewerbe. Gelegentlich kommt es noch vor, dass jemand sich in ihr Foto auf der Website des Bordells verguckt hat und telefonisch einen Termin vereinbart. Da muss sie dann in einem kurzen Vorgespräch herausfinden, worauf der Herr steht. Danach sucht Kelly das Kostüm aus.

Früher hatte Kelly mal einen Traum – damals, als sie noch Träume hatte. Das ist fast 15 Jahre her, da wollte sie Kosmetikerin werden. Ganzheits- und Wellness-Kosmetikerin, um genau zu sein. Die Ausbildung sollte ein Jahr dauern und mehr als 5000 Euro kosten. Eine Freundin hatte ihr von dem Job erzählt, mit dem sie das Geld bald zusammenhaben würde. In einem Jahr vielleicht oder ein bisschen länger.

Das Bordell, in das sie mitgenommen wurde, war schmuddelig und lag im Wedding. Die Kundschaft entsprach der multikulturellen Zusammensetzung des ehemaligen Arbeiterbezirks im Berliner Norden. Hätte sie nicht ein Headhunter – ja, so was gibt's auch in der Erotikbranche – für das Etablissement abgeworben, in dem sie immer noch arbeitet, wäre sie vielleicht heute Ganzheits- und Wellness-Kosmetikerin. Doch das schnelle Geld, das man hier in diesem Etablissement verdienen kann, war einfach zu verführerisch. «Wenn ich mit einer anderen Arbeit in so kurzer Zeit dasselbe Geld verdienen könnte, würde ich die machen», sagt Kelly, und die anderen Mädchen im Raum klatschen.

Der «Cocktail»-Freund

Paul ist ein in die Jahre gekommener Beau. Einer von denen, deren Eitelkeit es ihnen schwermacht, den natürlichen Prozess des Alterns zu akzeptieren. Mit gefärbten Haaren, durch eine aufwendige Föhnfrisur lichte Stellen verdeckend, sitzt er mir an meinem heimischen Schreibtisch gegenüber. Es spricht einiges dafür, dass er auch ein wenig an sich hat herumschnippeln lassen, aber natürlich frage ich ihn nicht danach. Kelly hat ihn zu mir geschickt, damit er mir von seiner ganz besonderen Leidenschaft erzähle. Das wolle er gern tun, sagt er mir bereits am Telefon. Aber er ist nicht dazu zu bewegen, sonst etwas von sich preiszugeben, nicht, wo er wohnt, nicht, was er beruflich macht, na, und sein Alter – das ich auf Mitte 50 schätze – schon gar nicht. Sein Thema wird allein das sein, was er bei seiner

Stammhure Kelly im Laufe der Zeit an sich entdeckt hat, und sonst nichts.

Dann sagt Paul noch: «Ich war früher mal ein echter Weiberheld!», und ich bezweifle nicht, dass das stimmt. Dennoch sei er auch in jungen Jahren regelmäßig Gast in diversen Puffs gewesen. «Ich bin damals nicht zu Huren gegangen, weil ich es ‹nötig› gehabt hätte, sondern weil ich bei denen – im Gegensatz zu meinen privaten Gespielinnen – immer das Verruchte und Schmutzige gesucht habe. Das war die andere Seite meiner Libido», bekennt er freimütig. Und er bekennt auch, dass er heute nur noch diese Seite lebt. Seine Art zu erzählen liefert den Beweis, dass man extrem masochistisch und eitel zugleich sein kann …

Meine früheren Gespielinnen waren für mich Engel. Egal, ob es sich dabei um eine Langzeit-Geliebte handelte oder um einen One-Night-Stand. Wer meinem Bild von einem Engel nicht entsprach, hatte gar keine Chance. Engel nehmen zum Beispiel keine schmutzigen Worte in den Mund und sind auf Zärtlichkeit und Harmonie bedacht. Vielleicht weil ich diesen himmlischen Sex mit Engeln praktizieren durfte, brauchte ich immer auch das Gegenteil. Bei den gefallenen Engeln, den Huren, liebte ich von jeher den Dirty Talk. Vor allem stand ich drauf, wenn sie mir erzählten, wie geil es kurz zuvor mit einem anderen Freier gewesen war. Das Bedürfnis, so etwas zu hören, hat sich im Laufe der Zeit immer mehr intensiviert. Wenn ich heute zu Kelly gehe, die mich schon lange kennt, weiß sie, dass ich die genauen Details erfahren möchte. Während ich mit ihr ficke, schwärmt sie also von gutgebauten Männern, die sie kurz zuvor so richtig rangenommen hätten. Gut kommt auch immer, wenn sie mir vom Sex mit einem schwarzen Mann erzählt, dessen riesigen Schwanz sie langsam und ausgiebig geleckt und geblasen habe, bis eine riesige Ladung Sperma in ihrem Gesicht gelandet sei. Das ist etwas, was mir nicht erlaubt ist. Manchmal bettle ich zwar darum, ernte dann aber nur hämische Kommentare. Was mir einfiele, mit meinem kleinen Schwanz. Dabei ist meiner gar nicht so klein, wie riesig muss erst der Schwanz des anderen sein.

Eines Tages hatte Kelly eine wahnsinnig geile Idee. Sie brachte mir ein benutztes Kondom mit, in dem sich eine Menge Sperma befand. Während sie mich geritten hat, hielt sie mir den Gummi vors Gesicht und sagte: «Da hat mein schwarzer Lieblingsgast vorhin reingespritzt!» Schlagartig war ich noch erregter, als ich es eh schon war. Ich hab ihr das Kondom aus der Hand genommen, es gierig mit den Zähnen aufgerissen und das Sperma auf mein Gesicht tropfen lassen. Dann hab ich es mit der Hand darauf verteilt. Kelly ist entsetzt aufgesprungen und hat geschrien: «Igitt, du alte Sau! Uah, der schmiert sich die Soße ins Gesicht ...» Mit dem Sperma des anderen an den Händen griff ich nach meinem Schwanz, und schon Sekunden später habe ich abgespritzt. Seither will ich nichts anderes mehr, wenn ich zu Kelly gehe.

Inzwischen läuft das so ab, dass ich mit ihr per SMS einen Termin vereinbare. Dabei bestelle ich drei «Cocktails». Natürlich lässt sie sich diese «Drinks» extra bezahlen – 20 Euro kostet einer. Wenn sie im Zimmer erscheint, legt sie die Gummis an das obere Kopfende. Ich kann es dann kaum erwarten, sie zu öffnen. Vorher aber steigt sie auf mich, und während sie mich reitet, erzählt sie von den geilen Typen, mit denen sie an dem Tag schon gefickt habe. Jeden Einzelnen beschreibt sie mit schwärmerischen Worten, auf welche Weise sie von ihnen jeweils genommen wurde. Zum Beweis, sagt sie, habe sie mir den Saft der Herren mitgebracht. Ich bitte darum, dass sie mir die Gummis überlässt. Nun kommt die Bezahlung ins Gespräch. In meinem Jackett befindet sich eine Brieftasche, in der alles vorbereitet ist, sodass Kelly das Geld selbst entnehmen kann. Also steigt sie von mir runter, geht an meine Brieftasche und nimmt den Betrag von 60 Euro raus. Dann wirft sie mir gnädig erst mal eines der Kondome zu. Ich reiße es auf und beschmiere mein Gesicht mit dem Sperma. Dann nehme ich das nun fast leere Kondom und kaue darauf herum wie auf einem Kaugummi. Den Saft aus dem nächsten Kondom lasse ich auf meinen Oberkörper tropfen und verreibe ihn dort. Den Höhepunkt bildet das letzte Kondom, dessen Saft ich auf meinen Schwanz fließen lasse. Ich nutze dieses Sperma als Gleitmittel: Mit einer Faust umfasse ich mein Glied, reibe es mit dem Sperma des fremden Herrn ein und hole mir so einen runter. Während dieser geilen Aktion lacht Kelly mich aus und sagt mir, wie eklig sie das findet.

Ich habe wirklich gedacht, dass diese «Schweinerei» und dieser Dirty Talk das Höchste seien, was man erleben kann. Beim nächsten Mal hat Kelly allerdings noch einen draufgesetzt. Bevor sie mir den dritten Gummi zuwarf, öffnete sie die Tür und rief ihren Kolleginnen zu: «Hey, kommt mal her und seht euch diese eklige Drecksau an!» Tatsächlich kamen vier junge Huren herein, kreischten sofort los und riefen: «Boah, der schmiert sich mit der Soße von den Freiern ein?», «Igitt, der Typ kaut auf dem Gummi herum, das ist ja voll eklig!», «Hey, du Sau, leck deine Finger ab!», und Ähnliches. Für diesen Extraservice hat Kelly dann ein Trinkgeld für ihre Kolleginnen verlangt, weil die sich solch «einen Saustall ansehen» hatten müssen. Hoch beglückt habe ich das gewährt.

Nun habe ich noch einen Traum, und Kelly hat versprochen, mir den irgendwann zu erfüllen. Sie wird mich per SMS spontan zu sich bestellen. Dann wird ein schwarzer Freier mit einem großen Schwanz bei ihr sein. Ich werde dabei zusehen dürfen, wie sie ihm den Schwanz bläst und mit ihm fickt. Am Ende wird sie ihm gestatten, ihr auf die großen Brüste zu spritzen. Dann werde ich endlich ins Spiel kommen. Während sie mit dem Schwarzen zärtliche Küsse austauschen wird, werde ich sein Sperma von ihren Titten lecken. Geile Vision!

Der Traum der «Kinderficker»

Zugegeben, einem Teil der Leserinnen und Leser wird die folgende Geschichte nicht fremd sein. Ich habe sie nach einem Telefonat mit Jenny als ein Beispiel für eine ungewöhnliche Männerphantasie in meinem Buch «Sex im Kopf – Die erotischen Phantasien der Deutschen» veröffentlicht. Wer die Story also schon kennt, kann sie entweder noch einmal lesen oder nach vorn blättern. Den anderen will ich sie als Teil der beruflichen Realität einer sehr jungen Hure zur Kenntnis bringen, die wegen ihres lolitahaften Aussehens eine ziemlich spezielle Kundschaft anzieht ...

Die Männer, die mich buchen, stehen, möchte ich wetten, auch alle auf Avril Lavigne[23], zumindest auf die Avril Lavigne von vor zehn oder zwölf Jahren. Ich bin nämlich der gleiche Mädchen-Typ, und ich schminke mich auch in ihrem Stil. Damit ist meine Beschreibung auch schon abgeschlossen: Avril à la 2004. Okay? Wer keine Lolita mag, der wird mich nicht buchen. Wer aber drauf steht, kommt an mir nicht vorbei. Zumindest nicht in unserem Laden. Wenn ich mich in einem unserer Zimmer einem neuen Kunden vorstelle, weiß ich schon in den ersten Sekunden, ob er auf mich steht oder nicht. Irgendwas passiert in den Gesichtern der Männer, das mir verrät, wie sie ticken. Die meisten, die mich buchen, kommen immer wieder, und keiner, der sich beim ersten Mal für ein anderes Mädchen entschieden hat, kommt irgendwann später zu mir. Die «Kinderficker», wie meine Kunden bei uns genannt werden, sind nie attraktiv – das sind sowieso die wenigsten Puffgänger, kommt aber vor, aber nicht bei den Kinderfickern. Sie sind aber fast alle nett und höflich. Viele bringen mir was mit, meist Süßigkeiten, über die sich dann meine Kolleginnen hermachen. Und eines Tages war

23 kanadische Sängerin

da der Typ, dem fast die Augen rausgefallen sind, als ich mich vorstellte, und der meine Hand gar nicht mehr loslassen wollte. Er sagte dauernd: «Du bist es! Du bist es!» Ich dachte: Hallo, was geht denn hier ab? Ist er verrückt, oder was ist mit dem los? Ich sagte: «Okay, ich bin es! Ich schicke dir die Hausdame, die erklärt dir alles … Preis-Leistungs-Verhältnis und so.» Unsere Hausdame ging also zu dem hin, und nach einer Minute kam sie zurück und fragte mich nach meiner Schuhgröße. Ich sagte: «38», und wusste gar nicht, was das soll. Will er mir Schuhe kaufen, dachte ich, oder vielleicht Hurenstiefel, was geil wäre, weil die ziemlich teuer sind? Das war irgendwann am Nachmittag, und als die Hausdame nach 'ner Weile wieder nach hinten kam, sagte sie, dass er für mich einen Termin am Abend gemacht hat – eine ganze Stunde. Und sie sagte mir auch, was der Herr sich so vorstellt. Normalerweise ist es ja nicht ihre Aufgabe, die Wünsche der Herren in Erfahrung zu bringen, aber unsere Wally ist eben ein Seelchen und hat sich seiner Bitte nicht verweigert, es ihr vorzutragen. Sie sagte mir also, der Typ gehe jetzt Klamotten für mich einkaufen, die solle ich dann anziehen. Ich würde bei ihm Svenja heißen und 15 Jahre alt sein. Oops! Da musste ich erst mal schlucken … Es wurde von mir irgendwie eine krasse schauspielerische Aufgabe erwartet. Okay, das ist es ja immer, aber ich habe die andern Mädels gefragt, wie man das macht – eine 15-Jährige beim Sex. Aber viel mehr, als Kaugummiblasen zu produzieren und ab und zu mal albernes Kichern einzulegen, ist denen auch nicht eingefallen. Ich habe zwar mit 15 auch schon gevögelt, aber die Typen waren nicht 30 Jahre älter. Der aber war mindestens Mitte 40, und ich hatte null Ahnung, wie der sich 'ne 15-Jährige vorstellt. Ich habe also abgewartet, was da auf mich zukommen würde, und obwohl ich zwischendurch noch zwei andere Kunden abgefertigt habe, ging mir dauernd durch den Kopf, was der Typ sich da wohl mit einem krass jungen Teenie zusammenphantasiert, und vor allem, was ich dafür verlangen kann. Die Antwort kam in einer rosafarbenen und einer braunen Tragetasche. Da drin befanden sich ein superkurzer Minirock mit Schottenmuster und ein blaues T-Shirt, auf dem mit Glitzersteinchen das Wort «LOVE» aufgestickt war. Außerdem weiße Kniestrümpfe und knallrote echte «Converse All Stars», und dann war da noch ein Kuvert mit 300 Euro. Schon für einen Fuffi weniger stand ihm das volle Programm zu: eine Stunde mit sämtlichen Extras. Ich dachte: Wow! Wenn ich die Schuhe auch noch behalten darf, ist das heute mein Glückstag. Wir Mädels untereinander wünschen uns zum Schichtwechsel immer «wenig Kunden und viel Geld», und das war jetzt so ein Fall. Selbst wenn ich die 75 Euro abziehe, die der Bordellbetreiber für eine Stunde Zimmermiete kassiert, war es ein echt cooler Stundenlohn. Ich habe mich also mit den Sachen kostümiert, die er besorgt hat. Die Schminke hatte ich vorher schon entfernt, weil mir Wally sagte, er will mich ungeschminkt. Ich schob mir noch schnell einen Chewing Gum in den Mund, und dann ging's ab in das Zimmer, wo der Typ auf mich wartete. Die meisten Gäste sind schon nackt, wenn ich reinkomme. Der nicht! Er saß da in Anzug und Krawatte auf dem Bettrand, und als ich ihn fragen wollte, was jetzt das Programm sein würde, legte er den Zeigefinger auf seine Lippen. Also hielt ich den Mund und stand ein bisschen blöd in der Gegend rum. Ich machte mit dem Kaugummi eine Blase und ließ sie platzen. Der Typ strahlte. Schien ihm zu gefallen. Jetzt musste ich wirklich kichern. Er sagte leise: «Komm zu mir, Svenja!» Ich ging also hin, und er begann mir die Beine zu streicheln. Dabei machte er die Augen zu und rieb sein Gesicht auf der Höhe meiner Brust auf dem T-Shirt. Ich dachte, er muss aufpassen, dass er sich nicht am Glitzerstein-LOVE das Gesicht zerkratzt. Also schob ich das T-Shirt hoch und legte so die Brüste frei, an denen er ja wohl ohnehin interessiert war. Er schaute mich mit glasigen Augen an, und dann begann er, an meinen Nippeln zu saugen. Erst zärtlich und dann immer gieriger. Nach einer Weile holte er seinen Schwanz raus und begann sich zu wichsen. Dabei stöhnte er dauernd: «Svenja, oh mein Gott!» Zwei, höchstens drei Minuten, und er spritzte mir auf die Beine. Irgendwie erschöpft rollte er sich auf dem Bett zusammen und begann mit so 'ner Art Wimmern. Es hörte sich erbärmlich an. Ich machte meine Beine sauber und setzte mich auf den Sessel. Keine Ahnung, wie es weitergehen sollte. Er hatte ja eine Stunde gebucht, und ich war gerade mal zehn Minuten da. Außerdem hatte er 300 Euro bezahlt, dafür durfte er zweimal kommen. Nach einer Weile stand ich auf, legte mich neben ihm aufs Bett und fing an, ihm den Kopf zu streicheln. Er drehte sich zu mir und presste sich ganz dicht an mich. Er sagte: «Es tut mir so leid, Svenja. Aber du bist ein so schönes Mädchen geworden. Ich konnte einfach nicht an mich halten.» Ich dachte: Wer immer diese Svenja ist, von der ich offenbar die perfekte Kopie bin – diesen Typen sehe ich nie wieder. Na, wenn der schon gleich nach dem ersten Abspritzen zur Heulsuse wird!? Der kann bestimmt vor Gewissensbissen in keinen Spiegel mehr schauen. Aber damit lag ich ziemlich falsch. Schon eine Woche später war er wieder da und ein paar Tage darauf wieder … Es war immer die gleiche Nummer, nur dass ich irgendwann anfing, den Handjob zu übernehmen und er mir sein Sperma nicht mehr auf die Beine, sondern auf den Arm spritzte.

Eines Tages buchte er mich für Escort – das heißt mit Ausgehen und so und dann die ganze Nacht irgendwohin für 1000 Euro. Ich habe schon zweimal vorher Escort gemacht, weil manche Typen in der Öffentlichkeit mit ihrer superjungen «Freundin» angeben wollen. Es ist immer schwierig, aber es wird ja auch nicht schlecht entlohnt. Diesmal aber war ich echt gespannt, wie das mit dem ablaufen würde.

Er holte mich mit einem dunkelblauen 3er-BMW ab und war unglaublich freundlich. Es war, als ob ich zu einem alten Bekannten in den Wagen steige. Es ging nur so: «Hallo, Svenja, wie war dein Tag? Hast du Hunger? Was hältst du davon, mit Papa chic essen zu gehen!» Papa? Hallo? Ich hoffte, das wär nur so 'ne Art Spitzname … Und dann ging's in ein supergeiles Restaurant. Draußen war es ein heißer Sommertag, und drinnen machte die Klimaanlage einen guten Job. Bei der Gelegenheit erfuhr ich seinen Namen, denn er wurde von einem der Kellner mit Namen begrüßt, und er stellte mich tatsächlich als seine Tochter Svenja vor. Trotzdem war ich noch nicht so geschockt wie später. Ich dachte nur: Okay, jetzt ist es raus, wer ihm in seiner fantasy einen runterholt. Mehr war ja nicht passiert. Wenn ich also wirklich diese Svenja wäre, wär ich noch immer Jungfrau. Durch seine Spermaspritzerei hätte ich meine Unschuld jedenfalls nicht verloren. Also, was soll's?

Beim Essen ging's dann schon los. Während er die Suppe löffelte, streichelte er mir unter dem Tisch die Beine. Das konnte sonst keiner sehen, weil es bodenlange Tischdecken gab. Aber ich saß ja neben ihm, er hatte also leichtes Spiel. Bevor der Hauptgang serviert wurde, fing er an, mich zu fingern. Er schob seine Hand unter meinen Rock und suchte mit dem Finger unter dem Slip den Weg zu meiner Muschi. Er hörte damit auch nicht auf, als die Kellner den Hauptgang servierten. Die müssen das bemerkt haben, denn sie beugten sich ja über den Tisch. Nach dem Essen ging's in ein Hotel, eine der noblen Übernachtungsbetriebe hier. Auf dem Zimmer wurde dann aus dem freundlichen Herrn ein ziemlich strenger Mann. Bevor er ins Bad ging, sagte er: «Wenn ich zurückkomme, liegst du splitternackt auf dem Bett, verstanden?» Wie ein kleines Mädchen antwortete ich artig: «Ja, Papa, mach ich!» Ich legte mich also nackt auf das Bett, und mir war klar, welche Nummer gleich ablaufen würde. Der Mann, dessen Namen ich nun kannte, würde jetzt gleich seine eigene Tochter ficken. Ekel kam in mir hoch, denn ich wusste nur zu gut, wie sich das anfühlt, wenn man vor der Zeit zum Sexualobjekt wird. Wenngleich ich deutlich jünger als 15 war, als der Freund meiner Mutter mich geil fand. Aber gefickt hat der mich nicht – gefickt nicht! Und dann dachte ich, dass ich der Original-Svenja einen Riesengefallen tun würde, wenn ich jetzt die Beine breit mache. Für mich war's der Job. Aber Beine breit machen war erst mal gar nicht angesagt, denn der Typ stand vor dem Bett mit 'ner riesigen Latte und sagte: «Svenja, komm her!» Mir war schon klar, was jetzt laufen würde. Also ging ich hin und – wie in jedem zweiten Porno packte er mich an den Haaren, drückte mich runter auf die Knie, und ich begann mit dem Blowjob. Er dirigierte das Tempo, mal schneller und mal langsamer. Ich konzentrierte mich auf sein Stöhnen, um herauszufinden, wann es so weit sein würde. Dann würde ich die Zunge nach oben schieben, um zu verhindern, dass mir sein Saft bis in den Hals schießt. Aber dazu kam es nicht, denn er zog diese kitschige Pornonummer bis zum üblichen Finale durch, und das heißt, er spritzte mir seinen Saft ins Gesicht. Dann sagte er: «Los, wasch dich!» Für diesen einen Satz war ich ihm echt dankbar. Nichts ist schlimmer, als wenn die Typen ihr Kunstwerk auch noch stundenlang betrachten wollen.

Als ich zurückkam, lag er auf dem Bett und rauchte. Kein Wimmern, so wie sonst. Er beachtete mich gar nicht. Ich setzte mich auf einen der Stühle und wartete. Es dauerte eine ganze Weile, bis er befahl: «Komm her!» Ich hatte schon den Gummi in der Hand, und er – als ob er darauf gewartet hatte – ließ ihn sich überstreifen. Dann setzte ich mich auf seinen Schwanz und begann ihn zu reiten. Das mögen die meisten Männer. Er auch. Aber er machte nicht die Augen zu, sondern sah mich an und sagte: «Das wolltest du doch schon lange, Svenja, oder?» Ich sagte brav: «Na klar, Papa, das hast du doch wohl gemerkt.» Aber das hat ihm nicht genügt, er befahl mir: «Sag's mir, du Flittchen, dass du schon lange deinen Vater ficken wolltest.» Und ich schrie: «Ja, Papa! Ich wollte dich ins Bett kriegen, ich hatte Bock, deinen Schwanz zu reiten, dich in mir zu spüren und abzumelken. Na los, gib mir deinen Saft», und so weiter. Na, und da ging er dann richtig ab. Aber nachdem er abgespritzt hatte, durfte ich mich nicht mal mehr neben ihn legen. Er sagte: «Zieh dich an und verschwinde!» In diesem Moment war mir klar, dass ich ihn nun tatsächlich nie wiedersehen werde. Als ich das Hotel verließ, hatte ich zwar 1000 Euro in der Tasche, aber es ging mir trotzdem richtig scheiße. Das war die krasseste Nummer meiner Karriere! Ich hoffe ja nur, dass er danach keinen Bock mehr hatte, sich an seiner Tochter zu vergreifen, oder es nicht so ist, dass ich da überhaupt erst seine Begehrlichkeit geweckt habe. Aber das werde ich wohl nie erfahren.

Der Stiefellecker

Kai hat einige Hobbys, und jedes davon traut man ihm auch zu. Tennisspielen etwa. Immerhin ist er ein großer sportlicher Typ. Es hätte auch Golf sein können, aber bei seinem Alter – Anfang 40 – widerspräche das dem Klischee. Außerdem sammelt er alte Handfeuerwaffen. Darauf würde man vielleicht nicht gleich kommen, aber das liegt eher an der Ungewöhnlichkeit des Hobbys. Würde man aber, aus welchen Gründen auch immer, darüber nachdenken, wie wohl jemand aussieht, der historische Handfeuerwaffen sammelt, käme man durchaus auf einen Typen in Cordhose, kariertem Hemd und olivgrüner Steppjacke. So einen wie Kai eben.

Nicht zufällig hat Kai das Einstein in der Kurfürstenstraße in Berlin für unser Treffen ausgewählt. Das Wiener Kaffeehaus und Restaurant befinden sich in einer alten Villa, deren wechselvolle Geschichte in der Speisekarte erzählt wird. Von acht Uhr morgens bis Mitternacht verkehren hier Künstler, Journalisten, emeritierte Hochschulprofessoren, Zahnarztwitwen und jede Menge Touristen. Das aber ist nicht der Grund, weshalb Kais Wahl auf diese Location gefallen ist.

Wer auch nach Mitternacht hier im Einstein noch kein Ende finden kann, steigt hinauf ins Obergeschoss. Dort wird im klassischen Ambiente der Bar Lebensstern die europaweit größte Auswahl an Rum und Gin angeboten. Hier fühlen sich nicht nur Leute wohl, die historische Handfeuerwaffen sammeln. Und wer zu nächtlicher Stunde dann die Villa verlässt, trifft draußen auf Damen, für die ältere Barbesucher noch immer den Begriff «Bordsteinschwalbe» verwenden. Im Gegensatz zu den elenden Gestalten auf dem Drogenstrich ein paar Meter entfernt sind es junge, ansehnliche Frauen, die hier stehen – in Lackstiefeln, engen Miedern und mit gewaltigen Dekolletés. Im klassischen Hurenoutfit eben. Das ist nicht jedermanns Geschmack, aber wenn es niemanden gäbe, dem es gefällt, wären sie nicht hier. Kai hat früh gemerkt, dass ihm das gefällt, und spät, was sich daraus ergeben kann. Und zu dieser Einsicht gelangte er nicht ganz freiwillig …

Es ist das Verruchte, das mich erregt. Die nuttige Erscheinung, die signalisiert, dass man mit ihnen wilden, schmutzigen Sex haben kann, wenn man bereit ist, dafür zu bezahlen. Das muss man sich mal vorstellen: Sie stehen da mit diesen geilen Stiefeln und eng hochgeschnürten Brüsten, grell geschminkt und sind bereit, sich von jedem erwachsenen Mann, der vorbeikommt, ficken zu lassen. Das allein finde ich schon geil. Wenn die Hure dann auch noch tätowiert ist, fahre ich noch mehr darauf ab. Diese Frauen haben alles, was ich an einer Lebenspartnerin nicht ertragen könnte – die pure Erotik in ihrem Auftreten, die eindeutigen Blicke, die schmutzigen Sprüche, die Tattoos …

Während Kai mir im Garten des Lokals seine Geschichte erzählt, speist einige Tische weiter die Bundeskanzlerin gemeinsam mit einer Mitarbeiterin aus der nahegelegenen CDU-Zentrale. Ein

Gegensatz, der mindestens so krass ist wie das vornehme Café Einstein und der nächtliche Straßenstrich unmittelbar davor.

Manchmal, wenn ich abends mit dem Auto unterwegs war, habe ich ganz bewusst den Weg durch die Kurfürstenstraße genommen, auch wenn ich gar nicht vorhatte, ins Einstein zu gehen. Nur, um die Stiefelladys zu sehen. Das war der mentale Einstieg in die Leidenschaft für Hurenstiefel. Zu Hause hab ich mir Clips mit Stiefelhuren aus dem Internet heruntergeladen, und beim Betrachten hab ich onaniert. Es war nur der reine Anblick, der mich geil gemacht hat, ohne dass ich mir irgendeine Form von Sex dabei vorgestellt hätte. Tja, und dann kam der Abend, an dem es passierte.

Es war ein warmer Sommerabend vor drei Jahren. Das ist wichtig für die Geschichte. Normalerweise steigen die Huren ja zu den Männern ins Auto. Das hätte ich ganz bestimmt nicht gemacht. Damals nicht. Das wäre an diesem Abend auch gar nicht gegangen, denn ich musste das Auto stehen lassen. Ab und zu trinke ich mal ein oder zwei Gläser mehr. Dann lasse ich das Auto immer stehen und hole es erst am nächsten Tag. So ein Abend war das auch. Ich wollte vor zur Potsdamer Straße laufen und mir dort ein Taxi schnappen. Dabei kam ich an einem der Mädchen vorbei, das ich schon einige Male gesehen hatte. Ein Bild von einer Hure. Alles an ihr war in Schwarz-Weiß gehalten. Weißes Mieder, weiße Overknee-Lackstiefel. Schwarze Strumpfhosen, schwarze Haare. Und der Blick in ihre schwarzen Augen war der Blick in die Hölle. Als ich an ihr vorbeiging, drehte sie sich zu mir um und sah mich mit diesen wahnsinnigen Augen an. Ihre roten Lippen waren schwarz umrandet, und ein verächtlicher Zug spielte um diesen Mund, als sie sagte: «Na, mein kleiner Wichser. Für 'n Fuffi darfst du mir dort hinten die Stiefel schön sauberlecken und kriegst auch noch die Titten zu sehen.»

Wie in Trance holte ich meine Brieftasche hervor und gab ihr einen 50-Euro-Schein. Ich hatte keine Ahnung, wovon sie sprach und was sie vorhatte. Ich hörte nur, dass ich dieser Sünde von einer Frau «'n Fuffi» geben musste, und das habe ich getan.

Sie nahm den Schein mit einer Selbstverständlichkeit, als hätte ich soeben eine Wettschuld beglichen, und sagte: «Mitkommen!» Nein, sie sagte es nicht – es war ein Befehl! Und schon dackelte ich wie ein Schüler beim Klassenausflug hinter der Lehrerin her. Dabei hatte ich Gelegenheit, ihren wunderschönen Körper in diesem geilen Nutten-Outfit und ihren lasziven Gang aus nächster Nähe zu bewundern. Ich hatte keine Ahnung, wohin wir gingen und was an jenem unbekannten Ort passieren würde. Diese Ungewissheit, meine Willenlosigkeit, die Hure vor mir – das alles erregte mich. In meiner Hose zeichnete sich eine dicke Beule ab.

Ich schreite mit Kai zur Ortsbesichtigung. Wir verlassen also das Café Einstein, und ich gehe neben ihm her in Richtung Potsdamer Straße. An der nächsten Straßenecke biegen wir nach links ab und erreichen schon nach wenigen Metern den Vorplatz des Französischen Gymnasiums. Ich folge ihm zu einer Ecke des modernen Schulgebäudes. Rechts vom Haupteingang führen ein paar Stufen hinunter zu einem Nebeneingang. Kai bleibt stehen und sieht mich mit einem verlegenen Grinsen an, ehe er seine Erzählung fortsetzt:

Hierher bin ich ihr gefolgt. Ich war wie in Trance. Und hier ist sie dann stehen geblieben und sagte: «Komm her!» Das tat ich. Ich stand so nah bei ihr, dass ich ihren Atem spüren konnte. Gelangweilt kaute sie auf einem Kaugummi herum. Dann fasste sie mir in den Schritt und begann durch die Hose unsanft meine Eier zu massieren. Nach einer Weile befahl sie: «Hol ihn raus!»

Ohne nachzudenken, öffnete ich meine Hose und befreite meinen steifen Schwanz. Sie aber nahm ihn gar nicht zur Kenntnis. Ohne den Blick von mir zu nehmen, öffnete sie das Mieder ein wenig und drückte ihre beiden Brüste heraus.

«Oh, mein Gott!», rief ich, als ich die prallen Euter vor mir sah. Unwillkürlich ging mein Kopf nach vorn, um sie zu küssen. Doch schon im nächsten Moment griff die Hure mich an beiden Schultern und stieß mich von sich, sodass ich hier drüben heftig gegen die Mauer geprallt bin.

«Hinlegen!», befahl sie. Sofort legte ich mich auf diese Stufen hier und blickte an ihren langen Beinen in den weißen Lackstiefeln hoch. Aus dieser Position sahen ihre Brüste sogar noch gewaltiger aus.

Ich sehe mich um und stelle fest, dass das hier tatsächlich ein idealer Ort für eine erotische Zweisamkeit ist, wie auch immer diese ausgestaltet sein mag. Die Stufen sind durch eine kleine Mauer verdeckt und von der Straße nicht einsehbar. Kai scheint meine Gedanken zu erraten …

Es war ja schon nach Mitternacht und so gut wie niemand mehr auf der Straße. In dieser Nebenstraße schon gar nicht. Höchstens einer, der dort sein Auto geparkt hatte, oder eine alte Frau, die ihren Hund Gassi führte. Hier hinten war man jedenfalls ungestört.

Ich lag also hier vor ihr, und plötzlich sagte sie: «Mach dein Hemd auf!» Sekunden später lag ich mit nacktem Oberkörper da. Sie stellte einen Fuß auf meinen Brustkorb und bohrte mit dem Absatz leicht ins Fleisch, was einen lustvollen Schmerz auslöste. Natürlich hatte ich längst meinen Schwanz in der Hand.

«Leck mir den Stiefel sauber!», befahl sie mir. Also zog ich den Stiefel zu mir heran. Meine Zunge umkreiste erst die glänzende glatte Spitze, dann leckte ich gierig am Schaft entlang. Das mag lächerlich klingen, und wenn man sich das hier bildhaft vorstellt, ist es das wahrscheinlich auch ...

Für einen Außenstehenden gäbe das sicherlich ein merkwürdiges Bild ab, überlege ich. Je nachdem, wie der Betrachter so drauf ist. Für denjenigen aber, der seine Leidenschaft auslebt, ist es doch völlig egal, wie ein Außenstehender das beurteilen würde. Erst recht, wenn es einen solchen gar nicht gibt, wie hier auf den Stufen in der Ecke eines Schulgebäudes mitten in der Nacht.

Ich hab meinen Oberkörper aufgerichtet, um möglichst weit in die Nähe ihrer Oberschenkel zu kommen. Ich war wie in einem Wahn, meine Zunge glitt flink über das glatte Lackleder.

«Sauge an meinem Absatz!», wies sie mich an. Sofort ließ ich mich zurückfallen und nahm das dünne lange Teil in den Mund. So als ob ich einen Schwanz blasen würde. Dabei hatte ich immer diese wahnsinnige Frau und ihre großen, für mich unerreichbaren Brüste im Blick.

«Hey! Mund auf!», rief sie. Mit weit aufgerissenem Mund lag ich da. Sie beugte sich leicht nach vorn und ließ ihren Kaugummi zielgenau hineinfallen. Ich konnte ihren Speichel an dem klebrigen ausgelutschten Teil schmecken, auf dem ich nun voller Leidenschaft weiterkaute.

Die Frau über mir brach in ein lautes, verächtliches Lachen aus, und genau in diesem Augenblick entlud ich mich. Ein wahnsinniges orgiastisches Gefühl durchströmte meinen Körper. Der Druck war so stark, dass das Sperma bis zu meiner Stirn hochspritzte. Erschöpft, aber auch glücklich lag ich da. Schon packte sie ihre Brüste wieder ein. Ganz routiniert ging das vonstatten. Von irgendwoher zauberte sie zwei Papiertaschentücher hervor und warf sie mir zu. Minuten später liefen wir wieder zurück zur Kurfürstenstraße.

Nun könnte man annehmen, dass ich Sorge gehabt hätte, einer meiner Kumpels aus der Bar könnte genau in diesem Moment den Weg entlangkommen und uns beide zusammen sehen. Doch das genaue Gegenteil war der Fall. Ich hab mir geradezu gewünscht, von jemandem «ertappt» zu werden. Aber keiner meiner Bekannten kam in diesem Augenblick vorbei. Gern würde ich ganz offen über meine Leidenschaft sprechen, so wie jetzt mit dir. Für mich als Freiberufler wäre das allerdings nicht ratsam, weil es ziemlich sicher berufliche Nachteile mit sich bringen würde. Mit «so einem» würde mancher Entscheider sicherlich nichts zu tun haben wollen.

Die Hure sagte mir an diesem Abend zum Abschied: «Morgen bin ich nicht da. Du kommst übermorgen wieder, okay?!»

Tatsächlich war ich zwei Tage später wieder zur Stelle und danach wieder und wieder. Nach einer Weile gab sie mir ihre Handynummer. Fortan sollte ich mich schon mal hier auf die Stufen legen und ihr dann eine SMS schicken. An manchen Abenden ließ sich mich bis zu einer Dreiviertelstunde warten, ehe sie endlich erschien. Ohne sich zu entschuldigen, gab sie mir dann ihre Stiefel zu lecken, und ich holte mir einen runter. Die Stiefelleckerei war zu meiner Passion geworden.

Am Ende des Sommers war sie dann plötzlich nicht mehr da. Wenn ich versuchte, sie anzurufen, wurde mir von einer amtlichen Stimme mitgeteilt, dass die Nummer unbekannt sei. Immer wieder fuhr ich durch die Kurfürstenstraße, suchte nach ihr, sah mir bald aber auch die anderen Mädchen genauer an. Eines Tages hielt ich spontan vor einer bildschönen Blondine mit roten Lackstiefeln. Inzwischen war es Herbst geworden, und die Stiefelleckerei unter freiem Himmel verbot sich aus witterungstechnischen Gründen. Ich ließ die Dame einsteigen, und sie dirigierte mich hinüber in die Eisenacher Straße auf einen Parkplatz in einem Hinterhof. Ich folgte ihr zu einem Etablissement, in dem eine ältere Dame für eine halbe Stunde

20 Euro Zimmermiete von mir verlangte. Was ich vorfand, war ein schmuddeliges Zimmer mit einem Bett und einem Sessel, auf dem die Hure mit den roten Stiefeln Platz nahm. Sie befahl mir, mich nackt auszuziehen und mich ihr wie ein Hund auf allen vieren zu nähern. Kaum war ich bei ihr angekommen, bekam ich einen Tritt, so dass ich zur Seite fiel. Erst beim dritten Mal wurde mir gestattet, ihre Stiefel zu lecken und mich dabei zu befriedigen. Nie wieder bin ich meiner Leidenschaft hier im Freien nachgegangen. Ich liebe inzwischen diese schmuddeligen Zimmer in der Eisenacher Straße und Umgebung.

Bei den Mädels auf dem Stiefelstrich bin ich längst bekannt wie ein bunter Hund. Wenn ich bei einer anhalte, liegt immer schon das «Honorar» auf dem Beifahrersitz für sie bereit. Sie steckt es mit der größten Selbstverständlichkeit der Welt ein. Übrigens ist es inzwischen nicht nur beim Stiefellecken geblieben. Viele andere Aspekte der Demütigungen sind hinzugekommen. Das Schlagen mit Reitgerten auf den nackten Hintern, während ich die Stiefel lecke, zum Beispiel. Manche spucken mir auch voller Verachtung ins Gesicht, was zur sofortigen Ejakulation führt.

Kai lacht verlegen. Schließlich gehen wir wortlos nebeneinander zur Kurfürstenstraße zurück. Kurz vor der Ecke bleibt er stehen und richtet seinen Blick in die Ferne ...

Die Frau mit den schwarzen Augen habe ich nie wiedergesehen. Ich würde sonst was dafür bezahlen, um noch ein einziges Mal ihre Stiefel lecken zu dürfen.

Einige Meter weiter, vor dem Einstein, steigt eine offenkundig gutgelaunte Angela Merkel in ihre Dienstlimousine und rauscht davon. Das sind sie, die seltsamen Widersprüche der Kurfürstenstraße.

Lesbisch und Hure

Aurelia wirkte schon liebenswert, als ich nur ihre Stimme kannte und sie sich noch hinter ihrem «Künstlernamen» Sira versteckte. Ich hatte sie in dem JOYclub-Portal «Käufliche Lust» kontaktiert. Am Telefon lauschte ich der Stimme eines sehr jungen Mädchens. «Du kannst mich alles fragen!», sagte sie. Und dann erzählte die 19-Jährige mit der Jungmädchenstimme, wie sie einen Beamten im Gewerbeamt ihrer Heimatgemeinde in Verlegenheit gebracht hatte. Als sie ihm gegenübersaß und er sie fragte, welches Gewerbe sie anzumelden wünsche, antwortete sie knapp, aber wahrheitsgemäß: «Prostitution!» Seither bietet sie auf mehreren Online-Portalen Escort an. Früher hat das mal bedeutet, dass man Herren zu geschäftlichen Essen oder sonst wohin begleitete, Sex danach war entweder nicht ausgeschlossen oder fest vereinbart. Inzwischen bedeutet Escort oftmals nur noch, dass eine Prostituierte zu einem Ort kommt, an dem ein Freier sich schon aufhält …

Vor etwa drei Monaten wurde ich zum ersten Mal gebucht. Ich war sehr aufgeregt, denn ich hatte, was Sex mit Männern angeht, fast keine Erfahrung. Vielleicht raste mein Herz deshalb so. Ich musste mich richtig überwinden, hinzugehen. Dann aber kam ein lockerer und liebenswerter Mann von Mitte 30 daher, der verheiratet war und Kinder hatte. Er hatte mit seiner Frau die Abmachung, dass *sie* einen Lover haben darf, *er* aber nicht. Trotzdem hat er sich aber wohl nach einer Frau gesehnt, die vor allem etwas macht, was seine eigene nicht macht, und das ist Analverkehr. Ich hatte das nie zuvor gemacht, und es bleibt auch eine gewöhnungsbedürftige Sache – jedenfalls für mich.

Ich hatte ihm eine Adresse genannt, und dort bin ich zu ihm ins Auto gestiegen. Wir haben uns auf einen einsamen Autobahnparkplatz gestellt, und dort hatten wir Sex. Er hat gesagt, ich kann ihn gern überall anfassen. Na ja, ich habe seinen Schwanz rausgeholt, und wir hatten Oralsex. Dann ging es aber auch relativ schnell über zum Analsex. Das war das einzige Car-Dating, das ich bisher hatte. Insgesamt waren wir etwa eine Dreiviertelstunde zusammen, und ich hab dafür 100 € genommen. Neuerdings nehme ich aber 200 € für die erste Stunde. Inzwischen wurde ich so zwischen 10- und 15-mal gebucht, ich zähle da nicht mit. Einmal war ich mit einem Herrn in einem Swingerclub, ansonsten waren es Hotelbesuche.

Was veranlasst einen Teenager, sich zu prostituieren? Also nicht nur gelegentlich, um ein paar Euro dazuzuverdienen, sondern mit einer offiziellen Gewerbeanmeldung, die für die Ausübung des Berufs nicht zwingend nötig gewesen wäre. Diese Frage stellen sich viele. Und wenn Sexualtherapeuten diese Frage stellen, wird zunächst einmal der häufige Zusammenhang zwischen Prostitution und sexuellem Missbrauch in der Kindheit vermutet. Ganze Dissertationen sind darüber verfasst worden. Ich frage das Mädchen am Telefon, ob auch ihr so etwas widerfahren sei. Nach einem Moment der Stille beginnt sie zu erzählen ...

Ja, von meinem 4. bis zum 13. Lebensjahr, und zwar durch den besten Freund meines Vaters. Als ich 4 war, wusste ich natürlich nicht, was der Mann da macht, aber ich habe mich nicht wohlgefühlt in dieser Situation. Er ist nie eingedrungen, er hat mich betatscht und sich an mir gerieben, und zum Happy End ist er meistens aufs Klo gegangen. Mit 13 habe ich dann einer Erzieherin aus dem Hort einen Brief geschrieben. Sie hat das Gespräch gesucht, und der Kontakt wurde beendet. Im letzten Jahr habe ich ihn angezeigt. Er bekam zwei Jahre auf Bewährung und musste mir 1500 € Schmerzensgeld bezahlen.

Natürlich hatte das Folgen über die Zeit des Missbrauchs hinaus ...

Ich habe mich noch nie richtig in einen Mann verliebt. Zu Männern kann ich keine vertrauensvolle Bindung aufbauen. Bei Frauen ist das anders. Meine erste Beziehung hatte ich mit 14 Jahren mit einer Frau, die sechs Jahre älter war als ich. Das lief ein Jahr. Mit 16 Jahren hatte ich die nächste Beziehung zu einem zwei Jahre jüngeren Mädchen, und das lief bis vor kurzem. Trotzdem habe ich seit Jahren auch ein sexuelles Verlangen nach Männern. Ausprobiert hatte ich es lange nicht, und es waren auch Hemmungen da. Doch als ich mal wieder Single war, hat sich das dann irgendwie ergeben. Aber wenn ich mit einer Frau schlafe, sind viel mehr Gefühle dabei. Das ist etwas ganz anderes als bei einem Mann, wo ich es nur als rein körperlichen Akt empfinde. Trotzdem muss ich sagen: Es macht mir auf jeden Fall Spaß.

Die Chance, diesen höchst widersprüchlichen Menschen persönlich kennenzulernen, ergibt sich, als Aurelia nach Berlin kommt, um für einen Hardcore-Streifen einige Szenen zu drehen. An einem drehfreien Tag hole ich sie am späten Vormittag mit dem Wagen ab. Von weitem wirkt sie wie ein Junge und so bewegt sie sich auch. Wegen ihres maskulinen Auftretens sei sie in der Schule immer eine Außenseiterin gewesen, erzählt sie mir auf dem Weg ins Café Einstein – jenes Kaffeehaus, in dem mir einige Tage zuvor der «Stiefellecker» seine Geschichte erzählt hat. Ich stelle im Stillen die Vermutung an, dass sie es sich in der Zeit des Missbrauchs nicht gestattet hat, sich weiblich zu entwickeln. Dann aber huscht ein charmantes Lächeln über ihr Gesicht, das definitiv feminin ist.

Als wir miteinander telefonierten, besuchte Aurelia eine Fachoberschule. Nach dem Abitur wollte sie Sozialpädagogik studieren, um nach ihren Erfahrungen im sogenannten Erotik-Gewerbe als Beraterin tätig zu sein. Inzwischen hat sie diese Schule verlassen und arbeitet entschlossen an einer «Karriere im Sex-Business». Vor allem ist sie aus der Deckung gekommen. Sira gibt es nicht mehr, stattdessen schreibt sie regelmäßig unter ihrem echten Namen Aurelia über ihre Erfahrungen – in ihrem Blog secret-talk und auf dem gleichnamigen Youtube-Channel. Und davon erzählt sie mir unter anderem auch, während wir in der Mittagssonne im Garten des Café Einstein sitzen …

Ich verstehe mich als im Dienstleistungssektor tätig, auch wenn es sich dabei um eine ziemlich verpönte Sache handelt. Aber eigentlich ist es ein Beruf wie Friseurin oder Kellnerin auch. Wie sagte mal jemand so schön zu mir: «Eine Prostituierte wird nicht für Sex bezahlt. Sie wird dafür bezahlt, dass sie dir deine Phantasie erfüllt und hinterher ohne Probleme aus deinem Leben verschwindet.» Inzwischen biete ich vieles an, aber es gibt natürlich auch ein paar Tabus. Was ich nicht mache, ist Kaviar passiv, Deep Throat, Schlucken und Verkehr ohne Kondom. Ich lasse mich auch nicht fisten. Starke Gewalt gegen mich lehne ich ab, und ich mache keine Outdoor-Treffen, geschweige denn etwas mit Tieren.

Wie passt die Tätigkeit als Hure mit ihrer lesbischen Orientierung zusammen? Ich frage Aurelia, ob sie sich nicht eher als bisexuell bezeichnen würde. Sie antwortet schnell mit einem entschiedenen «Nein!».

Klar finde ich Männer attraktiv, und, ja, ich kann auch mit ihnen schlafen. Jedoch erregen mich ausschließlich Frauen auf intensive Weise. Nur für Frauen kann ich Empathie und Liebe empfinden. Wenn ich mal für einen Mann etwas wirklich Intensives empfinde, dann eher in negativer Hinsicht. Sehr gern würde ich zum Beispiel einem Mann, den es sexuell erregt, mit einer Rasierklinge in die Beine schneiden. Das klingt nun vielleicht wirklich krass, aber das fasziniert mich eben. An mir selbst bin ich nun gar kein Fan von Schmerz, jedenfalls nicht, wenn ein anderer ihn mir zufügt. Aber einen Mann zu treten, bis er weint, wäre sicher toll.

Ich betrachte das Mädchen mit den schönen blauen Augen, den auffälligen Tätowierungen an beiden Armen und den Piercings in der Nase. Wie sehen wohl die Kunden dieser außergewöhnlichen Erscheinung aus? Aurelia scheint meine Gedanken zu erraten. «Die Männer, die mich buchen, sehen fast alle so aus wie diese hier!» Ich sehe mich um im Garten des Einstein. Die Gäste zu dieser Uhrzeit sind überwiegend Schlipsträger, die hier ein Business Lunch genießen. Geschäftsleute, vielleicht Angestellte der nahen Botschaften – ich erkenne einen Staatssekretär. Mir ist schon klar, dass hier nur die Fassaden jener Persönlichkeiten zu besichtigen sind. Und dann mustere ich Aurelia. Sie ist 19 Jahre jung – ein Alter, in dem Mädchen üblicherweise noch Träume haben. Sie auch? Ich frage nach …

Ja, klar. Ich träume von einem Männerkörper, der komplett ausgeschaltet ist. So robotermäßig – ohne Gehirn. Ich möchte mit dem Körper anfangen können, was ich will, er soll auch gar nicht merken, dass ich Sex mit ihm habe. Ja, ich weiß – das funktioniert leider nicht, aber das wäre für mich der perfekte Mann. Und ich träume von einer richtigen Beziehung mit einer Frau – eine Beziehung, in der ich auch mal schwach sein darf.

Vor wenigen Monaten hat sich ein Mann bei mir gemeldet, der mich dafür bezahlt hat, dass ich seine Frau abschleppe. Wir trafen uns in einer Bar, ich fuhr mit zu ihnen, und ich bereitete seiner Frau ein paar unvergessliche Stunden. Er wollte sich bewusst eher im Hintergrund halten, damit sie endlich ihre bisexuelle Seite ausleben konnte. Das ist übrigens etwas, das häufiger vorkommt. Frauen, die gerne experimentieren würden oder einfach mal eine Frau spüren wollen, sich jedoch nicht trauen, aus eigener Initiative jemanden anzusprechen. Da komme ich dann ins Spiel. Solche Situationen sind für mich sexuell ein ziemlicher Glücksfall. Ich kann zwar mit einem Mann schlafen und dabei auch Spaß haben, trotzdem ist das oft Arbeit und erregt mich nicht so sehr, wie mit einer Frau zu schlafen. Wenn ich wirklich guten und leidenschaftlichen Sex habe, dann ist das wie das Lied *Firework* von Katy Perry oder der Song *Bad Blood* von Taylor Swift. Einfach sensationell! Meine Gefühle sind dabei eine Mischung aus purer Leidenschaft, Geilheit, Liebe und Zuneigung. Ich will jeden Atemzug meiner Partnerin spüren, möchte ihre Lippen berühren und mich fallenlassen.

Unser Treffen war für eine Tasse Kaffee geplant – daraus geworden sind 13 Stunden. Nach dem «Einstein» ziehen wir durch die verschiedenen Lokalitäten rund um den Berliner Savignyplatz – meinem Heimatkiez – und unterhalten uns nicht nur über ihren Job oder ihr Liebesleben. Sie will von mir wissen, welches der glücklichste und welches der traurigste Augenblick in meinem Leben gewesen sei. Und zu nächtlicher Stunde sagt Aurelia dann einen Satz, der mich sehr berührt …

Wahrscheinlich wäre ich ohne meine Missbrauchs-Biographie von der Persönlichkeit her ein ganz anderer Mensch, und ganz sicher wäre ich ohne sie nicht im Erotik-Gewerbe gelandet.

Zwangsprostitution und die Ohnmacht der Polizei

Rund um das Frankfurter Bahnhofsviertel kann ein Elend besichtigt werden, das nichts mit der Lebenswirklichkeit von Kelly und ihren Escort-Kolleginnen zu tun hat. Im Gebiet zwischen Taunus-, Elbe- und Moselstraße bieten junge, meist osteuropäische Frauen ihre Körper an. Viele sprechen kein Deutsch, was die Freier, die hierherkommen, aber nicht zu stören scheint. Auf mehreren Etagen der sogenannten Laufhäuser, in kleinen neonbeleuchteten Zimmern, die von verwinkelten, labyrinthartig angeordneten Gängen abgehen, findet das statt. Wer von den verschämt durch die Flure schleichenden Besuchern ernsthaft annimmt, dass irgendeine dieser Frauen sich aus freiem Willen hier anbietet, ist entweder grenzenlos naiv, oder er hat Gründe, sich das einzureden. Dabei ist es nicht nur der mittellose Hartz-IV-Empfänger aus der Vorstadt, der hier um fünf Euro für einen Blowjob feilscht. Die Notlage der Frauen wird keineswegs nur vom Prekariat mit oder ohne Migrationshintergrund ausgenutzt. Insbesondere zu Messezeiten werden Frankfurts Laufhäuser auch von zahlreichen Schlipsträgern aufgesucht, die vor einem «wichtigen Geschäftsessen» schnell noch eine Nummer schieben wollen. Oder sie kommen gemeinsam mit den Geschäftspartnern nach dem Dinner. Hier trifft zu, was der Berliner Sexual-Psychologe Dr. Christoph J. Ahlers mal zu mir gesagt hat: «Der bürgerliche Mann möchte es im Bordell nuttig, billig und richtig versaut – aber in seiner Doppelhaushälfte will er damit nichts zu haben. Der Reiz der Prostitution liegt für ihn also gerade darin, dass sie sich mit seiner bürgerlichen Identität überhaupt nicht verbindet.»

Angesichts solcher Zustände ist die öffentliche Meinung schnell dabei, den Polizeibehörden Versagen vorzuwerfen. Zu Recht?

Ich mache mich von den Laufhäusern im Frankfurter Bahnhofsviertel auf den Weg zur Adickesallee. Im dritten Stock eines grauen Ziegelbaus hat eines der größten Ermittlerteams der Republik seinen Dienstsitz. Das Team mit der amtlichen Bezeichnung K62 2 hat die Aufgabe, sich um die Verfolgung von Menschenhandel und Zwangsprostitution zu kümmern. Ich treffe Jürgen Benz, den Leiter des Teams, und seinen Kollegen Stefan Bartz, beide im Range eines Kriminalhauptkommissars. Etwa 1400 Prostituierte, so schätzen die beiden, sind im Stadtgebiet von Frankfurt gewerbsmäßig unterwegs – in 750 Laufhauszimmern, Terminwohnungen und FKK-Clubs.

«Das sind alles Armutsprostituierte, aber wo fängt die Strafbarkeit an?», fragt sich Jürgen Benz und gibt auch gleich die Antwort: «Für mich ist es eine Zwangsprostituierte, wenn ich das nachweisen kann. Wenn die Frauen mit uns nicht reden, kriege ich kein Verfahren.» Genau darin besteht das Problem, und auch ein vom Familienministerium geplantes Prostituiertenschutzgesetz würde daran nichts ändern. Weil das Familienministerium schlichtweg gar nicht zuständig ist. Hier kann nur der Bundesjustizminister helfen, und von ihm kommen immerhin ermunternde Töne. «Der Koalitionsvertrag sieht vor, dass Verurteilungen von Menschenhändlern und Zuhältern künftig nicht mehr daran scheitern sollen, dass das Opfer nicht aussagt.» Man prüfe derzeit, in strafrechtlicher Hinsicht dafür Rechnung zu tragen, wie Tatbestandsvoraussetzungen niedrigschwelliger gestaltet werden könnten. Wenn der momentan überaus beliebte Begriff «niedrigschwellig» bedeuten sollte, dass belastbare Ermittlungsergebnisse von Jürgen Benz' Truppe künftig zu Anklageerhebung und Verurteilung führen, wäre ja schon einiges gewonnen. Doch in der Frankfurter Adickesallee bricht derzeit noch niemand in Euphorie aus. Kriminalhauptkommissar Stefan Bartz schon gar nicht: «Ich arbeite seit sechs Jahren in diesem Bereich, und da ist das immer wieder angesprochen und wohl auch in den Ministerien diskutiert worden. Es ist jedenfalls kein neues Phänomen.» Es ist auch kein neues Phänomen, dass Moralistinnen wie Alice Schwarzer Mädchen wie Kelly und Aurelia das Geschäft kaputt machen wollen, um die Osteuropäerinnen in Frankfurt aus ihrem Elend zu befreien. Aber wie realistisch ist ein generelles Verbot der Prostitution? Ein Pragmatiker wie Dr. Christoph J. Ahlers jedenfalls sieht das mehr als skeptisch: «Statt scheinheilige und kontraproduktive Verbotsforderungen aufzustellen, sollte es eine anonyme Annahmestelle für Anzeigen von Menschenrechtsverletzungen im Rahmen der Prostitution geben, die dann zu sofortigen, gezielten Überprüfungen durch die Polizei führen könnten. Darüber hinaus bräuchte es eine Zertifizierung für Bordelle, wie sie etwa der TÜV auch für andere Dienstleistungsbranchen anbietet, und/oder auch regelmäßige Prüfungen der Dienstleistungsqualität durch die Stiftung Warentest. So könnte jeder Freier eine bewusste Kaufentscheidung treffen und nur dort einkehren, wo der Betreiber regelmäßig faire, humane und sozial verantwortliche Arbeitsbedingungen nachweist und sich dafür zertifizieren lässt. Missständen, Abhängigkeiten und Menschenrechtsverletzungen im Rahmen der Prostitution könnte so etwas Sinnvolles und Wirksames entgegengesetzt werden.»

Die Welt der Dominas

Profis erkennt man bekanntlich daran, dass sie ziemlich genau wissen, was sie tun und wie es zu tun ist. Im besten Falle können sie es anderen, die von dem Job des jeweiligen Profis wenig oder keine Ahnung haben, so erklären, dass die das verstehen. Das trifft auf den Elementarteilchenphysiker ebenso zu wie auf die Backwaren-Fachverkäuferin. In diesem Sinne ist Anna von Sax ein Vollprofi – nicht als Elementarteilchenphysikerin oder Backwaren-Fachverkäuferin, sondern als «Domina, Gummiherrin und Gummi-Ärztin». Und die resolute Dame mit der roten Kurzhaarfrisur, den strahlend blauen Augen und einer beachtlichen Oberweite ist noch sehr viel mehr. Zum Beispiel ist sie die Betreiberin des Fetisch-Apartment-Hotels Der Gutshof im thüringischen Nordhausen. Anna von Sax ist nämlich auch ausgebildete Tourismus-Fachwirtin. Und hier am Südrand des Harzes hat sie ihren erlernten Beruf mit dem der Gummiherrin in Einklang gebracht.

Ehe mich Anna durch die bizarren Welten dieses Etablissements führt, ist es ihr erst mal wichtig, mit einigen falschen Vorstellungen aufzuräumen. Etwa mit solchen Flausen, wie sie Prostituierten oft durch den Kopf schwirren, wenn sie das Fach wechseln wollen.

«Es gibt Frauen, die aus dem Erotik-Bereich kommen, die denken, sie könnten ein Paar Stiefelchen anziehen und eine Peitsche in die Hand nehmen und loslegen. Das macht natürlich keine Domina aus. Das ist eher verwerflich, weil sie oft gar nicht wissen, was sie da machen», ereifert sich Anna und fährt wortgewandt fort: «Man muss nicht nur die Praktiken kennen, sondern auch die Anatomie. Man muss sich mit der Psyche eines Menschen auskennen, damit man weiß, was man mit demjenigen, der sich einem anvertraut, überhaupt machen kann. In dem Moment, wenn er gefesselt ist, kann er ja nichts mehr tun. Und was man auf gar keinen Fall empfinden darf, ist Männerhass oder reiner Sadismus. Das gehört einfach nicht dazu! Im Gegenteil, das ist gefährlich.

Eine Domina muss sich vor allem selbst kennen. Man muss sich einschätzen, und man muss sich auch beherrschen können. Also nicht wild drauflosschlagen, sondern genau wissen, in welcher Intensität man mit welchen Werkzeugen an welche Stellen schlagen kann. Sonst würde man womöglich die Nieren treffen oder sonst was. Kurzum: Echte Dominanz bedeutet Wissen! Außerdem gehört Menschenkenntnis unbedingt zu diesem Job. Man spricht ja vor einer Session mit dem Gast, und dabei muss man herausbekommen, wie weit man bei ihm gehen kann. Die Kunst besteht darin, ihn an seine Grenzen zu bringen, aber nicht darüber hinaus – oder gar seine Tabus zu verletzen. Deswegen gibt es bei mir auch kein Codewort, mit dem der Gast die Session notfalls abbrechen könnte. Das Gefährliche am Codewort ist doch, dass, wenn es fällt, schon alles zu spät ist. So weit aber darf es gar nicht erst kommen.»

Es ist ein klar umrissenes Jobprofil, welches Anna von Sax da in deutlichen Worten formuliert. Wer sie aber ein wenig näher kennenlernt, entdeckt an ihr auch eine sinnliche Seite. Dann nämlich, wenn sie ihren Gästen solch poetische Sätze mit auf die Reise gibt: «Versinke in meinen Augen, wenn ich tief in deine Seele blicke. Lass dich fallen, um wieder aufgefangen zu werden, vertraue mir, und du wirst Flügel bekommen.»

Im Gutshof können Paare ihre außergewöhnlichen Phantasien unter der fachkundigen Anleitung von Anna von Sax ausleben, sie können aber auch darauf verzichten und sich allein ausprobieren. Dafür stehen ihnen – je nach Neigung – vier verschiedene «Welten» zur Verfügung, in die man sich tageweise einmieten kann. Es sind quasi Ferienwohnungen der bizarren Art.

Für Anfänger empfiehlt sich die «Romantikwelt». Hier ist alles zu finden, was man zum Start ins BDSM-Leben braucht. Und um der Bezeichnung «Romantikwelt» gerecht zu werden, gibt's neben einem Wellness-Bereich auch einen gemütlichen Kachelofen. Dass Fesselspiele, Schläge und Romantik in keinem Widerspruch zueinander stehen, kann man in diesem Buch eindrucksvoll im Kapitel «Schwarze Romantik» nachlesen. Wenn aus Anfängern Wiederholungstäter werden, können sie einen Gang höher schalten und sich in die «Schwarze Welt» einmieten (eine frühzeitige Reservierung empfiehlt sich aufgrund der außerordentlichen Beliebthcit). Hier findet man alles, was eine zünftige SM-Session zum Erlebnis werden lässt. In der «Latexwelt» dreht sich, wie nicht anders zu erwarten, alles um Latex und Gummi. Hier ist die Gummi-Herrin Anna in ihrem Element, und hier berät sie ihre Gäste auch gerne mal rund ums Thema «Atemreduktion». Die Grundausstattung ist im Mietpreis inbegriffen, qualitativ höherwertige Utensilien gibt es nur gegen einen Aufpreis. So steht den Damen beispielsweise ein Sybian zur Verfügung, landläufig unter der Bezeichnung «Fickmaschine» bekannt. Bei diesem sattelähnlichen Sitz, aus dessen Mitte ein Stab herausragt, sorgt ein Elektromotor wahlweise für Vibrationen und/oder Drehbewegungen. Zu verdanken hat die Damenwelt diesen Glücksbringer dem US-Amerikaner Dave Lambert, der seine Erfindung weltweit exklusiv vertreibt – wie man sieht, bis in den Südrand des Harzes. Die vierte und letzte Welt schließlich ist ganz speziell, nämlich eine in Miniatur nachgebaute authentische Privatklinik mit

Behandlungsraum, OP, Arztzimmer, Wachraum und Patientenbad – inklusive eines Patientenstuhls, wie er in der Pflege benutzt wird, um die Leute in die Dusche zu fahren. Wie aber muss man drauf sein, um sich hier wohlzufühlen? Ich nehme mir vor, diese Frage Eve Dynamite zu stellen …

Die empfindsame Seite einer Domina

Laut ihrer Website ist sie eine «hochexplosive Domina». In ihrem früheren Leben war Eve Dynamite als Krankenschwester tätig, und in gewisser Weise ist sie das auch heute noch. Der klinische Bereich im Dresdner Atelier von Sax ist ihre Spielwiese. Vor acht Jahren hatte Eve Dynamite, die sich zwischenzeitlich auch als Unterwäsche-Model ablichten ließ, die Idee, ihr Glück im dominanten Bereich zu suchen – da war sie 21. Sie mietete sich in einem Studio ein, und gleich in der ersten Woche hatte sie zwölf Termine. In dieser Zeit lernte sie Anna von Sax kennen, und die ließ die Jung-Domina an ihren reichhaltigen Erfahrungen partizipieren. Und weil sich die beiden noch immer gut verstehen, sind sie inzwischen Geschäftspartnerinnen.

Das alles hat Eve mir am Telefon erzählt, nun erwarte ich sie im Café Rauschenbach in Dresden. Der ein oder andere Herr im Anzug sitzt noch bei seinem Business Lunch herum, während schon die ersten Kaffeetanten am Buffet ein Stück Torte auswählen. An den Tischen herrscht eine reges «Bäumchen, wechsle dich». Inmitten dieses Trubels kommt nicht – nein, sie erscheint ganz in Schwarz gekleidet, jene junge Dame, mit der ich hier verabredet bin. Mir fällt auf, dass sie live noch wesentlich attraktiver ist als auf den Fotos ihrer Website. Meist ist es in dieser Branche umgekehrt.

Meine Bedenken, Eve könnte sich durch die vollbesetzten Nachbartische in ihrer Auskunftsfreudigkeit eingeschränkt sehen, sind vollkommen unberechtigt. Fröhlich drauflosplaudernd erzählt sie von ihrem Einstieg in diesen Job.

«Das allererste Mal war sehr aufregend. Also, ich war aufgeregt. Ich wusste ja gar nicht, was da für Menschen kommen. Mein erster Gast war sehr nett und auch sehr offen. Er wusste, dass er mein erster Gast war. Das Vorgespräch war locker, er konnte mir gut erklären, was er wollte – nämlich Analdehnung und Fisting. Es lief dann ziemlich entspannt ab, und auch das Nachgespräch war super nett.

In der ersten Zeit hab ich mich damit beschäftigt, woher die Phantasien meiner Gäste kommen, um besser auf sie eingehen zu können. Oftmals ist es ja so, dass die devot veranlagten Gäste in ihrem beruflichen Leben viel Verantwortung haben und immer dominant auftreten müssen. Für solche Gentlemen bedeutet ein Besuch bei der Domina die komplette Entspannung. Einer meiner regelmäßigen Gäste hatte in seiner Jugend eine traumatische Erfahrung mit einer Krankenschwester. Irgendwann schlug das um, und plötzlich empfand er das als erregend. Ein anderer Herr, der auch regelmäßig kommt, war lange in psychologischer Behandlung, weil er in seiner Kindheit irgendwas ganz Schlimmes erlebt hat. Seine Frau weiß, dass er zu mir kommt. Sie findet das auch in Ordnung, weil er immer, nachdem er bei mir war, wieder drei Monate relativ gut schlafen kann.»

Längst hat sich Eve Dynamite einen Ruf als erfahrene Spezialistin für den klinischen Bereich gemacht, und das weit über Dresden hinaus. Zu ihr kommen Leute aus der halben Welt – aus der Karibik und aus Bautzen. Im Gegensatz zu lokalen Gästen, die ihre Dienste stundenweise in Anspruch nehmen, verbringt ein Gast, der eigens aus Barbados einfliegt, auch schon mal drei Tage mit Vollpension in der Klinik und wird von Eve pflegerisch betreut. Dazu gehört explizit nicht die Masturbation der Genitalien ihrer Privatpatienten. Jedenfalls nicht mit der Hand, wenngleich es bei der «medizinischen Untersuchung» des Penis schon mal zur Ejakulation kommen kann. Ansonsten gibt es zu diesem Zweck eine Zwangsentsamungsmaschine. Das Gegenstück zum Sybian ist ein wenig ansprechender Glaskolben, in dem ein Schlauch abwechselnd mit Luft befüllt und wieder leergepumpt wird. «Und bis vor kurzem», setzt Eve den Bericht aus ihrem Klinikalltag fort, «gab es für spezielle Gäste noch ein Babyzimmer mit einem großen Kinderbett mit Gittern und auch einen Laufstall. Da aber unsere Windelmutti aufgehört hat, werden Windeltermine nur noch auf Nachfrage angenommen und in der Klinik mit abgedeckt.»

Die Kaffeehaus-Atmosphäre im Rauschenbach animiert mich, meinem Gegenüber auch sehr private Fragen zu stellen. Wie ihre Familie ihre berufliche Karriere aufgenommen hat, will ich zum Beispiel wissen. Oder wie sie das, was sie tut, später mal ihren Kindern erzählen will – wissend, dass sie seit einiger Zeit in einer festen Partnerschaft lebt. Natürlich bin ich darauf gefasst, von Eve darauf keine Antworten zu bekommen. Sie aber denkt gar nicht daran, meine Neugier unbefriedigt zu lassen: «Meine Ur-Oma ist jetzt 93, und die weiß, was ich mache», erzählt sie mit einem breiten Grinsen. «Da kamen anfangs solche Fragen, ob man sexuelle Kontakte hat. Und dann natürlich, welche Menschen zu mir kommen. Ich hab dann alles erklärt, wie das so abläuft, und sie fand das sehr unterhaltsam. Sie meinte einmal, wenn sie noch mal jung wäre, würde sie das auch machen. Meine ganze Familie ist stolz darauf, was ich mir aufgebaut habe und was ich leiste.»

Über die Sache mit den Kindern muss sie dann doch ein wenig länger nachdenken, ehe sie bekennt: «Natürlich habe ich darüber nachgedacht, wie ich meinen Kindern später mal diesen Beruf erklären kann. Ich bin aber noch zu keinem Ergebnis gekommen. In welchem Alter würden sie das verstehen? Eine Kollegin hat ihrem achtjährigen Sohn gesagt, sie absolviere beruflich Ringkämpfe.» Dann dürfte sie es aber schwerhaben, ihrem Sohn klarzumachen, weshalb er diesen Kämpfen nicht beiwohnen darf, vermute ich, und Eve zuckt hilflos mit den Schultern.

Da wir schon mal ins private Plaudern gekommen sind, bitte ich

Eve, mir mal spontan zu sagen, was die positiven und was die negativen Seiten ihres ungewöhnlichen Berufs sind. Bekanntlich kann man an dieser Fragestellung erkennen, ob jemand eher optimistisch oder eher pessimistisch unterwegs ist. Der Pessimist würde mit den positiven Seiten anfangen, sofern er solche überhaupt zu erkennen in der Lage ist, um sich dann bei den negativen aufhalten zu können. Eve aber beginnt genau umgekehrt: «Man hat manchmal Gäste, die nicht besonders gut riechen. Das wird oft selbst durchs Duschen nicht besser. So was ist natürlich sehr unangenehm. Und es stresst mich, wenn ich Termine für mich oder für die Mädels mache, die bei mir arbeiten, und sich Gäste nicht an diese Terminvereinbarungen halten.» Dennoch mache sie diesen Job «aus echter Leidenschaft», versichert sie glaubhaft. «Wenn dem nicht so wäre, hätte ich auch nicht diesen Erfolg damit. Die Dominanz ist nun mal in mir drin, und zugleich gefällt es mir, meinem Gast exakt das geben zu können, was er in diesem Augenblick braucht», sagt sie und nennt das «menscheln». Das also ist sie, die empfindsame Seite einer Frau, die ihr Geld in der Rolle als strenge Domina verdient!

Der freche Schüler

Es ist ein unauffälliges Dasein, das Peter als städtischer Angestellter führt. Das Auffälligste dürfte schon sein, dass er noch immer Single ist, und das mit 31 Jahren. In einer Großstadt würde das kaum bemerkt werden. Peter aber lebt und arbeitet in einer oberpfälzischen Kleinstadt. Hier ist er geboren, und hier hatte er schon als Vorschüler ein prägendes Erlebnis …

In Bayern gibt es eine sogenannte Einschulungsuntersuchung. Ich war sechs Jahre alt, und ich weiß heute noch ganz genau, wie die abgelaufen ist. Zuerst hat die Ärztin mich am Oberkörper abgetastet und untersucht. Auf einmal hat sie ohne Vorankündigung die Unterhose runtergezogen, hat erst mal meinen Penis in die Hand genommen und anschließend richtig kräftig zweimal die Vorhaut zurückgezogen. Das war für mich ein beklemmendes Erlebnis, da ich damit nicht gerechnet hatte.

Kurz danach – ich war etwa acht Jahre alt – kam die Phantasie auf, in der ich mir vorstellte, dass ich mich in einem Untersuchungsraum befinde. Die Tür geht auf, und eine hübsche Ärztin kommt herein. Mit strenger Stimme ordnet sie an, dass ich mich komplett nackt machen soll. Währenddessen zieht sie sich schon mal weiße Untersuchungshandschuhe an. Dann tastet sie meinen Hoden ab und schiebt anschließend richtig kräftig mein Vorhaut zurück. Als ich älter wurde, habe ich dabei jedes Mal abgespritzt. Irgendwann kam noch eine andere Phantasie hinzu, und auch bei der glaube ich zu wissen, woher sie kommt.

Mein Vater ging zu einer Zeit zur Schule, als es noch die Prügelstrafe gab. Davon hat er mir manchmal erzählt. Und als ich so ungefähr 15 Jahre alt war, kam bei mir dann auf einmal die Phantasie auf, dass ich von einer strengen Lehrerin körperlich gezüchtigt werde. Das war ein wahnsinnig erregender Gedanke. Da ich im wirklichen Leben ein eher angepasster, strebsamer Schüler war, hatte ich auf einmal die Phantasie, mal ein richtig frecher Schüler zu sein.

Anderthalb Jahrzehnte später sitzen wir an einem strahlenden Sommertag auf der Terrasse des Brauhauses an der Nordseite des Schweinfurter Marktplatzes mit Blick auf das historische Rathaus. Immer mal wieder, sagt Peter, komme er hierher in diese unterfränkische Kleinstadt, um auf besondere Weise seinen Lüsten zu frönen. Das könne er zwar auch in verschiedenen Städten der Oberpfalz tun, zu groß aber sei dort die Gefahr, von Bekannten dabei ertappt zu werden. Denn die Häuser, in denen so etwas stattfindet, seien ja schließlich bekannt.

Daher nimmt Peter regelmäßig die Distanz von fast 200 Straßenkilometern auf sich, um von seinem Wohnsitz aus hierherzufahren. Auf einer speziellen Website kann er schon vorher sehen, welche Domina dann in Schweinfurt Station macht, um devoten Herren den Hintern zu versohlen. Vor einigen Jahren hat Peter zum ersten Mal eine von ihnen angerufen und einen Termin vereinbart. Und dann hat er sich mit klopfendem Herzen auf den Weg gemacht, um seine Phantasien endlich wahr werden zu lassen …

Es war in der Adventszeit, und ich war vorher noch auf dem Weihnachtsmarkt. Ich hatte richtig zittrige Hände und Knie, bevor ich dort hingegangen bin. Ich hab geklingelt, und es hat sich eine recht dominante Stimme gemeldet. Dann hat sie mich reingelassen. Es war eine sehr, sehr hübsche Blondine, die vielleicht fünf Jahre älter war als ich. Sie hat sofort gemerkt, dass ich sehr aufgeregt war. Ich hatte ihr aber auch von vornherein schon am Telefon gesagt, dass ich so was noch nie gemacht habe. Und sie hat mir mit ganz ruhiger Stimme gesagt, ich solle mich nicht verrückt machen, schließlich habe jeder devote Herr irgendwann einmal damit angefangen.

Bevor meine erste Session losging, haben wir uns ganz allgemein unterhalten – über den Schweinfurter Weihnachtsmarkt, über Musikvorlieben, also über ganz alltägliche banale Dinge. Um sich ein wenig zu beschnuppern und kennenzulernen. Und dann wollte sie genau wissen, wie die Session ablaufen sollte. Wir haben uns darauf geeinigt, dass ich eben ein frecher Schüler bin, der am Nachmittag nachsitzen muss. So ist es losgegangen. Dann hat sie erst mal angefangen, mich zu beschimpfen. Ich hatte ihr gesagt, dass sie das machen kann, aber bei der ersten Session erst mal nur ein bisschen, weil ich noch nicht abschätzen konnte, wie es bei mir ankam. Eigentlich mag ich es nämlich nicht so, verbal erniedrigt zu werden, und da hat sie sich auch dran gehalten. Sie hat nur gefragt, was ich mir erlauben würde, mich im Unterricht immer so aufzuführen. Ich hab sie dann auch ganz bewusst provoziert, um meine Grenzen auszutesten. Da hab ich eine schallende Ohrfeige kassiert. Damit hatte ich nicht gerechnet, und deshalb war ich im ersten Moment regelrecht geschockt. Aber im nächsten Moment hat mich das geil gemacht. Danach musste ich mich übers Pult beugen, und da wurde ich dran gefesselt, sodass ich mich nicht mehr bewegen konnte. Na, und dann kam sie auch schon mit dem Rohrstock und es hat gleich mal zehn Hiebe hintendrauf gegeben. Da bin ich auch schon gekommen – nur durch die Schläge, ohne dass ich mich selbst berührt hätte.

Wir hatten uns darauf geeinigt, dass wir meine beiden Phantasien kombinieren. Nun sollte sie also auch noch die Ärztin spielen. Ein Teil des Studios war komplett ausgestattet mit einer Untersuchungsliege und einem Gynstuhl. Sie hatte sich umgezogen und war nun komplett in weißes Latex gekleidet mit einem roten Kreuz oben drauf. Das war alles sehr eng anliegend, was mich wieder richtig geil gemacht hat. Außerdem trug sie diese dünnen Latexhandschuhe. Sie hat mich zum Gynstuhl geführt und entsprechend untersucht. Dabei hat sie die Vorhaut zurückgeschoben. Erst langsam, dann aber schon erheblich fester. So hat sie darauf hingewirkt, dass ich noch mal einen richtigen Höhepunkt bekommen hab.

Ich war noch ein paar Mal bei dieser Domina, die sich «Lady Redrose» nannte. Leider hat sie sich mittlerweile ins Privatleben zurückgezogen.

Wir blicken hinüber auf das Friedrich-Rückert-Denkmal. Im Angesicht des großen Sohnes der Stadt (der übrigens einst auch Teile des Korans ins Deutsche übersetzt hat) verrät mir Peter seinen ganz großen Traum ...

Es gab auf RTL II mal die Sendung «Explosiv – Die Reportage» zum Thema «Die 10 strengsten Dominas Deutschlands» – da war Madame Charlotte aus Hannover dabei. Diese Frau hat mich absolut umgehauen. Inzwischen hatte ich per E-Mail Kontakt zu ihr. Sie war sofort Feuer und Flamme davon, dass ich auf Lehrerinnen- und Ärztinnenphantasien stehe. Falls sie mal nach Schweinfurt kommt, will ich eine zweistündige Session bei ihr machen, denn eine Stunde ist mir da fast zu wenig. Sie berechnet 400 Euro für zwei Stunden. Das ist natürlich ein stolzer Preis, aber das würde ich mir dann mal leisten.

Cock and Ball Torture

Er musste erst gut 60 Jahre alt werden, ehe eine dominante Frau endlich jene Träume erfüllte, die er schon als Jugendlicher geträumt hatte. In all den Jahren dazwischen hat er sich höchstens mal selbst die Hoden abgebunden, mit Gewichten behängt oder mit Pumpen am Penis experimentiert. Die Utensilien hat er im Hobbykeller oder hinter Lexika und Atlanten in der Bibliothek vor *der* Frau versteckt, mit der er seit mehr als 40 Jahren verheiratet ist. Natürlich hat er überlegt, mit der Gattin mal über diese Neigungen zu sprechen, aber schon zarte Andeutungen stießen auf energische Abneigung. «Ekelhaft» fände sie so etwas, hat sie gesagt. Damit war alles klar!

Als Ingenieur ist der heute 73-jährige Karl-Heinz in der halben Welt herumgekommen. Chancen hätte es genug gegeben, seinen Traum bei professionellen Dominas auszuleben. Etwa in einem der SM-Clubs in Manhattan, als er über Jahre für eine deutsche Firma an der Ostküste der USA tätig war. Aber einem Besuch bei den strengen Damen standen etliche Fragen entgegen: «Wie geht man da hin? Wie sicher ist das? Kommt man da wieder heil raus? Wo bringt man seine Wertsachen unter? Lässt man die Kreditkarten lieber zu Hause? Was kostet das überhaupt?» Erst 2009 animierten ihn die Frühlingsgefühle, sich via Internet auf die Suche zu machen – und er wurde fündig. Mit rasendem Puls betrat Karl-Heinz ein professionelles Domina-Studio im Ruhrgebiet ...

Bei meinem ersten Besuch traf ich eine sehr nette Lady an, die dort mit mehreren Kolleginnen in verschieden dekorierten Räumen gearbeitet hat. Ich bin bei denen mit ziemlich roten Ohren aufgetaucht. Es ist dann sehr professionell abgelaufen, mit eigenem Badezimmer, in dem meine Sachen eingeschlossen wurden und so. Das machte alles einen sehr vertrauenerweckenden Eindruck.

Ich hatte der Dame gesagt, dass es mir um das geht, was im Englischen Cock and Ball Torture, kurz CBT, genannt wird, also um eine gleichzeitig schmerzhafte sowie lustvolle Stimulation von Schwanz und Eiern. Daraufhin band sie mich ans Kreuz und kam mit diesen Klammern an. Da musste ich ihr leider sagen: «Das hab ich als Vierzehnjähriger schon gemacht. Das finde ich ziemlich langweilig.» Nach und nach hat die Dame dann ernstere Dinge angefangen, zum Beispiel abbinden, ziehen, drücken und so weiter. Beim zweiten Mal war ich bei derselben Dame, und da hat sich das erfreulicherweise noch mal gesteigert. Doch als ich das dritte Mal hingehen wollte, hat sie nicht mehr dort gearbeitet. Da bin ich weggegangen, weil ich keine Lust hatte, das Ganze noch mal von vorne zu erklären.

Nun musste Karl-Heinz zwar nichts erklären, aber dafür stand er mit seiner Neigung wieder allein da. Als er in einem Sex-Shop ein paar neue Hodengewichte erwarb, fasste er sich ein Herz und fragte die junge Dame an der Kasse, ob sie jemanden kennen würde ...

Sie empfahl mir eine Dame und gab mir auch gleich die Telefonnummer. Ich rief an, bekam einen Termin, und ich muss sagen, mit der Dame war relativ schnell eine gewisse – Sympathie kann man nicht sagen –, eine gewisse Übereinstimmung vorhanden. Sie machte so ziemlich genau das, was ich erwartet hatte. Also CBT sowieso, aber auch alle andere Spielarten, die man sich in so einem gutausgerüsteten Studio vorstellen kann, wie etwa verschnürt und an Seilen aufgehängt zu werden. Sie hat mir auch schon mal den Hintern versohlt. Okay, das war mal interessant, musste aber nicht öfter sein. Das generelle Problem ist ja, dass ich nicht mit sichtbaren Spuren am Körper nach Hause kommen kann, während solche am Sack und am Schwanz den Vorteil haben, dass sie in reichlich vielen Falten verschwinden. Außerdem ist diese Domina bereit gewesen – und das war für mich ein wichtiger Gesichtspunkt –, sich anfassen zu lassen. Überall, nur nicht an der Vagina, was ich akzeptiert habe.

Rollenspiele liegen mir gar nicht. Ich bin ein ganz miserabler Schauspieler. Ich möchte mich einfach nur zurücklehnen und genießen. Einfach Vertrauen haben – «zurücklehnen und lustschmerzvoll genießen», das beschreibt es am besten.

Ich merkte, dass sie auch Spaß daran hatte, denn meistens lachte sie. Es war ein satanisches Lachen, kein Auslachen. In der Richtung devot bin ich überhaupt nicht anfällig. Ich lasse mich nicht auslachen, ich lasse mich auch nicht verbal erniedrigen, das finde ich unmöglich. Also die devote Seite ist bei mir relativ unausgeprägt. Manchmal, ganz selten, haben wir doch mal ein Rollenspiel gemacht, und zwar ein ganz bestimmtes. Sie setzte sich dann auf den Thron, und ich küsste ihr die Füße. Aber das war mehr zur gegenseitigen Belustigung. Das war nicht ernst gemeint, ich bin kein unterwürfiger Sklave, ich bin belastbarer Masochist.

Nach zwei Jahren hat das dann aufgehört, weil sie gesagt hat, dass ich ihr privat zu nahegekommen sei. Ich habe das so verstanden, dass *sie* angefangen hat, Gefühle für mich zu entwickeln. Das Ganze hab ich immer als bezahlte Dienstleistung angesehen, und ganz bestimmt hab ich ihr nicht das Gefühl gegeben, dass ich mehr erwarte. Wie auch immer, das war also zu Ende, und ich musste mich wieder mal auf die Suche begeben. Recht schnell hab ich wieder eine professionelle Dame gefunden, die zwar recht teuer war, aber nicht auf die Uhr schaute …

… und Karl-Heinz auf speziellen Wunsch hin einen besonderen Service anbot.

Nach einer Operation war bei mir eine Injektionstherapie indiziert. Dabei wird ein Medikament in den Penisschwellkörper gespritzt. Da bin ich auf die Idee gekommen, für Schwanz und Hoden auch selbst sterile Kanülen zu benutzen. Das ist etwas, was von den Damen nur sehr selten oder gar nicht angeboten wird. Was ich verstehen kann. Nur wenn man gelernt hat, wie man eine Kanüle in den Schwanz piekt, ohne dass es Probleme gibt, macht man das auch mal ohne medizinische Veranlassung. Die Dame, zu der ich aktuell gehe, hat das sonst auch nicht im Angebot, war aber, als ich ihr davon erzählt habe, ganz geil drauf, das zu lernen. Inzwischen kann sie es, sagt allerdings auch: «Wenn überhaupt, dann mach ich das nur bei dir, weil du's ja eh machst.» An der Eichel hab ich selbst auch mit einer sehr dünnen Nadel angefangen. Mach ich selbst fast gar nicht mehr, ist nämlich ziemlich blutig. Das Schöne ist das Gefühl, wenn sich die Kanüle ganz langsam durch das Fleisch bohrt. Also es ist kein richtiger Schmerz, es ist ein dumpfes, geiles Gefühl – wer einmal damit angefangen hat, macht's immer wieder.

Natursekt und Kaviar

Wer auf den Genuss jener körperlichen Ausscheidungen steht, die diskret als «Natursekt» und «Kaviar» umschrieben werden, hat es schwer. Gunnar kann ein Lied davon singen. Die eigene Ehefrau will er damit nicht behelligen, und die Damen, die online auf der Suche nach erotischen Abenteuern sind, mögen in der Regel genau das nicht. Selbst professionelle Dominas bieten derartige Dienste nur in Ausnahmefällen an.

Die Frage, die sich mir als Autor stellte, war diejenige, ob ich meinen Leserinnen und Lesern die bildhafte Schilderung einer solch speziellen Leidenschaft zumuten darf. Andererseits sehe ich mich von dem Blogger Airen dazu ermutigt. In der Rezension meines Buches «Sex im Kopf» in der Literaturbeilage der Tageszeitung *Die Welt* kritisierte er, dass ich «die wirklichen Tabuthemen wie Pädophilie, Koprophilie (im Jargon: «Scat / Kaviar») oder Selbstverstümmelung» ausgespart habe. Von aussparen aber konnte keine Rede sein, allein, es hatte sich mir gegenüber niemand dazu bekannt. Ich konnte solche Geschichten ja schlecht erfinden. Pädophilie hätte ich allerdings tatsächlich ausgespart, selbst wenn sich jemand dazu bekannt hätte. Ein Auswahlkriterium war und ist nämlich, dass ich nur über sexuelle Praktiken schreibe, die einvernehmlich passieren. Davon aber kann bei Sex mit Kindern keine Rede sein. Aus der Riege der Selbstverstümmler hatte übrigens auch diesmal keiner das Bedürfnis, sich mir zu offenbaren. Dafür aber kann ich Airen diesmal die Freude machen, mit Gunnar einen Mann vorzustellen, der aus der Aufnahme menschlichen Kots einen sexuellen Lustgewinn bezieht.

Ich treffe Gunnar auf dem Rastplatz Freienhufener Eck zwischen Berlin und Dresden. Viel weiß ich nicht von dem untersetzten Mann in Motorradkluft – nur das, was im Fragebogen steht: *48 Jahre alt, verheiratet (kurz vor der Silberhochzeit), Polizeibeamter in einer sächsischen Großstadt.* Mehr gibt er zu seiner Person nicht preis, dafür aber eine umfangreiche Schilderung dessen, was ihn schon seit fast 20 Jahren umtreibt …

Meine Frau ist total reinlich, die wäscht sich vor dem Sex. Ich aber mag das Gegenteil. Deshalb habe ich gern mal heimlich einen benutzten Slip von meiner Frau genommen und daran gerochen. Ich habe auch mal welche über Annoncen gekauft. Die musste ich zu Hause in meinem Hobbykeller verstecken. Irgendwann sind sie dann aber ausgelutscht. Der Geruch verliert sich. Ungewaschene Slips – daran bin ich bis heute hängengeblieben. Vor der Wende hatte ich solche Phantasien nicht. Irgendwann habe ich aber mal etwas darüber gelesen. Was ich mir sofort vorstellen konnte, war Natursekt. Das hat mich nicht geekelt, sondern vielmehr erregt. Wenn man vorher an einer Muschi geleckt hat, dann weiß man ja, wie das riecht, und auch, wie das schmeckt. Das hat sich im Lauf der Zeit so entwickelt.

Zunächst habe ich es bei der Selbstbefriedigung ausprobiert, habe mir den Finger in den Hintern gesteckt und abgeleckt. Meinen eigenen Kaviar fand ich zumindest vom Geruch her sehr gut. Dann habe ich im Internet nach Kaviar-Spenderinnen gesucht. Die findet man dort auch, aber nur gegen Bezahlung unter professionellen Dominas. Wenn's mit einer von ihnen zur Session kommt, geht es mir nur um Natursekt und Kaviar. Auf Schläge stehe ich nicht.

Irgendwann hatte ich dann tatsächlich meine erste Session. Dabei hat mich die Domina ganz langsam an Kaviar herangeführt. Also nicht gleich die volle Ladung ins Gesicht, sondern erst mal auf den Körper und dann vom Finger lecken. Ich fand den Geschmack eigentlich nicht mal so schlecht. Dann habe ich das immer öfter gemacht. Ein paarmal bin ich das Risiko eingegangen, in Filmen mitzuspielen. Über eine Annonce hatte ich nämlich eine Frau kennengelernt, die mit mir Kaviar-Filme drehen wollte – mit Maske natürlich. Aber ich bin tätowiert, das birgt natürlich ein gewisses Risiko. Ich hoffe nur, dass sich niemand, der mich kennt, die Filme ansieht. Was macht man nicht alles in seiner Geilheit?!

Heute habe ich meine beiden Dominas, zu denen ich hingehen kann und die es genau so machen, wie ich es brauche. Ich rufe ein paar Tage vorher an, dann wissen sie Bescheid. Sie waschen sich dann nicht. Die eine hat getragene Slips und ist sehr erfahren und perfekt. Und dann habe ich noch eine, die zieht sich immer getragene Nylons an. Eine professionelle Domina hat so was auf Lager, die holt das aus einer Tüte raus und zieht sich das an. Mit dem Slip genauso. Dann lecke ich an den Nylons, die sie mir zerreißt, und dann darf ich an ihrer Muschi lecken. Dabei bin ich auf den Knien, und sie sitzt auf einem Thron. Nachher, wenn sie mir Kaviar und Natursekt spendet, liege ich auf einem Bett und werde dort gefüttert. Und wenn was danebengeht, muss ich das wegmachen – das steckt sie mir in den Mund, und ich muss das alles schlucken. Ich mag es auch, wenn sie mich mit kleinen Mengen Kaviar füttert und ich dazu ihren Natursekt schlucken muss, wieder und wieder und wieder. Ich spüle den Kaviar mit dem Natursekt runter, wie man es beim Essen auch macht, wenn man nebenher ein Glas Wein trinkt. Oft wird am Beginn der Session schon mal ein wenig damit gespielt: Sie kackt sich dann ein bisschen in die Hose, und ich darf dann an ihrem Poloch riechen und es ablecken. Manchmal geht sie auch mit ihren Fingern an mein Poloch, und ich darf daran riechen. Fall etwas an ihren Fingern dran ist, lutsche ich es ab. Ein sehr schönes Spielchen, das mich völlig verrückt macht. Und natürlich will ich von der Domina auch Dirty Talk. Sie beschimpft mich: «Du alte Drecksau, friss meine Scheiße, du Schwein!», und so etwas in der Art. Das brauche ich für die Erniedrigung. Das turnt mich eben an. Ich mag es auch, wenn sie in meine Brustwarzen kneift und daran dreht, während ich ihre Scheiße fresse. Das ist absolut geil! Und zum Schluss drückt sie den Rest raus, und dabei komme ich zum Orgasmus.

Früher hatte ich immer einen Monat Ruhe, wenn ich so eine Session hinter mich gebracht hatte – heute könnte ich das nach drei Tagen schon wieder machen. Man erniedrigt sich eben selbst. Aber in der Erniedrigung liegt auch der Reiz. Ich habe Kaviar auch schon abgepackt gekauft. Es gibt ein Domina-Studio, bei dem das zum Angebot gehört, genauso wie eine Flasche mit frischem Natursekt für zehn Euro. «Natursekt to go», nennen die das. Da hab ich schon manchmal angerufen, hab gefragt, ob sie was dahaben, und wenn ja, habe ich mir was geholt. Ich bin damit nach Hause gefahren, hab es verspeist und getrunken und mir dabei einen runtergeholt. Das hat natürlich nicht den gleichen Reiz, als wenn eine Domina eine Stunde lang mit mir spielt. Ich würde übrigens gerne auch mal «Römische Dusche» ausprobieren – darunter versteht man, dass man angekotzt wird. Das bieten auch einige an.

Nach wie vor bin ich aufgeregt, wenn ich zur Domina gehe. Ich hab dann ganz kalte Hände. Während der Session gibt sich das, aber der Moment, wenn sich das Arschloch öffnet und dann der Kaviar rauskommt, wird zur Überraschung. Das schmeckt irgendwie jedes Mal anders. Je nachdem, was die Domina vorher gegessen hat.

Eine Weile war ich Versuchskaninchen bei einer Domina. Sie hat Jung-Dominas ausgebildet, und ich hab als Sklave fungiert. Das war gar nicht schlecht. Die Damen, die zur Domina ausgebildet wurden, haben aber keinen Kaviar gemacht, sondern andere Sachen, die mir zum Teil nicht so gefallen haben. Zum Beispiel wurde ich als Frau verkleidet oder in eine Zwangsjacke gesteckt. Die eine hat mich von hinten mit einem Dildo genommen, die andere musste ich vorne lecken. Normalerweise, wenn man ins Studio gehen und dort so was mit zwei Dominas machen würde, müsste man 400 bis 500 Euro hinlegen. Das könnte ich mir gar nicht leisten. Deshalb habe ich das Angebot nur gelegentlich wahrgenommen. Es war nicht schlecht, aber es waren eben auch Sachen dabei, die mir nicht gelegen haben. Schlagen zum Beispiel. Und einmal wurde ich auch kopfüber ins Wasser gehängt. Das hat man mal mitgemacht. War schon okay, schließlich war man da unter netten Leuten.

Die Demütigung ist der eigentliche Genuss. Und kommt man mit so etwas erst mal in Berührung, dann ist man dem verfallen. Das ist ganz schlimm. Man versucht nur noch allerlei Gerüche zu erhaschen, man stiert den Weibern auf den Arsch und würde am liebsten darunterliegen. Ich denke dauernd daran. Fast den ganzen Tag. Nur während der Arbeit ist es ein bisschen weniger. Wenn ich im Bus sitze, und da ist eine Frau, die sich nicht gewaschen hat, macht mich das geil. Wenn die zum Beispiel nach Schweiß riecht. Frauenschweiß – perfekt! Oder wenn ich eine Joggerin sehe, bei der sich zwischen den Brüsten oder hinten am Rücken dieses Feuchte ist, da werde ich sofort geil. Davon schaue ich mir auch Bilder und Videos an. Und es gibt Portale im Internet, da gibt es über 70 000 Kaviarfilme. Alle zwei Wochen klicke ich da mal durch und schau mir was an. Leider gibt es keine Geruchspornos. Deshalb, wenn ich gerade einen Slip gekauft habe, hole ich den raus und rieche daran, während ich den Porno gucke. Aber irgendwann muss ich dann wieder hin zu einer meiner Dominas. Ich bin mittlerweile so weit, dass ich große Mengen an Kaviar, klein portioniert, gut schlucken kann, ohne zu kotzen. Früher kam mir teilweise alles wieder hoch. Einerseits hatte ich das Verlangen und fand es auch reizvoll, andererseits überkam mich aber auch der Ekel. Den kann ich jetzt besser unterdrücken, weil ich mich daran gewöhnt habe. Trotzdem bekomme ich fast immer einen Würgereiz. Vor allem wenn ich abgespritzt habe. Dann ist die Erregung weg, und plötzlich ist es nur noch eklig. Dann kann ich auch nichts mehr davon essen. Dann will ich nur noch die Zähne putzen und den Mund ausspülen.

GANGBANG

Mehr als 70 000 Kilometer legt Jana pro Jahr in ihrem Mittel-klassewagen zurück, um zu all denen zu gelangen, die sie begehrlich finden. Vom Hamburger Erotikclub Catonium bis zur Berner Zickenstube reist die Frau mit der Modelgröße, die es im Sexgewerbe unter dem Label «Bitchy Jana» zu einiger Berühmtheit gebracht hat. Ich treffe sie an einem Spätvormittag in den Räum-lichkeiten der Spürbar am Prenzlauer Berg in Berlin. Der Swin-gerclub war früher einmal ein Ladengeschäft im Erdgeschoss eines mittlerweile 100 Jahre alten Mietshauses. Die Betreiber legen Wert auf Plüsch und gedeckte Farben, vorzugsweise dunkelrot. Ein paar Treppenstufen führen hinauf zur Spielwiese, jener Fläche, auf der sich üblicherweise Menschen beiderlei Geschlechts sexuell aus-toben. In der unteren Etage steht Bea hinter der Bar, die Chefin, die heute nur die Vermieterin ist. Denn von 12 bis 18 Uhr wird hier eine Gangbang-Party stattfinden, für die Bitchy Jana von ihrer Kollegin Laureen Pink gebucht worden ist. Während draußen Hausfrauen mit und ohne Gatten ihren Wochenendeinkäufen nachgehen, wird drinnen eine jener Sex-Orgien über die Bühne gehen, bei der sich mehrere unbekleidete Damen einem Überschuss an nack-ten Herren gegenübersehen. Das nämlich versteht man hier unter Gangbang. Im Idealfall bedient dabei eine Dame bis zu vier Gent-lemen gleichzeitig. Um sich das vorstellen zu können, sollte man die Vokabeln Doggystyle, Blowjob und Handjob schon kennen.

Noch aber herrscht in der Spürbar die vielzitierte Ruhe vor dem Sturm.

Irgendwo in dieser Stadt entsteigen an diesem Morgen Männer ihren Duschen, werfen blaue Pillen ein und sehnen mit pochendem Herzen jenen Augenblick herbei, an dem sie endlich Laureen Pink und ihren Kolleginnen auf der Spielwiese begegnen. Laureen Pink hilft derweil Achim, ihrem Manager und Gatten, beim Buffet. Es gilt, Kirschtomaten und Mozzarella-Kugeln abwechselnd auf kleine Spießchen zu stecken, Mini-Bouletten auf einem Teller zu drapieren und Baguettes aufzuschneiden. Vor zwei Tagen hat sie in Polen noch einen Kuhstall ausgemistet, wo sie gemeinsam mit ihrem verwitweten Vater und einer Schwester einen Bauernhof betreibt. In der Landwirtschaft sieht sie langfristig ihre berufliche Perspektive. Ein paar Jahre aber will sie ihren männlichen Fans noch als Gangbang-Lady zur Verfügung stehen, immer in der Hoffnung, dass sich das nicht bis zu ihrem polnischen Dorf herumspricht. Ihre Schwester hat es mittlerweile erfahren, und das auf eine Weise, wie sie sonst nur drittklassigen Drehbuchschreibern einfällt. «Ich habe ihr eine meiner Handtaschen geschenkt», hat mir Laureen Pink am Vorabend in einer Pizzeria erzählt. «Nur leider habe ich vergessen, vorher die Autogrammkarten aus einem Nebenfach rauszunehmen. Aber sie hält natürlich dicht. Meinem Vater sage ich, dass mein Mann ein Dienstleistungsunternehmen hat und ich mitarbeite, was ja auch stimmt.»

Etwas später sitze ich mit Bitchy Jana am Tresen, und sie spricht über *ihr* Leben – über das mit den 70 000 Straßenkilometern und von einer früheren Karriere, die sie dafür aufgegeben hat. Nach dem Abitur hatte eine Lehre zur Immobilienkauffrau auf dem Programm gestanden, die sie mit Bestnoten an der Hamburger Handelskammer abschloss. Es folgten erfolgreiche Jahre in diesem Beruf. Dann aber machten chaotische Arbeitsverhältnisse und Intrigen die intelligente Frau krank. Burn-out! Mit Ende 20 entschloss sie sich zu einem radikalen Bruch mit ihrer festgefahrenen Biographie. Da waren sie und ihr damaliger Freund, der heute ihr Gatte ist, schon eine Weile regelmäßige Gäste in Hamburger Swingerclubs. Jana entdeckte, dass ihr der Sex auch mit anderen Männern Spaß macht, und ihren Freund erregte das. Eine «ideale Konstellation», nennt Jana das, weshalb ihr aktueller Job für sie auch alternativlos ist. Jedenfalls so lange, wie die Männer die Zweisamkeit mit ihr schätzen. Na ja, Zweisamkeit?! Das kommt durchaus vor, im Berner Zickenhaus etwa, wo sie sich immer mal wieder für eine Woche einmietet und Termine mit einzelnen Herren vereinbart. Überwiegend aber wird Jana gemeinsam mit anderen Prostituierten für professionelle Gangbang-Partys wie diese hier gebucht. Niemand solle behaupten, dass das nicht mit «der Würde der Frau» vereinbar sei, sagt Bitchy Jana – kein Politiker, kein Pfarrer und auch nicht Alice Schwarzer. Was sie als unwürdig empfinde oder nicht, entscheide sie immer noch selbst. Entsprechendes Verlangen der Herren würde entsprechend beantwortet. «Beim Gangbang sind die Frauen der Boss im Ring!», sagt sie mit einer energisch in die Höhe gezogenen Augenbraue, die jeden Zweifel an der Richtigkeit dieser Aussage verbietet.

Gegenüber von der Bar lümmelt Kim XXX gelangweilt auf der Couch. Die kleine Asiatin hat, wie sie mir erzählt, ihre Kindheit im berühmten thailändischen «Goldenen Dreieck» verbracht, ehe sie nach Deutschland kam. Nach zwei gescheiterten Ehen sei sie einem betrügerischen «Manager» auf den Leim gegangen. Seither mache sie ihre Termine selbst. «Ficken ist meine Leidenschaft!», behauptet sie ein wenig zu vehement, um überzeugend zu wirken. Kim XXX räkelt sich und präsentiert dabei ihren kleinen Körper, an dem sich ein Tätowierer künstlerisch ausgetobt hat. Auch ein plastischer Chirurg, der ihre Brüste in jene Dimension vergrößerte, die das dreifache X in ihrem Künstlernamen rechtfertigt.

Noch herrscht eine relaxte Atmosphäre in der Spürbar. Doch bald schon werden die ersten Männer erscheinen, 100 Euro abdrücken und zunächst im Umkleideraum verschwinden. Noch weiß niemand, wie viele Männer es diesmal sein werden. Achim sagt, mehr als 25 wären an diesem regnerischen Samstag ein Erfolg. Noch mehr wären natürlich besser, denn vorgestern habe man in Marl ein finanzielles Fiasko erlebt. Dort hatte drei Tage zuvor ein Club seine Mädels für ungeschützten Sex angeboten. Für eine Flatrate von 79 Euro. Um die Freier in Sicherheit zu wiegen, hätten die sich einem fragwürdigen Blutschnelltest unterziehen müssen. Am Ende seien es 110 Männer gewesen, die sich sieben Frauen geteilt hätten. «Da kann man drei Tage später mit 100 € Eintritt und Safer Sex kein Geschäft mehr machen», sagt Achim.

Männerüberschuss

Am Ende sind 28 Männer zum «Abmelken» – wie es in der Branche heißt – erschienen. Eine volle Stunde sind die drei Mädels nun oben auf der Spielwiese voll *in action* gewesen. Zu hören waren in dieser Zeit vor allem die Herren. Unten an der Bar klang das abwechselnd nach Schlachthof, Folterkeller oder geriatrischer Klinik. Nun ist der erste Set vorbei und Zeit für eine Pause. Erschöpft und verschwitzt kommen die Herren die Treppe herunter, greifen nach einem Handtuch und binden es sich um die Lenden. Offenbar, um die Polster nicht zu beschmutzen, denn es wäre ja sinnlos, ein Genital zu verstecken, das mittlerweile eh jeder kennt. Das also ist es, das «gehobene Publikum», das mir von Laureen Pink angekündigt worden war. «Zu uns kommt keiner, der sonst für 40 Euro in Flatrate-Puffs ficken geht. Unsere Gäste sind Vertreter aus der Wirtschaft, dem Außendienst oder anderen Bereichen, wo man tagsüber schon mal auf eine Stunde aus dem Job rauskommen kann.» Und heute am Samstag nutzen sie vermutlich das Zeitfenster, das die Gattinnen auf dem Wochenmarkt oder beim Friseur verbringen.

Vor Beginn der Party hat Achim mir die Gelegenheit gegeben,

mein Buchprojekt vorzustellen. Ich habe Flyer mit Angabe der Webadresse vorbereitet, doch die Realität einer Gangbang-Party erteilt mir eine Lektion. Wohin sollen die Nackedeis das Papier denn stecken?

An der Bar komme ich mit dem «Geschäftsführer eines mittelständischen Unternehmens im Brandenburgischen» ins Gespräch. Er sei bereit, meine Fragen zu beantworten, sagt er. Ich erfahre, dass seine Ehe vor fünf Jahren geschieden wurde und er vor dem Problem stand, seinen «starken Drang nach Sex» anderweitig zu befriedigen. In den einschlägigen Partner-Portalen im Internet seien Frauen jenseits der 40 auf ihn angesprungen, seine bevorzugte Altersgruppe aber läge zwischen 20 und allerhöchstens 30 Jahren. Das stellt für einen Mittfünfziger natürlich ein Problem dar. Selbst dann, wenn er eine sportliche Figur, freundliche Augen, ansonsten aber nichts Außergewöhnliches an sich hat. Und so tat er, was alternde Geschäftsführer von mittelständischen Unternehmen immer tun, wenn sie Verlangen nach jungem Fleisch haben – er holte sich professionelle Hilfe. Eine Weile ist er an den Wochenenden in den Ruhrpott gefahren, um sich für kleines Geld in Flatrate-Puffs entsamen zu lassen. Dort aber störte ihn der 20-Minuten-Takt, in dem das zu passieren hat. Für einen wie ihn, der den ausgiebigen Geschlechtsakt bevorzugt, kam das einem Coitus interruptus gleich. Und als er dann auch noch beobachtete, wie die rumänischen Mädchen nach Schichtende von zwielichtigen Typen in großen Limousinen abgeholt wurden, war für ihn Schluss. Zumindest mit den Flatrate-Puffs.

Doch schon bald fand er sich auf einer Gangbang-Party von Saskia Farell, einer Mitbewerberin von Laureen Pink wieder. Und das, was er dort erlebte, nennt er die «Erfüllung». Längst sei er süchtig nach seinen «Mädels», reise den Gangbang-Queens quer durch Deutschland hinterher und lasse sich diese Sucht jeden Monat zwischen 1500 und 2500 Euro kosten. Dafür lasse er es aber auch richtig krachen. Auch heute möchte er «jede der drei Damen mindestens einmal» mit seinem Samen beglücken. Bitchy Jana hatte bereits das Vergnügen. Wie er diese physische Hochleistung zustande bringe, frage ich ernsthaft interessiert. Mit vielsagendem Grinsen sagt er: «Jedenfalls nicht mit Traubenzucker!»

Gibt es wirklich eine Gangbang-Sucht? Die Art, wie Laureen Pink zu Beginn der Party einige Herren begrüßt, weist darauf hin – wie alte Bekannte nämlich. Darunter auch ein junger Akademiker, der aus einem niedersächsischen Uni-Standort angereist ist. Er lässt sich von Bea eine Cola geben und erzählt mir ganz nebenbei, wie es bei ihm mit dem Gangbang anfing. Er sei noch Student gewesen, als er aus Frust über eine Trennung auf einer solchen Party aufgeschlagen sei und daran Gefallen gefunden habe. Natürlich ersetze das keine Beziehung, aber selbst wenn er noch einmal sein Herz verlieren sollte, würde er auf Gangbang nicht verzichten. Das Eine habe mit dem Anderen nichts zu tun.

«Ficki, Ficki! Runde zwei», ruft Kim XXX fröhlich und 28 Herren lassen den Lendenschurz fallen. Auch ich steige die Treppe zur Spielwiese hinauf. Von einer dunklen Ecke aus, in der ich durch meine schwarze Kleidung kaum auffalle, beobachte ich das Treiben.

Die drei Damen sind nie gleichzeitig mit allen Herren, die Herren aber immer mit sich selbst beschäftigt. Der Jungakademiker lässt sich glücklich lächelnd, breitbeinig hingestreckt, von Laureen Pink oral verwöhnen. Es scheint ihn nicht zu stören, dass seine Prinzessin gleichzeitig von einem übergewichtigen Herrn von hinten genommen und von einem Dritten an den Brüsten befummelt wird. Sein Stöhnen wird nicht nur immer heftiger, sondern auch immer lauter, sodass Kim XXX sich veranlasst sieht, kurzfristig das Genital eines etwa 70 Jahre alten Studienratspensionärs-Typen aus dem Mund zu nehmen, um den Jungakademiker zu fragen, ob er Schmerzen habe. Die Mädels kreischen. Kims Frage wäre weitaus berechtigter, wenn sie sie an jenen spindeldürren Herrn gerichtet hätte, von dem sie sich gerade vaginal penetrieren lässt. Den aber kann sie nicht sehen, da er sie im Doggystyle bestiegen hat. Der Dürre war mir schon in der Pause aufgefallen. Er hatte etwas abseits gesessen und seinen geradezu unheimlichen Blick umherschweifen lassen wie weiland Peter Lorre in dem Filmklassiker «M – Eine Stadt sucht einen Mörder». Inzwischen haben seine Augen geradezu Basedow'sche Dimensionen angenommen. Seinen Mund umspielt ein harter Zug, und die Sehnen an seinem Hals sind angespannt, als würden sie gleich reißen. Im nächsten Moment aber entspannt sich alles, und die Augen ziehen sich in ihre Höhlen zurück. Er lässt sein Genital mit einem vollen Tütchen aus Kims Scheide und sich selbst zufrieden grunzend zur Seite gleiten. Das wäre nun die Chance für den Gast mit dem Schmähbauch und dem wehendem Haarkranz gewesen. Theoretisch zumindest, denn seit Beginn des zweiten Sets fummelt er, das Geschehen von der Wand aus beobachtend, ohne nennenswerten Erfolg an sich herum.

Plötzlich stürmt ein Gentleman im Anzug die Treppe herauf und holt sein steifes Glied aus der Hose. «Kann mir jemand schnell einen blasen?», ruft er aufgeregt. «Mann oder Frau?», fragt Kim XXX, und nun lachen auch die Herren. «Na, komm her!», erbarmt sich Laureen Pink, robbt über die Spielwiese in seine Richtung und beginnt mit der oralen Verwöhnkur. «Du bist wohl von der ganz schnellen Truppe?», will Kim XXX wissen. Der Mann kann vor Erregung kaum sprechen. Stoßartig bringt er die Information hervor, dass seine Frau draußen im Auto warte und er ihr gesagt habe, er müsse nur schnell etwas von einem Kunden abholen, der in diesem Haus wohne. Es dauert kaum drei Minuten, und der Mann ist gemolken. Laureen Pink tastet die Spielwiese um sich herum ab. «Kann mir mal jemand eine Küchenrolle geben?», bringt sie mühsam mit halbgeöffnetem Mund hervor.

«Mit vollem Mund spricht man nicht», sagt Kim XXX und reicht ihr das praktische Utensil.

Inzwischen hat sich ein junger Mann mit halblangem Haar und Sixpack hinter Bitchy Jana in Stellung gebracht. Ich sehe seinen knackigen Hintern, der sich rhythmisch vor- und zurückbewegt. Er wirkt in diesem Ambiente ein wenig deplatziert, könnte er doch easy in jeder Berliner Bar ein halbes Dutzend Mädchen abschleppen. Irgendwas muss Gangbang haben, was sich mir noch nicht erschließt.

Die notgeile Kundschaft

Zwei Wochen später im Hamburger Catonium. Der Laden befindet sich in einem Neubau, der entfernt an ein Multiplex-Kino erinnert. Es ist der Ort, an dem ich an diesem Tag Uli Gold-wie-Gold und Hahn-wie-Hahn, den Pornoproduzenten, begegnen werde. Neben Laureen Pink und Kim XXX sind auch drei mir bislang unbekannte Damen erschienen. Da ist Cathy, eine Hamburger Deern, die sich in die martialische Polizistenuniform des New York City Police Departments geschmissen hat, womit sie sicher so manche devote Männerseele in den Wahnsinn treiben wird. Anike, ein sehr schlankes Mädchen, hüpft mit grazilen Bewegungen und schüchternem Lächeln durch die Gegend und erinnert an die Doppelfigur Odette/ Odile aus Tschaikowskys Ballett *Schwanensee* – also an den weißen Schwan, der den Prinzen betört, und dessen schwarze Inkarnation, der ihn ins Unglück stößt. Für den heutigen Job hat sie das blonde, mittellange Haar zu kleinen Zöpfen geflochten und hochgesteckt, was ihr die Illusion von Unschuld verleiht. Und Tina, ein sympathischer, dunkelhaariger Kumpeltyp, hat eine groteske Geschichte auf Lager. Im Gegensatz zu den Bewohnern von Laureen Pinks polnischem Dorf weiß in ihrer niederösterreichischen Heimatgemeinde jeder, womit sie ihr Geld verdient. Als die Katholikin ihren kleinen Sohn kürzlich zur Erstkommunion anmeldete, hat der Priester sie wissen lassen, dass ihre Anwesenheit in der Kirche erst nach dem Ablegen einer Ohrenbeichte erwünscht sei. Der Verdacht liegt nahe, dass sich der geistliche Herr ein wenig Verbalpornographie erhofft. Und Tinas Kolleginnen ermuntern sie, ihm diesen Gefallen zu tun und es auch bloß nicht an pikanten Details mangeln zu lassen. Dirty Talk im Beichtstuhl sozusagen.

Ab 12:45 Uhr erscheint nach und nach die männliche Kundschaft und verteilt sich in dem geräumigen Saal unter den gewaltigen Stahlträgern, wie man sie in der Industriearchitektur kennt. Am Ende werden es 40 Gentlemen sein, die um drei quadratische Spielwiesen herum Position beziehen und den fünf Damen ihre erigierten Geschlechtsteile entgegenstrecken. Bestimmte Unterschiede in Form und Länge sind unverkennbar, wie bei der Fußbekleidung auch. Bevorzugt werden Adiletten, wahlweise mit oder ohne Socken, hier und da sieht man auch lederne Zehensandalen oder klobige Sportschuhe. Einzelne Herren vertrauen auch auf die Gründlichkeit des Putzpersonals und nähern sich den Spielwiesen barfuß. Natürlich sind auch wieder alle denkbaren figürlichen Ausformungen präsent. In einem Fall ist die Ausformung derart überdimensional, dass der arme Kerl seinen Penis möglicherweise spüren, ganz sicher aber nicht sehen kann. Ausgerechnet er hat sich die zarte Anike ausgesucht, die ihm nonverbal klarmacht, dass mehr als ein Blowjob nicht drin sei.

Die Mädels haben es drauf, ihre Kundschaft im Fünfminutentakt abzumelken. Anders wäre es ja für die fünf Damen auch gar nicht machbar, die 40 Herren im ersten Durchgang alle zu befriedigen. Nicht wenn man nach einer Stunde eine Pause machen will.

Die ersten Lendenschutzträger erscheinen schon nach zehn Minuten wieder an der Bar, lassen sich (alkoholfreie) Drinks geben und stellen sich meinen Fragen. Ein Karosseriebauer und Lackierer aus der Bielefelder Gegend ist nach eigenen Angaben aus «Studiengründen» hier. Sein Hobby, sagt er, sei die Physiognomie, mit der er sich schon lange beschäftige. Am Mienenspiel der Menschen könne er erkennen, ob jemand die Wahrheit sage oder nicht. Heute nun habe er Cathy daraufhin getestet und befunden, dass die von ihr zur

Schau gestellte Erregung wahrhaftig sei. Interessanterweise betreibt er diese Studien zweimal im Monat auf solchen Gangbang-Partys. Die letzten beiden Male hat er, wie auch heute, seinen vietnamesischen Arbeitskollegen mitgebracht. Der Karosseriebauer sagt zwar nicht, welche Studien der betreibt, aber offenbar findet der Asiate die Sprüche von Kim XXX so komisch, dass er während des Geschlechtsaktes einen meckernden Lachanfall bekommt.

Ein Argentinier erzählt von der katholischen Schule, die er in seiner Heimat besucht habe. Nun sei er 25, und schon zweimal habe man ihm das Herz gebrochen. In diesem Leben vertraue er keiner Frau mehr, erklärt er so kategorisch, wie es nur ein südamerikanischer Macho hinkriegt. Der Sex auf Partys wie diesen sei viel ehrlicher, glaubt er zu wissen. Die anderen Herren störten ihn dabei nicht, aufgeilen aber würde ihn deren Anwesenheit auch nicht.

Der rheinländische Softwareentwickler, der bis eben noch Anike penetriert hat, scheint nun bereit zu sein, mit mir stundenlang über seinen Beruf zu reden. Ehe ich ihn ausbremsen kann, erfahre ich, dass er im Gegensatz zu anderen seiner Zunft «auch direkt in den Produktionsprozess eingebunden» sei. Seit vier Jahren besuche er regelmäßig Gangbang-Partys, erzählt er dann, das sei aber nicht der Grund, weshalb es mit seiner Freundin unlängst zur Trennung gekommen sei. Das mit den Partys habe sie nämlich gar nicht gewusst. Vielmehr habe es einen Streit gegeben, weil sie seinem Wunsch nicht nachkommen wollte, mit ihm zusammenzuziehen. Der Herr Softwareentwickler hegt offenbar trotz des Besuchs unkonventioneller Sex-Partys die bürgerliche Vision einer monogamen Zweierbeziehung.

Ein schmächtiger Mann mittleren Alters, der statt eines Lendenschurzes eine Boxershorts mit bunten Tupfen trägt, winkt mich schüchtern zu sich heran. «Ich bin so glücklich!», flüstert er mir zu. Offenbar ist er bereits zum Schuss gekommen, was aber hat ihn in eine derartige Euphorie versetzt? Da er mich augenscheinlich unter vier Augen zu sprechen wünscht, bitte ich ihn, mir zu den kunstledernen Sitzbänken an der Rückfront des Raumes zu folgen. Und was der Mann mir hier nun erzählt, ist eine gleichermaßen außergewöhnliche wie rührende Geschichte: «Ich habe Anike schon oft vor der Webcam besucht, kenne sie von daher also bereits eine ganze Weile.» Damit spielt er auf einen weiteren Einkommenszweig an, den viele der Gangbang-Frauen zu ihrem beruflichen Portfolio zählen. Sie räkeln sich meist im heimischen Wohnzimmer vor einer Kamera. Ihre Bewunderer wählen sich ein, nachdem sie zuvor sogenannte Coins – eine virtuelle Währung – per Kreditkarte erworben haben. Nun können sie der Angebeteten über ein Mikrophon oder die Tastatur mitteilen, was sie von ihr zu sehen wünschen. Sie können auch selbst eine Kamera einschalten, um Mädchen wie Anike ihr bestes Stück vorzuführen. Das aber hat der schüchterne Herr mit der getupften Unterhose nie getan. «Kamera? Nein, nein, es geht ja auch nicht um mich. Ich will Anike sehen und auch mit ihr sprechen – sie muss mich nicht sehen. Ist sie nicht ein wunderschönes Mädchen? Das Allerhöchste ist für mich immer, wenn sie ganz nah an der Kamera die Schamlippen auseinanderzieht und mir ihre Rose präsentiert. Ich bete ihr Fötzchen regelrecht an. Einmal hat sie mir erzählt, dass sie davon einen Silikonabdruck hat herstellen lassen. Das wurde übrigens mit der Kamera aufgenommen und ins Netz gestellt. So kann man ganz sicher sein, dass es wirklich der Originalabdruck von ihr ist, der da angeboten wird.»

Tatsächlich haben nicht nur Anike, sondern auch Laureen Pink und diverse Porno-Queens Silikon-Torsi ihrer Intimbereiche herstellen lassen. So ein Unterleib ist für Preise jenseits der 300 Euro käuflich zu erwerben und – da abwaschbar – zum mehrfachen Gebrauch geeignet.

«Ich habe für Anikes Vulva einen kleinen Altar gebaut», schwärmt mein Gegenüber. «Ab und zu hole ich das gute Stück herunter, lege es auf mein Bett, und dann gehe ich mit meinem Laptop online. Und während mir Anike vor der Webcam ihren schönen Körper präsentiert, ficke ich die Silikon-Vulva. Das habe ich jetzt schon etliche Male gemacht. Was ich aber bis vor kurzem gar nicht wusste ... das ist ... also ... dass man Anike hier quasi live ...» Er sieht mich erwartungsvoll an, als ob er erwarte, dass ich seinen Satz vervollständige. Wir sehen einander tief in die Augen – offenbar beide in dem Bestreben, herauszufinden, was wir vom jeweils anderen zu halten haben. Im nächsten Moment fährt uns beiden unisono ein gewaltiger Schreck in die Knochen. Ein marker-schütternder Schrei, der klingt, als ob ein Ferkel abgestochen wird, erschüttert den Raum. Als Urheber mache ich einen Herrn aus, der das 70. Lebensjahr schon überschritten haben dürfte. Eigentlich war die Urheberin ja Laureen Pink, die ihm soeben das Vergnügen beschert hat, in ihre Mundhöhle zu ejakulieren. Ohne das Gesche-hen zur Kenntnis zu nehmen, teilt mir Achim mit, dass der Porno-produzent Uli Goldhahn im Nebenraum auf mich warte. Ich mache mich also auf den Weg zu einem Mann, dessen Filmproduktionen dazu beigetragen haben, dass es heute Gangbang-Partys gibt – und das nicht nur im professionellen Rahmen, sondern auch ganz privat in Schlafzimmern und Gartenlauben.

Gangbang und Romantik

Wenn eine Frau mit drei Männern zur selben Zeit Sex hat, so ist das für Tommy «fast schon normal». Zumindest dort, wo sich der 52-jährige Softwareentwickler schon vor anderthalb Jahrzehnten an den Wochenenden getummelt hat – in den Swingerclubs zwischen Frankfurt und Koblenz. Auf gar keinen Fall verbucht er solch eine Viererkonstellation unter Gangbang. Das nämlich fange gerade mal dann an, wenn eine Frau sich einem halben Dutzend erigierten Penissen gegenübersehe. Und wenn eine solcherart multipel pene-trierte Dame optisch seinen Ansprüchen genüge, dann bringe auch er sein gutes Stück in Stellung. Für manchen Mann ist so ein unfreiwilliger Schwanzvergleich ja gewöhnungsbedürftig, nicht aber für Tommy …

Andere Männer stören mich in der Regel nicht. Jedenfalls nicht, weil sie Männer sind, höchstens mal durch irgendein spezielles Verhalten. Aber es ist ja gerade der Reiz, dass es mehrere Männer sind. Ich find's toll, wenn die Frau, während sie jemand bumst, einem anderen einen bläst oder so. Das sieht einfach geil aus.

Viele Männer finden es besonders geil, wenn die Frau, die da vor ihren eigenen Augen «gebumst» wird, die eigene ist. Noch geiler, wenn man sich in eine solche beim Gangbang verknallt. Was mancher «Normalo» sich nicht vorstellen mag, ist bei Tommy eingetreten. Vor 13 Jahren wurde in einem solchen Etablissement jene Frau gebumst, mit der er mittlerweile Bett und Küche teilt. So mancher mag ja außerstande sein, sich das vorzustellen, aber auch in einer solchen Konstellation können romantische Gefühle knospen und sich zur vollen Blüte entfalten …

Sie war mit ihrem damaligen Freund in den Club gekommen, war aber auch vorher schon swingermäßig aktiv gewesen. Genauso wie ich auch, und so hat man sich «kennengelernt». Sie kam dann später noch ein paarmal mit ihrem Freund, nach einer Weile aber auch mal alleine in den Club. Da wollte ich sie dann richtig kennenlernen, also als Person. Na ja, und dann haben wir uns mal privat getroffen. Es lief dann immer mehr in Richtung privat, man hat sich befreundet, verliebt und so weiter.

Nun standen wir ja beide auf Gangbang, und so habe ich angefangen, selbst Partys mit ihr im Mittelpunkt zu organisieren und über das Internet bekannt zu machen. Das fand mal bei mir in der Wohnung statt, mal in einem Hotelzimmer. Hin und wieder sind wir dafür auch mal in eine Hütte gegangen, die an einem Waldrand lag und die man von der Stadtverwaltung mieten konnte. Das war romantisch, aber als die bei der Behörde mitgekriegt haben, was wir dort treiben, hat man sie uns nicht mehr vermietet. Inzwischen organisiere ich nichts mehr. Die Zeiten sind vorbei. Heute hat man eher einen privaten Kreis von Männern oder auch Paaren, die man kennt. Entweder lädt man selbst ein, oder man geht zu so einer Einladung hin. Ich finde es nach wie vor geil, wenn meine Freundin mit jemandem bumst, und ich schaue dabei zu. Das hat noch mal einen speziellen Reiz. Bei einer anderen Frau ist es auch geil, aber da ist es dann halt der Reiz, dass es eine andere Frau ist. Es ist auch immer reizvoll, als Mann mit einer anderen Frau Sex zu haben. Und wenn wir Gangbang machen, erregen mich ja auch noch ganz andere Dinge. Bukkake[24] zum Beispiel. Also dabei zuzusehen, während ich sie bumse, nicht etwa, dass ich das selbst mache. Noch geiler finde ich es, wenn der Mann ihr in den Mund spritzt und der Saft rausläuft. Ich selbst kann im Mund nicht abspritzen. Ein bisschen blasen, ja, das ist schön. Aber ich kann beim Oralsex nicht kommen. Keine Ahnung, warum.

Gangbang unter Palmen

Das mit den Swingerclubs sei ja eine Weile ganz lustig gewesen, sagt Melanie, auch anregend, aber trotzdem auf Dauer nicht ihre Sache. Seit einigen Jahren sei sie mit einem Mann verheiratet, der ihr Vater sein könnte. 26 Jahre Altersunterschied seien an sich kein Problem, sie würden einander lieben und gemeinsam eine Firma betreiben, nur beim Sex haue es nicht mehr so hin. Da hätten sie das Swingen entdeckt. Dabei habe Melanie junge potente Sexualpartner

24 Gesichtsbesamung

gefunden und ihr Mann Paul seinen Spaß gehabt. Auf die Dauer sei ihr jedoch diese Beliebigkeit «auf den Keks gegangen, dass jeder dahergelaufene Typ glaubt, er könne mich einfach ungefragt bespringen». Ihre devote – sprich dienende – Seite wolle sie nicht bei Männern ausleben, die sie ansonsten «nicht mal mit dem Arsch ansehen» würde. Auf den Sex mit mehreren – allerdings ausgewählten – Herren hätte sie aber auch nicht verzichten wollen. Da wären sie und ihr Mann auf eine Idee gekommen ...

In diesem Jahr haben mein Mann und ich zwei wilde Partys auf Mallorca organisiert. Gangbang unter Palmen sozusagen. Beim ersten Mal hatten wir eine Freundin von mir dabei, ich war also nicht alleine. Auch sie natürlich im devoten Kontext. Bei ihr spielt sogar noch das Masochistische eine Rolle, also Schmerzen und so. Vorher hatten wir einen Text auf eine Internetplattform gestellt, in dem wir beschrieben, was wir vorhaben und dass wir eben noch Mitstreiter suchen. Und dann ging's los: Man mailte sich, man hat gechattet. So merkte man rasch, wer's ernst meint. Man merkte auch sehr schnell, wer reinpasst. Beim ersten Mal haben wir sieben Männer ausgewählt. Wir zwei Frauen hatten Augenbinden um, und unsere Hände waren über dem Kopf an eine Stange gefesselt. Sie und ich standen einander gegenüber, trugen nur halterlose Strümpfe und High Heels. Dann wurden die Herren hereingeführt. Vom Gastgeber gab es noch eine kurze Einweisung, was erlaubt ist und was nicht. Also ich mach zum Beispiel keinen Analverkehr, ich kann das nicht, und ich will das auch nicht. Es ist ganz wichtig zu wissen, dass das, was abgesprochen wird, auch eingehalten wird.

Beim zweiten Mal gab's ein Pärchen, deren Finca in der Nähe von unserer liegt, und so konnten wir das mit ihnen gemeinsam durchziehen. Dafür waren sechs Männer ausgewählt worden, und der Gastgeber machte ja auch mit. Was dann abging, war dieses Mal ein bisschen improvisierter. Man konnte Fotos schießen, und natürlich sind wir Frauen den Herren zugeführt worden. Sie haben uns benutzt, in welchem Kontext auch immer: Spanking, sexuelle Handlungen oder sonst was. Während des Abendessens haben wir beiden Frauen bedient. Natürlich nackt, und es durfte auch das Halsband nicht fehlen. Das ist ja dieses Erkennungsmerkmal, das Halsband mit diesem Ring. In einem solchen Rahmen macht Gangbang echt Spaß!

Die Idee vom Super-Gangbang

Eigentlich ist Alex seit seiner Scheidung ein Single. Eigentlich. Nun ist es aber so, dass er vor anderthalb Jahren in der Gangbang-Gruppe auf einem einschlägigen Internet-Portal eine Frau getroffen hat, die 140 Kilometer von ihm entfernt lebt. Seitdem telefonieren sie täglich und sehen sich an jedem zweiten Wochenende. Trotzdem nennt er sie seinen «emotionalen Anker». Gelegentlich leben sie ihre Lüste aus – und wenn man sich in der Gangbang-Gruppe kennengelernt hat, ist schon klar, in welche Richtung das dann geht …

Wenn man es am Stammtisch auf einen Punkt bringen möchte – und immer wenn mich Leute danach fragen, weiche ich nicht aus –, dann sage ich: «Ich finde es geil, wenn meine Frau von anderen gevögelt wird.» Nun gibt es da ja zwei Typen: den Cuckold und den Wifesharer. Beim Cuckold ist es so, dass er seinen Kick aus der Eifersucht und aus der Demütigung zieht. Er ordnet sich seiner Frau und deren jeweiligem Lover unter. Beim Wifesharing ist es hingegen so, dass das Paar liiert ist und einen zweiten Mann hinzunimmt. Oder auch mehrere. Ich wusste zunächst nicht, wo ich mich da einordnen sollte. Also habe ich mich erst mal als Cuckold eingeschätzt. Ich habe mir eine dominante Frau gesucht und habe mit ihr versucht, Cuckolding auszuleben. Ich habe dann festgestellt, Cuckold bin ich nicht. Ich finde mich selbst nicht devot genug. Beim Wifesharing ist der Mann dominant. Er bestimmt, mit wem es ins Bett geht und mit wem nicht. Jetzt bin ich mit einer Frau zusammen, die eher devot ist, und zu ihr kann ich zum Beispiel sagen: «Es würde mir gefallen, wenn du mit diesem oder jenem oder auch mit den Zweien oder den Dreien dort vögelst.» Und sie sagt: «Okay, wenn dich das anmacht … Ich finde, die sind soweit okay.» Also es ist kein Dom-Sub-Gefälle, insofern verlange ich nicht: «Du musst mit dem vögeln!» Nein, das möchte ich nicht! Ich möchte schon, dass sie Spaß dabei hat.

Wie also laufen die gemeinsamen Wochenenden ab?

Wir verbringen erst einmal so etwas wie einen «Paar-Alltag» miteinander, also ein normales Wochenende. Alltag ist dafür das falsche Wort. Wir versuchen in unserer Beziehung tatsächlich, den Alltag auszuklammern, und verbringen nur die Freizeit miteinander. Manchmal melden wir uns für Partys an, zu denen wir dann gemeinsam hingehen. Aber wenn ich das jetzt so runterrechne, dann sind wir nur etwa jedes vierte Wochenende auf so einem Event. Sie ist quasi meine Frau, mit der ich da hingehe. Das ist wichtig, sonst würde das nicht funktionieren. Der Kick liegt ja darin, dass es *meine* Frau ist, die von jemand anderem gevögelt wird. Wir gehen oft in den Stamm-Swingerclub meiner Liebsten, wohin sie auch schon gegangen ist, bevor sie mich kennengelernt hat. Das ist in einer kleineren Stadt. Ich gehe gern mit ihr dorthin, denn dort hat sie noch «Fans» von früher – also Männer, die sie damals schon gevögelt haben, als sie noch nicht mit mir liiert war. Da ist es schon mal möglich, einen Gangbang zusammenzubekommen. Das kickt mich schon ziemlich.

In diesem Club haben wir uns damals auch zum ersten Mal verabredet. Sie hat auf mich gewartet und dort herumgeführt.

Sie hat mir alles gezeigt, und dann hab ich zu ihr gesagt: «Ich habe nur einen Wunsch heute, und zwar möchte ich dich von allen Männern als Letzter vögeln.» Also nach mir ist Schluss. Sie hat gegrinst und gemeint, das sei überhaupt kein Problem. Und so hatten wir eben andere Männer mit auf der Matte – wir hatten einen Dreier, wir hatten einen Vierer. Sie ist richtig schön durchgevögelt worden, und ich hab sie mit Dirty Talk noch richtig scharfgemacht. Ich hab zu den Männern gesagt: «Fickt sie richtig durch!», oder: «Ist das 'ne geile Schlampe!» Ich habe auch andere Töne angeschlagen – zum Beispiel: «Sie ist ein braves Mädchen, sie macht alles, was man ihr sagt.» Zwischendurch habe ich ihr auch beschrieben, was gerade passierte: «Ein Riesenprügel schiebt sich gleich bei dir rein.» Das mache ich auch heute noch so, weil sie total darauf steht.

Irgendwie klingt das so, als seien die Träume ausgeträumt und es gäbe von nun an nur noch die Wiederholung. Als ich ihm das sage, fängt Alex an zu lachen und berichtet von einem ganz besonderen Plan …

Wir wollen zu ihrem 44. Geburtstag organisieren, dass sie 44 Penisse wichst. Das ist einfach mal so eine Idee. In ihrem Stammclub wird das aber kaum möglich sein, denn 44 Männer halten sich im Swingerclub einer Kleinstadt nicht auf. Deshalb überlegen wir, über ein Online-Portal dazu aufzurufen. Es müsste nur sichergestellt sein, dass auch wirklich alle kommen. Mit Vorkasse sollte das eigentlich sicher sein. Aber da gibt es noch ein Problem. Hat man erst mal 44 Männer zusammenbekommen, die man quasi gar nicht kennt, und es geht dann los – dann wird meine Liebste dabei natürlich geil. Was aber, wenn sie dann masturbieren möchte … Womöglich schmiert sie sich die Wichse von den Männern, die an ihr runterläuft, aus Versehen unten rein. Da müsste ich halt die ganze Zeit mit einem Tuch danebenstehen. Ich habe auch schon mit einem Pärchen von diesem Online-Portal Kontakt aufgenommen, das regelmäßig Gangbangs veranstaltet. Wir haben uns hin- und hergeschrieben, wie die das so machen. Und es ist tatsächlich so, dass die das jedes Mal abwischen. Oder sie müsste halt ein Gummihöschen anziehen. Das wissen wir noch nicht so genau. Aber schon das Nachdenken darüber bereitet ja Lust.

TIERISCHES VERGNÜGEN

Missverständnisse halten sich bekanntlich hartnäckig und jenes, mit dem «Petplayer» zu kämpfen haben, ganz besonders. Immer wieder ruft der vermeintliche sexuelle Missbrauch von «Pets», also Haustieren, empörte Bürger auf den Plan. Peinlich nur, wenn die Tierschützer irgendwann realisieren, dass keineswegs Streicheltiere die beklagenswerten Opfer sind. Vielmehr werden jene tierischen Parts von menschlichen Wesen eingenommen. Petplayer nennen sich nämlich Petplayer, weil sie die Rollen von Hunden, Katzen oder Ponys spielen. Vielleicht gibt es auch welche, die sich als Python oder Brillenkaiman sehen, aber da diese sich nicht domestizieren lassen, haben sie beim Petplay keine Chance. Darum nämlich geht es bei dieser verhältnismäßig neuen Spielart der Erotik – um das Ausüben und das Aushalten von Dominanz. Inzwischen geben sich einige tausend Deutsche dieser höchst individuellen Freizeitbeschäftigung hin. Nach eigenem Bekenntnis nicht zwingend zum Zwecke sexueller Aktivitäten, und wenn doch, dann freiwillig und einvernehmlich. Der Sexualpsychologe Dr. Ahlers sieht das so: «Wenn gesagt wird, das habe nichts mit Sex zu tun, so liegt offenbar ein Leugnungsdruck vor. Denn auch wenn es vordergründig nicht um eine sexuelle Interaktion geht, so ist auch das Petplay durchwoben von Sexualität. Aber das wird nicht von allen Petplayern so verstanden.»

Zumindest als erotisch wird von vielen Petplayern allein schon

die strenge Hierarchie empfunden – die zwischen dem selbster-
nannten Streicheltier und seinem Halter. Und zwar sowohl von
denen, die Befehle erteilen, als auch von jenen, die sie ausführen.
Deshalb wird das Spiel der Petplayer üblicherweise der SM-Szene
zugerechnet, und sicher auch, weil eine solche Neigung nicht selten
mit einem Lack-und-Leder-Fetisch daherkommt.

Wer die Petplayer verstehen will, hat entweder selbst eine Neigung zum tierischen Rollenspiel oder ist entschlossen, unvorein-
genommen nach der Herkunft solch einer Leidenschaft zu fragen.
In diesem Fall wäre der Fragesteller – wie immer, wenn man sich
für anders Empfindende interessiert – schlecht beraten, sich dabei
selbst zum Maßstab der Dinge zu machen.

Anthropomorphe Phantasien

Wer mit Petplayern spricht, stellt schnell fest, dass es in der Frage,
wodurch das Ganze ausgelöst wurde, kaum einen gemeinsamen
Nenner gibt. «Kaum» bedeutet aber nicht, dass es einen solchen
gar nicht gäbe. An Petplayer-Stammtischen, etwa im Berliner
Kant-Café, im Café Oktober in Hamburg oder im Unperfekthaus
in Essen, ist immer mal wieder zu vernehmen, dass für viele schon
früh ein erotischer Reiz von anthropomorphen Gestalten ausging.
In der Regel kannten sie diese schon seit der Kindheit oder frühen Jugend aus Comics und Animationsfilmen, und irgendwann
hielten sie dann Einzug in die eigenen Phantasien. Das allein aber
macht ja wohl noch kein Kind zum Petplayer. Schließlich haben
wir alle mal akzeptiert, dass eine Ente Dagobert heißen und sich
als «Großbankier» betätigen oder ein Huhn mit dem bezeichnenden Namen Düsentrieb bahnbrechende Erfindungen machen kann.
Die Fuchs-Zwillinge Fix und Foxi waren als eine Art Sozialarbeiter
unterwegs, und aktuell locken die Abenteuer des kleinen Raben

Socke die Kids scharenweise ins Kino. Es geht aber auch umgekehrt, das heißt reale Menschen in Tiergestalt. Und das ist nicht immer lustig. So erzählt der US-amerikanische Cartoonist Art Spiegelman, Sohn von Holocaust-Überlebenden, die Geschichte seines Vaters in einem Cartoon. *Maus* heißt das preisgekrönte Werk, in dem er das Grauen der KZs und des NS-Vernichtungssystems als Fabel zeichnet. Da werden Juden als Mäuse dargestellt, Deutsche als Katzen, US-Amerikaner als Hunde, Polen als Schweine … Durch die Tiermetapher gelingt es Art Spiegelman, Abstand zum geschilderten Grauen zu wahren. Wie aber wird der Comic-Fan zum Petplayer?

Vom Nerd zum Wolf zum Pony …

In seiner Jugend galt er als Loser – bei seinen Klassenkameraden, bei den Mädels und auch bei sich selbst. Uwe war introvertiert und sah für sich keine Chance, eine Freundin zu finden. Praktischerweise hatte er gar nicht erst das Bedürfnis, sich ein Mädchen zu angeln oder Discos und Partys aufzusuchen. Und weil er auch kein sportlicher Typ war, passierte das, was mit so einem eben passiert – er spazierte als Außenseiter durch die Welt. Während seine Altersgenossen alkoholische Mischgetränke, synthetische Drogen und den ersten Sex ausprobierten, verbrachte Uwe seine Freizeit mit Marshal Bravestar und dessen Pferd. Viele Jahre später erzählte er am Petplayer-Stammtisch, wie das sein Leben verändert hat …

Diese Zeichentrickserie hat ein Western-Setting in die Zukunft verlegt. Darin gab es eben Marshall Bravestarr und dessen Pferd. Dieses Tier war in der Lage, sich von einem vierbeinigen in ein zweibeiniges Wesen zu verwandeln. Es war Partner und Freund des Marshalls. Das war das erste Mal, dass ich mit dem anthropomorphen Thema in Berührung gekommen bin. Irgendwie hat sich diese Idee bei mir manifestiert und sich über Jahre hinweg, durch meine gesamte Pubertät, entwickelt. Und während dieser Entwicklung hat es für mich eine erotische Komponente bekommen. Mit dem Aufkommen des Internets hat man dann Dinge gesehen, die man noch nie gesehen hatte. Ich habe Latex- und Leder-Fetische entdeckt, und irgendwann bin ich dann auch mal über eine Seite gestolpert, bei der es um Ponyplay ging. So bin ich dann beim Petplay gelandet, und weil das sehr stark mit dem Thema Material-Fetisch zusammengeht, ist es auch sehr sexualisiert. Sehr lange hab ich mich nicht getraut, mich intensiver mit dem Thema zu befassen, weil ich fürchtete, pervers zu sein. Die Ursache dafür war natürlich, dass ich durch meine Rolle als Außenseiter Probleme mit meinem Selbstbewusstsein hatte. Genau deshalb habe ich mich im Internet sehr wohlgefühlt.

Wenn ich in dieser Zeit onaniert habe, ging es in meiner Phantasie immer um mich als ein Wesen, das halb Mensch und halb Wolf, das gefangen, oft auch gefesselt war. Übrigens hat mich auch später der rein körperliche Sex, die klassische Rein-raus-Nummer, nur selten gereizt. Da musste schon irgendwas dabei sein, was das Ganze ein bisschen aufgewertet hat, zum Beispiel ein bestimmtes Material wie Leder oder Latex. Und das in Kombination mit einer Fesselung, bei der ich mich hilflos ausgeliefert fühlen konnte. Dazu brauchte ich natürlich einen Partner, dem ich vertrauen konnte. Aber in den jungen Jahren gab es einen solchen Partner eben nur in der Phantasie. Teilweise war das eine fiktive Gestalt, die ich mir ausgedacht hatte, teilweise aber auch Mädels oder Jungens aus meinem Bekanntenkreis, die mir gefielen. Das ist ja zusätzlich noch ein Punkt, dass ich nämlich erst sehr spät dazu stehen konnte, nicht heterosexuell zu sein. Inzwischen weiß ich, dass ich mich zu beiden Geschlechtern hingezogen fühle.

Dieser Zustand des Nicht-aus-sich-heraus-Könnens hat bis zu meinem 27. Lebensjahr angehalten. Das ist jetzt acht Jahre her. Ich erinnere mich noch, dass ich zu Ostern 2007 zu Hause saß und mir sagte, so kann es nicht weitergehen. Da bin ich dann zum ersten Mal in einen Chatroom gegangen, von dem ich wusste, dass da Petplayer zugegen sind. Das Erste, was ich gelernt habe, war, dass der Begriff «pervers» für etwas ganz anderes steht und im Zusammenhang mit Petplay völlig unangebracht ist. Bei den Gesprächen in diesem Chatroom hat man sich über ganz normale Alltagsthemen unterhalten. Da bin ich dann aufgetaut und habe die ersten Einladungen für einen Stammtisch bekommen. Hier hat man mir dann die Angst genommen, dass von mir erwartet würde, ein übersexualisierter Freak zu sein. Mit der Zeit wurde ich wesentlich selbstbewusster, allein schon deshalb, weil ich endlich mal den Mut hatte, nach draußen zu gehen und mich in etwas Unbekanntes zu stürzen. Bis dahin spielte sich in Bezug auf Petplay alles auf einer theoretischen Ebene ab. Dann aber bekam ich die Gelegenheit, das Ganze in der Praxis anzutesten.

Etwa ein halbes Jahr, nachdem ich mich in den Chatroom getraut hatte, habe ich zum ersten Mal selbst gespielt. Ich hatte von einem solchen Petplayer-Treffen eine völlig falsche Vorstellung. Damals dachte ich, dass die ganze Zeit Petplay betrieben wird. Dann aber erlebte ich, dass man massiert wird und ich auch die Chance bekam, andere zu massieren. Ansonsten gab es leckeres Essen, und man unterhielt sich. In den drei Tagen, die ich auf diesem Treffen war, habe ich insgesamt nur etwa vier Stunden gespielt. Das sah dann so aus, dass eine Freundin, die mich begleitet hat, mir das Halsband umlegte und mit mir das machte, was man auch in der Hundeausbildung tut – also Folgsamkeitserziehung. Ich hatte dabei einen hautengen Lycra-Anzug an, den ich mir ausgeliehen hatte. Denn einfach nur nackt zu sein passte nicht in meine Vorstellung. Deshalb brauchte ich irgendeine Form von Fellersatz. Was mich total verwundert hat: Es ging überhaupt nicht um Sexuelles. Ich hatte angenommen, ich würde dauergeil sein und es gäbe sehr viel Sex. Tja, und das war eben gar nicht der Fall. Und dann hat mir einer angeboten, Ponyplay auszuprobieren. Ein anderer war so nett, mir seinen Schweif auszuleihen, den ich mir um die Hüfte gebunden habe. Es war einfach nur ein optisches Accessoire, aber immerhin. Dann bekam ich auch ein Kopfgeschirr aufgesetzt mit einem Gebissstück, durch das ich die Steuerung mitbekommen sollte. Ich wurde rausgeführt, und der Bekannte, der mich zum Ponyplay eingeladen hatte, hat seine Zügel eingehängt. Alle anderen haben sich zurückgehalten, damit ich nicht das Gefühl bekomme, vorgeführt zu werden. Die ersten Übungen sahen dann so aus, dass mir erst mal gezeigt wurde, wie ich mich bewegen muss, um ein Pferd zu imitieren. Wie kann ich die Beine anheben, wie die Schritte setzen, damit das nach Pferdegang aussieht?! Nach den ersten Übungen hat dieser Bekannte mich an eine lange Leine genommen und longiert. Also, er stand in der Mitte, und ich hab mich im Trab um ihn herumbewegt. Nicht auf allen vieren, sondern im aufrechten Gang. Es gibt auch Ponyplayer, die das auf allen vieren machen, aber das ist sehr unbequem und sieht auch nicht wirklich elegant und agil aus. Jedenfalls hat es ihm Spaß gemacht, mich arbeiten und auspowern zu sehen. Man konzentriert sich dabei nur auf die Person in der Mitte und nimmt ansonsten gar nicht viel wahr. Es ist immer der gleiche Bewegungsablauf, ohne dass man weiß, wann es zu Ende sein wird. Es hatte etwas sehr Meditatives. Damit war die Sache aber noch nicht abgeschlossen, denn ich sollte nun auch noch einen Sulky ziehen. Ich wurde also eingespannt und musste ihn ein wenig über die Wiese ziehen, was ganz schön anstrengend war. Das war dann der Moment, in dem ich beschlossen habe, etwas für meine Fitness zu tun, um mein neues Hobby überhaupt durchhalten zu können. Trotzdem habe ich mich nach diesem ersten Spiel sehr befreit gefühlt. Die Pferderolle war für mich, so sehe ich das heute, eine

Art Therapie. Sie war eine Möglichkeit, mich auszudrücken und auf andere Leute einzulassen. Das zeigt sich inzwischen auch in ganz anderen Lebensbereichen. So habe ich früher eine Scheu davor gehabt, in der Öffentlichkeit zu tanzen. Ich dachte, dass ich das nicht gut genug kann und nicht gut genug dafür aussehe. Hinter der Pferderolle konnte ich mich als Mensch erst mal verstecken. Das hat mir geholfen, aus mir herauszukommen, und plötzlich konnte ich, auch ohne diese Rolle zu spielen, zu mir stehen.

Die Pferde-Dompteurin

Karin lebt mit ihrem Pony in einer Genossenschaftswohnung in Spandau, im äußersten Westen von Berlin. Uwe ist ihr Pony. Nun muss man sich das nicht so vorstellen, dass der Dressurakt quasi im Privatleben fortgeführt wird. Aber ganz unbeeinflusst ist das tägliche Zusammenleben davon natürlich auch nicht. Gelegentlich rutscht Karin ein Befehlston heraus, obgleich sie ihn nur um etwas bitten wollte. Und wenn sie Uwe um etwas bittet, erledigt er es mit der Eilfertigkeit des dressierten Tieres.

Karin ist schon sehr früh beim Petplay gelandet. Viel früher jedenfalls als Uwe. Mit 20 hatte sie den ersten Sex, und zwar mit einem Mann, obgleich sie es lieber mit einer Frau getrieben hätte. Auch sie war nach eigenem Bekunden immer sehr schüchtern. Davon ist heute nichts mehr zu spüren, erweist sich die kleine, etwas dralle Frau in unserem Gespräch doch als durchaus eloquent. Sie erzählt von Affären mit Menschen beiderlei Geschlechts, Sessions, in denen sie sich fallenlassen konnte oder auch nicht – bis dann der entscheidende Satz fällt: «Und irgendwann hatte ich meinen ersten Kontakt zum Petplay!» Was fand sie daran interessant?

Zunächst einmal gar nichts. Es war nur so, dass meine Mitbewohnerin wusste, dass ich seit meiner Jugend eine Beziehung zu echten Pferden hatte. Durch sie kam ich dann zum ersten Petplay-Treffen, wo ich schließlich einen der anwesenden Herren an die Longe nahm. Als Jugendliche hatte ich mich um zwei Pferde gekümmert, und als ich dieses «Pony» da longierte, fühlte ich mich wieder wie 15. Es war ein echter Flashback. In der lesbischen SM-Szene hatte ich eher die devote Rolle eingenommen, doch einem Pferd gegenüber hatte ich immer eine ganz andere Autorität. Wenn ein Pferd von sich aus in eine langsamere Gangart verfällt, dann gibt's die Peitsche und ein sehr klares Kommando. Eigentlich arbeite ich lieber ohne Peitsche und nur mit Kommando, aber es muss eben spuren. Beim Petplay hat mich überrascht, dass eine ganz andere Art von Konzentration vorliegt und eine ganz andere Art von Kommunikation stattfindet als sonst zwischen Menschen. Tja, und ich bin dabeigeblieben und habe nun mein eigenes Pony. Nach wie vor longiere ich, weil das eine gute Möglichkeit ist, mein Pony auszupowern. Aber Uwe und ich machen das nicht exklusiv, weil ich ja auch mal Lust habe, mit jemandem anderen zu spielen. Oder er ist noch nicht ausgepowert, aber ich habe etwas anderes vor. Dann empfehle ich ihm, sich jemand anderes zu suchen.

Inzwischen spiele ich nur noch mit jemandem, wenn ich eine gewisse Sympathie für diesen Menschen habe. Wenn ich die nämlich nicht habe, fühle ich mich hinterher nicht gut. Da ich früher klein und leicht war, hab ich mich mal dazu verleiten lassen, auf einem Petplayer zu reiten, der auf allen vieren war. Ich hatte mir vorher nicht klargemacht, dass der nackt sein würde, und sympathisch war er mir eigentlich auch nicht. Aus solchen Dingen lernt man ja zum Glück. Inzwischen werde ich ganz schön kiebig, wenn ich mich in eine Rolle gedrängt fühle. So habe ich auch in unserem Fall lange meine Rolle zu meinem

Pferd nicht gefunden. Weil es bei Uwe, wenn er die Maske trägt, durchaus einen Showaspekt hat. Da hab ich mich in die Rolle gedrängt gefühlt, nur das Anhängsel zu sein, das Accessoire. Damit konnte ich nicht umgehen. Dazu gehörte ja auch, dass ich immer mein Gesicht gezeigt habe, während mein Pony auf der BoundCon, dieser Fetischmesse in München, oder sonst irgendwo die Pferdemaske trug. Da sah ich mich dann genötigt, im Reiter-Outfit zu erscheinen. Ich hab mir ein schönes weißes Lederkleid nach meinen Vorstellungen schneidern lassen, mit den passenden Stiefeln und dem passenden Hütchen. Und seitdem ich mein eigenes Fetisch-Outfit habe, geht es mir viel besser. Heute mache ich mir sehr viel mehr Gedanken darüber, wie ich auftreten will – denn wie er auftreten will, das wissen wir ja beide.

Wir treten vorwiegend dort auf, wo es ein Außengelände gibt. Manchmal auch beim Christopher Street Day, wo er mich dann im Sulky zieht. Aber das hat dann weniger einen Spielcharakter, sondern dient vielmehr der Aufklärung. Dabei legt mein Pony dann Wert darauf, sein Gesicht zu zeigen, um zu demonstrieren: Hier wird gelächelt, das macht Spaß!

Was aber gibt ihr die Rolle der Dompteurin abseits der Showauftritte?

Wenn wir es schaffen, dass wir uns sehr gut aufeinander konzentrieren, habe ich den Anspruch, mit meinem Pony an der «hohen Dressurschule» zu arbeiten, und zwar, ohne dass man mich wild hantieren sieht. Das ist uns gerade vor wenigen Tagen sehr gut gelungen. Da hat eigentlich alles geklappt, aber ich habe dann trotzdem abgebrochen. Ich wusste, wenn ich weitermache, wird bei einem von uns die Konzentration nachlassen. Wir haben ganz lange das Seitwärtsgehen probiert, auch mit Hilfszügeln, und irgendwann hatten wir dann den Dreh raus. Das ist wirklich schön anzusehen. Übrigens erreiche ich mit einem menschlichen Pferd wesentlich bessere Ergebnisse als mit einem Vierbeiner.

Comics mit anthropomorphen Fabelwesen haben in ihrer Entwicklung auf dem Weg zum Petplay demnach keine Rolle gespielt?! Karin lacht und will nun unbedingt noch erzählen, dass es ja auch in ihrer Phantasie noch einen Petplay-Aspekt gibt, und der hat sehr wohl etwas mit einem ganz bestimmten Comic zu tun …

Es gibt einen Animationsfilm, den ich mehr als einmal gesehen habe. Der heißt «Jesus und Judas», und er handelt davon, dass beide Maria Magdalena toll finden. Sie hat einen Nachtclub, der «Sex, Sex, Sex» heißt. Judas braucht 30 Kröten, um da reinzukommen, und verrät Jesus dafür bei einer Wache. Und diese Wachen sind in diesem Film Wolfstiere. Sehr männlich, mit einem Lendenschurz, der geradezu nach Testosteron riecht. Judas kommt also in den Club, und Maria Magdalena, sie ist eine Ziege, sitzt gerade rücklings auf einem Schaf, und unter ihr liegt schon ein großer Berg von ausgevögelten Schafen. Die Schafe stellen also die Masse dar. Dann vögelt Judas die Maria Magdalena durch, und Jesus kommt und will sie beide bekehren. Im nächsten Moment aber kommen die Wachen, und als sie fragen, wer Jesus sei, zeigen die beiden anderen gleichzeitig auf ihn und vögeln danach genüsslich weiter. Man erlebt Maria Magdalena in diesem 15-minütigen Kurzfilm erst als kleines niedliches Zicklein, dann mit etwa 16 Jahren und dann als erwachsene Frau mit gewaltigen Brüsten. Diese Figur finde ich schon sehr sexy.

Liegt da nicht die Frage nahe, ob ihr beim Petplay der Sex fehle, wie das ja anfangs auch bei Uwe der Fall gewesen sei. Energisch schüttelt sie den Kopf …

Der sexualisierte Aspekt beim Petplay ist in der Schwulen-Szene sehr viel mehr verbreitet. Da gibt es in verschiedenen Städten den «Fickstuten-Markt». Da kommen zuerst mit verbundenen Köpfen die Stuten herein, um dann den Hengsten zugeführt zu werden. Aber mit Petplay hat das eigentlich schon nichts mehr zu tun. Da geht es weniger ums Spielen als vielmehr um Sex.

Schwules Dogplay

Ein einstiger Aussiedlerhof irgendwo in der hessischen Ebene. Nichts auf diesem Anwesen erinnert auch nur noch entfernt an einen Bauernhof, bietet aber durch seine Abgeschiedenheit ideale Voraussetzungen für außergewöhnliche Fetischspiele. Das wissen viele zu schätzen, weshalb Rüdiger und Jonas – die Eigentümer der idyllischen Landimmobilie – speziell einen eingetragenen Verein gegründet haben. Der Vereinszweck klingt sperrig: Exemplifikation gleichgeschlechtlicher Lebensweisen. Seither treffen sich hier schwule Feinschmecker, Massage- und Fußpflegefans und sehr unterschiedliche Fetischgruppen. Die Betreiber sind selbst überrascht, welch eine Eigendynamik das Haus entwickelt hat. An diesem Wochenende sind es eben die Dogplayer – für Rüdiger und Jonas ist das absolutes Neuland.

Nach und nach treffen die Teilnehmer ein. Soweit sie sich nicht ohnehin aus der Szene kennen, versuchen sie gegenseitig herauszufinden, wer wohl die Rolle eines Hundes zu spielen gedenkt und wer die des Herrchens. Denn nicht jeder, der hier das Wochenende in der Rolle eines Vierbeiners verbringen möchte, hat bereits ein Herrchen. Und nicht jeder, der sich als Hundehalter versteht, ist mit jemandem angereist, der ihm den Rüden machen will. Man ist sicher, dass sich das schon findet, so wie bei früheren Dogplay-Treffen anderswo ja auch. Vorerst «beschnuppert» man sich noch – selten passte dieser Begriff besser.

Das Anwesen ist groß genug. Zimmer und Betten sind für alle der 17 angereisten Teilnehmer vorhanden, eine Sauna und eine riesige, von hohen Hecken umzäunte Wiese für das tierische Spiel auch. Unweit einer Hundehütte wurde ein Schwimmbecken aufgestellt, in dem Rüden und Herrchen sich abkühlen können. Zunächst aber wird zum Dinner in einen hellen Speisesaal mit hippen Designer-Möbeln gebeten, wo einige der Herren ihre Plätze, andere bereits die Rolle des Hundes einnehmen. Unter Letzteren tun dies manche nackt mit einem Requisit, das wie ein Hundeschwanz aussieht. Mittels eines Plugs – einer Art Pfropfen – ist er im Anus befestigt. Andere sind in Latexanzüge geschlüpft. Einige der «Rüden» tragen Handschuhe, die Hundepfoten nachempfunden sind. So ist es dem Träger nicht mehr möglich, die Hände auf dieselbe Weise zu gebrauchen, wie er das üblicherweise im Alltag oder in selbstbefriedigender Absicht tut. Das ist vorerst weder möglich noch nötig. Ehe nämlich die Hundehalter die am Buffet angebotenen Delikatessen auf ihre eigenen Teller laden, befüllen sie damit die Näpfe ihrer Lieblinge. Und die Teilzeit-Vierbeiner tun, was echte Hunde auch tun würden – hechelnd und freudig bellend folgen sie ihren Herrchen. Da es aber nun mal biologische Unterschiede zu den animalischen Vorbildern gibt, bewegen sie sich dabei auf Knieschonern und ebenjenen Pfotenhandschuhen. Auf dem Fußboden machen sich ein Softwareentwickler, ein Möbeltischler und ein Rechtsanwalt schlabbernd über das Putengeschnetzelte in ihren Näpfen her. Die Tischgesellschaft verspeist dasselbe Mahl gepflegt mit Messer und Gabel, und dabei handelt es sich keineswegs ausschließlich um Hundehalter. Noch sitzen hier welche, die im Laufe des Abends zum Doggy mutieren werden. Man erkennt sie am Halsband, das sie sich zwischenzeitlich angelegt haben.

Der eine oder andere blickt sich suchend nach jemandem um, der ihn gern dressieren würde. Noch passiert die Anbahnung nonverbal. Hat man sich dann zu vorgerückter Stunde gefunden, wird das glückliche Tier einen freudigen Beller loslassen und heftig mit dem Hinterteil wackeln. Günstigstenfalls wird dort dann ein Hundeschwanz-Double stecken, welches dasselbe tun wird, wenngleich das Wackeln in diesem Fall natürlich «wedeln» heißt …

Das ungleiche Paar

Wenn es stimmt, dass sich Gegensätze anziehen, dann sind Klaus und Peter das perfekte Paar. Peter ist klein, kräftig, trägt eine Glatze, und Klaus … na ja, das Gegenteil eben. Seit 15 Jahren leben die beiden in Baden-Baden in einer «spirituellen Ehe», womit vermutlich eine besondere geistige Verbundenheit gemeint ist. Von einer eingetragenen Partnerschaft wollten sie nie etwas wissen, aber wenn die vollgültige gleichgeschlechtliche Ehe irgendwann kommen sollte, würden sie unter Umständen doch mal einen Standesbeamten konsultieren.

Noch sitzen sie gemeinsam am Esstisch, aber das Lederband um den Hals von Klaus ist mehr als ein Indiz dafür, welche Rolle er später einnehmen wird. Sein Partner hat mit Dogplay eigentlich gar nichts am Hut, aber so sagt er es natürlich nicht. Peter sagt: «Man tut schon eine Menge, um dem anderen eine Freude zu machen, und man bekommt ja auch indirekt etwas zurück. Also, ich spiele noch mit der Rolle des Herrchens.»

Klaus war, bevor er Dogplayer wurde, in der Frankfurter Uniformszene unterwegs. Ausgerechnet ihn als Wehrdienstverweigerer faszinierten in seinem erotischen Umfeld die Army-Fetischisten – was andererseits aber auch für einen gewissen Realitätssinn spricht. Denn er liebt das Spiel von Dominanz und Erotik eben nur als Spiel. Brüllende Bundeswehroffiziere auf Kasernenhöfen wären sein Ding definitiv nicht gewesen.

«Die Frankfurter Uniform-Szene fand ich total spannend», erinnert sich Klaus. «Ich weiß gar nicht mehr so genau, wie dann die Petplayer-Szene dazukam. Ich glaube, ich hab damals mal im Internet etwas darüber gefunden. Jedenfalls kann ich beim Dogplay ein bisschen Urlaub vom «normal life» machen.»

Urlaub vom «normal life» – das ist es, was auch der Sexualpsychologe Dr. Christoph J. Ahlers darin sieht und mit seinem wissenschaftlichen Hintergrund so formuliert: «Es liegt eine eskapistisch motivierte Regression vor, man kann den beruflichen Alltag hinter sich lassen, und man befindet sich nur in der Rolle des favorisierten Tieres. Das ist das Spiel. Und Spiel ist, was die Menschen von Geburt bis Tod eigentlich bewegt.»

Im eheähnlichen Haushalt von Klaus und Peter spielt Erotik sicher eine Rolle, nicht jedoch das Tierspiel. Perspektivisch aber kann das durchaus mal anders werden, und Klaus spricht diese Hoffnung offen aus: «Zwischen Peter und mir ist das Dogplay auf solche Partys wie hier beschränkt. Aber ich denke, es wird demnächst auch mehr werden. Peter kannte das ja noch nicht so wie ich. Aber auch ich muss noch lernen. Ich bin noch lange nicht so weit, dass ich beim Dogplay das Gehirn komplett ausschalten kann. Das läuft im Hintergrund irgendwie noch mit. Ich bin also nicht immer ganz in der Rolle, weshalb ich auch mal lache, was ein Hund ja eigentlich nicht macht.»

Ein lachender Hund entspricht in der Tat nicht den Realitäten der Tierwelt. Wohl aber, dass Rüden in aller Öffentlichkeit eine Nummer schieben. Werden solche Ambitionen denn auf Treffen wie diesem völlig ausgeschlossen?

«Bisher hat sich das bei mir auf das Rollenspiel beschränkt, also ohne sexuelle Handlungen», sagt Klaus und räumt ein: «Aber vorstellen kann ich mir das schon, vielleicht sogar an diesem Wochenende.» Dabei lacht er und blickt in die Runde – mit einem koketten Augenaufschlag, der sehr menschlich rüberkommt. Natürlich liegt da der Gedanke nicht fern, ob Peter wohl damit umgehen könnte.

Als Hundehalter hätte er ja durchaus die Macht, das zu verhindern. Der aber denkt überhaupt nicht daran und legt unaufgefordert ein Bekenntnis ab: «Bei uns gilt das Motto: ‹Enjoy and have fun!› Und ich muss zugeben, dass mir eine gewisse voyeuristische Tendenz nicht fremd ist.»

Eigentlich aber sehnt sich Klaus beim Dogplay weniger nach vordergründigem Sex als nach etwas ganz anderem, und das hat durchaus mit Peter zu tun.

«Richtige Dressuren haben wir noch nicht gemacht. Aber das kommt sicher noch?», sagt er und sieht Peter erwartungsvoll an. Der lässt sich eine kleine Weile Zeit, ehe er so etwas wie eine diplomatische Antwort versucht: «Irgendwie würde es bestimmt Spaß machen, zu sehen, wie er in der Rolle aufgeht, wenn ich ihn dressiere oder abrichte. Aber am schönsten ist es, finde ich, wenn er mit anderen Hunden spielt.»

Es ist also noch alles drin bei diesem in jeder Hinsicht ungleichen perfekten Paar …

Der Kontrollfreak

Paul ist als Streuner nach Hessen gekommen. Ohne ein Herrchen. Natürlich hatte er die Hoffnung, hier eines zu finden, und so ist es dann ja auch gekommen. Schon vor dem Dinner war klar, dass Achim sich seiner annehmen wird. Sie sind einander früher schon begegnet, auf einem anderen Dogplay-Treffen. Und so ist es auch diesmal wieder Achim gewesen, der ihm den Napf gefüllt hat. Dann schlabberte Paul, der Möbeltischler, nackt mit dem Hundeschwanz-Pfropfen im Anus zwischen Rechtsanwalt Veit und Softwareentwickler Hermes das Putengeschnetzelte aus seinem Napf. Veit und Hermes toben mittlerweile gemeinsam über die Wiese, streiten sich um einen Ball, knurren sich an, und weiter geht's mit der Toberei. Manchmal, wenn sie es zu wild treiben, werden sie von ihren Herrchen herbeigepfiffen und ermahnt. Wie im echten Hundeleben.

Freundlicherweise nimmt Paul sich eine kurze Auszeit als Doggy und den Hundeschwanz aus dem Anus, um sich auf einen Stuhl setzen zu können. Er sei nun bereit, sich interviewen zu lassen, sagt er, wartet aber gar nicht erst die Eingangsfrage ab, sondern legt gleich los: «Ich bin schon länger aktiv in der Aids-Hilfe und interessiere mich in diesem Zusammenhang für besondere sexuelle Spielarten. Dazu zählen nicht nur Dogplay, sondern auch Fisten und die Green Berets – das ist so etwas wie die Bundeswehr für Schwule. Aber das habe ich nicht komplett alles ausprobiert. Das heißt, ich habe die «Musterung» gemacht, das fand ich erregend, aber mich anschreien zu lassen kam nicht in Frage. Dann hab ich überlegt, ob Sklavenspiele was für mich sein könnten. Aber dabei hat mir die Dominanz absolut nicht gefallen, weil man sich da extrem erniedrigen lassen müsste. Und das gibt es beim Dogplay ja überhaupt nicht …»

«Natürlich ist das Unter- und Überordnungsprinzip beim Dogplay anders ausgeprägt, als wenn ich ‹Master/Slave› spiele», stimmt ihm Bernd in breitestem Schwäbisch zu. Bernd sieht nicht nur aus wie ein Verwaltungsangestellter, er war bis vor kurzem auch einer. Und weil Verwaltungsangestellte in aller Regel in der Lage sind, einen Sachverhalt exakt zu beschreiben, tut Bernd dies auch im vorliegenden Fall: «Beim Sklavenspiel ist es viel extremer. Beim Dogplay übt man zwar einerseits Dominanz aus, aber man ist gleichzeitig auch Freund und Partner des Hundes.»

Das zumindest ist die Perspektive des Hundehalters, aber im Gegensatz zum Tierreich kann hier auch der Hund die seine verbalisieren. Paul sagt: «So ein Hund kann sein Herrchen auch schon ganz schön dominieren. Letztlich bin ich ein Kontrollfreak, und wenn ich mich schon fallenlassen muss, was beim Dogplay ja auch passiert – nackt sogar noch mehr –, so habe ich aber trotzdem immer noch die Kontrolle über mich. Als Hund entscheide ich, wann Feierabend ist. Da kann das Herrchen machen, was es will. Wenn ich aufstehe und mir die Leine vom Hals nehme, ist Schluss. Also, solange es Spaß macht, spiele ich mit, und wenn es keinen Spaß mehr macht, ist es vorbei.» Das unterscheidet Paul von seinen vierbeinigen Idolen ebenso wie Klaus' gelegentliches Bedürfnis, in der Rolle des Hundes zu lachen.

Paul steigt nun etwas tiefer in seine Biographie ein: «Angefangen hat das bei mir vor fünf oder sechs Jahren im Club Men only in Dortmund. Die Location heißt heute Jumbo-Sauna. Dort trifft sich auch der Fetischclub Dortmund Rote Erde. Tja, und da wurde Petplay halt angeboten. Ich bin mal hingegangen, und daraus wurde mein erster Doggy-Ausflug. Es hat gleich richtig Spaß gemacht, mit den anderen Hunden rumzuspielen und auch mal übereinander herzufallen. Sich auch mal gegenseitig an den Hinterteilen zu beschnuppern. Da hatte ich dann auch zum ersten Mal so einen Hundeschwanz im Hintern wie diesen hier – das war ziemlich cool. Im Gegensatz zu anderen schließe ich die sexuelle Aktion nicht aus. Aber wenn ich die passive Rolle einnehme, muss ich den Plug herausnehmen. Klar! Bei der aktiven natürlich nicht. Und ich switche gern zwischen aktiv und passiv. Leider habe ich viel zu selten die Gelegenheit, Petplay zu machen. Ab und zu war ich auch mal in Siegen auf einer Bärenparty – da sind dann die etwas molligeren, stark behaarten Jungs. Dort habe ich den Doggy gegeben – allerdings mit Latexanzug und Maske. Ich bin auf allen vieren durch die Gegend gekrabbelt und habe mich mit Salzstangen füttern lassen. An diesem Tag war ich das meistgestreichelte Wesen, das permanent einen Plug im Arsch hatte. Ich bin echt an meine Grenzen gegangen, aber ich fand es wahnsinnig toll, als komplett anderes Wesen wahrgenommen zu werden. Und dabei konnte ich meinem Alltag richtig schön entfliehen.»

Das wäre zwar auch in Indianerkommunen möglich gewesen oder auf Mittelalterfesten – dort allerdings ohne erotische Komponente, und die ist Paul ja gerade wichtig. Und so steckt er sich den Pfropfen mit dem Hundeschwanz in den Hintern und hüpft laut bellend zu Veit und Hermes auf die Wiese.

Der Newcomer

Es kann sein, dass Achim sich aus christlicher Nächstenliebe um Paul kümmert oder weil er das erregend findet, vielleicht aber auch aus beiden Gründen. Denn Achim ist ein schwuler Gemeindepfarrer irgendwo in dieser Republik. Nun sitzt mir der stattliche Mann mit dem grauen schütteren Haupthaar nackt gegenüber und sieht verliebt seinem Doggy Paul hinterher, ehe er seine Geschichte erzählt.

Da, wo Achim aufgewachsen ist, in einem pfälzischen Dorf, habe «ein Heranwachsender keine Chance gehabt, etwas über Homosexualität zu erfahren». Damals jedenfalls nicht – im Zeitalter vor AIDS und den öffentlichen Bekenntnissen schwuler Promis. Aber die Phantasie, jemanden zu besitzen oder zumindest zu dominieren, hatte er damals schon. Er weiß nicht, woher das kam, da er aber diese Phantasie nur im einvernehmlichen Spiel zu realisieren gedenkt, ist es ihm auch nicht wichtig. Als er an sich Begehrlichkeiten gegenüber Männern feststellte, war er schon 24 und lebte als Student der Evangelisch-Theologischen Fakultät der Ludwig-Maximilians-Universität in der bayerischen Landeshauptstadt. Kommilitonen nahmen ihn mit in Etablissements wie die Deutsche Eiche, wo Heteros eine Minorität darstellten. Heute tummelt er sich virtuell in den Internet-Chatrooms. Dort hat er irgendwann Klaus kennengelernt, und der hat ihn vor einem Jahr auf die Veranstaltung in Dortmund hingewiesen. Nachdem sich Achim entschlossen hatte hinzufahren, machte er sich in einem Spezialforum für Dogplay schlau und traf auf Leute, mit denen er seine Dominanz-Phantasien austauschen konnte. Schnell wurde ihm klar, dass er am Hundespiel keinerlei Interesse hat, wohl aber daran, der (zeitweilige) Besitzer eines solchen Pets zu sein. In Dortmund traf er dann seinen Chatpartner Klaus in persona, und weil der natürlich mit seinem Peter erschienen war, sah sich Achim anderweitig um und fand Paul.

Dies ist Achims zweite Dogplay-Party. Damit ist er verglichen mit den meisten anderen Teilnehmern ein absoluter Newcomer. Eigentlich hatte er hier nicht allein erscheinen wollen, sondern mit jemandem, den er in einem Chatroom kennengelernt hat, dem er aber noch nie leibhaftig begegnet ist. Der hatte noch weniger Erfahrung mit dieser erotischen Spielart, hätte sich aber trotzdem die Rolle eines Hundes zugetraut. Im letzten Moment war er jedoch abgesprungen. Folglich reiste Achim solo an, und er trug die Hoffnung im Herzen, dass Paul der Streuner erscheinen würde. Das aufregende Gefühl kann man sich vorstellen, als der dann auch tatsächlich auftauchte.

In der Praxis mag Achim ein Newcomer sein, theoretisch aber weiß er längst, was er mag und was nicht. Und das macht er auch seinen Chatpartnern klar, ehe er ein Treffen auch überhaupt nur in Erwägung zieht.

«Ein sexueller Aspekt spielt bei mir eine deutlich untergeordnete Rolle, der erotische Aspekt aber ist klar vorhanden», sagt er und auch: «Mir ist eine Nackthaltung wichtig, weil es diesen erotischen Aspekt betont. Also mache ich im Chat schon klar, dass ich zu Beginn alle Kleidung an mich nehmen werde und der Doggy, solange er bei mir ist, da auch nicht mehr drankommt. Ich hab auch schon mal von meinem Traum gesprochen, im Mittelmeerraum eine Finca zu mieten und das Dogplay 14 Tage hintereinander durchzuspielen. Aber eine feste Hund-Herr-Beziehung würde ich nicht wollen. Vor allem nicht 24 Stunden am Tag und sieben Tage die Woche. Das würde mit meinem restlichen Leben nicht zusammenpassen. Weder der Pfarrgemeinde noch meinem Freundeskreis könnte ich diese Leidenschaft erklären.»

Das Urgestein und die Welpen

Es gibt so gut wie keine sexuelle Neigung, bei der man einen Zeitgenossen zum Urgestein derselben zählen könnte. Nahezu alles, was die Leute heutzutage in erotischer Hinsicht umtreibt, hat es auch vor Tausenden Jahren schon gegeben. Eine Ausnahme bildet das Petplay in seiner heutigen Form. Wer dessen Geschichte recherchiert, findet keine verlässlichen Quellen, mit der sich historische Varianten belegen ließen. Wer also vor 20 Jahren schon dabei war, also noch bevor es für diese Spielart Werbung im Internet gab, darf für sich das Prädikat «Urgestein» in Anspruch nehmen. Und Bernd, der schwäbische Verwaltungsangestellte a. D., ist ein solches Urgestein.

Im Jahr 1995 war Bernd ein verheirateter Familienvater, der sein spätes Coming-out mit sich allein ausmachen musste. Dazu gehörte, dass er das Magazin *DU&ICH* heimlich las, wozu Verwaltungsangestellte ja auch tagsüber Gelegenheit haben. Hinzu kamen bei ihm auch noch SM-Phantasien, die er nicht mit der Gattin auszuleben gedachte. In jenem Magazin erfuhr er dann jedenfalls von einem SM-Magazin, das er nicht wie *DU&ICH* in der Bahnhofs-Buchhandlung kaufen konnte. Also hat er es sich postlagernd bestellt. Hierin erfuhr er erstmalig von Dogplay. Was ihn hochgradig erregte, war die Aussicht, einen devoten Mann wie einen Hund abzurichten. Im selben Jahr lernte Bernd dann über eine Annonce einen Mann kennen, der ihm fortan für elf Jahre als Rüde zur Verfügung stehen sollte. Anfänglich musste dieses Doppelleben im Geheimen geschehen. Doch man war immer auf der Suche nach Möglichkeiten, es ausleben zu können. Im Sommer wurde die Hundeschule ins Freie verlegt, und im Winter fand die Erziehung des Doggy in dessen Wohnung statt.

«Ich hab an ihm die klassische Hundeerziehung ausgeführt, mit ‹Sitz!› und ‹Platz!› und allem, was dazugehört. Natürlich musste er auch aus dem Napf fressen», erinnert sich Bernd.

Und er erzählt es nicht nur mir, sondern auch den beiden jungen Doggys, die mit ihm für dieses Wochenende hergekommen sind. Auch nach der Scheidung von seiner Frau und der späteren Trennung vom Doggy-Partner blieb Bernd dem Petplay treu, und wie es aussieht, ist er inzwischen in der Nachwuchspflege aktiv.

Die beiden Welpen, die rechts und links von ihm sitzen, könnten unterschiedlicher nicht sein. Der sehr feminine Sven wird von all jenen als Schönheit empfunden, die androgyne Typen mögen. Er bezeichnet sich selbst als «zurückgezogenen Menschen». In der momentanen Situation aber ist er immerhin gesprächig genug, dass man einiges von ihm erfährt. Das kann man von dem anderen Welpen nicht sagen. Er ist stumm wie ein Fisch. Nicht mal seinen Namen verrät er. Mit einer beschwichtigenden Handbewegung bittet Bernd, ihn in Ruhe zu lassen. Also höre ich Sven zu, und er beginnt mit einer überraschenden Aussage. Er sei 26 Jahre alt und diplomierter Informatiker. Ich hatte ihn hingegen in einer Altersgruppe verortet, in der man sich aufs Abitur vorbereitet.

Sven erzählt: «Vor drei Jahren habe ich mich im SM-Bereich umgesehen und war zunächst ein Sub. Doch schon bald habe ich mich auf der Plattform Gay Romeo mit einem Hundenamen angemeldet, noch bevor ich diese Rolle auch nur ansatzweise ausgelebt hatte. Aber Petplay und auch Furry[25] kenne ich schon aus dem Netz, seit ich acht Jahre alt war. Ich habe schon sehr früh entsprechende Filme und Bilder gesehen, diese Szene aber lange eher mit den USA und Großbritannien in Verbindung gebracht. Vor zwei Jahren las ich dann von einem Petplayer-Stammtisch in einer nahegelegenen Stadt, und mit denen hab ich schließlich meine ersten Doggy-Erfahrungen gemacht.»

Sven richtet den sehnsuchtsvollen Blick eines verspielten Welpen zu den umhertollenden «Artgenossen» auf der Wiese, entschließt

---

25 Furry ist der Sammelbegriff für eine internationale Interessen-Gruppierung, die an anthropomorphen Tieren in Schrift, Bild und Ton interessiert ist.

sich dann aber, noch einen Moment den Part des reflektierten Intellektuellen einzunehmen.

«Wenn ich mich in die Rolle des Hundes begebe, so ist das für mich außerordentlich entspannend. Ich bin jemand, der im Alltag relativ viel denkt und ständig analysiert. Wenn ich irgendwo herumsitze, habe ich so viele Gedanken im Kopf, dass ich nicht entspannen kann. Aber als Doggy kann ich mich fallenlassen. Vor allem liebe ich das Gefühl, dass jemand anderes für einen da ist und man umgekehrt auch für ihn. Und das auf einer anderen als der normalen Beziehungsebene – auf einer harmonischen Spielebene. Gelegentlich ist es auch in höchstem Maße erregend. Ich sage ‹gelegentlich›, weil ich nicht jede Situation ausnutzen muss, um meine Sexualität auszuleben.»

Zufällig, auf jeden Fall vollkommen unbeabsichtigt, fällt mein Blick auf sein Geschlechtsteil, das sich in einer eigenartigen Keuschheitsvorrichtung, so einer Art Käfig, befindet. Wer hat ihm das Teil angelegt? Und warum? Sven hat meinen Blick bemerkt, aber sein Kommentar dazu fällt so konkret aus wie das Statement eines Bundesministers: «Von diesem Wochenende erwarte ich mir eine Erfahrungserweiterung. Aber den heutigen Tag brauche ich noch, um von meinem Arbeitsalltag runterzukommen. Morgen geht's dann sicher los.»

Offenbar kann Sven meine Gedanken lesen. Nur für den Bruchteil einer Sekunde war mein fragender Blick zu Bernd geschweift, was Sven zu einer «Klarstellung» veranlasst: «Ich hab noch eine Beziehung zu einem anderen Dog. Den habe ich im Netz kennengelernt, und schon im Chat haben wir vereinbart, dass wir eine Beziehung versuchen wollen. Wir sind seit zwei Jahren zusammen, und nun haben wir ein neues Herrchen kennengelernt, der wiederum in einer weiteren Beziehung zu einem anderen Dog ist. Also, er ist bei dem anderen Dog auch ein Dog. Nun aber will er bei uns umsteigen in die Rolle des Herrchens, und das hat seinen Freund, also diesen anderen Dog, geärgert. Das heißt für mich nun, zu überlegen, ob ich das weiterverfolgen soll oder nicht. Denn ich will keinen Keil in eine Beziehung treiben. Andererseits könnte ich es mir auch angenehm vorstellen mit dem anderen Dog, also zu dritt herumzutollen.»

Sollte Sven die Absicht gehabt haben, mich zu verwirren, so ist ihm das zweifellos gelungen. Und um meine Verwirrung komplett zu machen, gibt nun auch Bernd noch eine Erklärung ab, von der er allein weiß, in welchem Zusammenhang sie zu dem steht, was Sven eben gesagt hat: «Es ist schon ein Unterschied, ob man zwei eigene feste Hunde hat und davon einen, der irgendwo sein eigenes Herrchen hat. Da will man sich nicht reinzwängen. Okay, er will jetzt spielen. Aber da lässt man sich fallen – und das trifft ja nicht nur auf den Hund zu. Ich lasse mich in der Rolle des Herrchens doch auch fallen. Da entwickelt man eine ganz andere Dynamik, wenn man seinen eigenen Dog dabeihat, als wenn das eben ein fremder Dog ist. Ich will da einfach nichts Falsches machen oder gar Emotionen wecken, die dann dazu führen, dass hinterher Probleme entstehen.»

Ich kann nicht behaupten, das jetzt alles richtig verstanden zu haben, aber ich ahne, dass mir da eben ein erfahrenes Dogplay-Herrchen vor Augen führen wollte, das so ein «Hundeleben» eine ernste Sache ist, was man ja auf Anhieb nicht glauben mag.

Der Wettbewerb

Kevin hat die Nacht nicht in seiner aufblasbaren Hundehütte verbracht. Es war Regen angesagt, der dann aber gar nicht gekommen ist. Der junge Mann, der sich gern zum Schauspieler ausbilden lassen möchte, hatte mir am Abend zuvor erzählt, dass er Inflation-Fetischist sei, er also ein erotisches Verhältnis zu aufblasbaren Dingen wie Luftballons, Pooltoys oder eben seine Hundehütte habe.

Und das trotz seines jungen Alters schon ziemlich lange, wie er sich erinnert: «Schon in der Kindheit habe ich diese Materialien in einem sexuellen Kontext erregend empfunden. Es hat einige Zeit gebraucht, bis ich das akzeptieren konnte. Inzwischen ist das längst Bestandteil meines sexuellen Lebens geworden, indem ich etwa ein aufblasbares Tier mit ins Bett nehme und mit ihm kuschele und meinen Schwanz daran reibe. Eine besondere Erregung beziehe ich aber auch aus diesem ganz speziellen Geruch.»

Ganz nebenbei bemerkt Kevin, dass «aktives Petplay, wie es hier ausgelebt wird, nicht unbedingt erotisch» für ihn sei. Irgendwie ist ihm das zu harmlos, zu wenig sexuell. Seine Dogplay-Erfahrungen waren bislang gänzlich andere. Angefangen hat es mit einem gleichaltrigen Mann, den er im SM-Kontext kennenlernte. Der war ein Dog und konnte eines überhaupt nicht brauchen: ein Herrchen. Vielmehr war er auf der Suche nach anderen Doggys, und das weiß Gott nicht für harmlose Ballspiele, wie sie tags zuvor zwischen Veit und Hermes stattgefunden haben. Kevin bekommt glänzende Augen, als er davon berichtet, was bei ihm und seinem Freund während des Dogplays abging: «Wir waren eben beide Doggys, und der eine hat den anderen besprungen.» Dabei ist es dem angehenden Schauspieler wichtig, dass es möglichst authentisch zugeht. So sollte zum Beispiel «nicht menschlich gestöhnt, sondern es sollten Tiergeräusche gemacht werden. Beim ersten Mal habe ich die passive Rolle eingenommen und das absolute Nonplusultra an Sex erlebt.» Diesbezüglich hat er hier nun keine speziellen Erwartungen.

Warum aber ist er hier? Er sei mit zwei Freunden hergekommen, sagt er, und wolle einfach nur ein interessantes Urlaubswochenende erleben und mit den Leuten hier abhängen. Und der Spaßfaktor lässt nicht lange auf sich warten.

Der Höhepunkt des Dogplay-Treffens ist ein Wettbewerb, wie man ihn sonst von Hundeschulen kennt. Obwohl das «Wettschlabbern von Wasser aus Näpfen» von den Veranstaltern wohl eher als humorige Einstimmung gemeint war, wird es von den meisten Doggys mit olympischem Eifer ausgeführt. Danach folgt die Unterordnungsprüfung. Achim, der Gemeindepfarrer, hat sich kurzfristig neben Paul noch eines anderen Streuners angenommen, der schon bald als Favorit gilt. Ein Videokünstler mit französischen Wurzeln, der sich am Vortag noch unauffällig im Hintergrund gehalten hat, mimt nun einen Hund in Bewegung und Reaktion so täuschend echt, dass es allen die Sprache verschlägt. Die Entscheidung für ihn fällt endgültig in der letzten der fünf Disziplinen – dem Parcourslauf. Schneller als jeder andere bringt er einen Tennisball von Napf zu Napf, jongliert einen Fußball im Slalom durch die Pylonen und strebt an der Leine des Gemeindepfarrers im Zieleinlauf der Hundehütte zu. Zu Recht wird ihm der erste Preis zuerkannt. Wild kläffend springen die verschwitzten «Rüden» schließlich in den Pool, und als es danach zu gelegentlichen «Revierkämpfen» kommt, werden sie von den Hundehaltern zur Räson gebracht.

Völlig unspektakulär kehren die Doggys am Abend nach und nach ins menschliche Leben zurück. Man erhebt sich, nimmt das Halsband ab oder die Maske und schält sich aus dem Latexanzug. Vereinzelt spricht man einander noch mit den Hundenamen an, wohl auch, weil ein anderer gar nicht bekannt ist. Nicht jeder hebt seine Anonymität bei solchen Veranstaltungen auf. Am nächsten Tag werden sie wieder Computer programmieren, Plädoyers halten, Holz zuschneiden oder in der Seelsorge tätig sein. Und wenn man dem Sexualpsychologen Dr. Christoph J. Ahlers glauben darf, geschieht dies mit neuer Energie: «Weil das Spiel nur Spiel ist, wenn es nicht Produktion sein muss, stellt es eine Entlastung vom eigentlichen Leben dar und kann verknüpft sein mit spielerischer Erotik.» Petplay als Programm zur individuellen Regeneration sozusagen.

Die Welt des Fetisch ...

Würde man ein Werk über sexuelle Fetische mit dem Anspruch schreiben, alle Neigungen zu berücksichtigen, die landläufig zu Fetischen gezählt werden, so hätte dies einen Umfang, der das Gesamtwerk von Thomas Mann in den Schatten stellte. Zur Zeit der Buddenbrooks war der Begriff «Fetisch» noch gleichbedeutend mit dem Begriff «Talisman», und auch in den aktuell gängigen Wörterbüchern wird dieses Synonym noch immer aufgeführt. Umgangssprachlich allerdings, wie auch in der psychologischen Literatur, wird der Begriff «Fetisch» heutzutage meist bis ausschließlich mit besonderen sexuellen Vorlieben in Verbindung gebracht. Erotische Fetische sind häufig bestimmte Gegenstände, die zur sexuellen Erregung beitragen. Das können Unterwäsche (stylisch oder gebraucht) sein, bestimmte Schuhe (High Heels oder Sandalen), Masken, Seidenstrümpfe oder Fesseln. Es gibt aber auch bestimmte Materialien, wie Lack, Leder oder Samt, die beliebte Fetische sind, weil sie sich besonders anfühlen. Einige Fetischisten fahren auch total auf bestimmte Körperteile ab, wie zum Beispiel Füße oder Brüste. Aber auch Alltagsgegenstände können auf Menschen einen besonderen Reiz ausüben. So was kann auch ganz praktisch sein. Liebhaber von Windeln etwa müssen keine Angst vor altersbedingter Inkontinenz haben. Und weil es all das gibt und vielleicht auch, weil sich immer mehr Fetischisten offen zu ihrer Neigung bekennen, tauchen auch immer mehr Menschen auf, die sich über die Frage nach der Herkunft solcher Erscheinungen den Kopf zerbrechen. Nicht zuletzt die Fetischisten selbst. Es ist nur so, dass man zu keinem Fetisch-Verhalten eine generelle Aussage darüber machen kann, woher es kommt. Seriöse Sexualpsychologen können immer nur in die Einzelexploration gehen, ansonsten bleibt es hypothetisch, wenngleich nicht weniger spannend. Bei Dr. Christoph J. Ahlers etwa klingt das dann so: «Man muss von einem Mischgeschehen ausgehen, von einer wie auch immer gearteten individuellen Veranlagung, die wir mitbringen, und von spezifischen prägenden Erlebnissen in der Kindheit, bei denen einzelne Körperteile oder bestimmte Modi der Interaktion mit starker Gefühlsbedeutung besetzt wurden. Und diese Muster haben sich dann in der Pubertät mit Erregungslust aufgeladen. Daraus wird dann auf der psychologischen Ebene in der Sexualpräferenz ein Bestandteil der Persönlichkeit, der dann so stabil ist wie andere Persönlichkeitsanteile auch. Leider lässt sich das nur in dieser generellen Form beschreiben.»

Im kulturellen Leben haben es Künstler seit jeher mit Fetisch-Kunst zu Ruhm und Ehre gebracht. Wer in Michelangelos David-Skulptur die in Stein gemeißelte kultische Anbetung makelloser Knabenschönheit erkennt, liegt sicher nicht falsch. Im letzten Jahrhundert waren Filme von Russ Meyer en vogue, deren Darstellerinnen nicht zwingend ihres schauspielerischen Talents wegen, wohl aber wegen ihrer überdimensionierten Brüste besetzt wurden. Ein Fotoband des britischen Multitalents Suze Randall trägt den Titel *Fetish Divas*. Als er erschien, kannte die internationale Männerwelt ihre gestylten Aufnahmen nackter Mädchen bereits aus Penthouse, Hustler und anderen Magazinen. Seit den achtziger Jahren erschienen sie dort. In *Fetish Divas* war an Models alles vertreten, was inzwischen Rang und Namen hatte, von A wie Aria Giovanni bis Z wie Zdenka, und Dita von Teese verdankt Suze Randall gar ihren Aufstieg zum Fetisch-Kultstar. Wer lieber «natürliche» Amateurmädels betrachtet, ist hier fehl am Platz. Selbst die internationale Gay-Community fährt auf Suze Randalls Ästhetik ab, die sich neuerdings auch der Bondage-Fotografie widmet.

Fetisch-Kunst wird zum einen von jenen goutiert, die den dargestellten Fetisch bereits leben, zum anderen aber auch von jenen, die eine solche Neigung durch die Betrachtung derselben überhaupt erst an sich entdecken. Der Hamburger Ralph (wir kennen ihn aus dem Kapitel «Friends of the Golden Shower») verdankt der Ausstellung des Fetisch-Künstlers Gilles Berquet seine Vorliebe für Natursekt-Spiele. Und wen die «Contemporary Fucking Art» von Maria Imaniel anspricht, wird sich erst dann zeigen, wenn ihre großformatigen Gemälde den Sprung von der Kudamm-Bar in die angesagten Galerien und Museen geschafft haben. Eine potenzielle Fangemeinde sollte dafür vorhanden sein, denn der Hang zu Fetischen, so scheint's, ist auf dem Vormarsch …

The Bigger the Better!

Es ist einer dieser heißen Sommertage, an denen Münchens Biergärten überfüllt sind. Vor dem Ausschank am Chinesischen Turm im Englischen Garten warten durstige Menschen in einer langen Schlange. Herbert und ich beschließen, uns nicht anzustellen. Zwischen all diesen Menschen ließe sich ohnehin kein intimes Gespräch führen. Wir wandern zwischen den sonnenhungrigen Badegästen am Eiskanal entlang. Mir fällt auf, dass Herbert den vielen attraktiven Mädchen und jungen Frauen in Bikinis – einige auch nackt – keinen Blick gönnt. Dabei ist Herbert durchaus ein optischer Mensch, aber er hat auch eine Obsession, und irgendwie versucht er das zusammenzubringen. Schlanke Badenixen jedenfalls entsprechen seinem Beuteschema definitiv nicht.

> Ich bin ein absoluter Busenfetischist. Ich stehe auf schöne, sehr dicke Frauen – also richtig SSBBW[26]. Dabei ist es mir völlig egal, ob es sich um Naturbusen handelt oder um Silikonbrüste. Hauptsache ist, dass sie riesig sind, nach dem Motto: «The bigger the better!»

Normalerweise stehen deutsche TV-Stars vor seiner Kamera. Kameramann – das ist sein Job, den er sich hart erarbeitet hat: vom Produktionsfahrer zum Aufnahmeleiter, Kameraassistenten, Beleuchter, Oberbeleuchter ... – eine dieser Karrieren, von denen es im hiesigen Fernsehbusiness etliche gibt. Doch da gibt es eben auch noch diese Obsession, und die hat nichts mit Uschi Glas oder Christine Neubauer zu tun und schon gar nichts mit der Riege an schmächtigen Nachwuchsdarstellerinnen.

> Es gibt ein paar Busenstars, die sind nicht nur deshalb Busenstars, weil sie große Brüste haben, sondern weil sie damit die Erotik ausleben. Eine US-Amerikanerin, Teddi Barrett, macht das ganz toll. Sie hat riesige Silikon-Brüste. Bei ihren Videos sieht man einfach, die steht drauf, wenn man durch ihre Brüste geil wird. Man merkt, dass es aus ihrer Seele kommt.

Der Hintergrund, wie Herbert zu seiner Obsession kam, ist ein Klassiker. Vor mehr als 40 Jahren hat der damals 18-Jährige im Bahnhofskino in Hannover als Filmvorführer gejobbt. Dort wurden seichte Streifen gezeigt, die Männer auszugsweise zwischen zwei Zugverbindungen betrachten und sich dabei etwas Erleichterung verschaffen konnten. Zu dieser Zeit waren Softpornos sehr en vogue. Einer davon hieß im Original «Deadly Weapons» und hatte den deutschen Titel «Teuflische Brüste». Die Titelheldinnen

---

26 «Super-Size Big Beautiful Woman» – gilt für Frauen, die mehr als 300 amerikanische Pfund (136 kg) auf die Waage bringen

waren riesige Naturbrüste, die zu Chesty Morgan gehörten, einem polnischen Mädchen. Chestys Busen hat es Herbert damals sehr angetan. Drei- bis viermal am Tag verfolgte er den Streifen vom Vorführraum aus durch eine Sichtklappe und gab sich dabei jedes Mal selbst eine Party. Von Chesty Morgan hat man später nie wieder etwas gehört – Herberts Obsession für Superbusen aber ist geblieben.

Ich bin fast jeden Tag im Internet unterwegs und hab mittlerweile eine gewaltige Batterie an Busen-Videos auf meinen Rechner heruntergeladen. Viele von den Busenstars hätte ich gern mal vor der Kamera. Beshine hab ich sogar mal kontaktiert, das ist eine Hamburgerin, die in Amerika lebt und derzeit die größten Brüste der Welt hat. Ihr Brustumfang ist größer als ihre Körpergröße. Allerdings ist sie auch nicht allzu groß.

Dann gibt es eine Jeanetta Joy, eine Schwarze. Sie hat die wohl größten schwarzen Silikonbrüste der Welt. Die war hier in München beim Oktoberfest. Im Internet hat sie bekanntgegeben, dass sie neben München auch nach Köln und Hamburg kommt. Und wenn man sie buchen wolle, könne man das über eine Agentur tun. Ich hab die Website der Agentur aufgerufen, und da hieß es, man könne sie in ihrem Hotelzimmer treffen und mit einer Videokamera aufnehmen. Aber das kostete in der Stunde 1500 Euro – nur fürs Filmen. Wenn so ein Mädel nach Deutschland kommt, dann hat sie einen Vorlauf von drei Monaten. Da kann man sich anmelden und einen Termin geben lassen, aber vorher muss man das Geld überweisen. Manchmal sind die Termine so eng getaktet, dass es gar nicht mehr zu einer vollen Stunde kommt, weil in den drei oder vier Tagen, die sie vor Ort ist, so um die 150 Typen an diese Frau ranwollen. Tja, und das sieht man dann auch, wenn sie hinterher ihre Videos ins Netz stellen. Da sind dicke blaue Flecken zu erkennen, obwohl sie ja diese dunkle Haut hat, weil nämlich alle daran rumquetschen.

Aus nächster Nähe hat Herbert die Hämatome auf Jeanetta Joys Brüsten nicht in Augenschein genommen. 1500 Euro war ihm eine Stunde Filmerei ohne weitere sexuelle Aktivitäten dann doch nicht wert. Er beschloss, zunächst etwas kleinere Brötchen zu backen …

Da unter den normalen Frauen selten solche «Prachtexemplare» zu finden sind, bin ich eine Weile zu Prostituierten gegangen. Das war selten der Hit, aber manchmal eben doch befriedigend. So gibt es hier in München eine Rumänin mit einem sehr großen Naturbusen. Die habe ich angerufen, und wir haben uns im Industriepark getroffen, weil da gleich nebenan der Puff ist. Ein paarmal hab ich sie zum Kaffee eingeladen, und dabei hat sie mir erzählt, dass sie nur *ein* gutes Foto habe. Daraufhin habe ich ihr angeboten, dass ich sie besuche und ein paar Fotos mache und vielleicht einen kleinen Film-Trailer von einer Minute oder so, den sie dann auf ihre Website stellen kann. Ich war zweimal bei ihr und brauchte nichts zu bezahlen. Sie hat mich in Dessous empfangen. Ich durfte sie umarmen, durfte sie auch küssen und langsam entpellen. Und dann hat sie mir einen richtig geilen Tittenfick ermöglicht, also mit warmem Öl und allem Drum und Dran. Dazu hat sie dann auch ein bisschen Dirty Talk gemacht – das war absolut professionell.

Beim Filmen konnte ich ihr schnell klarmachen, dass sie mit der Kamera spielen muss. Also sie sollte vor der Optik mit ihren Vorzügen spielen und die Männer geil machen. Dadurch wird allein das Aufnehmen schon zum erotischen Vorgang. Man hat das Mädchen in speziellen Klamotten vor sich, mit mehrfachem Outfit-Wechsel. Da fängt es zu knistern an, und es baut sich eine erotische Spannung auf. Sie spielt also mit der Optik, während ich sie filme. Manche können das nicht so richtig, aber wenn ich sie vor der Kamera habe, dann sage ich ihnen: «Beweg deine Brüste für die Optik, creme sie ein oder mach irgendwas damit ...» Sie merken, wie ich geil werde, und wenn dann die Aufnahmen im Kasten sind, bin ich heiß, und es wird eine Runde gevögelt. So war das auch bei der Rumänin, die vor der Kamera wirklich alles gezeigt hat, das muss man ihr lassen.

Eines Tages habe ich auf einem Internet-Portal eine Österreicherin mit einem wunderschönen Naturbusen – Größe H – entdeckt. Ich hab ihr auf ihrer Website Komplimente gemacht, und so kam ein E-Mail-Kontakt zustande. Dann hat sie mir eine Nachricht geschrieben, dass sie mich gern sehen wolle. Also bin ich zu ihr nach Wien gefahren, und sie hat mich abgeholt. Da ich ihr gesagt hatte, dass ich ein sehr optischer Mensch bin, hat sie sich ein tiefes Dekolleté angezogen und mir einen tiefen Einblick gewährt. Sie trug ihren großen Naturbusen in einem knappen BH, sodass er sich richtig rauswölbte. Da entstand das Prickeln schon im Auto. Ich durfte auch schon meine Hand auf ihre Schenkel legen. Dann sind wir aufs Hotelzimmer gegangen. Dort haben wir etwas getrunken, und sie hat die Bluse ein wenig geöffnet. Das hat sie sehr raffiniert gemacht. Also nicht so plump, sondern langsam, einen Knopf nach dem anderen. Wie ich später erfahren habe, hatte sie einen ganz bürgerlichen Job, hat aber ihre ganze «Liebe» in ihr Hobby reingelegt: den Busen. Das hat sie phantastisch gemacht! Ich saß, und sie hat sich zu mir heruntergebeugt, um mir diesen Wahnsinns-Ausschnitt zu präsentieren. Als ich hinfassen wollte, hat sie schelmisch meine Hand weggeschlagen und gesagt: «Lass dös mal, Burschi!» Nach einer Weile habe ich sie ganz direkt gefragt, ob sie Lust hätte, mit mir unter die Dusche zu gehen. Und als sie sagte, dass sie das sehr gerne machen würde, war das Eis gebrochen.

Sie ging zunächst allein ins Badezimmer, um sich ein wenig vorzubereiten. Dann kam sie im Bademantel auf mich zu und hat ihn fallen lassen. Nun stand sie komplett nackt da. Ich sagte nur: «Wow!» Dann ging's unter die Dusche, wo wir mindestens eine halbe Stunde geblieben sind. Beim Einseifen hat sie mir den Po zugewandt. Sie hat sich mit dem Rücken an mich gelehnt und mir so ihre Front gewährt. Sie war mollig, aber sehr gut proportioniert. Ich durfte alles einreiben, und nach dem Duschen gab's dann eine Ölmassage, und dabei hat sie mir einen runtergeholt. Das war unglaublich!

Am nächsten Morgen stand sie schon relativ früh vor meiner Hotelzimmertür. Sie war noch nicht mal richtig im Raum, da war sie schon nackt, und wir haben den ganzen Tag gevögelt. Zwischendurch haben wir etwas gegessen und getrunken, und dann ging's weiter. Ich hab sie auch fotografiert, und ich durfte sogar ein Video von ihr machen. Sie stand total darauf, wenn ich mit der Kamera ganz nah an ihre Brüste rangegangen bin. Für mich war das bisher die schönste und erfüllteste Begegnung – ein Traum ist wahr geworden!

Der Bizeps-Lecker

Man könnte ja vielleicht mal folgende Überlegung anstellen: Wer es in einem deutschen DAX-Unternehmen zu einer Führungsposition gebracht hat, der hat in der Regel einen unkonventionellen Karriereweg hinter sich, und unkonventionell agierende Menschen haben keine konventionellen Leidenschaften – vom Golfspielen einmal abgesehen. Mein Gesprächspartner, nennen wir ihn Kevin, ist in einer solchen Führungsposition in einem deutschen Automobilkonzern tätig, und auf den ersten Blick ist das Unkonventionellste an ihm, dass er seine attraktive Dauerfreundin noch immer nicht geehelicht hat. Er geht nun auf die 40 zu, da haben viele seiner Kollegen schon schulpflichtige Kinder und die Gattin mindestens einmal betrogen. Niemand in seinem Umfeld (auch nicht seine Dauerfreundin) ahnt etwas von der schrägen Neigung, die Kevin umtreibt, seit er als Zwölfjähriger ein Heft mit Fotos von weiblichen Bodybuilderinnen in die Finger bekam ...

> Was ich da gesehen habe, das war der trainierte, massive Oberarm einer Bodybuilderin. Man hat den Bizepsmuskel gesehen, und in diesem Moment fand ich das einfach supersexy und supergeil. Zu dieser Zeit war ein sehr athletisches Mädchen in meiner Klasse, die von Natur ein ziemlich breites Kreuz und dicke Oberarme hatte. Während die meisten Jungs diese Mitschülerin als «Junge» gehänselt haben, hat mich der Anblick des Mädchens total erregt.

Bekanntlich gibt es bei pubertierenden Jugendlichen immer wieder Erregungszustände bei sehr verschiedenen Erscheinungen, die zeitweilig auch sexuelle Phantasien auslösen. Viele davon verlieren sich im Laufe der nächsten Jahre wieder. Glaubt man Sexualpsychologen, so sind erst im Alter von etwa 20 Jahren sexuelle Neigungen dauerhaft angelegt. Auch bei Kevin verlief das erwachsene Sexualleben in eher «normalen» Bahnen, wenngleich das damalige Erleben dennoch prägende Spuren hinterlassen hat ...

> Ich habe wechselnde Partnerinnen im Leben gehabt und bin aktuell auch in einer glücklichen Beziehung. Alle diese Frauen waren nicht besonders athletisch, sondern klassisch attraktiv. Mit ihnen gab und gibt es auch tollen und befriedigenden Sex, sodass ich den Fetisch nur als einen Teil meiner Persönlichkeit sehe, auch wenn das Verlangen manchmal sehr stark ist. Ich habe meinen Fetisch das ganze Leben lang erfolgreich geheim gehalten. Ich bin mir sicher, dass meine Umgebung keinerlei Verständnis für diesen Fetisch hätte, weil es ein Tabu-Thema ist. Die meisten Menschen würden wahrscheinlich sogar vermuten, ich sei verkappt homosexuell. Ich kann bei mir jedoch keine Tendenzen in diese Richtung feststellen, und der Anblick

von männlichen Bodybuildern im Internet oder im alltäglichen Leben erregt mich überhaupt nicht. Nun gibt es ja nur sehr wenige Frauen mit großen Muskeln. Selbst in meinem Fitnessstudio gibt es keine einzige Frau, die meinem Fetisch entspricht. Sowohl deutschland- als auch weltweit sind Muskel-Frauen rar gesät. Daher gibt es eigentlich nur die Möglichkeit, über sogenannte Sessions entsprechende Bodybuilderinnen für solche Erotikdienstleistungen zu treffen.

Tatsächlich bieten viele Profi-Bodybuilderinnen für solche Leute, wie Kevin einer ist, derartige Sessions an, weil der Sport inklusive der leistungssteigernden Hormone sehr teuer ist und teilweise auf diese Weise finanziert wird. Für die erste Stunde muss der Bewunderer ihrer Bizeps der Dame 300 Euro auf den Tisch blättern – die zweite Stunde kostet dann meistens nur noch die Hälfte. «Manche dieser Frauen haben aber auch noch das Bedürfnis, bewundert zu werden», meint Kevin, «oder sie leben auch gern ihre dominante Seite aus.» Er muss es wissen – nicht weniger als 15 Sessions hat er sich bisher geleistet und dabei die Muskeln von acht oder neun Bodybuilderinnen «liebkost, geküsst und abgeleckt». Das absolute Highlight für ihn war eine Dame, die sich «MuscleFoxx» nennt, eigentlich Jenni heißt und in St. Petersburg im US-Bundesstaat Florida zu Hause ist. Als Jenni MuscleFoxx auf einer Deutschland-Tour private Sessions in ihren Hotelsuiten anbot, hat auch Kevin sich angemeldet. In einer E-Mail an sie hat er ziemlich detailliert beschrieben, was exakt seine Vorlieben sind und wie er sich die Session im Optimalfall vorstellt. Und das Wunder geschah …

Sie hat genau das mit mir gemacht, was ich angefragt hatte. Als ich in die Hotelsuite kam, hat sie in einem schwarzen Domina-Outfit mit ihren mächtigen Armen schwere Kurzhanteln geschwungen. Ich entschuldigte mich dafür, in den falschen Raum gekommen zu sein, denn das war das Spiel. Sie begann ihre riesigen Oberarme vor meinem Gesicht anzuspannen und sagte zu mir, dass diese Arme mich versklaven würden. Als ich antwortete: «Keinesfalls!», nahm sie mich in verschiedenste Positionen und quetschte mich zwischen ihren Muskeln. Ich versuchte so gut wie möglich Widerstand zu leisten, aber ich hatte keine Chance. Sie nahm mir im Schwitzkasten ein paarmal so lange die Luft, dass ich wegen der Atemnot richtig Panik bekam. Ich klopfte ab, wollte also aufgeben, aber sie ignorierte das so lange, bis *sie* meinte, ich hätte nun genug. Damit erzeugte sie bei mir genau die physische Angst, die ich erleben wollte. Nach einigen dieser Vorfälle war ich wirklich ihre untergebene Schlampe, die jeden ihrer Befehle ohne Widerstand ausführte. Ich küsste und leckte ihre Bizepse, als ginge es um mein Leben. Neben dem massiven Umfang ihrer Oberarme – immerhin 42 cm – war ich von der unglaublichen Härte der Muskeln überrascht. Dann holte sie einen riesigen Strap-On-Dildo[27] heraus und zwang mich in den verschiedensten Positionen, diesen abzulutschen, während ich die Muskeln ihrer Oberschenkel oder Arme massieren musste. Aufgrund ihrer enormen Kraft hatte ich wirklich keine Chance, etwas dagegen zu machen. Die Session endete mit einem «Bizeps-Fuck», bei dem sie meinen Penis zwischen ihren Unter- und Oberarm einklemmte und mir durch rhythmische Armbewegungen einen runterholte. Nachdem mein Sperma auf ihrem rechten Bizeps verteilt war, presste sie meinen Kopf mit ihrer linken Hand so hart gegen ihren rechten Oberarm, bis ich auf Anweisung der Muskel-Frau mein eigenes Sperma ableckte und runterschluckte. Das war für mich die ultimative Unterwerfung, der sexuelle Höhepunkt meines Lebens.

27 Umschnalldildo

Zwischen den Geschlechtern

Oft denkt Jens darüber nach, welche Zusammenhänge es gibt zwischen seinem schwierigen Leben und seinem sexuellen Verlangen. Geboren wurde er vor 44 Jahren mit einer leichten Behinderung, sowohl sprachlich als auch körperlich. Er bezeichnet sich wegen seiner Körpergröße von 1,55 m als kleinwüchsig, obgleich das per medizinischer Definition nur dann gilt, wenn ein erwachsener Mensch die anderthalb Metermarke nicht überschreitet. Ich sage ihm, dass der Superstar Madonna auch nicht größer sei als er und die Pop-Diva Kylie Minogue sogar noch kleiner. Wir sitzen einander in seiner Wohnküche gegenüber – in einem bürgerlichen Wohnviertel am Rand einer süddeutschen Großstadt. Jens muss über den Vergleich lachen, doch schon Sekunden später macht er wieder einen nachdenklichen Eindruck …

Ich weiß nicht, ob meine Behinderung auf den Alkoholkonsum meiner Mutter während der Schwangerschaft zurückzuführen ist. Sie hat sich umgebracht, als ich vier war, weil sie mit mir seelisch nicht fertiggeworden ist. Ich hatte deswegen immer Schuldgefühle und habe später auch angefangen zu trinken. Die anderen Partnerinnen meines Vaters habe ich nicht akzeptiert.

Mit 16 ging er dann freiwillig in ein Internat. Da hatte er den Hang zur Damenkleidung an sich längst schon entdeckt …

Angefangen hat das bei mir als Kind, wenn ich mich verkleidet habe. Das war dann meistens als Frau. Ich kam dann ins Internat, und dort hatte ich eine Bekannte, mit der konnte ich erste Erfahrungen sammeln im Schminken und so. Zum Beispiel habe ich mir die Haare schwarz gefärbt. Von einer Freundin habe ich mich überreden lassen, mir die Nägel zu lackieren. Die Idee hatte sie ganz spontan. Die Freundschaft zu ihr war rein platonisch.

Obgleich Jens erst 44 Jahre alt ist, geht er keiner beruflichen Tätigkeit nach, sondern bezieht eine Rente mit ergänzender Sozialhilfe …

Ich habe mich eine Weile mit Männern getroffen. Denen musste ich einen blasen und ihnen meinen Hintern zur Verfügung stellen. Ich kann nicht sagen, wie viele Männer das bis jetzt gewesen sind, eine ganze Menge jedenfalls. Den ersten Mann habe ich mit 18 getroffen. Ich habe ihn auf dem Schwulenstrich am Stuttgarter Fernsehturm kennengelernt. Ich bin nicht direkt dorthin gegangen, um jemanden kennenzulernen, ich wollte mir das nur mal angucken. Irgendwann habe ich Geld gebraucht, und so bin ich dann Stricher geworden. Ich bin auf den Kinder- und Jugendstrich gegangen. Mein Kleinwuchs übte auf die Freier einen gewissen Reiz aus. Einerseits war ich volljährig, andererseits sah ich aber aus wie ein kleiner Junge, vor allem, weil ich zu der Zeit sehr mager war. Der Sex hat bei denen im Auto stattgefunden oder bei ihnen zu Hause. Erregend fand ich das Ganze nicht, oft hatte ich Angst. Ich wusste ja nicht, was mich erwartet und ob etwas schiefgeht. Professionell habe ich das nur so lange gemacht, bis ich meine eigene Wohnung hatte. Danach habe ich das nur noch zu meinem eigenen Vergnügen gemacht.

Es war schwer, eine Frau zu finden, also habe ich mir gedacht, bevor ich gar nichts habe, nehme ich lieber einen Mann. Emotional habe ich keinen Unterschied gemerkt zwischen den Freiern und den Männern, die ich danach hatte. Für mich waren sie sozusagen Objekte. Gefühle habe ich nie entwickelt, ich war auch in keinen von ihnen verliebt. Mein Vorhaben war eigentlich, dass ich mit einer Frau eine Beziehung habe und zusätzlich den Spaß mit Männern. Ich habe allerdings niemals einen anal penetriert, ich bin immer nur genommen worden. Manchmal musste ich mich dabei selbst befriedigen, ansonsten haben die es gemacht. Als ich dann eine eigene Wohnung hatte, habe ich mir die Damenkleidung übers Internet im Erotikversand bestellt. Wenn ich diese Kleider zu Hause getragen habe, fühlte ich mich als jemand anderes. Das war ein erregendes Gefühl. Dabei habe ich onaniert. Am Anfang habe ich das nur für mich alleine gemacht, später dann mit anderen, die auch auf so etwas standen.

Seit neun Monaten habe ich eine Herrin, die ich jede zweite Woche treffe. Ich habe sie über eine Kontaktanzeige kennengelernt, die ich geschaltet hatte. Sie ist in meinem sexuellen Leben bisher die einzige Frau unter vielen Männern. Wir haben zunächst ein zweistündiges Gespräch geführt. Ich muss mich vor ihr als Sexsklavin schminken und aufstylen, und wenn ich bei ihr zu Hause bin, muss ich putzen. Wir sind erst noch in den Anfängen. Sex haben wir in der Form, dass sie mich anal penetriert: mit einem Spielzeug oder Ähnlichem. Ich mache bei ihr aber noch nichts. Allerdings habe ich die Hoffnung, dass es dazu noch kommt. Ich würde schon sagen, dass sie meine Freundin ist. Umgekehrt aber möchte sie nicht wirklich mit mir zusammen sein. Ich weiß nicht, ob sie noch andere Männer neben mir hat, ich habe sie das nie gefragt. Gedanken habe ich mir darüber aber schon gemacht.

Eigentlich weiß ich noch nicht einmal, ob ich wirklich masochistisch veranlagt bin. Es ist eben eine neue Erfahrung in dem Bereich, und es macht Spaß. Aber meine Vorstellung von einer Partnerschaft wäre schon eher, dass wir gleichberechtigt sind, also dass alles ganz normal wäre. Heiraten möchte ich aber nicht. Zusammenleben ginge schon, aber nur so, dass ich eine Rückzugsmöglichkeit in meine eigene Wohnung hätte. Ich brauche manchmal meinen eigenen Freiraum, in dem ich für mich allein sein kann, denn schließlich lebe ich ja schon lange alleine.

In meinen Phantasien beim Onanieren stelle ich mir vor, dass ich weder Mann noch Frau bin, sondern eher ein «drittes Geschlecht» – ein Transgender. Das würde ich gerne auch in der Öffentlichkeit ausleben, aber in dieser Gegend hier wäre das schon wegen der Nachbarn kaum möglich, selbst wenn ich sonst auf niemanden Rücksicht nehmen müsste.

Die Nöte eines Fußfetischisten

Ab und zu trifft Wilhelm sich mit einer Freundin aus der Schulzeit. Die Beziehung ist aber rein platonisch. Das war in all den Jahren so, und es wird auch so bleiben. Als Wilhelm etwa 17 Jahre alt war, ist ihm aufgefallen, dass er bei Frauen immer zuerst auf die Füße schaute. Vor allem im Sommer, wenn sie ihm in der U-Bahn mit Sandalen gegenübersaßen, oder im Freibad, wenn sie barfuß an seinem Liegeplatz vorbeikamen. Das ist bis heute so geblieben, weshalb er von Ende September bis Mitte April in einen «sexuellen Winterschlaf» verfällt. Bis vor acht Jahren war der heute 50-jährige IT-Techniker verheiratet …

Die Fußerotik hat in unserer Ehe so gut wie keine Rolle gespielt. Meine Frau war zwar schon «mein Typ», aber so richtig hat das nie geklappt mit uns. Ich habe mich nachher gefragt, warum ich jemanden geheiratet habe, der nicht meinen Neigungen entsprach. Aber es ist eben sehr schwierig, jemandem davon zu erzählen und offen damit umzugehen. Das war immer ein bisschen mit Scham belastet. Also in meiner Generation war es noch nicht so natürlich, darüber zu reden, wie das heute der Fall ist. Es hat sich ja viel verändert in den letzten 20 Jahren. Gut, meine Ehefrau hat das von mir schon gewusst, sie hat sich ja auch dementsprechend angezogen, der Typ dazu war sie schon. Aber wir hatten grundsätzlich ein zurückhaltendes Verhältnis, was den Sex angeht.

Seither treibt ihn seine Leidenschaft für schöne Frauenfüße um …

Im Sommer, wenn die Frauen öfter Sandalen tragen, gehe ich oft bewusst los, um mir optische Eindrücke zu verschaffen. Am Abend, wenn das Wetter schön ist, gehe ich durch die Stadt oder in ein Café, ganz bewusst, und schaue den Frauen auf die Füße. Es ist mir auch schon mal passiert, dass mich eine gefragt hat, ob ich auf ihre Füße schaue und warum. Da bin ich dann ganz schnell weggegangen. Ich hatte leider nicht den Mut zu sagen: «Ich finde Ihre Füße schön.» Später hab ich es immer mal versucht, eine Frau darauf anzusprechen. Von fünf Frauen hat sich eine gefreut, während drei mich gefragt haben, ob sie mich nicht lieber gleich in die Klapse einweisen lassen sollten. Für die bin ich wahrscheinlich ein verwichstes Stück Dreck, dabei will ich gar nichts von ihnen, es ist ja nur wegen der Füße.

Weil ich seit der Scheidung keine Beziehung mehr haben möchte, gehe ich seit einigen Jahren zu Prostituierten, da ist alles kontrollierter. Dort kann ich meine Wünsche offen aussprechen. Ich will diese Leidenschaft ja auch nicht mit jedem teilen. Ich würde gar nicht wollen, dass das jeder weiß. Bei Prostituierten ist das alles anonym.

Ich war etwas über 20, als ich zum ersten Mal zu einer Prostituierten gegangen bin, aber da war das noch nicht so sehr auf die Füße fixiert. Das kam erst nach und nach. Ich habe mich von solchen Frauen angezogen gefühlt, die sich so angezogen haben. Die letzten Jahre hatte ich immer wieder welche, zu denen ich ein paarmal hingegangen bin. Mit Escort-Service habe ich erst später angefangen, weil es auch schweineteuer ist für ein paar

Stunden. Da muss dann auch alles passen. Man ruft bei so einer Agentur an und muss dann mit den Damen alles am Telefon ausmachen. Doch ein wirklich befriedigendes Erlebnis gab es nur selten. Ich hatte ihr vorher gesagt, wie sie sich anziehen soll. Im Sommer mag ich es, wenn die Frau ein Kleid trägt, bei den Schuhen bin ich auf die Form ziemlich festgelegt. Es sollten offene Schuhe sein, Sandaletten mit Riemchen oder auch mehreren Riemchen, und sie sollten einen Absatz haben. Pantoletten finde ich auch schön, aber mit Riemchen ist halt besser. Sie kam exakt so, wie ich mir das vorgestellt habe. Ich gab ihr das Geld, und wir sind ganz in der Nähe in ein Appartement gegangen. Ich machte ihr die Riemchen auf, und sie hat den Schuh erst einmal an der Fußspitze baumeln lassen. Da war ich schon vollkommen hin und weg. Es erregt mich, wenn die Frau feminin ist, wobei auch die Stimme wichtig ist, vor allem wenn es eine sehr weibliche Stimme ist. Bei ihr hat alles gepasst.

Zuerst habe ich ihre Füße gestreichelt und massiert, dann auch geküsst. Ein Fußbad habe ich auch gemacht. Sie hatte eine Schüssel, in der habe ich ihr die Füße gewaschen, danach trockengerieben, eingecremt und wieder geküsst. Ich fand es sogar erregend, ihr die Schuhe wieder anzuziehen.

Teilweise habe ich mit den Frauen auch Verkehr, aber eigentlich nur, wenn ich noch schnell abspritzen will. Einmal bin ich in der Frau gekommen, leider verfrüht, denn da hab ich es kaum mehr ausgehalten. Es kam auch schon vor, dass mir die Frau mit dem Fuß in die Hosenbeine reingeht. Aber direkt masturbieren tun sie mein Glied mit den Füßen nicht, es kommt höchstens mal vor, dass eine mich mit den Füßen am Glied berührt. Aber ich masturbiere eh lieber selbst, in ihrer Gegenwart oder danach.

Vor dem Oberhausener Hauptbahnhof erwarten mich Carsten und Mario. Die beiden sind kein Paar, sondern eine Art erotische Zweckgemeinschaft. Man trifft sich drei bis vier Mal im Jahr und hat ansonsten andere Partner. Mario sogar zwei. Der bisexuelle Marketing-Spezialist eines Softwareentwicklers ist im Bergischen Land mit einer Frau verheiratet und in Düsseldorf mit einem Mann verbandelt. Carsten ist Marios Windelpapi, und nur dies.

Wir fahren in eine Siedlung, in der Zweifamilienhäuser und Doppelhaushälften bewohnt werden. Hier und da auch ein kleines ausgebautes Dachgeschoss. Ein solches nennt Carsten sein Reich. Kaum in der gemütlichen Wohnküche angekommen, zieht Mario seinen Overall aus, schnappt sich einen Teddy, der so groß ist wie ein vierjähriges Kind, steckt sich einen Schnuller in den Mund und schmiegt sich an das Stofftier. Nun erst entdecke ich, dass der schlanke Mann einen Strampler trägt – und sein überproportionales Gesäß weist auf eine Windel hin. Für eine ganze Weile mimt er die Rolle des Säuglings, während sein Windelpapi Tee aufgießt und schließlich nach nebenan bittet. Im Schlafzimmer führt Carsten stolz eine Kollektion an Bodys und Stramplern vor, verweist auf die unterschiedlichen Materialien wie Frottee, Nicki oder Fleece. «Also so wie man die Strampler von den Kleinkindern kennt, nur eben etwas größer. Was mir gut gefällt, sind solche kindlich verspielten Motive wie hier dieser Teddy», sagt er und verweist auf das aufgestickte Motiv eines solchen Kuscheltieres.

Ein in Adult-Baby-Kreisen gefragtes Teil sei der Frottee-Strampler des Schweizer Anbieters Kelly. Ein Klassiker! Ein anderer Hersteller stellt spezielle Windeln für AB-Spiele her. Die unterscheiden sich von normalen Inkontinenz-Windeln lediglich dadurch, dass die Folien bunt mit kindlichen Motiven bedruckt sind. Dafür bezahlt man schon mal den «Perversen-Zuschlag», wie Carsten das nennt. Er besitzt aber auch noch traditionelle Stoffwindeln in der entsprechenden Größe. Carsten demonstriert, wie sie in ein Windelhöschen eingelegt und das Ganze mit Klettverschluss geschlossen wird …

Gern hätte ich ja ein komplettes Kinderzimmer mit Wickeltisch und so. Aber meine räumliche Situation in dieser Wohnung gibt das einfach nicht her. Also windele ich hier auf dem Bett. Da lag Mario vorhin auch.

Früher hat Carsten seine Strampler und Bodys mal in den USA bestellt – mit peinlichen Folgen diesseits des Atlantiks …

Ich hatte dann immer das Problem, dass man das Paket am Hauptzollamt abholen musste, weil noch Einfuhrzoll und Umsatzsteuer fällig wurden. Das ging ja alles noch. Das Schlimmste war immer, dass sie einem ein Messer in die Hand drückten, und dann durfte man das Paket auspacken und denen zeigen, was drin ist. Da wurde dann schon mal schräg gegrinst. Das letzte Mal war da eine Zöllnerin, die sah sich die Strampler stumm an, zog eine Augenbraue hoch, und dann durfte ich abmarschieren.

Inzwischen haben auch hiesige Schneider in den Windelhosen Größe XXL eine Marktlücke entdeckt. Eine davon heißt Barbara und wohnt mit ihrem Gatten im fränkischen Schwarzenbruck, wo sie sich unter dem Dach eine Nähstube eingerichtet hat. Durch Zufall war sie bei eBay auf die Ausstattung für Adult Babys gestoßen, hatte auf Wikipedia ein wenig über diese Bewegung nachgelesen und schließlich einen Entschluss gefasst. Heute gilt Barbara bei vielen in der Szene als liebenswerte Mutti, bei der man seine ganz individuellen Bodys und Strampler bestellen kann. Die meisten vertrauen in puncto Schnitt und Farbgestaltung auf ihre Kreativität – andere ordern über die Website ihres kleinen Unternehmens mit dem bezeichnenden Namen «Frecher Fratz». Carsten hat Barbara auch schon mal eine ganze Kollektion abgekauft. Wer jedoch glaubt, Barbara beliefere hauptsächlich die schwule Community, liegt falsch. Mehr als die Hälfte seien echte Heteros, erklärt sie mir am Telefon.

Nun aber will ich wissen, wie man eigentlich eine solche Neigung an sich entdeckt. Ich stelle die Frage an beide, aber der Säugling antwortet nicht. Also nehme ich Carstens Antwort zur Kenntnis …

Windeln waren bei mir seit der Pubertät immer ein Thema. Ich hatte einen jüngeren Bruder, und ich fand, dass seine Windeln sich gut anfühlten. Ich kaufte mir dann mal welche für Boys, da hatte ich entdeckt, dass es die gibt. Damit hab ich mich heimlich selbst gewindelt und dann befriedigt. Geoutet aber habe ich mich erst mit Ende 30. Natürlich nur gegenüber ausgewählten Leuten, denn mit diesem Fetisch geht man ja nicht hausieren. Bei meiner Arbeitsstelle – einer Behörde – wissen alle, dass ich schwul bin, und das ist dort gar kein Thema. Aber wie ich das praktiziere, geht niemanden etwas an.

Der Grund, warum ich mich einigen gegenüber geoutet habe, war der, dass ich im Netz einen einfühlsamen Vati aus der Schweiz kennengelernt habe. Für ihn, so schrieb er, sei es eine Profession, «Babys» glücklich zu machen. Das hat mich angesprochen, und ich hab ihn angeschrieben. Erst haben wir nur gechattet, dann haben wir telefoniert. Er war dann so spontan, dass er sich nach einem Telefonat ins Auto gesetzt hat und direkt zu mir gekommen ist. Damals wohnte ich noch in einer Kleinstadt im Rheinischen. Mit 39 Jahren wurde ich zum ersten Mal als Adult Baby behandelt. Es war unglaublich phantastisch, mit welcher Hingabe und Zärtlichkeit er mit mir umgegangen ist. Dieses Erlebnis war für mein weiteres Leben so einschneidend wie der erste Sex. Mein Windelpapi nahm mich auch mit auf eine der damals berühmt-berüchtigten Windelpartys in

Wuppertal. Es war so toll, unter lauter Gleichgesinnten zu feiern, dass ich fortan noch mehr Mut hatte, mich im Netz nach weiteren Freunden der AB-Spiele umzusehen.

Carsten spricht ständig von Adult-Baby-Spielen. Es gibt auch einen anderen Begriff, den des Ageplay nämlich, also des Spiels mit dem Alter, bei dem der Spielende sich physisch wie mental in eine beliebige andere Altersstufe versetzt. Damit aber hat Carsten ein Problem …

Na ja, richtiges Age Play ist verdammt schwierig. Wenn du ein Baby hast, das 1,80 m groß ist, dann versuch das mal zu tragen. Deshalb nenne ich das, was ich mache, AB-Spiele und nicht Ageplay. Wie du schon bemerkt hast, wandle ich zwischen den Rollen hin und her. Mal bin ich ein Adult Baby, und dann wieder – wie ja jetzt hier bei Mario – bin ich Vati. Da versuche ich das weiterzugeben, was ich bei dem Schweizer erfahren durfte. Mario habe ich über das Online-Portal Gay Romeo kennengelernt, und als wir uns das erste Mal getroffen haben, war auf Anhieb ein Vertrauen da.

Marios Frau weiß um den Windelfetisch des Gatten. Das hat er mir im Vorgespräch am Telefon erzählt. Nun spreche ich ihn direkt an und will seine Geschichte hören. Tatsächlich nimmt er den Schnuller aus dem Mund, um mir zu antworten.

Es hat eine Weile gebraucht, bis ich mir selbst eingestehen konnte, dass mir das gefällt und ich es weiterverfolgen möchte. Dann hab ich meine Frau gefragt, ob wir das nicht in unser eheliches Sexleben einbauen wollen. Aber da sie Mutter ist, hat sie zu Windeln natürlich einen völlig anderen Bezug. Für sie ist eine Windel ein Gebrauchsgegenstand, mit dem körperliche Ausscheidungen entsorgt werden. Sie war froh, dass unsere Kinder aus dem Windelalter raus waren, da wollte sie bei ihrem Mann nicht wieder damit anfangen. Sie konnte es von daher auch gar nicht als erotisch empfinden.

Ich lese den beiden vor, was mir der Sexualpsychologe speziell über den Windelfetisch gesagt hat, und bitte, das zu kommentieren. Der Text von Dr. Christoph J. Ahlers lautet: «Hier geht es um eine regressive Fixierung, das ist zumindest die prominente psychoanalytische Hypothese, nämlich dass in der analen Phase der psychosexuellen Entwicklung die Erfahrung gemacht wird, dass alles, was aufgenommen, anschließend als Eigenprodukt lustvoll wieder ausgeschieden wird. Eine regressive Fixierung kann entstehen, so die Annahme, wenn die folgende (genitale) Entwicklungsstufe nicht bewältigt wird und es dadurch zu einem Steckenbleiben in diesem sexuellen Modus des lustvollen Ausscheidens kommt und sich der Betreffende noch als Erwachsener in dieses Gefühl zurückversetzen möchte. Vor allem möchte er sich in diesen Zustand des kindlichen Umsorgtwerdens zurückversetzen. Deswegen geht Windelfetischismus häufig mit Versorgungssehnsüchten einher – also gewickelt, gepudert und verwöhnt, aber durchaus auch kontrolliert und bestraft zu werden. Dieses Gefühl, wieder ein Kleinkind zu sein, wird als Entlastung empfunden. Es geht also auch um die Abgabe von Selbstverantwortung, und insofern gibt es Überschneidungen zum Dominanz- und Submissionsbereich. Der Windelfetischist versetzt sich in eine Lebensphase zurück, in der er unbeansprucht und unverantwortlich war. Es ist ein differenziertes Mischgeschehen, das mit sexuellem Erregungsaufbau gekoppelt ist.» Carsten kann es kaum erwarten, seine Zustimmung loszuwerden …

Ich switche ja in den Rollen, aber als Baby trifft das auf mich unbedingt zu – dieses Umsorgtsein, das Abgeben von Verantwortung – genau so, wie er es beschreibt.

Auch Mario stimmt dem Sexualpsychologen zu, macht jedoch eine Einschränkung …

Allerdings trifft das nicht auf alle Windelliebhaber zu. Denn hier wird ja behauptet, wer Windeln mag, der mag auch das Behütetsein und das Babysein. Ich aber kenne mittlerweile Windelträger, die einfach nur dieses weiche Gefühl im Schritt mögen. Oder im Bereich des Bondage, da gibt es einem ein Gefühl der Sicherheit, weil das Geschehen nicht gestört wird, nur weil jemand pinkeln muss.

Mario sitzt mir gewindelt gegenüber, im Arm den Teddybär, vor sich einen Schnuller. Gleichzeitig unterhält er sich mit mir, wie sich eben zwei Erwachsene unterhalten. Ist er also nicht längst aus der Rolle des Kleinkinds ausgestiegen?

Im Moment bin ich tatsächlich nicht voll in der Rolle. Es ist sehr angenehm, sich an den Teddy zu kuscheln, und eben beim Teetrinken habe ich überlegt, ob ich auch eine Tasse benutzen soll. Dort hinten sehe ich die ganze Zeit mein Fläschchen stehen. Aber dann dachte ich, dass da ja der ganze Tee reinpassen würde, der hier aufgegossen wurde … (Lacht.) Tatsächlich befinde ich mich in einer Mischsituation. Wenn ich hier auf der Couch liege und Carsten erzählt, schaue ich einfach nur den Papi an, der spricht. Aber natürlich kann ich das gedanklich vollständig nachvollziehen, was er sagt. Trotzdem ist es mir als Baby völlig egal, was er da redet, wenn er nicht gerade mit mir spricht.

Marios Windelpapi sieht sein Baby liebevoll an und beginnt, ihm nun doch sein Fläschchen fertig zu machen. Mir ist klar, dass das irgendwann physische Folgen haben wird. Ich beschließe, mich vom Acker zu machen, ehe das große Baby eine neue Windel bekommt, und ich habe nicht das Gefühl, dass mein Aufbruch den beiden missfällt.

Das Ende der Monogamie?

Im Jahre 1970 trieb ein Hollywood-Melodram weltweit Millionen von Kinogängern die Tränen in die Augen. Der Titel des Werks war gleichermaßen viel- wie nichtssagend: *Love Story*. Bemerkenswert daran war, dass ausgerechnet auf dem Höhepunkt der Hippie-Bewegung, die bekanntlich die freie Liebe propagierte, ein Film erfolgreich sein konnte, der das monogame Ideal zum Thema hatte. Zugegeben, die weibliche Protagonistin starb viel zu jung, als dass man hätte beurteilen können, ob das Liebesglück von Dauer gewesen wäre. Eine denkbare Antwort lieferte Hollywood neun Jahre später mit dem nicht weniger erfolgreichen Streifen *Kramer gegen Kramer*. Da gerät die einst in Liebe geehelichte Hausfrau und Mutter in eine nachvollziehbare Sinnkrise, just zu dem Zeitpunkt, als ihr Gatte beruflich zur Höchstform aufläuft. Die Folgen sind Scheidung, beruflicher Abstieg und ein hässlicher Sorgerechtsstreit.

Beide Storys, so verschieden sie auch sind, beschreiben relativ moderne Phänomene. Vor 200 Jahren wären Autoren mit solchen Geschichten weitgehend auf Unverständnis gestoßen. Seinerzeit wurden Ehen arrangiert und an Scheidung nicht mal gedacht. Basta! Standeszugehörigkeit spielte eine große Rolle, religiöse Bindungen ohnehin, und jede Menge «Vernunftgründe» wie Erbhöfe und Ähnliches. Alles Heiratsmotive jenseits von Gefühlen und Leidenschaften. Eine Vermählung aus Herzensgründen fand nur in Ausnahmefällen statt. Oder durch Zufall, wenn zwei junge Leute beim arrangierten ersten Zusammentreffen unisono hauchten: «Wow!»

Sicher, es gab literarische Bekenntnisse der anderen Art. William Shakespeare hat über die toskanischen Adelssprösslinge Romeo Montague und Julia Capulet eine, wenn nicht *die* Liebesgeschichte der Weltliteratur erzählt. Aber ein Happy End hatte diese Story ebensowenig wie anderthalb Jahrhunderte später der Briefroman *Julie ou la Nouvelle Héloïse* des großen französischen Aufklärers Jean-Jacques Rousseau. Weder hat Shakespeare das dramaturgische Prinzip von Liebe und Leiden erfunden, noch kam es mit *Love Story* zum Ende. Natürlich nicht, denn das sind die Stoffe, die ans Herz gehen und ihre Urheber reich und berühmt machen. Weil sie nämlich mit den Sehnsüchten und Ängsten des Publikums spielen und nicht deren Wirklichkeit abbilden. Wie aber sah die Realität einst aus – und wie heute?

Die Liebe führte Brautpaare erst ziemlich spät in die Standesämter und vor die Altäre. Noch in der Mitte des 19. Jahrhunderts war das höchst selten so. Die aufkommende bürgerliche Frauenbewegung kritisierte die damals übliche Versorgungsehe als unsittlich. Romantische Gefühle kamen erst langsam in Mode, und in der Folge entstand zaghaft die Idee einer Liebesheirat. Inzwischen schnappen sich junge Bräute den vermeintlichen Traumprinzen und stehen am Tag der Eheschließung im Zenit ihrer prophetischen Fähigkeiten, wenn sie sagen: «Dies ist der schönste Tag in meinem Leben!»

Okay, es gab auch weiterhin nicht nur Liebesheiraten. Manche «mussten» sich auch das Ja-Wort geben, weil ledige Mütter und deren Kinder noch gesellschaftlich geächtet wurden. Und wer immer einem jungen, unverheirateten Liebespaar Obdach bot, musste mit strafrechtlicher Verfolgung rechnen. Abermals hatte die Frauenbewegung keinen geringen Anteil daran, dass das aufhörte und westdeutsche Ehefrauen endlich auch gegen den Willen ihres Gatten einer beruflichen Tätigkeit nachgehen durften. Das ist gerade mal 40 Jahre her! Und die Vergewaltigung in der Ehe ist hierzulande überhaupt erst seit 1997 strafbar.

Gründe hätte es also genug gegeben, über neue Formen des Zusammenlebens nachzudenken. Doch trotz «sexueller Revolution» und der Sprüche der 68er («Wer zweimal mit derselben pennt, gehört schon zum Establishment!») – die monogame Zweierbeziehung gilt den meisten unserer Zeitgenossen noch immer als die Idealform einer Partnerschaft. Und die muss längst nicht mehr zwangsläufig heterosexuell sein oder gar durch einen Trauschein legitimiert. Man träumt von der gelebten und geliebten Zweisamkeit, und zwar unabhängig davon, dass kaum noch jemand an die lebenslange «Treue» glaubt. Deshalb haben die Bewohner aufgeklärter Zivilgesellschaften die «offenen Beziehungen» entdeckt, die Swingerclubs und die Gangbang-Partys. Und wenn alles nichts hilft, beschreitet man den Weg zum Scheidungsrichter und beginnt mit einem neuen Partner das Spiel von vorn. Die beiden Hauptdarsteller aus *Love Story* brachten es in ihrem privaten Leben immerhin auf fünf Ehen und eine 17 Jahre während On-off Beziehung. Ihnen passierte eben das, was Millionen weniger prominenter Menschen der westlichen Welt auch kennen: Der monogame Anspruch gerät in Konflikt mit der polygamen Gefühlswelt der Primaten, zu denen wir nun mal zählen. In einer Gesellschaft, die diesen Widerspruch thematisiert, konnte man darauf wetten, dass irgendeine Gruppe ideologischer Weltverbesserer mit einer Vision um die Ecke kommt.

Polyamorie als Idee

Die Vorstellung einer Lebensform jenseits der Monogamie kommt aus den Vereinigten Staaten, und dort hat man dem Kind auch den Namen gegeben: Polyamory. Der Vorteil dieses Begriffs ist, dass er auch von jenen verstanden wird, die nie einen Leistungskurs Latein belegt haben, und dass er sich in nahezu alle Sprachen der westlichen Welt übersetzen lässt: Polyamorie, polyamour, poliamor, polyamoria …

Die polyamore Community hierzulande zeichnet sich dadurch aus, dass sie erfreulich unideologisch agiert. Es gibt zwar eine Website mit vielen Texten, darunter auch ein «Polyamorisches Manifest», aber mehr als das Hauptmotto (wenn überhaupt) wird in den Gesprächen mit mir nicht zitiert: «Anstelle von freiem Sex brauchen wir freie Liebe und Verliebtheit! Im Unterschied zur Liebe und Verliebtheit, die keinerlei Begrenzungen bedürfen, muss der Sex immer unter Kontrolle sein!» Fast möchte man annehmen, das Motto ist mit Absicht so allgemein und missverständlich gehalten, damit auch die anderen Schriften gelesen werden. In meinen Gesprächen mit polyamor lebenden Menschen zwischen Berlin und Stuttgart habe ich allerdings keinen Hinweis darauf gefunden, dass sie sich auch mit dem Rest der Theorie auseinandergesetzt hätten. Es ist nicht einmal klar, inwiefern der Einfluss neuheidnischer Gruppen auf die polyamore Bewegung in den USA bekannt ist. Ja, ob man in diesen Kreisen die Neuheiden überhaupt kennt. Es ist vielleicht auch gar nicht wichtig, aber da sie nun mal erwähnt sind, nur so viel: Die Neuheiden versuchen so etwas wie die Rückbesinnung auf keltische Traditionen und auf eine angebliche Ur-religion.

Keine Ideologie ohne Gurus, und einer, dessen Schrift sie alle lesen, heißt Robert A. Heinlein. Rechtzeitig vor dem «Summer of love», im Jahr 1961, um genau zu sein, hat er in seinem Roman *Stranger in a Strange Land* eine sonderbare Geschichte erzählt. Ein Marsianer gründet eine Kommune namens «Church of All Worlds», in der Orgien und sexuelle Ausschweifungen stattfinden, mit dem Ziel, durch das Erlernen telepathischer Fähigkeiten das Leben der Erdbewohner zu verändern. Nun existiert der Marsianer zwar nur in der Phantasie von Bob Heinlein, seine Jünger jedoch haben sich diese finale Zielsetzung zur Lebensaufgabe gemacht. Und sie haben dafür einen Namen: Polyamorie, polyamour, poliamor, polyamoria ...

Polyamorie als Lebensform

Die leitende Angestellte eines mittelständischen Unternehmens in Bayern schrieb mir: «Ich hatte zuletzt eine offene Beziehung (mit Mann A), in der ich die Möglichkeit einer mehrjährigen Affäre als eine Art Zweit-Beziehung hatte. Seitdem ich es zu schätzen weiß, zu mehreren Partnern ein intimes Verhältnis haben zu können, ohne dass sich jemand vernachlässigt fühlt, ist mein Verlangen nach einer rein monogamen Beziehung praktisch nicht mehr vorhanden. Der Mann mit dem «beziehungsähnlichen Verhältnis» (nennen wir ihn Mann B) steht mir sehr nahe und würde auch eine richtige Beziehung mit mir eingehen, die ich aber aufgrund der Tatsache, dass er nur auf Monogamie bedacht ist, nicht eingehen möchte. In meiner Selbstwahrnehmung als polyamouröser Single würde ich mich mit folgenden Worten beschreiben: Ich mag es, sehr unterschiedliche Menschen kennenzulernen, auch, mich zu verlieben, würde mich aber nicht meiner Freiheit berauben lassen, indem ich mich fest binden muss.»

Genau das verstehen andere polyamor lebende Menschen ganz anders. Sie würden Polyamarie schon eher als eine Lebensform bezeichnen, in der alle Parallel-Beziehungen als verantwortungsvolle Bindungen geführt werden. Und das bei voller Kenntnis und Duldung aller Beteiligten. Es versteht sich von selbst, dass jeder Beziehungspartner seinerseits ebenfalls das Recht hat, weitere Partnerschaften einzugehen. Da könnten Geburtstagspartys mal schnell zu riesigen Familienfeiern ausarten – wenn es denn so laufen würde.

Ein Vorzeigepaar polyamorer Lebenskunst sind Jörg und Lisa. Sie leben gemeinsam mit Lisas Zweitmann in Berlin-Mitte. Das Trio wäre nichts weiter als eine traditionelle Ménage-à-trois, wobei das in Fachkreisen bereits als kleinste Einheit von Polyamerie angesehen wird. Aber auch Jörg begnügt sich nicht mit einer halben Lisa, sondern hat noch zwei weitere Beziehungen. Und weil es eine Menge Zeit kostet, sich um drei Frauen zu kümmern, hat der ehemalige Erzieher sich eine Stelle als Hausmeister gesucht. So kann er die Arbeitszeit flexibel gestalten und seinen Verantwortlichkeiten nachkommen.

Jörg erinnert sich, wie das bei ihm losging mit der «polyamoren Veranlagung». Da war er Anfang 20 – 40 Jahre ist das jetzt her. «Zunächst war es so, dass ich mit einer Frau zusammen war und auch nach meinem eigenen Anspruch davon ausging, dass mich andere Frauen als potenzielle Lebenspartnerinnen nicht interessieren dürften. Höchstens auf einer freundschaftlichen Ebene oder so. Trotzdem passierte es, und plötzlich konnte ich mir eine weitere Partnerschaft vorstellen, neben der, die ich bereits hatte. Ich hab dann mit meinen jeweiligen Partnerinnen geredet, und da wurde es eben schwierig.» Es ist nicht anzunehmen, dass Jörg über die Reaktionen der ihm zugeneigten Damen wirklich überrascht gewesen ist. Was aber sollte er denn tun, wenn seine Gefühlswelt mit der herrschenden Gesellschaftsmoral nicht kompatibel war?

Er war Mitte 20 und in einer ersten Ehe gefangen, als er den Versuch unternahm, das Thema «Mehrfachliebe» – wie man damals hierzulande noch sagte – mit seiner Frau zu besprechen. Dafür gab es auch einen ganz konkreten Anlass. Jörg machte zu dieser Zeit eine Ausbildung zum Erzieher, und weil das nun mal in erster Linie ein Frauenberuf war, ergaben sich unter seinen Kommilitoninnen viele Gelegenheiten. Und so kam der Tag, als er mit einer im Bett gelandet war, und dies unter keinen Umständen als ein singuläres Ereignis zu betrachten bereit war. Er wollte die Sache aber auch nicht als heimliche Affäre fortführen. Folglich arrangierte er ein

Treffen zwischen der Geliebten und der Gattin, das ohne ihn stattfand. Nach dem Treffen wirkte die Gattin sehr berührt und sagte:
«Ich kann dich verstehen, und wenn ich du wäre, hätte ich mich
auch in sie verliebt.» Allerdings waren die beiden Frauen übereingekommen, die Dreiecksbeziehung nicht fortzusetzen. Jörgs erster
Versuch in Richtung Polyamorie war damit gescheitert. Dummerweise war seine Frau eine Studentin der Sozialwissenschaften, und
so hatte er nun eine «Diskussion über das Rollenverhalten der
Geschlechter in Beziehungen» an der Backe. Jörg nennt dies «die
Zeit der inhaltlichen Auseinandersetzung». Solche Gespräche führen ja bekanntlich nicht nur zur Schärfung der eigenen Ansichten,
sondern eben auch zur Abgrenzung. Und wenn die antagonistische
Position von der eigenen Frau eingenommen wird, so ist das für
die Ehe nicht gerade förderlich. Die letzte inhaltliche Übereinstimmung des Ehepaares bestand dann auch in dem gemeinsamen Ziel,
den Scheidungsrichter aufzusuchen.

Genau in dieser Zeit saß Lisa in einem Wilhelm-Reich-Seminar,
in dem die Texte des Psychoanalytikers und Sexualforschers «Satz
für Satz auseinandergenommen» wurden. Sie verstand die Frag-
mente so: «Durch alte Verhaltensmuster werden Menschen in ihrer
Individualität eingeschränkt und dumm und unflexibel gemacht.»
Weil Lisa aber nicht dumm und unflexibel sein wollte, war sie nur
allzu bereit, «die Ehrlichkeit und Offenheit in diesen Kreisen total
anziehend» zu finden. Und in der Runde war jemand, der Lisa
seinerseits total anziehend fand: Jörg. Aber eine «heißentflammte
Liebe» sei es zwischen ihnen dennoch nie gewesen, erinnern sich
beide, wohl aber eine Beziehung, in der sich mit den Jahren eine
große Vertrautheit ergeben habe. Natürlich habe die «Mehrfachliebe» auch zu Problemen geführt, schließlich seien sie ja «bürger-
lich sozialisiert», erzählt Lisa. «Eifersucht, Verlustängste und die
ganze Palette» könne man schließlich nicht einfach abschütteln.
Nun aber, mit zunehmendem Alter, mit der Erfahrung auch und
dem vertrauten Umgang mit allen Nebenpartnern werde dieses

Leben endlich leichter, sagt Jörg, und Lisa nickt eifrig mit dem Kopf.

Nach mehr als drei Jahrzehnten gelebter Polyamerie, davon 17 Jahre mit Trauschein, sind die beiden (sowie ihre diversen Partnerinnen und Partner) der lebende Beweis dafür, dass dieses Lebensmodell mehr sein kann als eine vorübergehende Laune. Sie sind also zu Recht so etwas wie ein Vorzeigepaar für den polyamoren Nachwuchs, der noch mit all den Schwierigkeiten zu kämpfen hat, die sie bereits hinter sich gebracht haben. Daher moderiert Jörg seit einiger Zeit einen monatlichen Jour fixe, bei dem sich Gleichgesinnte alles von der Seele reden können – vorausgesetzt, ihr «Thema» wird von der Gruppe als interessant genug angesehen …

Die polyamoren Stammtischler

Der Stuhlkreis im Hinterzimmer einer Pankower Szenekneipe ist sicher nicht repräsentativ für die gesamte polyamore Bewegung hierzulande. Für diejenigen aber, die über Probleme sprechen wollen, wahrscheinlich schon. Demnach sind es vorwiegend Männer, die das Bedürfnis haben, sich auszusprechen. Immerhin sind 19 Gentlemen erschienen und nur fünf Damen. Nun könnte man mutmaßen, weil es traditionell immer eher die Herren der Schöpfung waren, die moralisch aus der Reihe tanzten, sei es nur logisch, dass es ihnen mehr zu schaffen mache, wenn die Frauen ein solches Recht nun auch mal für sich reklamierten.

Jörg begrüßt die Runde und zeigt sich freudig überrascht, dass «viele neue Gesichter» erschienen seien. Deshalb erläutert er, wie das üblicherweise hier so läuft. Zunächst solle sich jeder mit Vornamen vorstellen, und wer einen Themenvorschlag machen wolle, solle dies bitte tun. Würden mehr als zwei eingehen, würde abgestimmt, welche beiden Problemkreise anschließend jeweils 30 Minuten in der Gruppe diskutiert würden. Anschließend sei dann die strenge Ordnung des Stuhlkreises mit Wortmeldung und so aufgehoben, um auch Gesprächen in kleinerer Formation eine Chance zu geben.

Anna fällt auf – mir zumindest. Sie ist eine junge androgyn anmutende Frau, die mit scheuem Blick durch starke Brillengläser die Runde checkt. Vor allem ist sie im Gegensatz zu ihren vier Geschlechtsgenossinnen allein erschienen. Als sie an der Reihe ist, erklärt sie mit leiser Stimme, sie sei selbst nicht polyamor, wohl aber ihr Freund. Das rufe bei ihr Eifersucht hervor. Deshalb sei sie hier, um von polyamor lebenden Menschen zu erfahren, wie man die Eifersucht loswerden könne. Zu dumm nur, dass die Runde sich lieber den Themen «Offenheit» und «Erschüttertes Vertrauen» zuwenden will. Fortan stiert Anna wie abwesend vor sich hin. Nur ihr hektisch wippender Fuß verrät ihre innere Aufregung. Ich spüre, dass die junge Frau Fragen über Fragen hat – Antworten darf sie hier aber kaum erwarten.

Das Thema «Erschüttertes Vertrauen» wurde sicher deshalb ausgewählt, weil Peter, ein kräftig gebauter Durchschnittsbürger, den Themenwunsch mit einem aktuellen Fall zu verbinden wusste, was den meisten der polyamor veranlagten Anwesenden näherging als das Anliegen von Anna, der Außenseiterin. Schon als er sein Thema vorschlug, sprach er von seiner Freundin, mit der er sechs Monate zusammen war. Sie habe in Göttingen noch einen anderen Geliebten gehabt, was seinem polyamoren Anspruch ja gar nicht widersprochen habe. Im Gegenteil, man sei auch mal zusammengetroffen und habe zu dritt einen netten Kneipenabend verbracht. Dann aber habe sie nach einer Göttingen-Reise vier Wochen Zeit verstreichen lassen, um ihn dann doch noch darüber zu informieren, dass der andere ihr einen Heiratsantrag gemacht und sie diesen angenommen habe. Er sei verletzt, sagt Peter. Niemand in der Runde stellt die bei einem polyamor veranlagten Menschen naheliegende Frage, die er seiner Freundin hätte stellen sollen. Die Frage nämlich, wie ihr künftiger Gatte dazu stehe, dass sie in Berlin noch eine weitere Beziehung habe. Also frage ich. Peter aber winkt ab. Die Dame habe die Beziehung zu ihm beendet, um es doch mal wieder mit der Zweisamkeit zu versuchen. Der Verdacht liegt nahe, dass Peter seiner Ex übelnimmt, dass sie diese Zweisamkeit nicht mit ihm teilen möchte. Er wäre besser beraten gewesen, Annas Vorschlag zu folgen und sich über das Thema «Eifersucht» auszutauschen.

Es wird diskutiert wie in dem Proseminar eines soziologischen Instituts, wenngleich nicht auf demselben intellektuellen Niveau. Dazu ist die Gruppe sozial und bildungsmäßig zu heterogen. Polyamorie ist augenscheinlich eine Neigung, die verschiedene soziale Schichten verspüren, wenngleich ich Zweifel habe, dass alle darunter dasselbe verstehen. Aber mit Definitionen hält man sich trotz der «vielen neuen Gesichter» gar nicht erst auf. Stattdessen fallen Sätze wie «Jeder produziert seinen Schmerz selbst!» oder «Schuldgefühle sind ein Zeichen mangelnden Selbstwertgefühls». Aussagen, die kopfnickend hingenommen und nicht hinterfragt werden. Die Lust zum Konsens verleiht dieser Zusammenkunft mehr und mehr den Charakter einer Selbsthilfegruppe.

Durchschnittsbürger Peter aber will sprechen. Unbedingt sogar und ausführlich. Er will den anderen mitteilen, wie er sich fühlt, beginnt über seinen Schmerz zu referieren. Er fühle sich nicht etwa verletzt, weil seine Freundin noch einen andern habe, und auch nicht, weil sie den anderen heiraten werde, sondern weil sie ihn vier Wochen lang im Unklaren gelassen habe. Ein Mann neben ihm sagt mit verständnisvollem Blick: «Ich kann nachvollziehen, dass das weh tut!» Und ein anderer: «Es tut aber auch gut, wenn es weh tut!» Der Moderator referiert über «unterschiedliche Voraussetzungen in einer jeden Beziehung». Das alles hilft dem guten Peter wenig. Man spürt seine Unzufriedenheit, aber sagen tut er das nicht.

Dann ist das Thema «Offenheit» dran, das Heinz und Kerstin eingebracht haben, die seit neun Jahren zusammen sind. Heinz unterhält seit einiger Zeit noch eine Beziehung zu Daniela und Kerstin zu Haroun. Kerstin erzählt von einem Kneipenabend zu viert und von ihren zwiespältigen Gefühlen, als sie ihre Hände plötzlich auf den Knien ihrer beiden Männer hatte.

Durch diese süße kleine Episode fühlen sich nun auch andere Teilnehmer dazu animiert, ihrerseits von Ereignissen zu berichten, die ähnlich verlaufen sind und vergleichbar zwiespältige Gefühle hervorgerufen haben. Es bleibt unklar, ob es zu einer vertiefenden Analyse dieser als verstörend empfundenen Emotionen gekommen wäre, wenn Jörg nicht mit Blick auf die Uhr den Beginn der Diskussion in Kleingruppen angekündigt hätte. Ich habe hier nichts erfahren, was ich nicht von Jörg und Lisa schon wusste: Schuldgefühle, Eifersucht und Verletzungen sind in polyamoren Kreisen ebenso ein Thema wie in der traditionellen Monogamie.

Wer erwartet hatte, einen heftigen Diskurs über den Weg zu einer großen gesellschaftlichen Vision zu erleben, wird enttäuscht. Für ein alternatives Lebensmodell müssten ganz andere Fragen gestellt werden. Etwa: In welcher der Mehrfach-Beziehungen möchte man alt werden? Wer wird für einen da sein, sollte man zum Pflegefall werden? In polyamoren Foren in den USA wird diesbezüglich über Mehrgenerationen-Kommunen nachgedacht. Hier und da ist man auch schon an die Realisierung gegangen. Im Hinterzimmer einer Pankower Szenenkneipe aber ist man eher an den Fragen des Hier und Jetzt interessiert, und vielleicht ist das auch gut so. Sie sind eben erfrischend unideologisch, die polyamoren Deutschen.

Der Frauenversteher

In der bewegten Biographie des Halbinders Suren hat Sex immer eine große Rolle gespielt. Eine ganze Weile auch auf professioneller Ebene. In Stuttgart hat er solche Partys wie im KitKatClub veranstaltet, allerdings ohne Lizenz. Er war schon Mitte 30, als er das Berliner Original kennenlernte und dessen Betreiber, Kirsten und Thaur, ihm den Posten als Geschäftsführer anboten. Bald stand er Thaur auch als Pornodarsteller zur Verfügung, und weil er den Job anscheinend gut machte, wurden die großen europäischen Porno-Labels auf ihn aufmerksam. Heute geht Suren in Stuttgart einem Brotjob in der Firma eines Freundes nach, der Verständnis dafür hat, dass sein Mitarbeiter sich regelmäßig um seine Frauen in Berlin kümmern muss. Dabei befolgt Suren eine ziemlich einfache Philosophie …

Es ist immer mein Anliegen – nicht nur beim Sex, aber da ganz besonders –, den Menschen, die mit mir etwas zu tun haben, so gutzutun wie möglich. Ich kann allerdings nicht devot sein. Also: Dominante Frauen gehen bei mir gar nicht.

In unseren Gesprächen an einer der Bars im KitkatClub erzählt Suren aus seinem Leben, ohne den Begriff «Polyamorie» auch nur ein einziges Mal in den Mund zu nehmen …

Ich habe vier Freundinnen, die sich alle untereinander kennen, und wir machen auch viel zusammen. Also nicht nur Sex, sondern auch andere Aktivitäten. Drei von ihnen leben in Berlin und eine in Stuttgart. Hier in Berlin wohne ich immer bei meiner «besten Freundin», wie ich sie nenne. Sie ist quasi die Nummer 1, auch wenn ich das eigentlich nicht so werten will. Gelegentlich kommen wir alle zusammen hierher in den KitkatClub. Mich kennen hier ja eine Menge Leute, und die sagen dann immer: «Ah, da kommt Suren mit seinem Harem.» Die Stuttgarter Freundin war noch nie dabei, aber demnächst kommt sie mal mit. Meine Hauptfrau hat keine weitere Beziehung. Aber nicht, weil ich was dagegen hätte, sondern weil sie das nicht will. Dann gibt es die Zweite hier in Berlin. Mit ihr haben wir schon sehr lange etwas zusammen, also so seit vier oder fünf Jahren. Vor einem Jahr hat sie einen Typen kennengelernt, und die beiden haben sich ein bisschen ineinander verliebt. Das war eine ganz lustige Geschichte: Er war auch hier im KitKat, und da hat sie ihn uns vorgestellt. Sie sagte: «Das sind Suren und unsere Freundin. Mit denen habe ich schon lange was, und das wird auch so bleiben. Wenn dir das nicht passt, dann fangen wir gar nicht erst an.» Er hat sofort «Okay!» gesagt, aber ihm blieb in diesem Moment ja auch nichts anderes übrig. Inzwischen ist sie fest mit ihm zusammen, aber sie kommt auch noch regelmäßig zu uns. Tja, und dann gibt es noch eine Freundin hier in Berlin, die ich schon sehr lange kenne. Ich hab dreimal hintereinander versucht, dass wir was zu dritt machen, also mit meiner Hauptfrau. Aber das hat überhaupt nicht funktioniert. Sie verstehen sich sonst zwar sehr gut, gehen ja auch beide mit mir hierher, aber im Bett können die beiden gar nicht miteinander. Das haben wir mittlerweile eingesehen und uns gesagt: «Das lassen wir!» Sie treffe ich jetzt alleine, obwohl ich das eigentlich gar nicht mag. Also, ich hab es lieber, wenn wir zu mehreren sind, weil das einfach cooler und entspannter ist. Nur mit ihr habe ich ab und zu Sex hier im KitKatClub. Es gibt nebenan über der Bar einen Bereich, der von drei Seiten zu ist. Wenn wir Lust bekommen, gehen wir da hoch, weil ich diese ganzen Wichser und Spanner nicht mag …

Mehr ist von Suren nicht zu erfahren – nicht im KitkatClub, wo er ständig von irgendjemandem (bevorzugt jungen Frauen) begrüßt wird und sich schließlich ins wilde Partyleben stürzt.

Die Entdeckerin des Lebensflusses

Es gibt viele Probleme, mit denen sich Sabine in diesem Leben nicht mehr konfrontiert sehen möchte. Alles, was sie in den letzten drei Jahren erlebt hat, ist besser als jener Ehekäfig, in dem sie sich ziemlich leblos fühlte. Dort gab es einen Mann, den sie mehr als ein Vierteljahrhundert zuvor geheiratet hatte, damals, als es die DDR noch gab, und das staatlich proklamierte Familienideal war auch das von Sabine und Matthias. Als die Kinder aus dem Haus waren, wurde beiden Ehepartnern bewusst, wie die jahrelangen Alltäglichkeiten sie emotional entfremdet hatten. Der Klassiker! Matthias schraubte lieber an seinem Motorrad herum, als dass er seine Frau berührte. Und das Wachstum seiner Gartensträucher interessierte ihn mehr als Sabines Gefühle. Wer die beiden kannte – und ich hatte dieses Vergnügen –, sah sich zwei Leuten gegenüber, die nebeneinander herliefen. Die Einladung einer Freundin, mit ihr einen Kurzurlaub zu verbringen, sah sie vorausahnend als Abwechslung zur jahrelangen distanzlosen Zweisamkeit. Dass sie von dem freundlichen Reiseleiter angeflirtet wurde, wollte sie zuerst gar nicht wahrhaben. Doch dann spürte Sabine sich wieder, merkte, dass sie auch mit jenseits der 50 noch Männern den Kopf verdrehen konnte, und genoss die anerkennende Aufmerksamkeit. Sie konnte das für sich annehmen, ließ sich aber auf keine Liebesnächte ein. Nach Hause zurückgekehrt, stellte sie ihrem Mitbewohner, der juristisch ihr Gatte war, die profane Frage, zu wie viel Prozent er sie noch liebe. Und Matthias antwortete in schonungsloser Ehrlichkeit, dass sich das auf den Nullpunkt zubewege. Der erste Schritt zur Trennung war getan, und er fiel Sabine umso leichter, weil sie einen Job hatte, von dem sie leben konnte. Sie suchte sich eine eigene Wohnung und hatte nicht vor, in ein Loch zu fallen …

Nachdem die Ehe zu Ende war, habe ich mir gesagt, dass ich dem nicht lange nachtrauern will. Doch im realen Leben ist es schwer, den passenden aufgeschlossenen Menschen zu begegnen. Die Leute laufen aneinander vorbei. Also bin ich auf ein Online-Dating-Portal gegangen. Das ist eben der Weg heutzutage. Ich war kaum angemeldet, da schrieb mir jemand, dass er mich gerne treffen würde. Er käme aus Hamburg, sei aber gerade in Berlin. Und wenn es nur ganz kurz in der Mittagspause sei. Wir sind zum Italiener gegangen und haben uns unterhalten.

Er fing gleich an: «Das, was du da in deinem Profil geschrieben hast, zeigt mir, dass du genau wie ich dein Herz mehreren Menschen öffnen möchtest – also dass du polyamor fühlst.» Ich hatte geschrieben, dass ich genauso gerne Stunden für mich allein haben will, in denen ich lese oder so. Aber dass ich auch alles genießen möchte, was in Zweisamkeit möglich ist. Darüber hinaus wollte ich noch weiteren Menschen begegnen können, um die Vielfalt des Lebens zu genießen. Ich hatte das nur betont, weil ich es in meiner Ehe eben nicht hatte, da mein Mann immer verlangt hatte, dass ich zu Hause bleibe. Ich wollte nun die neugewonnene Freiheit genießen und mich durch nichts mehr einschränken lassen. Ich habe ihm dann erzählt, was meine Vorstellungen vom Leben sind. Ich möchte nicht mehr das «Ein und Alles» für jemanden sein und nicht mehr die Erwartungen eines anderen erfüllen müssen. Ich möchte mir selbst treu sein und auch keine Erwartungen an jemanden haben. Er meinte, das sei ja genau das, was einen polyamor fühlenden Menschen ausmache. Wir waren noch in dem Restaurant, da sagte er: «Ich glaube, ich habe mich wieder verliebt.» Er hatte zuvor von den anderen Frauen erzählt, denen er sich emotional verbunden fühlt. Völlig unerwartet sagte er: «Ich möchte meinen Zug einfach fahren lassen, es ist so schön mit dir.» Wir sind an diesem ersten Abend gleich im Bett gelandet. Es war sehr vertraut, denn wir hatten einander den Tag über so viele Dinge aus unserem Leben erzählt. Es war auch nicht wichtig, ob der Sex etwas Besonderes war, es war nichts Aufregendes. Aber ich hatte das Gefühl, mit der Polyamorie etwas gefunden zu haben, das mich da ankommen lässt, wo ich hinwill. Ich fühle auch keine Eifersucht. Es erfüllt mich mit Freude, dass andere Frauen ihn auch als liebenswert wahrnehmen und sich innerlich von ihm berührt fühlen.

Gleich am ersten Tag fragte er mich, ob ich mal in einen Swingerclub mitkommen würde, und ich antwortete: «Etwas völlig Neues tut sich da für mich auf. Ich sage niemals nie, denn ich öffne mich gern neuen Erfahrungen, aber ich muss erst so weit sein.» Als ich mich dazu bereit fühlte, führte er mich ins Avarus. Er redete mir gut zu: «Mach dir keinen Stress, du kannst auch gleich wieder gehen, wenn es dir nicht gefällt. Auch wenn wir schon auf dem Weg sind, wir können wieder umkehren. Ich will dich zu nichts drängen.» Weil ich gar nichts Passendes anzuziehen hatte, haben wir vorher im Internet geguckt und einen Laden gefunden, in dem es so Lack-und-Leder-Sachen gab. Ich war mit so etwas überhaupt nicht vertraut und dachte nur: «Oh je, wo bist du denn hier gelandet?» Zum Glück hatten die auch was mit Stoff: ein schwarzes Kleid mit Tülleinsatz. Das sollte es sein, und er schenkte es mir. Solch ein erotisches Geschenk hatte ich noch nie bekommen.

Am darauffolgenden Sonnabend sind wir dann in den Swingerclub gegangen. Ich war erstaunt, wie viele junge Leute da waren. Wir saßen an der Bar und neben uns ein junger Mann, etwa im Alter meines Sohnes. Er fing ein Gespräch mit mir an, und ich fand ihn sehr nett. Dann fragte er, ob ich schon einmal hier gewesen wäre, was ich verneinte. «Dann kann ich dir die Räumlichkeiten ja mal zeigen», schlug er vor. Mein Freund saß neben mir und unterhielt sich mit anderen Leuten. Als er aber mitbekam, dass ich aufstand und mit dem jungen Mann mitging, kam er schnell hinterher. Wir haben uns alles angeguckt, dann bin ich mit meinem Freund auf eine der Spielwiesen gegangen. Wir waren die Ersten dort. Für mich war es vollkommen neu, aber ich fand sehr erregend, mich selbst beim Liebesspiel in dem großen Spiegel, den es dort gab, zu sehen. Das war total geil. Es kamen immer mehr Leute, doch die Paare blieben unter sich. Die erotische Stimmung machte mich jedoch unglaublich an. Wir hatten irgendwann das Gefühl, dass wir uns nicht nur mit uns beschäftigen sollten, sondern auch zusehen, was andere machen. Auf der anderen Seite gab es auch noch eine kleinere Spielwiese, auf der ein Paar sich liebevollen Berührungen hingab. Der junge Mann von zuvor saß dort und sah ihnen zu. Zu ihm deutend, sagte mein Freund: «Guck mal, der ist ja so alleine. Du kannst doch mal zu ihm rübergehen, er hat sich doch vorhin schon für dich interessiert.» – «Nein, das traue ich mich nicht», wandte ich ein. «Ach was, klar doch!», widersprach mir mein Freund. «Ich hab das gerne, wenn ich dich mit anderen sehe.» – «Wirklich?», fragte ich ihn. «Ja, los! Gib dir einen Ruck! Nur Mut!», feuerte er mich regelrecht an. Also bin ich zu dem jungen Mann rübergegangen – und der hat sich gefreut. Erst haben wir nur gekuschelt, doch dann kam es zum Sex. Es war für mich nicht komisch, dass er im Alter meines Sohnes war. Wenn mir der Mensch sympathisch ist, wenn ein Funke überspringt, dann ist das okay. Ihm hat's auch gefallen. Ich habe ihn oral verwöhnt und auch mit der Hand. Nachdem er in mich eingedrungen ist, sind wir beide zum Orgasmus gekommen. Mein Freund kam dann dazu, und so befand ich mich zwischen zwei Männern. Nun hat er mich geleckt, und der Junge hat zugeschaut. Auf einmal merkte ich, dass da noch mehr Hände auf mir waren. Das Paar neben uns hatte sich zu uns gesellt, und die Frau hatte begonnen, meine Brust zu streicheln. Irgendjemand legte dann meine Hand zu der Frau rüber. Ich war ganz überrascht. «Oh, ich fasse eine Frau an?!», schoss es mir durch den Kopf. Das war ganz schön komisch, aber irgendwie war es eine schöne Situation. Der Umgang miteinander war sehr zärtlich. Letztlich waren wir zu fünft.

Danach brauchte ich allerdings eine Weile, um das Neue zu verarbeiten, noch Tage später hat mich das beschäftigt. Es war eben total neu, und ich musste erst mit mir abmachen, ob es sich für mich stimmig anfühlte oder nicht. Auf jeden Fall ist mir klar geworden, dass es nach 25 Jahren Ehe noch vieles zu entdecken gibt. Dafür ist es nie zu spät.

Ende Dezember 2014 habe ich mich in einem Online-Portal angemeldet und kurz danach ein eigenes Profil erstellt. Bereits am ersten Tag hat mich jemand angeschrieben. Wir haben uns in einem Café im Prenzlauer Berg getroffen. Ich war vor ihm dort, und als er reinkam, hat er mich kurz umarmt. Es hat sofort geknistert zwischen uns. Wir haben uns hingesetzt und geplaudert. Irgendwie fühlte es sich so unnatürlich an, sich dabei nicht zu berühren. Da habe ich seine Hand genommen, woraufhin er sagte: «Oh, das geht aber schnell …» Als ich ihm auch noch ein Küsschen gab, geriet er offensichtlich ein wenig aus der Fassung. «Hey, die Leute kennen mich hier …», begann er, doch der Satz endete im Leeren. Wir waren ungefähr eine Stunde dort und haben uns liebkost, dann schlug er vor: «Wollen wir nicht lieber rausgehen?» Und dann sind wir zu ihm gegangen. Er wohnte da gleich in der Nähe. Wir haben uns bei ihm aufs Sofa gesetzt. Er zeigte sich von einer ganz liebevollen und stürmischen Seite, das mag ich heute noch an ihm. Wir treffen uns gelegentlich zum Sex und zum Plaudern und fühlen dabei eine freundschaftlich-erotische Verbundenheit. Er hat eine Freundin, beziehungsweise mehrere, aber er sagt, seine emotionale Freundin trifft er am Wochenende, das Wochenende gehört nur ihr. Unter der Woche trifft er sich dann mit anderen Frauen.

Da ich ihm mit absoluter Offenheit begegne, erzählt er mir auch alles schonungslos. Dieser Mann hat eine unglaublich erotische Ausstrahlung. Es macht einfach Spaß, denn er ist auf eine liebevolle Weise wild. Er verschafft mir auf vielfältige Weise sexuelle Befriedigung, mit tantrischen Berührungen, oral oder mit den Fingern bis zum Squirten. Ich wusste vorher gar nicht, dass ich dazu fähig bin.

Später hat mir noch ein weiterer Mann geschrieben: «Dein Profil ist wunderschön. Deine Haltung erfüllt mich mit Freude.» Ich dachte mir, wenn der sich so berührt fühlt von meinen Worten, dann schaue ich mir den mal an. Wir haben telefoniert und uns auch gleich am nächsten Tag getroffen. Das war auch wieder so, dass ich nur gesagt habe: «Wow!» Es hat gleich gefunkt zwischen uns. Er ist deswegen so außergewöhnlich für mich, weil wir uns energetisch sehr gut wahrnehmen können. Seine Nähe zieht mich unwahrscheinlich an und macht mir Lust auf mehr. Es ist aber nicht nur das Körperliche, wir haben auch entdeckt, dass da zwei Freigeister aufeinandergestoßen sind, die sich an keine Konventionen gebunden fühlen.

Inzwischen war ich bei einem Polyamorie-Treffen, das ich im Internet entdeckt habe. Es war deutlich zu spüren, dass die Leute damit ein Problem haben, sich zu outen und vor anderen Leuten mit diesem Lebensmodell Akzeptanz zu finden. Ich verstehe mich als polyamorer Single, denn ich wohne mit niemandem zusammen. So bin ich ungebunden und trotzdem mit mehreren emotional verbunden. Für mich ist es besonders wichtig, auch Freizeit miteinander zu verbringen. Ich genieße die Vielfalt der persönlichen Eigenheiten, die das Leben so schön bunt macht.

Schamlos, unmoralisch und enthemmt?

Epilog

Es war ein Parforceritt durch die sexualisierte Parallelgesellschaft dieser Republik. Zwölf Monate war ich als Chronist unterwegs. Nun sehen Chronisten ihren Job darin, zu beschreiben, was sie erlebt haben, aber sie geben keine Empfehlungen ab, wie ihre Leser das zu bewerten haben. Natürlich kann man darüber den Kopf schütteln, dass Gunter nach 20 Ehejahren auf die Idee kommt, seine Gundi ans Andreaskreuz zu schnallen und auszupeitschen. Und das auch noch mit deren bedingungslosem Einverständnis. Niemand muss sich einreden, dass es sich bei Natursekt und Kaviar um Delikatessen handelt. Die Vorstellung von erwachsenen Männern, die Hurenstiefel lecken oder sich von anderen erwachsenen Männern windeln lassen, darf man ruhig komisch finden. Schließlich müssen es sich Eheleute, die über Jahrzehnte monogamen Blümchensex praktizieren, auch gefallen lassen, von BDSM-Fans als «Stinos» tituliert zu werden. Man kann sadomasochistischen Sex als «pervers» bezeichnen oder Petplay als «krank», solange man nicht der wissenschaftlichen Korrektheit eines Sexualpsychologen verpflichtet ist. Denn die meisten von denen verwenden solche Adjektive nur dann, wenn sexuelle Praktiken erzwungen werden oder ein Patient unter seiner Neigung leidet. Selbstverständlich darf Alice Schwarzer die berufliche Tätigkeit von Kelly oder Bitchy Jana entwürdigend finden, muss aber hinnehmen, von denen nicht ernst genommen zu werden. Auf Rastplätzen oder Wifesharing-Partys sollte sie ohnehin keine Agitation beginnen, will sie nicht Gefahr laufen, zum Gespött ihrer Geschlechtsgenossinnen zu werden. Das heißt ja nicht, dass die prominente Feministin aus ihrer moralischen Sicht unrecht hat (was übrigens gleichermaßen für den Papst gilt) – nur gibt es eben auch immer eine andere Perspektive.

Mit den Begrifflichkeiten ist es auch so eine Sache. Da ist zum Beispiel die Scham, deren sich anscheinend viele – man mag mir diese ironische Metapher verzeihen – mit dem Abrasieren der Schambehaarung gleich mit entledigt haben. In einer Gesellschaft selbstbestimmter Individuen hat ein Schamgefühl, das von irgendeiner Institution zwangsverordnet wird, ohnehin kaum noch eine Chance. Früher war es ja mal der Staat, der seinen Bürgern per Gesetz vorgeschrieben hat, wer neben wem wie im Bett liegen durfte. Wer's anders hielt, galt als schamlos. Religionsgemeinschaften versuchen das zum Teil noch immer, wenngleich die von Franziskus kürzlich angeordnete Umfrage zur Familienpolitik ergeben hat, dass die deutschen Katholiken eine völlig andere Sexualmoral vertreten, als es der römischen Glaubenskongregation lieb sein kann. Sind die Deutschen also mehrheitlich schamlos? Wenn damit gemeint ist, dass sie keine Scham kennen, so ist das Gegenteil richtig. Denn wer es schmutzig haben will, braucht ein Bewusstsein dafür, was sauber ist. Die nackten Mädels im *PLAYBOY* werden deshalb als erotisch empfunden, weil der paradiesische Adam und seine Eva seit der Nummer mit dem Apfel ihre Nacktheit als schamvoll empfanden. Das war die Geburtsstunde der Erotik.

Im weiteren Verlauf der Sexualgeschichte haben die Menschen dann dieses und jenes ausprobiert, wurden zurückgepfiffen und fingen andernorts wieder mit etwas Neuem an. Ihre Lust beziehen Menschen seit jeher aus dem heimlichen oder offenen Tabubruch. Und das hat sich bis heute nicht geändert. Der überwiegende Teil derjenigen, mit denen ich während der Recherchen zu diesem Buch gesprochen habe, braucht das Schamgefühl, um dagegen verstoßen zu können. Viele Durchschnittsbürger halten fünf Tage in der Woche die züchtige Fassade hoch, um am Wochenende im Swingerclub die Sau rauszulassen. Nein, man ist die Scham nicht los, man führt sie an der Nase herum.

Mit der Moral verhält es sich ein bisschen anders. Eine gesellschaftliche Moral ist Veränderungen unterworfen, was gestern noch galt, ist heute längst überholt. Ehebruch führt hierzulande zu keiner strafrechtlichen Konsequenz mehr, Homosexualität ist akzeptiert und anonymer Sex bestenfalls noch eine Frage des persönlichen Geschmacks – ebenso wie die Spielarten, deren man sich bedient. Das ist unserer offenen Gesellschaft geschuldet, denn bekanntlich verhält sich das in Saudi-Arabien (und nicht nur dort) komplett anders. Dennoch gibt es auch in der offenen Gesellschaft moralische Grundsätze, an die sich auch eine übergroße Mehrheit der «enthemmten Deutschen» gebunden fühlt. Das Prinzip der Einvernehmlichkeit ist ein solcher Grundsatz, das heißt, niemand darf zu sexuellen Praktiken gezwungen werden, auf die er oder sie nicht steht oder deren Konsequenzen nicht überblickt werden können – wie das etwa bei Kindern der Fall ist und auch bei Tieren. Egal, in welche Richtung sich die von mir ausgespähte sexualisierte Parallelgesellschaft auch entwickeln mag – es ist kaum anzunehmen, dass die Mehrheitsgesellschaft an diesen Tabus kratzen wird. Die nämlich gehören so felsenfest zur Zivilgesellschaft wie die sexuelle Selbstbestimmung.

Noch ein Wort zum Titel des Buches. Wer immer in den «enthemmten Deutschen» eine negative Deutung zu erkennen glaubt, muss sich die Frage gefallen lassen, ob aus seiner Perspektive die «gehemmten Deutschen» eine positive Wertung bedeuten würden. Nein, enthemmt zu sein bedeutet, sich frei und ungezwungen zu verhalten, quasi hemmungslos – also frei von Hemmungen – zu sein. Das muss man nicht mögen, aber bei Millionen von Deutschen ist es eben so – zumindest derzeit. Es ist aber auch nicht ausgeschlossen, dass es mal wieder anders kommt, so wie 1970. Damals, als dem «Summer of Love» mit seiner freien Liebe die

Hollywood-Schnulze *Love Story* folgte und weltweit Millionen mit dem romantischen Virus einer lebenslangen Monogamie infizierte.

Lange hat das bekanntlich nicht angehalten. Trotz aller Schwüre hat sich das mit der Treue nie mehr richtig durchgesetzt. Zumindest nicht in der westlichen Welt. Dort sind inzwischen Menschen promiskuitiv unterwegs, von denen man sich das vor einem Vierteljahrhundert noch nicht so richtig hätte vorstellen können. Vor allem bei Frauen ist das der Fall. Doch es hilft nichts: Irgendwann werden Leute auftauchen, die predigen, dass die Trennung von Liebe und Sexualität eine Illusion sei, die krank macht. Deren Erscheinen ist schon deshalb so sicher wie das Amen in der Kirche, weil der Zeitgeist auch in der Vergangenheit immer wieder Gegenbewegungen provoziert hat. Die waren nicht immer erfolgreich, und so kann auch derzeit niemand sagen, ob die Kinder und Kindeskinder der «enthemmten Deutschen» jemals wieder jene Schamgrenzen akzeptieren werden, die ihre Eltern und Großeltern bewusst verletzten. Im Moment aber sieht es danach weiß Gott nicht aus. Schließlich bietet die Erfindung von Tim Berners-Lee und Robert Cailliau noch ungeahnte Möglichkeiten der Kommunikation. Schon Grundschüler zeigen sich auf den Schulhöfen gegenseitig die neuesten Pornos, die sie auf ihre Smartphones heruntergeladen haben. Das mag man verwerflich finden, legt aber die Vermutung nahe, dass diese Generation in ihrem Sexleben nicht zu dem zurückkehren wird, was ihre Urgroßeltern «normal» nannten.

DANKSAGUNG

Zunächst bedanke ich mich bei allen jenen, die sich mit großer Offenheit an der Umfrage beteiligt oder mich als Gast bei ihren Veranstaltungen und Treffen akzeptiert haben. Nur so ist dieses Buch überhaupt möglich geworden.

Mein Dank gilt meiner Literaturagentin Karin Graf und ihrer Mitarbeiterin Hanna Dürholt von der Agentur Graf & Graf in Berlin.

Ein ganz besonderer Dank gilt dem gesamten Team des Rowohlt-Verlages – namentlich Barbara Laugwitz, Julia Vorrath, Regina Steinicke, Nora Gottschalk, Tessa Martin sowie den Damen und Herren vom Vertrieb. Sie alle haben an dieses Projekt geglaubt. Und natürlich danke ich meiner Lektorin Susanne Frank für die gemeinsame kreative Arbeit am Manuskript.

Für das Design und die Pflege meiner Website danke ich Angelina Pushpakumara von der Agentur DESIGNWEG Berlin.

Mit Bewunderung danke ich meiner Lebensgefährtin Birgit Harwardt, die abermals über Monate meine monothematischen Monologe ertragen hat, wenn ich über meine Arbeit sprach.

rowohlt
POLARIS

«Lauren Beukes ist eine extrem talentierte Autorin mit großer Zukunft!»
(Cory Doctorow)

Lee Harper lebt auf der Straße. Er ist hochgefährlich, von Wahnvorstellungen getrieben. Seit er die strahlendschöne Tänzerin Jeanette sah, träumt er von seinen «Shining Girls». Eines Tages fällt ihm der Schlüssel zu einem Portal in die Hände. Von nun an reist Harper durch die Zeit, um zu töten. Niemand kann ihn stoppen. Bis eines seiner Opfer überlebt. Sich erinnert. Und beginnt, ihn durch die Zeit zu jagen ...

«Lauren Beukes schreibt scheinbar mühelos, absolut vollkommen.» (William Gibson)

rororo Polaris 26700

Ro 099/2 · Rowohlt online: www.rowohlt.de · www.facebook.com/rowohlt